Kosten- und Vertragsfallen beim Immobilienkauf

Haus oder Wohnung – neu oder gebraucht

Mit mehr als 120 Checkblättern

Unser Service für Sie
Wenn neue Gesetze und Verordnungen in Kraft treten oder sich zum Beispiel Förderbedingungen oder Leistungen ändern, finden Sie die wichtigsten Fakten in unserem Aktualisierungsservice zusammengefasst. Mit dem Klick auf
www.ratgeber-verbraucherzentrale.de/aktuell
sind Sie dann ergänzend zu dieser Auflage des Buches auf dem neuesten Stand. Diesen Service bieten wir so lange, bis eine Neuauflage des Ratgebers erscheint, in der die Aktualisierungen bereits eingearbeitet sind. Wir empfehlen, Entscheidungen stets auf Grundlage aktueller Auflagen zu treffen.
Die lieferbaren aktuellen Titel finden Sie in unserem Shop:
www.ratgeber-verbraucherzentrale.de

Wichtiger Hinweis vorab

Dieser Ratgeber befasst sich mit dem Immobilienkauf samt Grundstück, ob als neue oder gebrauchte Immobilie. Das kann zum Beispiel der Kauf eines neuen Reihenhauses oder einer neuen Eigentumswohnung vom Bauträger sein oder eines gebrauchten Hauses oder einer gebrauchten Eigentumswohnung von Privat. Der Ratgeber befasst sich nur ergänzend auch mit dem Bauen auf eigenem Grundstück, zum Beispiel mit dem Architekten, Generalunternehmer oder Fertighausanbieter. **Das ist aber ein rechtlich sehr unterschiedliches Modell und wird daher ausführlich und umfassend in einem eigenen Ratgeber behandelt: „Kosten- und Vertragsfallen beim Bauen". Sollten Sie auf eigenem Grundstück bauen, ist dieser Ratgeber besser für Sie geeignet.**

Selbst wenn Sie ein neues Haus vom Bauträger kaufen, kann es trotzdem sein, dass Sie in Wahrheit gar nicht kaufen, sondern bauen: Dann nämlich, wenn man Ihnen zwar Haus und Grundstück zusammen anbietet, Ihnen aber rechtlich zunächst das Grundstück verkauft und Sie zeitgleich an einen Bauvertrag bindet. Häufig passiert das sogar in einem einzigen Notarvertrag. Dann werden Sie rechtlich vom Immobilienkäufer zum Bauherrn und auch in diesem Fall benötigen Sie das Buch **„Kosten- und Vertragsfallen beim Bauen".**

So funktioniert dieses Buch

Der Ratgeber ist untergliedert in zwei Teile mit jeweils drei Kapiteln. Der erste Teil des Buches setzt sich mit typischen **Kostenfallen im Zuge eines Bauvorhabens oder Immobilienkaufs** auseinander. Der zweite Teil befasst sich mit typischen **Vertragsfallen**.

Zum ersten Teil des Buches: Sie möchten eine neue oder gebrauchte Immobilie, ein Haus oder eine Wohnung kaufen? Dann ist eine der ersten Fragen: „Was kann ich mir noch leisten – und was kann ich mir nicht mehr leisten?"

Was Sie sich wirklich noch leisten können, ist gar nicht so einfach und klar zu erkennen. Die Beratungspraxis der Verbraucherzentralen zeigt, dass häufig bis zu fünfstellige Summen überhaupt nicht bei den zu veranschlagenden Kosten in der Preisangabe einer Immobilie berücksichtigt werden. Und dabei geht es nicht um die als „Nebenkosten" zusammengefassten klassischen Beträge wie etwa Maklergebühren, Notarkosten und Grunderwerbsteuer, sondern um weit mehr: Es sind Kosten, die die Immobilienanbieter allzu häufig bewusst oder unbewusst verschweigen. Das ist nicht immer absichtlich, sondern kann auch der Routine der Anbieter geschuldet sein. Zusätzliche Kosten, die für die Anbieter selbstverständlich sind – und die ihnen nicht besonders erwähnenswert scheinen –, sind es für Sie noch lange nicht.

Dieses Buch möchte Ihnen helfen, versteckte Kosten aufzuspüren und zu bewerten. Es ist als Arbeitswerkzeug konzipiert und wie folgt aufgebaut:

Das erste Kapitel soll Ihnen einen allgemeinen Überblick über das Problem der Kostenrisiken sowohl bei neuen als auch bei gebrauchten Immobilien (Haus oder Wohnung) verschaffen. Im Abschnitt „Übliche Nebenkosten beim Immobilienkauf" (---> ab Seite 23) werden die meistens gemeinhin bekannten Nebenkosten aufgelistet (zum Beispiel Notarkosten, Grunderwerbsteuer), damit Sie diese Beträge ebenfalls nicht aus den Augen verlieren.

Im zweiten und dritten Kapitel geht es dann detailliert um die versteckten Kosten: Ziel ist es, diese konkret im Immobilienangebot aufzuspüren und einzuordnen. Gleich zu Beginn der Kapitel finden Sie hilfreiche Fragebögen für

- **neue Immobilien**
  (Haus ---> Seite 30; Wohnung ---> Seite 32).
- **gebrauchte Immobilien**
  (Haus ---> Seite 102; Wohnung ---> Seite 103).

Neue Immobilien: Die Fragebögen für neue Immobilien sind so aufgebaut, dass Sie sie Ihrem Immobilienanbieter, also Ihrem Bauträger, vorlegen können, und er sie in gut fünf Minuten im Ankreuzverfahren mit „Ja" oder „Nein" beantworten kann. Diese Fragebögen gibt es auch als PDF-Download auf den Internetseiten der Verbraucherzentrale zum Ausdrucken (---> Seite 265). Diese Ausdrucke können Sie Ihrem Immobilienanbieter aushändigen.

Hat Ihr Immobilienanbieter im Fragebogen „Nein" – und damit nicht in seinem Leistungsumfang enthalten – angekreuzt, können Sie nun im dazu passenden Checkblatt nachsehen, welche Kosten dieses „Nein" nach sich ziehen kann und welche Alternativen es gibt.

Gebrauchte Immobilien: Auch die Fragebögen für gebrauchte Immobilien finden Sie als Download (---> Seite 265). Den Ausdruck sollten Sie zum Besichtigungstermin mitnehmen und ihn während dessen oder direkt danach zügig ausfüllen.

Mit den von Ihnen selbst ausgefüllten Fragebögen lassen sich auch hier die passenden Checkblätter zu Rate ziehen. So können Sie sich noch vor einer Vertragsunterzeichnung zum Kauf eines Hauses oder einer Wohnung einen Überblick über mögliche Zusatzkosten und Kostenrisiken verschaffen.

Danach haben Sie die Möglichkeit, auf einer deutlich sichereren Basis zu entscheiden, ob die Immobilie – trotz der eventuell zu erwartenden Zusatzkosten und Kostenrisiken – für Sie noch in Frage kommt oder nicht.

Die im Buch genannten Kostenbeispiele sind Erfahrungswerte. Sollten Sie bei Ihrem Immobilienangebot auf ganz andere Kostenforderungen stoßen, sind wir immer daran interessiert, auch solche Erfahrungen auszuwerten (Kontakt zur Verbraucherzentrale NRW ---> Seite 266).

Die Checklisten des ersten Teils des Buches sind durchgängig mit einem weißen Eurozeichen in rotem Feld gekennzeichnet, damit Sie immer wissen, dass Sie sich im Kostenfallen-Teil des Buches befinden. Kostenfallen-Checklisten für neue Immobilien sind zusätzlich gekennzeichnet mit weißen Backsteinen im hellroten Feld. Kostenfallen-Checklisten für Bestandsimmobilien kennzeichnet darüber hinaus ein weißes Häuschen im hellroten Feld.

Nun zum zweiten Teil des Buchs: Hier erfahren Sie, welche typischen Vertragsfallen es gibt, was sie bedeuten und welche Konsequenzen sie haben.

Auch bei den Vertragsfallen wird unterschieden zwischen dem Kauf einer neuen und einer gebrauchten Immobilie. Am Ende jeder Vertragsfalle können Sie ankreuzen, ob dieser Punkt in dem Ihnen vorgelegten Vertrag geregelt ist oder ob er unzureichend oder auch gar nicht oder unverständlich geregelt ist. Am Ende des zweiten Teils des Buches finden Sie dann noch einmal Übersichtsstabellen, in die Sie alle Einzelergebnisse der Vertragsprüfung eintragen können,

- einmal für den **Kauf einer neuen Immobilie** (⇢ Seite 232)
- und einmal für den **Kauf einer gebrauchten Immobilie** (⇢ Seite 263).

So können Sie auf einen Blick sehen, welche Punkte in Ihrem Vertrag nicht, unzureichend oder unklar geregelt sind. Dies ersetzt nicht eine individuelle Vertragsdurchsicht durch einen Anwalt, gibt Ihnen aber bereits einen substanziellen Überblick über potenzielle Vertragsrisiken und Vertragslücken.

Die Checklisten des zweiten Teils des Buches sind durchgängig mit einem weißen Paragrafenzeichen im blauen Feld gekennzeichnet, sodass Sie immer wissen, dass Sie sich im Vertragsfallen-Teil befinden. Vertragsfallen-Checklisten für neue Immobilien sind zusätzlich mit weißen Backsteinen im hellblauen Feld gekennzeichnet. Vertragsfallen-Checklisten für Bestandsimmobilien sind zusätzlich mit einem weißem Häuschen im hellblauen Feld gekennzeichnet.

Dieses Buch ist ein ergänzender Ratgeber für den Immobilienkauf, der sich auf die typischen Kosten- und Vertragsfallen beim Immobilienkauf konzentriert. Die wichtigen Basis-Ratgeber zum Kauf gebrauchter Immobilien und zum Hauskauf vom Bauträger finden Sie auf ⇢ Seite 271 und im Internet unter **www.ratgeber-verbraucherzentrale.de/bauen-wohnen.** Es empfiehlt sich, diese Ratgeber ebenfalls sorgfältig durchzulesen, bevor Sie sich auf die Suche nach einer passenden Immobilie machen, da neben den typischen Kosten- und Vertragsfallen zahlreiche andere Aspekte zu beachten sind.

Inhalt

9	**Kostenrisiken – ein Überblick**	23	Übliche Nebenkosten beim Immobilienkauf
9	**Allgemeines zu den Kostenrisiken**	27	Kostenrisiko aus der Lage der Immobilie
9	Was sind Kostenrisiken und wie entstehen sie?		
10	Woran kann man Kostenrisiken erkennen?	**29**	**Fragebögen und Checkblätter: Neubau – Haus oder Wohnung**
10	Wie kann man Kostenrisiken wirksam entgegentreten?	30	Fragebogen: Haus
10	**Kostenrisiken bei neuen Immobilien**	32	Fragebogen: Eigentumswohnung
11	Fertighaus	35	Checkblatt-Wegweiser
11	Schlüsselfertig-Massivhaus	39	Checkblätter
12	Bauträgerhaus	97	Praxisbeispiel 1 – Analyse der Kostenfallen beim Kauf eines neuen Reihenhauses vom Bauträger
14	Eigentumswohnung vom Bauträger		
14	Architektenhaus		
15	Kostenrisiken aus finanzieller Doppelbelastung, nicht exaktem Zahlungsplan, Mängeln und Gewährleistung	98	Praxisbeispiel 2 – Analyse der Kostenfallen beim Kauf einer neuen Eigentumswohnung
15	Finanzielle Doppelbelastung		
16	Zahlungsplan	**101**	**Fragebögen und Checkblätter: Bestandsimmobilien – Haus oder Wohnung**
17	Mängel und Gewährleistung		
18	Wie hoch sind Neubaukosten?		
20	**Kostenrisiken bei gebrauchten Immobilien**	102	Fragebogen: Besichtigung eines gebrauchten Hauses
21	Gebrauchtes Haus	103	Fragebogen: Besichtigung einer gebrauchten Eigentumswohnung
21	Gebrauchte Eigentumswohnung		
23	Wie hoch sind Kosten gebrauchter Immobilien?	104	Checkblatt-Wegweiser
		106	Checkblätter

Inhalt 7

147	Praxisbeispiel 3 – Analyse der Kostenfallen beim Kauf eines gebrauchten Hauses	265	**Anhang**
		265	Weitere Informationen
		266	Adressen der Verbraucherzentralen
148	Praxisbeispiel 4 – Analyse der Kostenfallen beim Kauf einer gebrauchten Eigentumswohnung	267	Bauberatung
		268	Stichwortverzeichnis
		272	Impressum

151 Vertragsfallen – ein Überblick
151 Was sind Vertragsfallen und wie entstehen sie?
152 Woran kann man Vertragsfallen erkennen?
153 Wie kann man Vertragsfallen wirksam entgegentreten?

157 Checkblätter:
Neubau – Haus oder Wohnung
159 Checkblätter
231 Vertragsverhandlungen
232 Übersicht Vertrags-Checkliste Neubau

235 Checkblätter:
Bestandsimmobilien – Haus oder Wohnung
236 Checkblätter
263 Übersicht Vertrags-Checkliste Bestandsimmobilie

€

Kostenrisiken – ein Überblick

Kaum ein Bauvorhaben das ohne Kostensteigerungen über die Bühne geht. Das liegt häufig an einer fehlenden Kostenüberprüfung und Kostenüberwachung. Wenn schon die Baubeschreibung unvollständig ist, ist eine Kostensteigerung häufig gar nicht mehr aufzuhalten. Und auch Bestandsimmobilien können massive Kostenrisiken mit sich bringen, wenn man nach dem Kauf merkt, in welchem Zustand sie sich wirklich befinden.

Allgemeines zu den Kostenrisiken

Was sind Kostenrisiken und wie entstehen sie?

Kostenrisiken lassen sich in offene und versteckte Risiken unterteilen. Ein offenes Kostenrisiko ist ein für Sie sichtbares Kostenrisiko, dazu zählt beispielsweise ein zu hoher Zinssatz einer angebotenen Baufinanzierung: Sie nehmen den Zinssatz wahr und können ihn mit anderen Angeboten vergleichen. Versteckte Kostenrisiken hingegen können Sie meist weder sehen noch vergleichen.

Versteckte Kostenrisiken unterscheiden sich erheblich voneinander, je nachdem, ob es sich um eine neue oder gebrauchte Immobilie handelt:

- Bei **neuen Immobilien** liegen Kostenrisiken meist in qualitativ schlechten und unvollständigen Bau- und Leistungsbeschreibungen sowie in viel zu ungenauen Zahlungsplänen.

- Bei **gebrauchten Immobilien** stecken die Kostenrisiken häufig in einem hohen Sanierungsbedarf.

Eine typische Aufstellung zu einer klassischen Immobilienfinanzierung beinhaltet meist nur alle Ihnen bekannten, „transparenten" Kosten: zum Beispiel Notarkosten und Grunderwerbsteuer (→ Seite 23 ff.). Ihre Kostenplanung kann ins Wanken geraten, wenn plötzlich zusätzliche Kosten auftauchen, über die Sie im Zuge eines Immobilienkaufs nicht von vornherein transparent informiert wurden. Und genau das ist das Risiko. Wenn Sie das Geld für diese unerwarteten zusätzlichen Kosten nicht mehr aufbringen können, aber den notariellen Kaufvertrag für die Immobilie und den Finanzierungsvertrag für den Kredit bereits unterzeichnet haben, kommen Sie aus dieser Situation nicht mehr so schnell heraus. Sie sitzen in der Kostenfalle. Daher ist neben der genauen Planung der Immobilienfinanzierung auch eine exakte **Kostenanalyse** sehr wichtig. Sie verhindert, dass Sie auf der Basis falscher Annahmen kalkulieren.

Woran kann man Kostenrisiken erkennen?

Oft werden von Verkäuferseite die vollständigen Kosten, die für eine neue oder gebrauchte Immobilie anfallen, nur ungern genannt. Das hält den Kaufpreis niedriger und wirkt verlockend. So ist zum Beispiel bei Neubauten die Erschließung häufig nicht Teil des Angebots, und bei gebrauchten Immobilien sind verpflichtende, energetische Nachrüstungen fast nie im Kaufpreis berücksichtigt.

Kostenrisiken lassen sich nur dann erkennen, wenn man sich in die Materie eingearbeitet hat und gezielt Fragen stellen kann. Bei einer neuen Immobilie heißt dies beispielsweise, dass man die Bau- und Leistungsbeschreibung ganz besonders sorgfältig lesen muss, um zu überprüfen, welche Leistungen im Paket enthalten sind und welche fehlen. Bei einer gebrauchten Immobilie sollte man bei der Besichtigung sehr genau auf den Sanierungs- oder Umbaubedarf achten. Die kostenintensivsten Fakten dazu sind in diesem Ratgeber zusammengestellt. Zusätzlich können Sie auf den Titel **„Kauf eines gebrauchten Hauses"** der Verbraucherzentralen zurückgreifen (→ Seite 271).

Wie kann man Kostenrisiken wirksam entgegentreten?

Der erste Schritt ist, dass Sie die erkannten Risiken auch verstehen. Das können Sie mit Hilfe der Checkblätter in diesem Buch. Sie finden dort auch Erfahrungswerte von Zusatzkosten. Danach lassen Sie die voraussichtlichen Zusatzkosten in die Liste der Finanzierungskosten Ihres Kaufvorhabens einfließen; sie sind damit berücksichtigt. Sind die Kosten unabweislich und führen sie insgesamt zu allzu hohen Finanzierungskosten, kann dies bedeuten, dass Sie Ihr Vorhaben abbrechen müssen. Das ist aber in jedem Fall besser, als blind in eine gefährliche Situation zu laufen, die in der Überschuldung enden kann.

Wenn Sie zusätzliche versteckte Kosten frühzeitig erkennen, kann dies aber auch dazu führen, dass Sie Ihr Vorhaben noch einmal neu durchdenken und einige Planungsüberlegungen zugunsten anderer aufgeben. Das klappt mitunter auch, wenn man mit dem Bauträger baut und dort in einem gewissen Umfang Sonderwünsche einbringen kann. Dann können Sie auf einige Dinge verzichten und so die Kosten drücken.

Bei gebrauchten Immobilien können aufgespürte Kostenrisiken zu einer Verhandlung über den Kaufpreis führen: etwa wenn Sie merken, dass der Keller umfassend saniert werden muss.

Kostenrisiken bei neuen Immobilien

Kostenrisiken bei neuen Immobilien haben sehr unterschiedliche Ursachen. Die häufigsten resultieren aus einer

- ungenauen Planung und
- ungenauen sowie unvollständigen Bau- und Leistungsbeschreibung.

Ein zum Beispiel schlecht geplanter Keller, in Kombination mit einer ungenauen Beschreibung der Ausführung, kann im Bauablauf schnell zu einer Kostenexplosion führen. Denn geschuldet ist Ihnen immer nur das, was vertraglich als Leistung vereinbart wurde. Je nach Formulierung schützen Sie dann Begriffe wie zum Beispiel „schlüsselfertig" oder „Komplettleistung" überhaupt nicht. Geschuldet wird nur die Leistung, die in den Vertragsanlagen, also in der Bau- und Leistungsbeschreibung, beschrieben ist. Die Mehrkosten bleiben an Ihnen hängen, wenn beispielsweise der zugesicherte, gemauerte Keller für den vor Ort angetroffenen, hohen Grundwasserstand nicht geeignet ist und Sie Haus und Grundstück nicht gemeinsam gekauft haben. Wenn der Keller gar nicht in der Bau- und Leistungsbeschreibung enthalten ist, Sie aber einen Keller wollen, kämen dessen Kosten zusätzlich komplett auf Sie zu.

Fertighaus

Beim Fertighauskauf liegen die größten Kostenrisiken in einer ungenauen Leistungsbeschreibung, die viele Dinge gar nicht enthält und/oder die der Anbieter nicht erledigt, sondern um die Sie sich selbst kümmern müssen. Das sind insbesondere:

- Zusatzkosten, die erst im Zuge der Hausbemusterung (also der vertraglichen Festlegung der Hausausstattung) auftauchen
- Baugenehmigungskosten
- Erschließungskosten
- Anschlusskosten (Wasser, Strom, Telekommunikation, eventuell Gas oder Fernwärme)
- Kosten eines Bodengutachtens
- Kosten für die Freimachung des Geländes
- Kosten der Baustelleneinrichtung
- Kosten für Baustrom- und Bauwasserinstallation und -verbrauch
- Kosten des Erdaushubs
- Kosten des Abtransportes und der Deponie des Erdmaterials
- Kosten für eine Bodenplatte
- Kosten für einen Keller
- Behördenkosten wie Rohbaueinmessung oder Schornsteinabnahme
- Zusatzkosten für notwendige Umplanungen, die in der Leistungsbeschreibung nicht enthalten sind (etwa andere Kellerausführung, andere Ausbaustufen von Keller oder Dach)
- Kosten für eine Garage
- Kosten für das Anlegen des Gartens
- Kosten von Eingangspodest, Wegen, Terrasse, Einzäunung

Einige dieser Kosten lassen sich nicht vermeiden, andere könnten Sie umgehen. Mehr dazu später. Das zentrale Problem ist: Die Kaufverträge zum Erwerb eines Fertighauses werden häufig sehr früh geschlossen, wenn weder genaue Angaben zum Grundstück vorliegen noch eine Bemusterung durchgeführt wurde. Das kann den Hauspreis massiv nach oben treiben, denn gekauft wird oft der „Basis-Standard", und der betrifft nicht nur den Innenausbau, sondern auch die technische Ausführung. Ob Keller, Dach, Heizung, Fenster oder Fassade: Wer mehr will, zahlt mehr.

Problematische Ratenzahlungsvereinbarungen und fehlende Fertigstellungstermine bergen zusätzliche Kostenrisiken (→ Seite 192).

Schlüsselfertig-Massivhaus

Beim Schlüsselfertig-Massivhaus auf eigenem Grundstück sieht die Situation ähnlich aus wie beim Fertighaus. Entscheidend ist auch hier, welche Leistung in der Bau- und Leistungsbeschreibung vereinbart wurde. Alles, was dort nicht festgelegt wurde, führt meist automatisch zu Mehrkosten. Auch der Keller, der früher bei solchen Angeboten vorwiegend dabei war, ist es heute bei Weitem nicht immer.

Die Qualität des Kellers eines schlüsselfertigen Massivhauses ist in keinem Fall automatisch geeignet für den örtlichen Baugrund oder die örtliche Grundwassersituation.

Große Kostenrisiken stecken bei Schlüsselfertig-Massivhausanbietern aber auch in unklaren Regelungen zum Fertigstellungstermin und zu den Ratenzahlungen. Im Gegensatz zu Bauträgern sind Schlüsselfertig-Massivhausanbieter, die ein Haus auf Ihrem Grundstück errichten, keine Bauträger, sondern Generalunternehmer oder Generalübernehmer. Das heißt, diese Anbieter sind damit auch nicht an die Makler- und Bauträgerverordnung (MaBV) gebunden.

Die MaBV ist eine gesetzliche Verordnung, die Bauträger zwingend anwenden müssen. Sie gibt unter anderem bestimmte Ratenzahlungsmodelle vor, die die Käufer von Bauträgerimmobilien (Immobilien, bei denen Grundstück und Neubau gemeinsam gekauft werden) schützen soll. Bauen Sie in der rechtlichen Rolle des Bauherrn auf Ihrem eigenen Grundstück, sind Sie kein Käufer, sondern Bauherr oder Bauherrin und für Sie gelten diese MaBV-Regelungen nicht. Wenn der Generalunternehmer Ihnen einen Vertrag vorlegt, bei dem er die Ratenzahlungen frei festlegt und Sie unterschreiben ihn, kann das dazu führen, dass Sie an den Anbieter hohe Raten zahlen müssen, denen möglicherweise keine ausreichende Bauleistung gegenübersteht: Das ist das Risiko der **Überzahlung**. Gerät der Massivbauanbieter dann in eine wirtschaftliche Schieflage, gar in die Insolvenz, kann das verheerende Folgen für Sie haben, wenn Sie zu hohe finanzielle Vorleistungen erbracht haben, ohne dass im Gegenzug ausreichende Bauleistungen erbracht wurden.

Auch der nicht exakt definierte **Fertigstellungstermin** kann empfindliche Folgen haben. Hatten Sie keinen vereinbart, bleibt damit ungeregelt, bis wann die Leistung erbracht sein soll. Das kann dazu führen, dass sich Ihr Bauvorhaben über einen langen Zeitraum schleppt und Sie irgendwann in die Situation der **finanziellen Doppelbelastung** geraten (parallel Mietzahlung und Baufinanzierung, → Seite 15). Der Gesetzgeber hat hier allerdings neue Regelungen geschaffen, dass zumindest grobe Angaben vertraglich vereinbart werden müssen.

Bauträgerhaus

Auch beim Kauf eines Hauses vom Bauträger – meist ein Reihenhaus oder eine Doppelhaushälfte – treten häufig Kostenrisiken auf. Hier sind aber meist mehr Kostenpositionen im Kaufpreis berücksichtigt als beim Kauf eines Fertighauses. Das liegt daran, dass Sie in diesem Fall Grundstück und Haus gemeinsam erwerben. Sie sind dann auch nicht Bauherr, sondern „nur" Immobilienkäufer. Trotzdem ist der Umfang der Leistungen, die Sie für Ihr Geld erhalten, auch beim Kauf vom Bauträger einzig und allein in der Bau- und Leistungsbeschreibung festgelegt. Was darin nicht steht, ist üblicherweise seitens des Bauträgers auch nicht geschuldet, selbst wenn mit Begrifflichkeiten wie „schlüsselfertig" oder Ähnlichem geworben wird. Häufige Kostenrisiken, die beim Kauf vom Bauträger auf Sie zukommen, sind:

- Zusatzkosten, die erst im Zuge der Hausbemusterung auftauchen (betrifft häufig die Heizungsausstattung, die Fensterqualität, Innentüren, Wand- und Bodenbeläge sowie Badausstattungen, Elektroausstattung)
- Erschließungskosten

Kostenrisiken bei neuen Immobilien

- Anschlusskosten (Wasser, Strom, Telekommunikation, eventuell Gas oder Fernwärme)
- Kosten eines Bodengutachtens
- Kosten für Baustrom- und Bauwasserverbrauch
- Kosten des Abtransportes und der Deponie des Erdmaterials
- Behördenkosten wie Rohbaueinmessung oder Schornsteinabnahme
- Zusatzkosten für notwendige Umplanungen, die in der Leistungsbeschreibung nicht enthalten sind (zum Beispiel andere Kellerausführung, andere Ausbaustufen des Kellers oder des Daches)
- Kosten für eine Garage
- Kosten für die Anlegung des Gartens
- Kosten von Eingangspodest, Wegen, Terrasse, Einzäunung

Eine ganze Reihe von weiteren Kostenpunkten finden Sie in den Checkblättern (→ Seite 39 ff.).

Die **Zahlungsraten**, die an den Bauträger nach Baufortschritt entrichtet werden müssen, sind zwar in der Makler- und Bauträgerverordnung (MaBV) geregelt, allerdings sind die Regelungen dort so lückenhaft, dass sie nicht vor Überzahlungen schützen. Sie finden in diesem Buch aber Hinweise für sinnvolle Ratenzahlungsvereinbarungen (→ Seite 190).

Gesetzlich verpflichtend ist auch mittlerweile, ein **Fertigstellungsdatum** zu vereinbaren (→ Seite 15). Achten Sie beim Bauen mit dem Bauträger trotzdem auch auf das **Baustartdatum**. Dieses kann beispielsweise davon abhängig gemacht werden, dass eine bestimmte Anzahl von Reihenhäusern einer Reihenhausanlage verkauft sein muss, bevor mit dem Bau begonnen wird. Kaufen Sie dann eines der ersten Reihenhäuser einer Anlage, kann bis zum Baustart noch viel Zeit ins Land gehen. Das kann erhebliche Auswirkungen auf Ihre Finanzierung haben, wenn nämlich Zinszahlungen anfallen und auch Bereitstellungszinsen für einen Kredit, den Sie noch gar nicht einsetzen können.

Bei Bauträger-Kaufverträgen taucht immer häufiger auch das Problem auf, dass Bauträger zwar auf den ersten Blick ein Haus mit Grundstück anbieten, Sie aber faktisch in zwei Schritten kaufen sollen: Erst das Grundstück und dann das Haus. Hintergrund ist, dass der Bauträger sich die Risiken der Zwischenfinanzierung für das Grundstück erspart. Das Problem für Sie: Wenn Sie zunächst das Grundstück kaufen und erst in einem zweiten Schritt den Bau eines Hauses vertraglich abschließen, werden Sie vom Immobilienkäufer eines Bauträgerobjektes zum Bauherrn eines schlüsselfertigen Gebäudes. Der Kauf des Grundstücks birgt Kostenrisiken, die an Ihnen hängen bleiben – zum Beispiel ob das geplante Haus darauf überhaupt technisch und rechtlich baubar ist. Der Klassiker ist hier der Keller, der als einfacher, gemauerter Keller in der Bau- und Leistungsbeschreibung enthalten, der aber für das vorhandene Grundstück nicht geeignet ist. Muss dann ein sogenannter WU-Beton-Keller, also ein Keller aus wasserundurchlässigem Beton gebaut werden, möglicherweise sogar unter aufwändiger Wasserhaltung der Baugrube, können die Kosten explodieren: Zusatzkosten im mittleren fünfstelligen Bereich kommen hier schnell zusammen. Ab Seite 39 finden Sie in den Checkblättern die typischen Kostenrisiken beim Hauskauf vom Bauträger.

Eigentumswohnung vom Bauträger

Der Kauf einer Eigentumswohnung vom Bauträger birgt ähnliche Kostenrisiken wie der Hauskauf vom Bauträger. Typische Risiken, die nicht in der Baubeschreibung klar geregelt sind, entsprechen denen des Reihenhauskaufs vom Bauträger. Baubeschreibungen von Eigentumswohnungen sind aber meist komplexer, da hier unterschieden wird zwischen

- den **gemeinschaftlichen Eigentumsbereichen** (etwa Treppenhäuser oder Tiefgaragen)
- und dem **Sondereigentum** (der Innenbereich der Wohnung samt Innenoberflächen wie Bodenbelägen, Tapeten, Innentüren).

Diese Unterscheidung taucht in Baubeschreibungen aber häufig nicht auf: Gemeinschaftliches Eigentum und Sondereigentum an der Wohnung werden fast immer in eine einzige Bau- und Leistungsbeschreibung gepackt. Mehrkostenrisiken stecken dann oft in Zusatzwünschen für das Sondereigentum – etwa in einer anderen Badausstattung. Für die gemeinschaftlichen Bereiche können Sie in der Regel kaum Änderungswünsche äußern, da beispielsweise die Ausstattung des Treppenhauses oder des Kellers nicht wegen eines einzigen Käufers geändert wird.

Auch eine Eigentumswohnung vom Bauträger wird auf Grundlage der Makler- und Bauträgerverordnung (MaBV) erworben – mitsamt den Risiken aus der ungenauen Definition der **Ratenzahlungen** nach MaBV.

Achten Sie auch beim Kauf einer Eigentumswohnung unbedingt auf die Fixierung des Baubeginns sowie des Fertigstellungstermins (dessen vertragliche Festlegung ist, wie erwähnt, auch gesetzlich vorgeschrieben). An den Baubeginn sollten auch bei einem Wohnungskauf keine Bedingungen geknüpft sein wie etwa, dass mindestens 40 Prozent der Wohnungen verkauft sein müssen, bevor begonnen wird.

Hinzu kommen zusätzliche Regelungen aus dem Wohnungseigentumsgesetz (WEG bzw. WoEigG). Meist wird ein externer Wohnungseigentumsverwalter eingesetzt, der auch finanziert sein will. Ferner muss von allen Wohnungseigentümern eine anteilige Instandhaltungsrücklage aufgebaut werden, die ebenfalls Geld kostet. Zudem kann es sein, dass es einen umfangreichen Pflegebedarf für die Wohnanlage gibt (Treppenhausreinigung, Aufzugswartung, Grünanlagenpflege); auch dafür müssen in aller Regel die Gelder zur Verfügung gestellt werden. Der Kauf einer Eigentumswohnung verursacht also von Beginn an zusätzliche monatliche Belastungen – über Ihre reinen Bankverpflichtungen für den Kredit hinaus.

Architektenhaus

Das Architektenhaus ist in Sachen Kostenrisiken eine Besonderheit: Das Problem ist hier weniger die Intransparenz der Kosten (denn beim Bauen mit dem Architekten haben Sie eine transparente Kosteneinsicht), sondern der sehr späte Zeitpunkt im Planungsablauf, zu dem exakte Kostenaussagen vorliegen. Der Architekt schätzt zu Beginn der Planung die Kosten nur. Er kann dabei zwar auf Kostendatenbanken der Architektenkammern ebenso zurückgreifen wie auf eigene Erfahrungen. Die wirklich anfallenden Kosten kennt er aber meist erst, wenn die Ausführungsplanung erstellt ist und die Ausschreibungen an die Handwerker ausgesandt sowie von diesen mit Preisen versehen wieder zurückgesandt sind.

Zu diesem Zeitpunkt ist es im Planungsablauf natürlich schon sehr spät, um noch einmal fundamental an der Kostenschraube zu drehen. Diese Kostenunsicherheit ist ein Grund, warum sehr viele Bauherren das Bauen mit dem Architekten scheuen. Hinzu kommt die komplizierte und für Verbraucher weitgehend unverständliche Honorarordnung für Architekten und Ingenieure (HOAI). Selbst Fachanwälte für Bau- und Architektenrecht müssen bei Honorarstreitigkeiten zwischen Architekten und Bauherren für jeden einzelnen Fall mit all seinen Details sehr genau hinsehen, um eine Rechtseinschätzung abgeben zu können.

Aber der Architekt kann auch haften, wenn er die vorgegebenen Baukosten nicht einhält, soweit Baukosten vorgegeben wurden. Daher ist es überaus wichtig, dass Sie Ihrem Architekten sehr früh mitteilen, welche Baukosten plus Baunebenkosten einschließlich Architektenhonorar maximal anfallen dürfen. Diese Summe (brutto) sollte unbedingt in den Architektenvertrag aufgenommen werden; der Architekt schuldet Ihnen damit die Einhaltung dieser Vorgabe. Sprengt er die Vorgabe, können Sie dagegen vorgehen.

Das Architektenhonorar richtet sich nach dem Gesamtbetrag, den Sie für Ihr Haus entrichten müssen, wird aber von den Baukosten separat und transparent in Rechnung gestellt. Je höher die Baukosten, desto mehr verdient der Architekt zwar üblicherweise, dem können Sie aber durch die vertragliche Begrenzung der Gesamtkosten und der Baukosten einen Riegel vorschieben. Außerdem sind nach einem Urteil des Europäischen Gerichtshofes (4.7.2019 / AZ: C-377/17) weitreichende Änderungen an der HOAI erzwungen worden, so dass seither Honorarvereinbarungen auch unterhalb der von der HOAI vorgegeben Mindestsätze liegen dürfen. Die HOAI hat dazu nur noch Empfehlungscharakter, ihre Mindestsätze sind nicht mehr verbindlich.

Der Architekt kann Sie neutral beraten und wird auch eher zur Qualität eingesetzter Produkte raten. Das Potenzial der Kostensteuerung ist groß, weil Sie mit Architekten auch individuelle Anpassungen vornehmen können, ohne dass die Bauqualität darunter leiden muss. Ein erfahrener Architekt kann sogar mit einem eher kleinen Budget eine gute Bauqualität erreichen. Voraussetzung ist allerdings immer, dass Sie ein eigenes Grundstück mitbringen.

Im Gegensatz zum Architekten verdienen alle anderen Marktteilnehmer (Fertighausanbieter, Bauträger, Generalunternehmer) ihr Honorar versteckt im Gesamtpreis. Je günstiger diese Anbieter bauen und je teurer sie verkaufen, umso mehr Gewinn bleibt bei ihnen hängen.

Kostenrisiken aus finanzieller Doppelbelastung, nicht exaktem Zahlungsplan, Mängeln und Gewährleistung

Finanzielle Doppelbelastung

Beim Kauf von Neubauten, die erst noch im Entstehen sind, kommt es unweigerlich zu finanziellen Doppelbelastungen. Der Grund dafür ist die Bauzeit, die häufig über ein bis eineinhalb Jahre läuft. Während dieser Zeit zahlen Sie Miete. Gleichzeitig müssen Sie von Ihrer Bank Kapital abrufen, um die Bauraten zu zahlen – und haben so auch Zinsbelastungen.

Vereinfachtes Beispiel: Sie haben ein projektiertes Reihenhaus zum Preis von 250.000 Euro vom Bauträger erworben. Hinzu kommen 25.000 Euro übliche Nebenkosten. 50.000 Euro bringen Sie als Eigenkapitalanteil mit, von denen nach Abzug der Nebenkosten nur noch 25.000 Euro übrig sind. Der Bauträger will entsprechend der Makler- und Bauträgerverordnung (MaBV) gleich mit der ersten Rate 30 Prozent des Kaufpreises haben. 5 Prozent dürfen Sie aber einbehalten, als Sicherheit bis zur Fertigstellung. Bleiben 25 Prozent. 25 Prozent von 250.000 Euro sind 62.500 Euro. Dafür nehmen Sie Ihre verbliebenen 25.000 Euro Eigenkapital und 37.500 Euro von der Bank. Wenn Sie für die 37.500 Euro 4 Prozent Zinsen zahlen, sind das 1.500 Euro im Jahr. Kurz darauf flattert Ihnen die nächste Rechnung ins Haus: 28 Prozent will der Bauträger jetzt für den erstellten Rohbau haben. Das sind weitere 70.000 Euro. Die brauchen Sie jetzt komplett von Ihrer Bank. Macht bei 4 Prozent Zinsen eine Zinsbelastung von weiteren 2.800 Euro im Jahr. Und damit nicht genug, denn Ihre Bank verlangt sehr wahrscheinlich Bereitstellungszinsen für den noch nicht ausgezahlten Betrag Ihres Kredits. Der Grund: Die Bank kann das Geld zwischenzeitlich nirgendwo anders anlegen, sondern muss es für Sie abrufbereit halten. Das ist für die Bank kein gutes Geschäft. Sie holt sich daher den Zins von Ihnen. Nehmen wir an, die Bank verlangt hierfür drei Prozent im Jahr, dann ergibt sich folgende Rechnung: 25.000 Euro haben Sie als Eigenkapital in die Kaufnebenkosten gesteckt und diese so vollständig bezahlt. Weitere 25.000 Euro haben Sie in die Kaufsumme von 250.000 Euro gesteckt. 225.000 Euro blieben übrig und müssen über einen Kredit getragen werden. Von diesem haben Sie zwei Raten, 37.500 und 70.000 Euro, bereits abgerufen, also insgesamt 107.500 Euro. Damit verbleiben von den 225.000 Euro Kredit noch 117.500 Euro, die bei der Bank auf Abruf warten. Dafür verlangt die Bank einen Bereitstellungszinssatz von 3 Prozent, was 3.525 Euro im Jahr an zusätzlicher Zinsbelastung sind. Das heißt, zum Zeitpunkt, zu dem gerade erst der Rohbau steht, haben Sie bereits eine jährliche Gesamtzinslast von 7.825 Euro zu tragen. Monatlich sind das satte 652 Euro an Zinsen, die Sie zusätzlich zu Ihrer Miete aufbringen müssen.

An diesem vereinfachten Beispiel können Sie die hohen Risiken einer finanziellen Doppelbelastung erkennen. Es ist daher sehr wichtig, dass Sie erstens diese zusätzlichen Kosten im Blick haben. Zweitens empfiehlt es sich, mit Ihrer Bank zu verhandeln, damit diese über einen möglichst langen Zeitraum keinen Bereitstellungszins verlangt. Drittens ist es wichtig, dass Ihr Bauvorhaben einen vertraglich festgeschriebenen Fertigstellungstermin hat (ohnehin gesetzlich vorgeschrieben). Ist der Fertigstellungstermin nicht exakt vereinbart und das Bauvorhaben zieht sich beispielsweise über 2 Jahre statt über ein Jahr, hat das für Sie erhebliche Mehrkosten aus der länger laufenden finanziellen Doppelbelastung zur Folge. Im obigen, vereinfachten Beispiel macht das fast 10.000 Euro aus.

Zahlungsplan

Neubauten, die Rate für Rate nach Baufortschritt bezahlt werden, bringen auch in diesem Punkt Kostenrisiken mit sich. Zwar gibt es Ratenzahlungsvorgaben aus der Makler- und Bauträgerverordnung (MaBV) – dies aber nur für klassische Bauträgervorhaben. Hinzu kommt, dass selbst diese Ratendefinitionen

Kostenrisiken bei neuen Immobilien 17

viel zu ungenau sind. Um sicherzugehen, benötigen Sie einen exakten Ratenzahlungsplan, der alle zu erbringenden Leistungen und die Termine, zu denen sie gezahlt werden sollen, möglichst exakt auflistet. Solche Ratenzahlungspläne sehen bei einem Bauträgervorhaben anders aus als beim Bauen mit dem Massivhausanbieter oder Fertighausanbieter.

Bauträger: Hier sind Sie an die Vorgaben der MaBV gebunden. Trotzdem können Sie im Rahmen der dort festgelegten Raten deutlich exaktere Definitionen wählen. Sehr exakte Ratenzahlungsvorschläge dazu finden Sie auf Seite 194 in diesem Buch und in dem Ratgeber **„Kauf und Bau eines Fertighauses oder Massivhauses"** der Verbraucherzentrale (---> Seite 271).

Schlüsselfertiges Massivhaus auf Ihrem Grundstück: Sie können die Raten in Umfang und Anzahl völlig frei gestalten. Grundsätzlich gilt hier: Die Raten müssen sehr exakt definiert werden.

Auch beim Bauen mit dem **Fertighausanbieter** auf Ihrem Grundstück sind Sie bei der Festlegung der Raten völlig frei. Hier gibt es bisweilen Besonderheiten. So wollen manche Fertighausanbieter eine höhere Vorauszahlung für die Holzbestellung. Wenn Sie darauf eingehen, muss dieser Betrag – den Sie zahlen, ohne dass Sie bereits eine Gegenleistung in der Hand haben – über eine Bürgschaft abgesichert werden. Diese muss aber spezielle Anforderungen erfüllen, sonst nützt sie Ihnen wenig (---> Seite 200). Im Insolvenzfall des Unternehmens kann Ihr Geld sonst weg sein. Wenn möglich, sollte auf Vorauszahlungen auch für das Holz gänzlich verzichtet werden, und Sie sollten erst zahlen, wenn das Haus vor Ort auf Ihrem Grundstück aufgestellt ist. Da ein Fertighaus relativ schnell steht, fällt dann häufig auf einen Schlag eine hohe Summe an. Doch Vorsicht: Da die meisten Fertighäuser einen ganz klassischen Innenausbau haben, sollte dieser auch klassisch nach Baufortschritt gezahlt werden. Das heißt, für die Hausaufstellung sollten nach Erbringung der Leistung maximal 60 bis 65 Prozent gezahlt werden und die verbleibenden 40 bis 35 Prozent dann in Raten, Zug um Zug, nach Fortschritt des Innenausbaus.

Eine Möglichkeit exakte Ratenzahlungspläne aufzustellen ist immer, eine exakte Baubeschreibung zu nehmen und die dort verzeichneten Leistungen in Abschnitte zu unterteilen, die erbracht sein müssen, bevor eine Ratenzahlung fällig wird. Dann stimmt der Ratenzahlungsplan inhaltlich exakt mit der Baubeschreibung überein, und es ist klar, dass erst nach Erbringung der dort beschriebenen Leistungen die Rate gezahlt wird (---> Seite 192).

Mängel und Gewährleistung
Auch Mängel und Gewährleistungsfragen bergen erhebliche Kostenrisiken. Hinsichtlich der Mängel, die an Ihrem Bauvorhaben während der Bauzeit anfallen, haben Sie gemäß BGB (§ 641 Absatz 3) das Recht, einen Mängeleinbehalt vorzunehmen. Dieser Einbehalt beträgt üblicherweise das Zweifache des zur Beseitigung des Mangels notwendigen Betrags. Das heißt, auch wenn eine Ratenzahlung fällig wird, können Sie diese Rate um den entsprechenden Einbehalt kürzen.

Neben dem Mängeleinbehalt können und sollten Sie sich während der Bauphase auch pauschal für die rechtzeitige und mangelfreie Fertigstellung absichern, indem Sie 5 Prozent des zu zahlenden Gesamtbetrags bis zur Abnahme einbehalten. Dieses Recht gewährt Ihnen das BGB (§ 650 m Absatz 2). Auch das sollte nach Möglichkeit von vornherein im Bauvertrag geregelt werden. Die 5 Prozent werden üblicherweise bereits bei der ersten Rate einbehalten.

Und selbst nach der Abnahme haben Sie die Möglichkeit einen Geldbetrag für die Dauer der Gewährleistung einzubehalten. Dieses ist zwar nicht im BGB geregelt, die Rechtsprechung hat dies aber ausdrücklich festgestellt. Danach können Sie – soweit dies vertraglich vereinbart ist – bis zu 5 Prozent der Bausumme für die gesamte Dauer der Gewährleistung von 5 Jahren einbehalten. Dies für den Fall, dass in diesem Zeitraum Mängel auftauchen, die behoben werden müssen. Man spricht hier vom Gewährleistungseinbehalt. Manche Immobilienanbieter möchten diesen gerne durch eine Bürgschaft ihrer Bank ablösen. Wenn Ihnen das angeboten wird, benötigen Sie eine Bürgschaft die insolvenzfest ist und die durch Sie auf erstes Anfordern gezogen werden kann, sonst nutzt Ihnen das gar nichts, und Sie behalten den Geldbetrag besser direkt ein (⇢ Seite 198).

Wie hoch sind Neubaukosten?

Wenn Sie Preise für ein Grundstück samt Haus (Bauträger) oder nur für ein Haus (Fertighaus, Generalunternehmer-Massivhaus) vorgelegt bekommen, stellt sich sofort die Frage nach der Angemessenheit des Preises. Diese lässt sich relativ einfach überprüfen. Wenn Sie ein Grundstück mit Haus kaufen möchten, können Sie sich vom sogenannten örtlichen Gutachterausschuss eine Grundstückkostendokumentation besorgen.

Ein Gutachterausschuss ist ein Gremium, in dem unterschiedliche, regional tätige Immobiliensachverständige unter der Federführung der örtlichen Kommune oder des Landkreises zusammensitzen. Sie erhalten üblicherweise automatisch Kopien aller Grundstücks- und Immobilienkaufverträge in der Region und erstellen dazu meist jährlich eine Dokumentation. So entsteht eine neutrale Kostenübersicht der regionalen Boden- und Immobilienpreise. Diese Dokumentationen kann man meist gegen eine Schutzgebühr bei der Kommune erwerben, manchmal auch einfach von deren Internetseite herunterladen.

Anhand einer solchen Übersicht können Sie herausfinden, welchen Wert in etwa das Grundstück hat, das Ihnen gemeinsam mit einem Haus verkauft werden soll. Diesen Wert des Grundstücks können Sie dann vom Gesamtkaufpreis abziehen: Übrig bleiben die Kosten, die der Bauträger für den Hausbau haben will.

Wenn Sie auf Ihrem eigenen Grundstück ein Fertighaus oder Generalunternehmer-Massivhaus errichten wollen, kennen Sie die angebotenen Baukosten bereits, da Sie Grundstück und Haus getrennt voneinander erworben haben.

Haben Sie die Werte für die Grundstücks- und Gebäudekosten getrennt vor sich liegen, können Sie die Baukosten pro Quadratmeter Wohnfläche ermitteln. Dazu benötigen Sie nur eine exakte Ermittlung der Wohnfläche des angebotenen Gebäudes (⇢ Seite 176).

Kostenrisiken bei neuen Immobilien 19

In die Wohnfläche können nur Flächen derjenigen Räume einfließen, die nach Landesbauordnung auch zu Wohnzwecken zugelassen sind. Dazu gehören: Eine ausreichende Raumhöhe (in den meisten Landesbauordnungen mindestens 2,40 Meter, in Berlin sogar 2,50 Meter, in Baden-Württemberg nur 2,30 Meter), natürliche Belichtung und Belüftung (mindestens 10 Prozent der Raumgrundfläche müssen als Fensterfläche vorhanden sein, heißt also, ein 10 Quadratmeter großer Raum benötigt zumindest einen Quadratmeter Fensterfläche) und Beheizbarkeit (mindestens auf 20 °C). Kellerräume, vor allem von Bauträgern, erfüllen diese Bedingungen häufig nicht. Sie werden gerne als „Hobbyräume" betitelt und sind nur selten als Wohnräume nach Landesbauordnung zulässig. Solche Räume dürfen bei der Wohnflächenermittlung nicht berücksichtigt werden. Dasselbe gilt für Dachräume, die nicht die Mindestanforderungen der Landesbauordnung erfüllen (die Geschosshöhe ist hier üblicherweise zumindest über die Hälfte des Dachraums erforderlich; Flächen unterhalb einer Raumhöhe von 2 Metern, werden bei der Raumfläche nur zur Hälfte angerechnet, unterhalb von 1,5 Metern gar nicht).

Wenn Sie nun die reine Wohnfläche kennen – am besten verbindlich ermittelt nach der sogenannten Wohnflächenverordnung – dann können Sie den angebotenen Baukostenpreis des Hauses durch die Quadratmeterzahl der reinen Wohnfläche teilen. Die Zahl, die sich ergibt, bezeichnet die Baukosten pro Quadratmeter Wohnfläche. Die Baukosten des Kellers sind darin dann sozusagen inbegriffen, obwohl die Kellerfläche bei der Wohnfläche nicht berücksichtigt wurde.

Beispiel: Ihnen wird ein neues Reihenhaus samt Grundstück für 320.000 Euro angeboten. Sie haben mit Hilfe der Dokumentation des örtlichen Gutachterausschusses ermittelt, dass die Kosten für das Grundstück in etwa 60.000 Euro betragen. Bleiben 260.000 Euro für die Baukosten. Das Ihnen angebotene Haus hat eine reine Wohnfläche von 120 Quadratmetern (je 60 Quadratmeter im Erdgeschoss und im Obergeschoss). Sie teilen 260.000 durch 120 und erhalten Baukosten von 2.166,66 Euro pro Quadratmeter Wohnfläche.

Nun vergleichen Sie:

- Eine **einfache Bauweise** (Standard-Dämmung nach Gebäudeenergiegesetz GEG, Zweifachverglasung, einfache Gasheizung, einfache Bad- und Innenausstattung) kostet etwa bis 1.900 Euro pro Quadratmeter.
- Eine **Bauweise mittlerer Qualität** (etwas höherer Dämmstandard, Dreifachverglasung, eventuell Wärmepumpe, gute Bad- und Innenausstattung – unter anderem Parkett statt Laminat) kostet etwa 1.900 Euro bis 2.500 Euro pro Quadratmeter.
- Baukosten über 2.500 Euro pro Quadratmeter bedeuten dann bereits einen **deutlich höheren Standard** (zum Beispiel Passivhausbauweise, hoch gedämmte Fenster, Lüftungsanlage, sehr gute Innenausstattung).

Wenn das Ihnen angebotene Haus nun Baukosten von über 2.500 Euro pro Quadratmeter aufweist, aber nur über eine sehr einfache Ausstattung verfügt, dann wissen Sie, dass Ihr Bauträger an diesem Haus viel verdienen wird: Die Preisspanne zwischen den realen Baukosten und dem Ihnen angegebenen Kaufpreis ist seine Gewinnspanne. In diesem Beispiel wäre das Haus eher zu teuer, denn eine eventuell gute Lage bezahlen Sie bereits über den Grundstückspreis. Das muss nicht heißen, dass Sie das Haus nicht kaufen sollten. Es bleibt für Sie aber ungewiss, ob Sie es für diesen Preis einmal wieder verkaufen können.

Sonderfall Eigentumswohnung: Bei Eigentumswohnungen ist die Betrachtungsweise etwas anders. Hier liegen die am Markt angebotenen Quadratmeterpreise häufig etwas höher als bei Häusern. Auch können Sie hier nicht einfach das Grundstück herausrechnen, da Sie ja nur einen fiktiven Anteil am Grundstück erwerben. Sie können jedoch mehrere ähnliche Objektangebote mit den Dokumentationen des örtlichen Gutachterausschusses gut vergleichen. Wichtig ist nur, dass Sie tatsächlich vergleichbare Objekte heranziehen (also ähnliche Lage, ähnliche Größe). So erkennen Sie, ob der Angebotspreis ein Fantasiepreis ist, den Sie im Falle eines Wiederverkaufs nicht mehr werden erzielen können.

Kostenrisiken bei gebrauchten Immobilien

Auch beim Kauf einer gebrauchten Immobilie (ob Haus oder Wohnung) gibt es Kostenrisiken. Diese Risiken liegen darin, dass gebrauchte Immobilien üblicherweise mit dem Zusatz „wie gesehen" oder „wie es steht und liegt" im notariellen Kaufvertrag veräußert werden. Der Verkäufer lässt vom Notar meist auch einen Haftungsausschluss für Sachmängel in den Kaufvertrag setzen. Das heißt, was die Baubeschreibung bei neuen Immobilienobjekten ist, entspricht der Gebäudebesichtigung bei gebrauchten Objekten. Es ist also wichtig, eine extrem sorgfältige Objektbesichtigung durchzuführen, zu der Sie auch Fachleute einschalten können. Wie Sie das vertraglich richtig tun, welche Fachleute geeignet sind und wo Sie diese finden, erfahren Sie in dem Ratgeber **„Kauf eines gebrauchten Hauses"** der Verbraucherzentralen (→ Seite 271).

Doch selbst wenn eine gebrauchte Immobilie in keinem guten Zustand ist, heißt dies nicht, dass man auf den Kauf besser verzichtet. Berücksichtigen Sie aber von vornherein die Kosten, die nötig sind, um die Immobilie so herzurichten, dass sie für Ihre Bedürfnisse geeignet und bewohnbar ist. Diese Sanierungskosten werden häufig massiv unterschätzt. Die Sanierung eines einzigen Badezimmers kann 20.000 Euro und mehr kosten. Ein Dachgeschossausbau, bei dem zum Beispiel auch eine neue Dämmung angebracht werden muss samt neuer Unterdachverkleidung und neuen Dachfenstern, kann sehr schnell bei 30.000 bis 40.000 Euro liegen. Das Teure daran sind meist weniger die Materialkosten als vielmehr die Personalkosten. Und häufig muss zuvor ein Rückbau der alten Bausubstanz erfolgen. Alte Fliesen und Sanitärgegenstände, häufig aber auch ganze Rohrstränge, müssen ausgebaut und entsorgt werden. Beim Dach können noch Dachdichtungsmaßnahmen der Ziegeldeckung notwendig sein. Leider erkennt man meist erst während der Sanierungsarbeiten, wie hoch – und teuer – der wirkliche Sanierungsbedarf letztlich ist.

Diese potenziellen Mehrkosten können Sie in die Kaufpreisverhandlungen einbringen, um zu einem geringeren Kaufpreis zu gelangen. Nicht immer wird die Verkäuferseite darauf eingehen, denn nach wie vor bestimmt vor allem die Lage ganz wesentlich den Kaufpreis. Wenn die Verkäuferseite nicht auf Ihre Argumente eingeht und ihr Angebot nicht reduziert, sollten Sie über den Kauf noch einmal gründlich nachdenken. Denn es nützt Ihnen nichts, wenn Sie in einer überalterten Immobilie ohne Wohnkomfort leben, für deren Sanierung Ihnen auf Jahre hinaus das Geld fehlt.

Gebrauchtes Haus

Das gebrauchte Haus ist ganz klar der Klassiker unter den Immobilienlösungen. Es hat unbestreitbare Vorteile. Man muss es nicht erst bauen, sondern es steht bereits – mitunter in interessanter Lage, wo Bauplätze rar geworden sind. Der Nachteil des gebrauchten Hauses ist, dass es meist nicht mehr dem Stand der Technik entspricht.

Bei den Kostenrisiken gebrauchter Häuser kann man unterscheiden zwischen solchen Risiken, die einen Totalausfall des eingesetzten Vermögens bedeuten können, und solchen, die erhebliche Sanierungsinvestitionen nach sich ziehen können, aber nicht den Totalausfall bedeuten.

Spezielle, danach geordnete Checklisten zur Überprüfung der Gebäudesubstanz, finden Sie in dem Ratgeber **„Kauf eines gebrauchten Hauses"** (⇢ Seite 271). Im vorliegenden Ratgeber geht es nur um die klassischen Kostenfallen, also Kosten, die im Zuge eines Hauskaufs unmittelbar zusätzlich anfallen können, ohne dass Sie darüber informiert sind.

Bei den weitverbreiteten Kostenrisiken handelt es sich üblicherweise um:

- GEG-Pflicht-Modernisierungen
- Kellersanierung
- Dachsanierung
- Fenstersanierung
- Heizungssanierung
- Elektroerneuerungen
- Badsanierung
- Wasserleitungssanierung
- Küchensanierung
- Terrassen- und Balkonsanierung
- Schadstoffsanierung
- Haustürerneuerung
- Hauseingangserneuerung
- Innentürenerneuerung
- Wandoberflächenerneuerung
- Bodenbelagserneuerung
- Verzögerte Erschließungsgebühren

Diese Punkte müssen Sie gut überprüfen, bevor Sie den notariellen Kaufvertrag für ein gebrauchtes Haus unterzeichnen. Denn für eine eventuell notwendige Nachbesserung, Reparatur oder Sanierung dieser Bauteile und für die Bau- sowie Dienstleistungen fallen häufig höhere, zusätzliche Kosten an.

Gebrauchte Eigentumswohnung

Für gebrauchte Eigentumswohnungen gelten die gleichen Kostenrisiken wie für gebrauchte Häuser: Sämtliche der zuvor genannten Prüfpunkte sind auch für gebrauchte Eigentumswohnungen relevant. Bei gebrauchten Eigentumswohnungen kommt allerdings ein ganz wesentlicher Aspekt hinzu, der häufig vergessen wird, aber sehr kostenintensiv werden kann: Die sogenannte **Instandhaltungsrücklage** (⇢ Seite 139).

Entscheidend für Sie ist, wie hoch diese Rücklage zum Zeitpunkt Ihres Eintritts in die Wohnungseigentümergemeinschaft (WEG) ist. Hohe Kostenrisiken entstehen immer dann, wenn für ein relativ altes Gebäude nur eine geringe Instandhaltungsrücklage zur Verfügung steht.

Beispiel: Ihre Wohnung liegt in einem Gebäude mit 20 Wohnungen. Das Haus ist 30 Jahre alt und verfügt über eine Instandhaltungsrücklage von 40.000 oder 50.000 Euro. Dies ist nicht allzu viel. Hier reicht bereits eine unerwartet große Heizungsreparatur, um große Teile der Rücklage aufzufressen.

Auch die Gebäudegröße spielt eine Rolle: Je größer ein Gebäude ist, desto mehr Eigentümer zahlen in die Instandhaltungsrücklage ein, desto höher sind aber in der Regel auch die Sanierungskosten. So haben größere Gebäude beispielsweise sehr häufig Aufzugsanlagen. Deren Sanierung kann extrem kostenintensiv sein. Da reichen dann auch 50.000 Euro ganz schnell nicht mehr aus. Aber auch die Fassaden- oder Dachflächen sind viel größer als bei kleineren Häusern, und die Kosten bei der Sanierung sind entsprechend höher. Ein weiterer wichtiger Punkt: Man sollte sich ansehen, welche Sanierungen in naher Zukunft geplant sind, und sich darüber informieren, welche Sanierungen bereits erfolgt sind (zum Beispiel neues Dach oder Dachdämmung – und wann das war). Denn ist beispielsweise die Instandhaltungsrücklage gering, aber in naher Zukunft eine größere Sanierungsmaßnahme geplant, müssen auch Sie die Sanierung anteilig mittragen. Das heißt, neben den reinen Kaufkosten Ihrer Wohnung, können sehr zeitnah noch einmal erhebliche Beträge, auch im fünfstelligen Bereich, auf Sie zukommen. Ob solche Beschlüsse vorliegen, können Sie in der Regel der Beschlusssammlung der Wohnungseigentümergemeinschaft entnehmen. Diese muss Ihnen der Verwalter im Zuge eines Kaufs auf Verlangen vorlegen. Bei der Instandhaltungsrücklage kommt es also auf die Überprüfung mehrerer Parameter an:

- Wie hoch ist die Rücklage?
- Wie alt ist das Gebäude?
- Wie groß ist das Gebäude/ Wie viele Wohneinheiten hat es?
- Welche größeren/kostenintensiveren Sanierungsmaßnahmen sind in naher Zukunft geplant und per Beschluss der Wohnungseigentümerversammlung bereits festgelegt?

Was ist eine Instandhaltungsrücklage?

Eine Eigentumswohnung befindet sich meist in einem Gebäude mit weiteren Eigentumswohnungen. Während sich jeder Eigentümer um seine Wohnung selbst kümmert (zum Beispiel Fliesen austauscht oder Wände neu tapeziert), kümmern sich alle Wohnungseigentümer gemeinsam um das „gemeinschaftliche Eigentum". Fast immer geschieht dies durch Einsetzung eines „Wohnungseigentumsverwalters" auch WEG-Verwalter genannt.

Er wird von allen Eigentümern damit beauftragt, die Wohnanlage zu verwalten. Er kümmert sich um die verschiedensten Dinge, von der Nebenkostenabrechnung bis zu Instandhaltung der Immobilie. Für diese Instandhaltung benötigt er Geld. Das Geld geben ihm die Eigentümer und zwar in der Regel über monatliche Einzahlungen, zum Beispiel in eine sogenannte Instandhaltungsrücklage. Je nach Höhe der Einzahlungen ist die Rücklage hoch oder niedrig.

> **Beschlusssammlung einsehen**
>
> Schauen Sie vor dem Kauf einer Eigentumswohnung in die Beschlusssammlung der Wohnungseigentümergemeinschaft, und lassen Sie sich die Höhe der aktuellen Instandhaltungsrücklage durch Kontoauszug mitteilen! Blenden Sie die Überprüfung des größten Kostenrisikos nicht aus. Es schützt Sie vor bösen Überraschungen.

Wie hoch sind Kosten gebrauchter Immobilien?

Auch bei einer gebrauchten Immobilie stellt sich die Frage nach der Angemessenheit des Kaufpreises. Anders als beim Neubau kann man dabei nicht einfach nach den Baukosten gehen, auch wenn sie als Vergleichsmaßstab immer interessant sind. Wie man den Wert gebrauchter Immobilien genau berechnet, erfahren Sie in den Ratgebern **„Kauf eines gebrauchten Hauses"** und **„Immobilienkauf"** (ab Herbst 2022) der Verbraucherzentrale. Das kann man durchaus auch selbst berechnen.

Man kann auch ein komplettes Gutachten zum Gebäudewert in Auftrag geben (zum Beispiel bei einem Sachverständigen für die Bewertung bebauter und unbebauter Grundstücke). Allerdings sind diese Gutachten zeitaufwändig und nicht ganz preiswert. Ferner kann ein solches Gutachten ebenso zu dem Schluss kommen, dass Sie für das angebotene Gebäude eigentlich sogar mehr zahlen müssten; dann nutzt es Ihnen bei einer Kaufpreisverhandlung wenig. Kaufen Sie ein Haus dann nicht, sitzen Sie auf einem teuren Gutachten, das Sie nicht weitergebracht hat.

Wertgutachten sind eher für die Verkäuferseite interessant, weniger für die Käuferseite. Daher die klare Empfehlung: Nehmen Sie besser Einsicht in die aktuelle Dokumentation des örtlichen Gutachterausschusses bei vergleichbaren Objekten in vergleichbarer Lage. Weicht der Preis des Ihnen angebotenen Objektes nach oben oder nach unten erheblich von den Preisen vergleichbarer Objekte ab, müssen Sie genauer hinsehen.

Übliche Nebenkosten beim Immobilienkauf

Zu den klassischen Nebenkosten beim Immobilienkauf wird – im Gegensatz zu den vielen versteckten Kosten – viel berichtet und geschrieben, obwohl es eigentlich eine überschaubare Liste potenzieller Zusatzkosten ist. Hierunter fallen in aller Regel folgende Kosten:

- Grunderwerbsteuer
- Notargebühren für die Beurkundung des Grundstücks- oder Immobilienkaufs
- Gebühren für die Eigentumsumschreibung Im Grundbuch
- Gebühren für die Eintragung einer Grundschuld/Hypothek ins Grundbuch
- Maklerprovision (falls ein Makler Grundstück oder Immobilie vermittelt hat)
- Honorarkosten (zum Beispiel für Bausachverständige bei der Besichtigung einer Bestandsimmobilie oder Baufortschrittskontrolle eines Neubaus)

- Honorarkosten für einen Anwalt (etwa zur Vertragsprüfung)
- Mitunter Bearbeitungsgebühren der Bank für den Bankkredit (die Kosten für die Wertschätzung einer Immobilie darf die Bank Ihnen aber nicht in Rechnung stellen)
- Versicherungskosten (grundsätzlich die Risikolebensversicherung und je nach Bedarf noch Berufsunfähigkeitsversicherung, Bauherrenhaftpflichtversicherung, Unfallversicherung, Bauleistungsversicherung, Bauwesenversicherung, Feuerrohbauversicherung sowie anschließend Gebäudeversicherung)

Die **Grunderwerbsteuer** und die Honorarkosten schlagen hierbei in aller Regel am meisten zu Buche. Die Grunderwerbsteuer ist je nach Bundesland unterschiedlich hoch, Sie beträgt in einigen Bundesländern mittlerweile 6,5 Prozent der Immobilienkaufsumme. Wird zunächst nur das Grundstück erworben und erst später bebaut, zum Beispiel in Zusammenarbeit mit einem Architekten, fällt die Grunderwerbsteuer nur für die Kaufsumme des Grundstücks an.

Große Vorsicht ist geboten, wenn Ihnen ein Bauträger erzählt, er verkaufe Ihnen Grundstück und Haus bewusst in separaten Verträgen, damit Sie die Grunderwerbsteuer für den Hausanteil sparen können. Ob dem so ist oder nicht, entscheidet letztlich das Finanzamt – und zwar gegebenenfalls auf Grundlage der geschlossenen Verträge. Denn selbst wenn Haus und Grundstück in separaten Verträgen erworben wurden, kann durchaus ein sogenanntes „verbundenes Geschäft" vorliegen, bei dem Grundstück und Haus zwar in getrennten Verträgen, letztlich aber doch als ein Gesamtvorgang veräußert wurden: zum Beispiel wenn im Kaufvertrag des Grundstücks bereits festgelegt wird, durch wen es bebaut wird, etwa durch denselben Bauträger, der Ihnen auch das Grundstück verkauft oder vermittelt hat. Dann dürften die Finanzbehörden dies als ein verbundenes Geschäft sehen und von Ihnen die Grunderwerbsteuer auf den Gesamtbetrag – also Grundstück und Haus – fordern. Die gravierenden Nachteile, die Ihnen zwei separate Verträge bringen, überwiegen sehr schnell die finanziellen Vorteile, die Sie zu haben glaubten.

Ausführliches zu den vertraglichen Hintergründen und Problemen bietet der Ratgeber **„Kauf und Bau eines Fertighauses oder Massivhauses"** (⟶ Seite 271). Dort finden Sie auch ein durchgängig kommentiertes Bauträger-Vertragsbeispiel.

Die **Notarkosten** machen – überschlägig – etwa 1 bis 1,5 Prozent der Kaufsumme aus für folgende Notarleistungen:

- Einsicht ins Grundbuch,
- Erstellung des Vertragsentwurfs,
- Beurkundung des Vertrages und
- Vollzugsauftrag.

Meist ist auch die **Eintragung einer Grundschuld beziehungsweise Hypothek** ins Grundbuch notwendig. Auch dies beantragt der Notar üblicherweise, zumindest beglaubigt er die Unterschriften eines Antrags für den Ihnen gegebenen Kredit. Dieser Eintrag gilt der Absicherung Ihrer Bank.

Honorarkosten für einen (Bau-) **Sachverständigen** sollten Sie nicht unter 100 Euro netto pro Stunde ansetzen. Benötigen Sie ihn 10 Stunden, ergibt das 1.000 Euro netto. Anwälte sind oft teurer. Siehe hierzu auch Seite 155.

Der **Makler** will für seine Vermittlertätigkeit meist fürstlich entlohnt werden, nämlich üblicherweise zwischen 3,57 und 7,14 Prozent des Immobilienpreises. Die Höhe der Provision ist in Deutschland gesetzlich nicht festgeschrieben, Sie können also versuchen, die Maklergebühr frei zu verhandeln. In einigen Nachbarländern Deutschlands nehmen die Makler beispielsweise nur 1 Prozent. Verhandeln kann sich also lohnen. Gesetzlich allerdings festgeschrieben ist, dass der Makler vom Käufer höchstens die Hälfte der Provision kassieren darf, die mit dem Verkäufer vereinbart ist – und auch erst, wenn er dem Käufer nachweist, dass der Verkäufer seinen Anteil tatsächlich gezahlt hat.

Die **Grundbucheintragung** schlägt nach der Kostenordnung mit einem festgelegten Gebührensatz zu Buche: Bei einer Immobilie im Wert von beispielsweise 300.000 Euro sind das etwa 500 Euro.

Bei den **Versicherungen** ist zu unterscheiden zwischen denen, die Sie

- für einen Hausneubau benötigen, und solchen,
- die Sie für ein gebrauchtes Haus brauchen.

Bei einem Neubau muss die Bauphase dann abgesichert werden, wenn Sie nicht in der Rolle des Käufers eines fertigen Hauses samt Grundstück sind, sondern erst ein Grundstück erwerben und darauf dann mit einem Bauträger, Generalunternehmer, Fertighausanbieter oder Architekten ein Gebäude errichten möchten. Dann sind Sie Bauherr, und es treffen Sie auch alle Lasten und Risiken eines Bauherrn.

Die fünf typischen Versicherungen während der Bauphase sind:

- **Bauherrenhaftpflichtversicherung**,
- **Unfallversicherung** für den Fall von Eigenleistungen (für Helfer ist diese verpflichtend bei der Bauberufsgenossenschaft abzuschließen),
- **Feuerrohbauversicherung**,
- **Bauwesenversicherung** (für Schäden an Bauteilen während des Baus),
- **Bauleistungsversicherung**
- und gegebenenfalls eine **Fertigstellungsversicherung** (ist in Deutschland noch selten, kann alternativ über eine Fertigstellungbürgschaft des Bauträgers, Generalunternehmers oder Fertighausanbieters gelöst werden).

Diese Versicherungen sind zeitlich begrenzt und fallen nach der Bauphase weg.

Davon unabhängig sind Versicherungen, die länger laufen und vor allem das Ausfallrisiko der Finanzierung absichern. Hier stehen 2 Aspekte im Vordergrund:

- Eine mögliche Berufsunfähigkeit des Hauptverdieners und
- das Lebensrisiko des Hauptverdieners.

Diese Risiken werden abgedeckt durch eine **Berufsunfähigkeitsversicherung** und eine **Risikolebensversicherung**. Risikolebensversicherungen (nicht zu verwechseln mit Lebensversicherungen in Form einer Ansparversicherung) sind schon relativ günstig zu haben: im dreistelligen Bereich pro Jahr, je nach Alter des Versicherungsnehmers und Höhe der zu versichernden Summe. Dieses Geld muss bei den

Kostenrisiken – ein Überblick

monatlichen Belastungen einkalkuliert werden. Allerdings kann man die zu versichernde Summe und damit die zu zahlenden Beiträge mit der Zeit nach unten abstaffeln, denn über die Jahre sinken ja auch die Bankverbindlichkeiten und damit das Finanzierungsrisiko. Ob unabhängig vom Finanzierungsrisiko, das so abgesichert wird, noch ein fester, monatlicher Versorgungssockel für die möglichen Hinterbliebenen berücksichtigt werden soll, muss im Einzelfall überlegt werden.

Beispiel für übliche Nebenkosten beim Immobilienkauf

Angenommen, Sie finden ein Angebot eines Bauträgers für ein Reihenhaus samt Grundstück für 300.000 Euro oder aber ein gebrauchtes Haus zum gleichen Preis, dann kommen – gemäß der obigen Zusammenstellung – folgende Nebenkosten dazu:

Immobilienkosten (davon Kreditsumme 200.000 Euro)	300.000 Euro
+ **Grunderwerbsteuer** (5,0 %)	15.000 Euro
+ **Notarkosten** (1 %)	3.000 Euro
+ **Eigentumsumschreibung im Grundbuch**	etwa 500 Euro
+ **Eintragung Grundschuld/Hypothek ins Grundbuch** (etwa 0,5 % der Kreditsumme)	1.000 Euro
+ **Bereitstellungszins** (monatlich etwa 0,25 % der Kreditsumme, bei drei Monaten)	1.500 Euro
+ **Maklerprovision** (3,57 %):	10.710 Euro
+ **Beratung (Bau)Sachverständige** (2 x 500 Euro):	1.000 Euro
gesamt:	**ca. 332.710 Euro**

+ **Versicherungskosten** (unterschiedlich, je nachdem, ob Sie rechtlich Käufer sind oder Bauherr, zumindest aber Berufsunfähigkeits-, Risikolebens- und Wohngebäude- plus Elementarschadensversicherung)

Wenn Sie diese Nebenkosten zusammenrechnen, kommen Sie auf etwa zehn Prozent der Immobilienkosten: Bei einem Immobilienpreis von 300.000 Euro benötigen Sie also satte 30.000 Euro zusätzliches Geld nur zur Begleichung der üblichen Nebenkosten. Wenn hier allerdings nur allein der Makler statt 3,57 Prozent 7,14 Prozent haben will, wird die Zehn-Prozent-Marke bereits gerissen und die Kosten schießen noch weiter in die Höhe.

Anfallen werden darüber hinaus in jedem Fall die Kosten für die fortlaufende **Wohngebäudeversicherung** möglichst immer ergänzt um eine **Elementarschadensversicherung**.

Diese Nebenkosten sind aber zumindest recht transparent, auch wenn sie in Immobilienanzeigen oder Ähnlichem nie vollständig angegeben werden. Es sind übliche Nebenkosten, die Sie erkennen können. Eine gute Bank sollte diese Kosten bei einer sorgfältigen Finanzierungsberatung eigentlich im Auge haben und Sie darauf hinweisen. Sie sollten sich darauf aber nicht verlassen und immer selbst gegenprüfen.

Kostenrisiko aus der Lage der Immobilie

Die Lage einer Immobilie kann zu einer sehr schweren Hypothek werden. Dabei kann man zwischen Makro- und Mikrolage unterscheiden. Die **Makrolage** ist die Lage der Immobilie innerhalb Deutschlands und innerhalb einer Region. Die Makrolage ist also etwa ein Landkreis oder eine Kommune. Mittlerweile gibt es viele Regionen in Deutschland mit stark fallenden Immobilienpreisen aufgrund von Bevölkerungsabwanderung. Das trifft nicht nur für viele Gebiete im Osten zu, sondern auch für Gebiete im Westen, so zum Beispiel das nördliche Ruhrgebiet, Ostwestfalen, das Siegerland, die Eifel oder den Westerwald. Häufig sind es ländliche Räume mit ungünstiger Anbindung.

Neben der Makrolage ist aber auch die **Mikrolage** einer Immobilie wichtig. Selbst in einer Boom-Stadt wie München kann man eine glatte Fehlinvestition tätigen: Eine Souterrainwohnung in München, mit reiner Nordorientierung, in einem wenig attraktiven Stadtteil gelegen, kann ganz schnell zur Investitionsruine werden.

Wichtig bei der Einschätzung des Wertes von Immobilien sind auch die Dokumentationen von **Gutachterausschüssen**. Diese sollten Sie auf alle Fälle einsehen. Mehr dazu erfahren Sie auf Seite 149.

Das Problem der Makro- und Mikrolage gilt natürlich auch für den **Neubau** von Immobilien. Denn selbst wenn Sie ein Grundstück hinterhergeworfen bekommen – selbst wenn Sie es von einer Gemeinde geschenkt bekommen würden – , kann die Bebauung des Grundstücks in der falschen Lage direkt eine absolute Fehlinvestition sein. Denn Baukosten unterscheiden sich bundesweit keinesfalls so stark, dass Bauen in strukturschwachen Regionen deutlich günstiger wäre als in strukturstarken. Wird in einer strukturschwachen Region gebaut, kann es sein, dass schon direkt bei Abschluss der Bautätigkeit eine hohe Bauinvestition einem potenziell viel geringeren Wiederverkaufswert gegenübersteht.

Es gibt Regionen, in denen das Mieten einer Immobilie im Zweifel immer noch die deutlich bessere Alternative als der Bau oder Kauf einer Immobilie ist, zumal dann, wenn noch offen ist, ob man überhaupt langfristig in der Region bleiben will oder kann.

€

Fragebögen und Checkblätter: Neubau – Haus oder Wohnung

Beim Neubau ist eine der wichtigsten Vertragsanlagen die Bau- und Leistungsbeschreibung. Bauleistungen, die in ihr nicht erwähnt sind, sind nicht Vertragsbestandteil und müssen zusätzlich bezahlt werden. Um Kostenrisiken auszuschalten, muss daher überprüft werden, ob alle wichtigen Leistungen in der Baubeschreibung enthalten sind. Das weiße Eurozeichen im roten Feld und die weißen Backsteine im hellroten Feld am Seitenrand sind die Erkennungszeichen dieser Checkblätter.

Damit Sie versteckte Kosten bei dem Ihnen angebotenen Neubau-Haus oder der angebotenen Neubau-Wohnung besser erkennen können, finden Sie nachfolgend einen Fragebogen für Ihren Bauträger, Generalunternehmer oder Fertighausanbieter.

- Fragebogen: **Leistungsumfang des von Ihnen angebotenen Neubau-Hauses** (⋯⋗ Seite 30)
- Fragebogen: **Leistungsumfang der von Ihnen angebotenen Neubau-Eigentumswohnung** (⋯⋗ Seite 32)

Entsprechende Fragebögen für den Kauf einer gebrauchten Immobilie (Haus und Eigentumswohnung) finden Sie ab Seite 101.

Sämtliche Fragebögen gibt es auch als **Download** (⋯⋗ Seite 265). Sie können diese Bögen einfach ausdrucken und dem Immobilienanbieter aushändigen, mit der Bitte, den jeweiligen Bogen kurz auszufüllen.

Auf keinen Fall sollten Sie diese Fragebögen einfach als Anhang per E-Mail an den Immobilienanbieter weitersenden. Das mag vielleicht bequemer sein, aber dann erkennt der Anbieter sofort, dass die Bögen von der Verbraucherzentrale stammen. Das ruft bei vielen Anbietern Unmut hervor, manche reagieren sogar gereizt. Daher besser ausdrucken und per Post versenden.

Nach Rücklauf dieser Fragebögen können Sie dann auf einen Blick rasch erkennen, welche Kostenpunkte das Ihnen vorgelegte Immobilienangebot enthält – und welche fehlen. Die Fragebögen können Sie dann – mittels eines **Wegweisers** (⋯⋗ Seite 35) – mit den zugeordneten Checkblättern zu den einzelnen Kostenpunkten abgleichen.

Durch die Addition aller Kosten der nicht im Leistungsumfang enthaltenen Punkte erhalten Sie einen konkreten Überblick über die Kostenrisiken Ihres Immobilienkaufvorhabens.

Fragebogen

Leistungsumfang des von Ihnen angebotenen Neubau-Hauses

Welche Leistungen sind in Ihrem Immobilienangebot enthalten und welche nicht? Bitte einfach „Ja" (= enthalten) oder „Nein" (= nicht enthalten) ankreuzen.

		Ja	Nein
1	Genehmigungsgebühren (Baugenehmigung und evtl. notwendige Sondergenehmigungen)	☐	☐
2	Statik	☐	☐
3	Falls erforderlich: Prüfstatik	☐	☐
4	Erschließungsbeiträge (alle Ersterschließungsbeiträge nach dem Baugesetzbuch)	☐	☐
5	Vermessungs- und Katastergebühren (Grundstückseinmessung, Gebäudeeinmessung, Gebäudeabsteckung)	☐	☐
6	Bodengutachten (auf Bodenklasse, Bodentragfähigkeit und Grundwasser)	☐	☐
7	Freiräumung Grundstück	☐	☐
8	Baustelleneinrichtung (soweit erforderlich inklusive Baustraßen, Materiallagerplatz und Kranstandplatz)	☐	☐
9	Baustrom-/Bauwasseranschluss und spätere Demontage (inklusive Genehmigung und Genehmigungsgebühr)	☐	☐
10	Baustrom-/Bauwasserverbrauch	☐	☐
11	Grundwasserhaltung in der Baugrube (falls notwendig bei hohem Grundwasserstand)	☐	☐
12	Abfahrt und Deponiegebühr des Erdaushubs	☐	☐
13	Wasser- und Abwasseranschlüsse inklusive Kontrollschacht (lückenlos, vom öffentlichen Netz bis ins Haus bzw. umgekehrt, betriebsfertig) sowie Regenwasser-Entwässerungskanal	☐	☐
14	**Hebeanlage** Abwasserhebeanlage Kondensatwasserhebeanlage (Heizung) Fäkalabwasserhebeanlage	☐ ☐ ☐	☐ ☐ ☐
15	Gasanschluss (lückenlos vom öffentlichen Netz bis ins Haus, betriebsfertig)	☐	☐
16	Stromanschluss (lückenlos vom öffentlichen Netz bis ins Haus, betriebsfertig)	☐	☐
17	Elektroausstattung ausreichend (Umfang mindestens 50 Steckdosen, 30 Schalter, 20 Deckenauslässe, 20 Wandauslässe im gesamten Haus inklusive Keller- und Dachräume sowie 2 Außensteckdosen und 2 Außenbeleuchtungen bei Terrasse und Balkon)	☐	☐
18	Gegensprechanlage mit Annahmestationen auf allen Geschossen	☐	☐
19	**Heizungs-/Wärmepumpenergänzung durch Solarkollektoren** für die Warmwasserbereitung Warmwasserzirkulationsleitung	☐ ☐	☐ ☐
20	Bei Installation einer Solarkollektoranlage auch 300-Liter-Warmwasserspeicher enthalten	☐	☐
21	TV-, IT- und Telefonanschluss-Ausstattung (lückenlos vom öffentlichen Netz bis ins Haus, betriebsfertig)	☐	☐
22	Keller	☐	☐

Fortsetzung Fragebogen Neubau-Hauses	Ja	Nein
23 Keller als WU-Keller in Stahlbeton	☐	☐
24 Dämmung unterhalb der Kellerbodenplatte	☐	☐
25 Dämmung der Kelleraußenwände	☐	☐
26 **Kellerestrich (alle Räume)**		
Verbundestrich	☐	☐
Estrich auf Trennlage	☐	☐
Schwimmender Estrich inklusive Wärmedämmung	☐	☐
27 Bodenbelag im gesamten Keller (zum Beispiel Fliesen)	☐	☐
28 Isolierte Kellerfenster (Doppelverglasung) mit Kellerlichtschächten	☐	☐
29 Falls kein Keller: Dämmung unterhalb der Bodenplatte	☐	☐
30 Rollläden an Kellerfenstern	☐	☐
31 Rollläden in allen Geschossen außer Keller (falls an einzelnen Fenstern nicht, bitte diese nennen)	☐	☐
32 Dreischeiben-Wärmeschutzverglasung aller Wohnraumfenster	☐	☐
33 **Gäste-WC und Bäder**		
Spiegel	☐	☐
Spiegelbeleuchtung	☐	☐
Handtuchhalter	☐	☐
WC-Papierhalter	☐	☐
34 Gedämmte Dachbodeneinschubtreppe (falls Zwischendecke oberstes Geschoss zu Dachboden gedämmt ist)	☐	☐
35 Dachbodenbeplankung (Dachboden begehbar und nutzbar als Abstellraum)	☐	☐
36 Dachdämmung	☐	☐
37 Dachbodenwandbekleidung	☐	☐
38 Erhöhter Schallschutz (zum Beispiel gemäß DIN 4109 Beiblatt 2)	☐	☐
39 **Hauszugang**		
Eingangspodest	☐	☐
Vordach	☐	☐
Außenwandlampe	☐	☐
Briefkasten	☐	☐
Hausnummer	☐	☐
40 Terrasse	☐	☐
41 Balkon	☐	☐
42 Garage	☐	☐
43 Carport	☐	☐
44 Gartenanlage	☐	☐

	Fortsetzung Fragebogen Neubau-Hauses	Ja	Nein
45	Zaun	☐	☐
46	Hauswege	☐	☐
47	Kfz-Stellplatz	☐	☐
48	Haustürschlüssel mit Schließanlage	☐	☐
49	Außensteckdosen und Außenbeleuchtung Terrasse und Balkon	☐	☐
50	Außenwasserhahn (frostfrei)	☐	☐
51	Regenwasserzisterne	☐	☐
52	Eigenleistungen möglich (wenn ja, welche?) _____ _____	☐	☐

Fragebogen

Leistungsumfang der von Ihnen angebotenen Neubau-Eigentumswohnung

Welche Leistungen sind in Ihrem Immobilienangebot enthalten und welche nicht?
Bitte einfach „Ja" (= enthalten) oder „Nein" (= nicht enthalten) ankreuzen.

		Ja	Nein
1	Genehmigungsgebühren (Baugenehmigung und evtl. notwendige Sondergenehmigungen)	☐	☐
2	Statik	☐	☐
3	Falls erforderlich: Prüfstatik	☐	☐
4	Erschließungsbeiträge (alle Ersterschließungsbeiträge nach dem Baugesetzbuch)	☐	☐
5	Vermessungs- und Katastergebühren (Grundstückseinmessung, Gebäudeeinmessung, Gebäudeabsteckung)	☐	☐
6	Bodengutachten (auf Bodenklasse, Bodentragfähigkeit und Grundwasser)	☐	☐
7	Freiräumung Grundstück	☐	☐
8	Baustelleneinrichtung (soweit erforderlich inklusive Baustraßen, Materiallagerplatz und Kranstandplatz)	☐	☐
9	Baustrom-/Bauwasseranschluss und spätere Demontage (inklusive Genehmigung und Genehmigungsgebühr)	☐	☐
10	Baustrom-/Bauwasserverbrauch	☐	☐
11	Grundwasserhaltung in der Baugrube (falls notwendig bei hohem Grundwasserstand)	☐	☐
12	Abfahrt und Deponiegebühr des Erdaushubs	☐	☐
13	Wasser- und Abwasseranschlüsse inklusive Kontrollschacht (lückenlos, vom öffentlichen Netz bis ins Haus bzw. umgekehrt, betriebsfertig) sowie Regenwasser-Entwässerungskanal	☐	☐

	Fortsetzung Fragebogen Neubau-Eigentumswohnung	Ja	Nein
14	**Hebeanlage** Abwasserhebeanlage Kondensatwasserhebeanlage (Heizung) Fäkalabwasserhebeanlage	☐ ☐ ☐	☐ ☐ ☐
15	Gasanschluss (lückenlos vom öffentlichen Netz bis ins Haus, betriebsfertig)	☐	☐
16	Stromanschluss (lückenlos vom öffentlichen Netz bis ins Haus, betriebsfertig)	☐	☐
17	Elektroausstattung ausreichend (Umfang mindestens 50 Steckdosen, 30 Schalter, 20 Deckenauslässe, 20 Wandauslässe im gesamten Haus inklusive Keller- und Dachräume sowie 2 Außensteckdosen und 2 Außenbeleuchtungen bei Terrasse und Balkon)	☐	☐
18	Gegensprechanlage mit Annahmestationen auf allen Geschossen	☐	☐
19	Heizungs-/Wärmepumpenergänzung durch Solarkollektoren für die Warmwasserbereitung Warmwasserzirkulationsleitung	☐ ☐	☐ ☐
20	Bei Installation einer Solarkollektoranlage auch 300-Liter-Warmwasser-speicher enthalten	☐	☐
21	TV-, IT- und Telefonanschluss-Ausstattung (lückenlos vom öffentlichen Netz bis ins Haus, betriebsfertig)	☐	☐
22	Keller	☐	☐
23	Keller als WU-Keller in Stahlbeton	☐	☐
24	Dämmung unterhalb der Kellerbodenplatte	☐	☐
25	Dämmung der Kelleraußenwände	☐	☐
26	**Kellerestrich (alle Räume)** Verbundestrich Estrich auf Trennlage Schwimmender Estrich inklusive Wärmedämmung	☐ ☐ ☐	☐ ☐ ☐
27	Bodenbelag im gesamten Keller (zum Beispiel Fliesen)	☐	☐
28	Isolierte Kellerfenster (Doppelverglasung) mit Kellerlichtschächten	☐	☐
29	Falls kein Keller: Dämmung unterhalb der Bodenplatte	☐	☐
30	Rollläden an Kellerfenstern	☐	☐
31	Rollläden in allen Geschossen außer Keller (falls an einzelnen Fenstern nicht, bitte diese nennen) _____	☐	☐
32	Dreischeiben-Wärmeschutzverglasung aller Wohnraumfenster	☐	☐
33	**Gäste-WC und Bäder** Spiegel Spiegelbeleuchtung Handtuchhalter WC-Papierhalter	☐ ☐ ☐ ☐	☐ ☐ ☐ ☐

Fortsetzung Fragebogen Neubau-Eigentumswohnung	Ja	Nein
34 Gedämmte Dachbodeneinschubtreppe (falls Zwischendecke oberstes Geschoss zu Dachboden gedämmt ist)	☐	☐
35 Dachbodenbeplankung (Dachboden begehbar und nutzbar als Abstellraum)	☐	☐
36 Dachdämmung	☐	☐
37 Dachbodenwandbekleidung	☐	☐
38 Erhöhter Schallschutz (zum Beispiel gemäß DIN 4109 Beiblatt 2)	☐	☐
39 **Hauszugang** Eingangspodest Vordach Außenwandlampe Briefkasten Hausnummer	☐ ☐ ☐ ☐ ☐	☐ ☐ ☐ ☐ ☐
40 Terrasse	☐	☐
41 Balkon	☐	☐
42 Garage	☐	☐
43 Carport	☐	☐
44 Gartenanlage	☐	☐
45 Zaun	☐	☐
46 Hauswege	☐	☐
47 Kfz-Stellplatz	☐	☐
48 Haustürschlüssel mit Schließanlage	☐	☐
49 Außensteckdosen und Außenbeleuchtung Terrasse und Balkon	☐	☐
50 Außenwasserhahn (frostfrei)	☐	☐
51 Regenwasserzisterne	☐	☐
52 Eigenleistungen möglich (wenn ja, welche?) _____ _____	☐	☐
53 Kellerabteil	☐	☐
54 Aufzug	☐	☐
55 Tiefgarage	☐	☐
56 Außenanlage	☐	☐

Checkblatt-Wegweiser

So finden Sie zu jeder Frage das passende Checkblatt

1. Genehmigungsgebühren (Baugenehmigung und evtl. notwendige Sondergenehmigungen)
   ⇢ Checkblatt Baugenehmigungsgebühren Seite 39
2. Statik
   ⇢ Checkblatt Statik und Prüfstatik Seite 40
3. Falls erforderlich: Prüfstatik
   ⇢ Checkblatt Statik und Prüfstatik Seite 40
4. Erschließungsbeiträge
   ⇢ Checkblatt Erschließungsbeiträge Seite 41
5. Vermessungs- und Katastergebühren
   ⇢ Checkblatt Vermessungs- und Katastergebühren Seite 43
6. Bodengutachten
   ⇢ Checkblatt Bodengutachten Seite 44
7. Freiräumung Grundstück
   ⇢ Checkblatt Freiräumung Grundstück Seite 45
8. Baustelleneinrichtung
   ⇢ Checkblatt Baustelleneinrichtung Seite 47
9. Baustrom-/Bauwasseranschluss und spätere Demontage
   ⇢ Checkblatt Baustrom/Bauwasser Seite 49
10. Baustrom-/Bauwasserverbrauch
    ⇢ Checkblatt Baustrom/Bauwasser Seite 49
11. Grundwasserhaltung in der Baugrube
    ⇢ Checkblatt Grundwasserhaltung Seite 50
12. Abfahrt und Deponiegebühr des Erdaushubs
    ⇢ Checkblatt Abtransport- und Deponiekosten Seite 51
13. Wasser- und Abwasseranschlüsse inklusive Kontrollschacht
    ⇢ Checkblatt Hausanschlüsse und Entwässerungskanalarbeiten Seite 53
14. Hebeanlage
    ⇢ Checkblatt Hebeanlage Seite 58
15. Gasanschluss
    ⇢ Checkblatt Hausanschlüsse und Entwässerungskanalarbeiten Seite 53
16. Stromanschluss
    ⇢ Checkblatt Hausanschlüsse und Entwässerungskanalarbeiten Seite 53
17. Elektroausstattung ausreichend
    ⇢ Checkblatt Elektroausstattung Seite 60
18. Gegensprechanlage mit Annahmestationen auf allen Geschossen
    ⇢ Checkblatt Elektroausstattung Seite 60

Fortsetzung Checkblatt-Wegweiser

19 Heizungs-/Wärmepumpenergänzung durch Solarkollektoren für die Warmwasserbereitung
⇢ **Checkblatt Heizungsausstattung und Warmwasserbereitung Seite 65**

20 Bei Installation einer Solarkollektoranlage auch 300-Liter-Warmwasser-speicher enthalten
⇢ **Checkblatt Heizungsausstattung Seite 65**

21 TV-, IT- und Telefonanschluss-Ausstattung
⇢ **Checkblatt TV-, IT- und Telefonausstattung Seite 63**

22 Keller
⇢ **Checkblatt Kellerkonstruktion Seite 55**
⇢ **Checkblatt Kellerabteil Seite 92**

23 Keller als WU-Keller in Stahlbeton
⇢ **Checkblatt Kellerkonstruktion Seite 55**

24 Dämmung unterhalb der Kellerbodenplatte
⇢ **Checkblatt Kellerausstattung Seite 56**
⇢ **Checkblatt Kellerabteil Seite 92**

25 Dämmung der Kelleraußenwände
⇢ **Checkblatt Kellerausstattung Seite 56**
⇢ **Checkblatt Kellerabteil Seite 92**

26 Kellerestrich
⇢ **Checkblatt Kellerausstattung Seite 56**
⇢ **Checkblatt Kellerabteil Seite 92**

27 Bodenbelag im gesamten Keller
⇢ **Checkblatt Kellerausstattung Seite 56**

28 Isolierte Kellerfenster mit Kellerlichtschächten
⇢ **Checkblatt Fenster Seite 69**

29 Falls kein Keller: Dämmung unterhalb der Bodenplatte
⇢ **Checkblatt Kellerkonstruktion Seite 55**

30 Rollläden an Kellerfenstern
⇢ **Checkblatt Rollläden Seite 71**

31 Rollläden in allen Geschossen außer Keller
⇢ **Checkblatt Rollläden Seite 71**

32 Dreischeiben-Wärmeschutzverglasung aller Wohnraumfenster
⇢ **Checkblatt Fenster Seite 69**

33 Gäste-WC und Bäder
⇢ **Checkblatt Badausstattung Seite 73**

34 Gedämmte Dachbodeneinschubtreppe
(falls Zwischendecke oberstes Geschoss zu Dachboden gedämmt ist)
⇢ **Checkblatt Dachbodenausstattung Seite 77**

35 Dachbodenbeplankung
⇢ **Checkblatt Dachbodenausstattung Seite 77**

Fortsetzung Checkblatt-Wegweiser

36 Dachdämmung
⇢ **Checkblatt Dachbodenausstattung Seite 77**

37 Dachbodenwandbekleidung
⇢ **Checkblatt Dachbodenausstattung Seite 77**

38 Erhöhter Schallschutz
⇢ **Checkblatt Schallschutz Seite 80**

39 Hauszugang
⇢ **Checkblatt Hauseingang Seite 85**

40 Terrasse
⇢ **Checkblatt Terrassen und Balkone Seite 86**

41 Balkon
⇢ **Checkblatt Terrassen und Balkone Seite 86**

42 Garage
⇢ **Checkblatt Garage Seite 89**
⇢ **Checkblatt Tiefgaragenstellplatz Seite 94**

43 Carport
⇢ **Checkblatt Garage Seite 89**
⇢ **Checkblatt Tiefgaragenstellplatz Seite 94**

44 Gartenanlage
⇢ **Checkblatt Außenanlagen Seite 88**
⇢ **Checkblatt Außenanlagen Eigentumswohnung Seite 96**

45 Zaun
⇢ **Checkblatt Außenanlagen Seite 88**

46 Hauszuwege
⇢ **Checkblatt Außenanlagen Seite 88**
⇢ **Checkblatt Außenanlagen Eigentumswohnung Seite 96**

47 Kfz-Stellplatz
⇢ **Checkblatt Außenanlagen Seite 88**
⇢ **Checkblatt Außenanlagen Eigentumswohnung Seite 96**

48 Haustürschlüssel mit Schließanlage
⇢ **Checkblatt Hauseingang Seite 85**

49 Außensteckdosen und Außenbeleuchtung Terrasse und Balkon
⇢ **Checkblatt Elektroausstattung Seite 60**

50 Außenwasserhahn (frostfrei)
⇢ **Checkblatt Sonderwünsche Seite 91**

51 Regenwasserzisterne
⇢ **Checkblatt Sonderwünsche Seite 91**

Fragebögen und Checkblätter: Neubau – Haus oder Wohnung

Fortsetzung Checkblatt-Wegweiser

52 Eigenleistungen möglich? Wenn ja, welche?
   ⇢ **Checkblatt Einbauküche Seite 84**
   ⇢ **Checkblatt Sonderwünsche Seite 91**

Zusätzlich Neubau-Eigentumswohnung

53 Kellerabteil
   ⇢ **Checkblatt Kellerabteil Seite 92**

54 Aufzug
   ⇢ **Checkblatt Aufzug Seite 93**

55 Tiefgarage
   ⇢ **Checkblatt Tiefgaragenstellplatz Seite 94**

56 Außenanlage
   ⇢ **Checkblatt Außenanlagen Eigentumswohnungen Seite 96**

⇢ Checkblatt Baugenehmigungsgebühren

Was sind Baugenehmigungsgebühren?

Wer ein Gebäude bauen will, muss diesen Bau beantragen und genehmigen lassen. Dafür fällt eine Gebühr an. Auch vereinfachte Verfahren, wie das „Kenntnisgabeverfahren", ziehen eine Gebühr nach sich. Die Gebühr für den Bauantrag ist aber nicht die einzige Gebühr, die im Zuge eines Hausbaus anfällt. Auch

- Erschließungsbeiträge (⇢ **Checkblatt Erschließungsbeiträge** Seite 41),
- Vermessung des Grundstücks und des Gebäudes plus Eintragung in den amtlichen Lageplan (⇢ **Checkblatt Vermessungs- und Katastergebühren** Seite 43) oder
- behördliche Abnahmegebühren (zum Beispiel Rohbauabnahme)

sind solche Gebühren.

Während Gebühren immer nur eine begleitende behördliche Leistung honorieren, werden mit Erschließungsbeiträgen tatsächlich anfallende Kosten, die die Gemeinde zum Beispiel durch den Bau einer Straße, eines Gehwegs, einer Straßenbeleuchtung oder einer Kanalisation hat, anteilig den Anliegern in Rechnung gestellt.

Bei klassischen Bauträgerverträgen ist die Genehmigungsgebühr in der Regel im Kaufpreis enthalten. Trotzdem sollten Sie anhand des Fragebogens (⇢ Seite 30), den Sie Ihrem Bauträger gegeben haben, überprüfen, ob er dies auch mit „Ja" beantwortet hat und ob sie in der Bau- und Leistungsbeschreibung auch explizit benannt wird. Bei Generalunternehmern und Fertighausanbietern ist die Genehmigungsgebühr fast nie im Kaufpreis enthalten. Sie kommt für Sie also obendrauf. Und auch bei Verträgen mit Bauträgern, bei denen Grundstück und Haus getrennt voneinander erworben werden, ist sie sehr häufig nicht Teil des Angebots.

Wann benötigt man eine Baugenehmigung?

Eine Baugenehmigung oder das vereinfachte Genehmigungsverfahren ist die gesetzliche Voraussetzung, damit man überhaupt bauen darf, sonst könnte es jeder wahllos tun. Eine Baugenehmigung erfolgt auf der Grundlage der Landesbauordnung (LBO) des jeweiligen Bundeslandes, in dem Sie bauen wollen, ferner auf der Grundlage des Baugesetzbuches (BauGB) und des örtlichen Bebauungsplans. Dieser legt fest, in welcher Art und Weise das Grundstück bebaut werden darf. Existiert ein solcher nicht, entscheidet die Kommune üblicherweise nach § 34 Absatz 1 des BauGB, der besagt:

„Innerhalb der im Zusammenhang bebauten Ortsteile ist ein Vorhaben zulässig, wenn es sich nach Art und Maß der baulichen Nutzung, der Bauweise und der Grundstücksfläche, die überbaut werden soll, in die Eigenart der näheren Umgebung einfügt und die Erschließung gesichert ist."

Wie hoch sind Baugenehmigungsgebühren?

Die Höhe der Genehmigungsgebühren wird auf Länderebene geregelt, beträgt aber etwa 0,1 bis 0,5 Prozent der Bausumme, je nach Art und Umfang des Bauvorhabens. Bei Baukosten von 250.000 Euro macht das etwa zwischen 250 Euro bis 1.250 Euro. Rechnen Sie mit etwa 500 bis 800 Euro.

Welche Alternativen gibt es?

Die behördlichen Baugenehmigungsgebühren müssen gezahlt werden. Dazu gibt es keine Alternative. Daher ist es wichtig, dass auch alle anfallenden Genehmigungsgebühren bei der Kostenaufstellung berücksichtigt werden.

⋯⟶ Checkblatt
Statik und Prüfstatik

Was sind eine Statik und eine Prüfstatik?

Eine Statik ist eine Berechnung, mit der man die notwendigen Dimensionierungen von Fundamenten, Bodenplatten, Wänden, Decken und Dächern errechnet, damit sie statisch tragfähig sind.

Eine Prüfstatik ist eine unabhängige Gegenprüfung der statischen Berechnungen des Statikers durch einen Prüfstatiker. Man will damit sozusagen ein „Vier-Augen-Prinzip" erreichen, da Fehler bei der Statik dramatische Konsequenzen haben können. Je nach Bundesland und Gebäudetyp kann sie Pflicht sein. Das regeln die Landesbauordnungen und deren Verfahrensverordnungen. Am einfachsten ist es, beim örtlich zuständigen Baurechtsamt nachzufragen, ob eine Prüfstatik für das geplante Gebäude erforderlich ist – oder nicht. Kaufen Sie vom Bauträger, kann er Ihnen die Auskunft geben (möglichst schriftlich!).

Wann benötigt man eine Statik und eine Prüfstatik?

Eine Statik benötigt man grundsätzlich dann, wenn man nachweisen will oder muss, dass das Haus, so wie es geplant ist, tatsächlich statisch belastbar ist und steht. Eine Statik muss daher jedem Baugesuch beigefügt werden. Der Statiker muss in der Regel ein „nachweisberechtigter Tragwerksplaner" sein.

Eine Prüfstatik darf nur von zugelassenen Prüfstatikern vorgenommen werden.

Was kosten eine Statik und eine Prüfstatik?

Die Kosten einer Tragwerksplanung (das heißt die Kosten der Statik, nicht der Prüfstatik) richten sich nach der Honorarordnung für Architekten und Ingenieure (HOAI). Sie gelten als besondere Leistungen und sind frei verhandelbar.

Bei einem Gebäude mit Baukosten von 250.000 Euro und Rohbaukosten von 150.000 Euro können Sie mit 5.000 bis 7.000 Euro rechnen. Wenn alles erbracht werden soll, also nicht nur der Standsicherheitsnachweis, sondern auch die Bewehrungsplanung und eine Abnahme auf der Baustelle, bewegt sich das zwischen drei und vier Prozent der Rohbausumme, also etwa zwischen 4.500 und 6.000 Euro.

Prüfingenieure werden nach Kostenordnungen für Prüfingenieure bezahlt. Rechnen Sie mit zusätzlichen etwa 2.500 Euro. Der Betrag an sich ist nicht allzu hoch (vor allem wenn man die hohe Sicherheitsleistung bedenkt, die man dafür erhält), aber zusammen mit dem Geld für den Tragwerksplaner sind es doch wieder mehrere Tausend Euro.

Zumindest die Kosten für die Statik und Prüfstatik, soweit erforderlich, sollten daher von vornherein in jedem Hausangebot mit enthalten sein, denn Sie gehen ja selbstverständlich davon aus, dass das Haus, das Sie erwerben wollen, auch über eine geprüfte Statik verfügt. Selbst wenn Sie davon ausgehen, dass die Statik im Preis enthalten ist, sollten Sie trotzdem anhand der Bau- und Leistungsbeschreibung überprüfen, ob neben der Tragewerksplanung auch die Prüfstatik Teil der Leistung ist, vor allem bei Fertighaus- und Generalunternehmer-Angeboten. Ist die Prüfstatik nicht enthalten, fragen Sie nach den voraussichtlichen Kosten. Denn gerade die Prüfstatik ist oft nicht Bestandteil des Leistungsangebotes und könnte Ihnen dann extra in Rechnung gestellt werden.

Welche Alternativen gibt es?
Zur Anfertigung einer Statik gibt es keine Alternative. Bei der Prüfstatik kann es Unterschiede geben, ob sie gefordert wird oder nicht. Sinnvoll ist hier ein frühzeitiges Gespräch beim örtlich zuständigen Baurechtsamt, wenn Sie auf eigenem Grund ein Fertighaus oder ein schlüsselfertiges Massivhaus bauen wollen.

Kaufen Sie ein Haus vom Bauträger (Grundstücks- und Hauskauf in einem Vertrag als ein Geschäft), muss er sich um die Erfüllung dieser Anforderungen kümmern. Sie sollten ihn aber fragen, ob eine Prüfstatik erforderlich ist und ob deren Preis im Hauspreis enthalten ist (schriftlich in der Baubeschreibung fixieren).

⋯⫶ Checkblatt Erschließungsbeiträge

Was sind Erschließungsbeiträge?
Wenn Kommunen Bauland ausweisen, heißt dies, dass früher oder später u. a. auch Straßen, Gehwege, Wasserleitungen und Abwasserleitungen gebaut werden müssen. Hierfür fallen hohe Kosten an. Von den Maßnahmen profitieren im Wesentlichen die Anlieger dieser neuen Straßen. Daher müssen sie auch anteilig die Kosten tragen. Rechtsgrundlage hierfür sind das Baugesetzbuch und kommunale Satzungen. Die Kommunen greifen bei der Finanzierung der Infrastruktur von Neubaugebieten demgemäß direkt auf die Grundstücksanlieger zurück.

Nicht nur beim Bau einer neuen, auch beim Kauf einer gebrauchten Immobilie können Sie Erschließungsbeiträge treffen. Entweder dann, wenn die Ersterschließung eines Grundstücks selbst nach Jahren von der zuständigen Kommune noch nicht abgerechnet worden ist und Ihnen plötzlich eine solche Rechnung ins Haus flattert, oder dann, wenn eine Straße nach vielen Jahren zum Beispiel komplett erneuert werden muss oder zusätzlich einen Gehweg oder eine Straßenbeleuchtung erhalten soll.

Wann zahlt man Erschließungsbeiträge?

Bei klassischen Bauträgerverträgen ist die Ersterschließung üblicherweise im Leistungsumfang enthalten. Die Frage ist dann aber auch immer, was ist mit „Ersterschließung" gemeint? Am sinnvollsten ist es, wenn der Bauträger den Umfang dessen, was an Ersterschließungsmaßnahmen enthalten ist, auch vollständig für Sie auflistet, damit Sie im Zweifelsfall bei der Kommune abfragen können, ob damit auch wirklich alle Kosten abgedeckt sind, die die Kommune umlegen kann.

Bei Fertighausanbietern und Generalunternehmern ist der Erschließungsbeitrag im Angebot so gut wie nie enthalten.

Wenn Sie Grundstück und Haus getrennt vom Bauträger erwerben, sind auch in diesem Falle die Erschließungsbeiträge häufig nicht Bestandteil des Angebots. Hier hilft Ihnen der Fragebogen (→ Seite 30) zur Überprüfung der Vollständigkeit des Ihnen vorgelegten Angebots. Außerdem sollten Sie sehr genau in der Bau- und Leistungsbeschreibung nachsehen, ob dort die vollständige Ersterschließung inklusive deren Kosten als Leistung im Angebot enthalten ist.

Manchmal lesen Sie in Bau- und Leistungsbeschreibungen auch „Ersterschließung nach BauGB" oder Ähnliches. Damit wird dann der Umfang der Ersterschließung nach dem Baugesetzbuch definiert. Das umfasst im Wesentlichen Straßen, Gehwege, Entwässerung und Beleuchtung. Was ist aber, wenn die Kommune zusätzliche Erschließungen plant und das auf die Anlieger umlegen will? Das wäre dann vertraglich nicht gefasst. Daher: Klare Abfrage bei der zuständigen Kommune, welche Erschließungsmaßnahmen geplant sind, und schriftliche Bestätigung vom Bauträger einholen, dass diese alle in der Bau- und Leistungsbeschreibung enthalten sind.

Wie hoch sind Erschließungsbeiträge?

Erschließungsbeiträge sind – anders als Bearbeitungsgebühren beispielsweise für einen Bauantrag – tatsächlich anfallende Kosten für die Infrastruktur, die auf die Anlieger umgelegt werden. Der zu tragende Anteil richtet sich nach einem sogenannten Verteilungsmaßstab, einer Art Verteilungsschlüssel, den die Kommunen in Satzungen festlegen müssen. Dieser Verteilungsmaßstab kann sich richten:

- entweder nach Art und Maß, der baulichen Nutzung
- oder nach der Grundstücksfläche
- oder aber nach der Grundstücksbreite an der Erschließungsanlage.

Außerdem sind Kombinationen der drei Verteilungsmaßstäbe zulässig. Richtet sich der Verteilungsmaßstab nach der Grundstücksbreite an der Erschließungsanlage, ist das letztlich das Längenmaß, das das Anliegergrundstück beispielsweise zur Erschließungsstraße hat. Das heißt, ein Eckgrundstück kann hier erheblich benachteiligt sein, weil es ein langes Anliegermaß des Grundstücks an den öffentlichen Straßenraum gibt.

Erschließungsgebühren gehören zu den höchsten Zusatzkosten beim Bau einer Immobilie. Sie müssen hier auf alle Fälle mit höheren vierstelligen, auch fünfstelligen Summen rechnen. Daher muss diese Kostenfrage von Beginn an bei der zuständigen Kommune gestellt werden und von Anfang an in den Finanzierungsüberlegungen Berücksichtigung finden.

Welche Alternativen gibt es?
Alternativen zur Zahlung von Erschließungsbeiträgen gibt es kaum. Es kann vorkommen, dass mehrere Bauherren die Erschließung in Eigenregie vornehmen, wenn beispielsweise eine Baugruppe oder mehrere Bauherren dies einer Kommune anbieten. Für die Kommune kann das dann interessant sein, wenn sie dadurch personell entlastet ist oder auch dauerhaft entlastet bleibt, zum Beispiel mit Folgekosten, wenn die privat organisierte Erschließung auch den dauerhaften Unterhalt mit übernimmt (zum Beispiel Schneeräumung, Kanalsanierung). Für eine Baugruppe wiederum können Kostenvorteile bei Erstellung und Betrieb erwachsen. Diese Fälle sind aber sehr selten.

⇢ Checkblatt
Vermessungs- und Katastergebühren

Was sind Vermessungs- und Katastergebühren?
Vermessungsgebühren entstehen, wenn die Einmessung des Grundstücks, der Gebäudeecken und des Gebäudes erfolgt. Auch die Erstellung eines amtlichen Lageplans, der dem Baugesuch beigelegt werden muss, gehört dazu. Amtliche Vermessungen können nur öffentlich bestellte Vermessungsingenieure durchführen. Die Ergebnisse der Vermessung müssen dann in ein Liegenschaftskataster eingetragen werden. Ein wesentlicher Bestandteil dieses Katasters ist eine Flurkarte, in die alle Liegenschaften eingezeichnet sind. Auch für die Eintragung in dieses Liegenschaftskataster sind Gebühren zu entrichten.

Wann benötigt man eine Vermessungs- und Katastereintragung?
Eine Vermessung benötigt man gesetzlich zwingend dann, wenn ein Grundstück erschlossen wird und bebaut werden soll. Dann müssen zum Beispiel Grenzmarkierungen festgelegt werden, es muss ein amtlicher Lageplan erstellt werden, und Grundstück und Gebäude müssen ins Liegenschaftskataster aufgenommen werden. Ferner müssen die Gebäudeecken auf dem Grundstück abgesteckt werden, damit die Aushub- und Bauarbeiten orientiert daran erfolgen können. Manchmal geschieht dies zweimal: als Grobabsteckung vor Aushub der Baugrube und als Feinabsteckung nach dem Aushub. Es steht also viel Vermessungsarbeit im Zuge eines Bauvorhabens an.

Wie hoch sind Vermessungs- und Katastergebühren?
Vermessungsgebühren richten sich üblicherweise nach den Gebühren- und Kostenverordnungen auf Landesebene.

Wenn Sie von einem Grundstück mit etwa 400 Quadratmetern Fläche und Baukosten von etwa 250.000 Euro ausgehen, können Sie in etwa mit folgenden Kosten rechnen, wobei die Gebühren für die Eintragung in das Liegenschaftskataster jeweils um die 100 Euro ausmachen:

- Grenzerstellung und Übernahme in das Liegenschaftskataster etwa 1.000 Euro
- Erstellung amtlicher Lageplan und Übernahme in das Liegenschaftskataster etwa 1.200 Euro

- Abstecken Gebäudeecken etwa 500 bis 600 Euro (falls getrennt wird nach Grobabsteckung vor Aushub der Baugrube und Feinabsteckung nach Aushub der Baugrube, auch 800 bis 1.200 Euro)
- Gebäude-Einmessung und Übernahme in das Liegenschaftskataster etwa 900 Euro

Welche Alternativen gibt es?

Zu den notwendigen Vermessungen gibt es normalerweise keine Alternative. Sie sind sinnvoll und in Ihrem Interesse. Die zentrale Frage ist nur: Sind diese Kosten in dem Ihnen vorliegenden Angebot enthalten – oder nicht? Falls nicht, können Sie direkt 3.000 bis 3.500 weitere Euro für diese versteckten Kosten zurücklegen.

⇢ Checkblatt
Bodengutachten

Was ist ein Bodengutachten?

Ein Bodengutachten ist eine Dokumentation, die aufgrund einer Bodenuntersuchung des jeweiligen Grundstücks erstellt wird. Der Umfang eines Bodengutachtens hängt davon ab, was alles untersucht wird. Mit einem Bodengutachten wird üblicherweise zumindest untersucht,

- um welche Bodenklasse es sich handelt,
- welche Bodenpressung vorliegt und
- auf welcher Höhe sich der Grundwasserspiegel befindet.

Vor allem diese drei Punkte haben erhebliche Auswirkungen darauf, welches Haus und welcher Keller auf dem Grundstück errichtet werden können.

Wann benötigt man ein Bodengutachten?

Ein Bodengutachten benötigt man, bevor man mit dem Bauen beginnt und auch bevor man Baukosten einholt. Denn mit einem Bodengutachten wird geklärt, welche Bebauungsvoraussetzungen des zu bebauenden Bodens gegeben sind. Das betrifft vor allem

- die Konsistenz des Bodens (Bodenklasse),
- die Tragfähigkeit des Bodens (Bodenpressung) und
- den Stand des Grundwassers (Grundwasserspiegel).

Ein zu schweres Haus auf zu weichem Grund etwa würde einsinken. Und ein zu leichtes Haus könnte bei hochstehendem Grundwasser „aufschwimmen". Hochstehendes Grundwasser kann darüber hinaus schwere Kellerschäden verursachen. Steht das Grundwasser so hoch, dass es selbst in der Baugrube stehen würde, muss es sogar während der Bauphase fortlaufend hinausgepumpt werden (⇢ Grundwasserhaltung, Seite 50). In der Folge könnte auch der Keller permanent im Grundwasser stehen, dann müssten hier besondere Abdichtungsmaßnahmen vorgenommen werden. Dies wäre in erster Linie die „weiße Wanne". Das ist ein Keller aus speziellem, wasserundurchlässigem Beton, man spricht dabei von WU-Beton (⇢ Seite 55). Dieser verhindert den Wasser-eintritt.

Fertigt man vor dem Hausbau kein Bodengutachten an und weiß man dann nicht, auf welchen Grund und Boden man stößt, so kann es dazu kommen, dass Sie schlimmstenfalls während des Bauablaufs sofort und unter Druck nach Lösungen suchen müssen. Das ist riskant, weil das sehr teuer werden kann und dann häufig keine Planungsalternativen mehr möglich sind.

Wie hoch sind die Kosten eines Bodengutachtens?
Ein Bodengutachten kostet zwischen etwa 800 und 2.000 Euro, je nach Aufwand und Umfang. Besteht beispielsweise Verdacht auf bestimmte Umweltbelastungen und müssen auch verschiedene Schadstoffe analysiert werden (mittels Laborproben), steigt der Preis. Die Beprobung der üblichen Parameter ist aber in der Regel schon um die 800 Euro zu haben. Lassen Sie sich auch hierzu gegebenenfalls Angebote mehrerer Ingenieurbüros für Geologie geben. Sie finden Büros in Ihrer Nähe in den „Gelben Seiten" unter den Suchbegriffen „Geologen", „Geologiebüros", „Ingenieurbüros für Geologie" oder unter „Hydrogeologen".

Welche Alternativen gibt es?
Fast nie sind Bodengutachten im Leistungsumfang von Bauträgerangeboten enthalten. Allerdings muss ein Bauträger, der Haus und Grundstück gemeinsam veräußert, dafür sorgen, dass auch der Schnittpunkt Boden-Haus mangelfrei erstellt wird. Da ist manches natürlich schöne Theorie. Denn was nutzt Ihnen ein Rechtsanspruch, wenn dieser später nur noch schwer oder gar nicht mehr durchsetzbar ist, zum Beispiel weil der Bauträger schon längst insolvent ist, wenn bei Ihnen das Wasser durch den Keller kommt. Bei Fertighausanbietern oder Generalunternehmern werden die Bodenverhältnisse, die dem Hausangebot zugrunde liegen, meist als Vorbehalt in den Kaufvertrag aufgenommen. Stößt man dann nicht auf die vertraglich festgelegten Bodenverhältnisse, sind Mehrkosten vorprogrammiert. Diese können sehr schnell sehr hoch sein (⇢ **Checkblatt Grundwasserhaltung** Seite 50 und ⇢ **Checkblatt Kellerkonstruktion** Seite 55 und ⇢ **Checkblatt Baugrundrisiko** Seite 165).

Trotzdem sind Bodengutachten nach wie vor selten. Manchmal wird es auch so gehandhabt, dass ein Blick in die Baugruben von Nachbarbebauungen helfen muss oder man einen Baggerschurf in den Boden macht und versucht, einen Eindruck zu gewinnen. Es ist allerdings die Frage, ob das sinnvolle Alternativen sind oder ob es nicht viel sinnvoller ist, ein Bodengutachten zur Überprüfung der wichtigsten Parameter (Bodenklasse, Druckfestigkeit, Grundwasserstand) anfertigen zu lassen und dies auch als Vertragsbestandteil mit einzubringen, damit der Hausanbieter später nicht behaupten kann, er habe von den angetroffenen Bodenverhältnissen nichts gewusst.

Sie können auch den Bauträger sowie den Fertig- oder Massivhausanbieter bitten, Ihnen ein Angebot für ein Bodengutachten vorzulegen. Die Kosten lassen sich dann mit einem von Ihnen selbst eingeholten Angebot vergleichen.

⇢ Checkblatt Freiräumung Grundstück

Was ist eine Freiräumung?
Unter Freiräumung versteht man die Räumung eines Grundstücks von allen Dingen, die dem Bauvorhaben im Wege sind. Darunter fällt beispielsweise die Räumung von Müll genauso

wie die Räumung von Strauchwerk oder Bäumen. Auch alte Zäune und Gesteinsbrocken zählen dazu.

Das Fällen von Bäumen steht allerdings unter einem besonderen Schutz, unter anderem der jeweiligen Baumschutzsatzung. Diese legt genau fest, welche Bäume gefällt werden dürfen und welche nicht. Das hat üblicherweise zum einen mit dem Stammdurchmesser und zum andern mit der Baumart zu tun. Dieser Vorgang ist genehmigungspflichtig, und Fällungen dürfen in der Regel nur außerhalb der Hauptvegetationszeit von Oktober bis März vorgenommen werden.

Wann benötigt man eine Freiräumung?

Spätestens zum Baubeginn muss das Grundstück freigeräumt sein. Die meisten Hausanbieter kalkulieren bei ihren Festpreisen damit, dass sie ein komplett geräumtes Grundstück vorfinden. Dadurch, dass Hausanbieter sich die Freiräumung im Vertrag vorbehalten, bleiben diese Kosten nicht am Hausanbieter hängen, sondern am Bauherrn – und der sind Sie. Sie benötigen natürlich die Räumung, weil sonst mit dem Bauen gar nicht begonnen werden kann. Und der Hausanbieter möchte üblicherweise ein planebenes, freies Grundstück vorfinden, auf dem er mit dem Bau oder Aushub unmittelbar beginnen kann. Um eine Grundstücksräumung und deren Kosten kommen Sie also üblicherweise gar nicht herum, es sei denn, Ihr Grundstück ist eine topfebene, gemähte, grüne Wiese oder ein ebenes Stück Land, wo man sofort beginnen kann zu bauen.

Eine Freiräumung benötigen Sie nicht, wenn Sie Haus und Grundstück in einem einzigen Vertrag gemeinsam kaufen, also mittels des klassischen Bauträgervertrags, weil sich dann der Bauträger um die Freiräumung kümmern muss. Sie sind dann nicht Bauherr eines zu bauenden Hauses, sondern Käufer eines Hauses samt Grundstück.

Wie hoch sind die Kosten einer Freiräumung?

Die Kosten einer Freiräumung hängen ganz erheblich von der Größe des Grundstücks ab beziehungsweise der Größe des freizuräumenden Teils des Grundstücks und davon, was darauf zu räumen ist. Das kann von einigen Hundert bis hin zu vielen Tausend Euro gehen, vor allem dann, wenn zum Beispiel aufwändige Baumfällungen durchgeführt werden müssen (inklusive Genehmigungsverfahren). Üblicherweise grenzt man das Kostenrisiko dadurch ein, dass man hierzu den Kostenvoranschlag eines Grünbaubetriebes einholt und parallel den Hausanbieter fragt, zu welchem Preis er dies erledigen kann. So hat man einen Vergleich.

Rechnen Sie selbst bei einfachen, ebenen Grundstücken, bei denen nur Strauchwerk wie Brombeerhecken entfernt werden muss, mindestens mit ein bis zwei Arbeitstagen und zwei Mann. Bei zwei Arbeitstagen und zwei Arbeitskräften ergäbe sich nachfolgende Rechnung: 2 × 2 × 8 (2 Tage × 2 Männer × 8 Stunden) × 60 (Euro brutto Stundensatz) = 1.920 Euro. Bei einem Arbeitstag entsprechend die Hälfte.

Dazu können auch noch Abfahrt- und Deponiegebühren kommen, wenn das Grünzeug nicht in beliebiger Menge beispielsweise auf einem örtlichen Grünhof abgegeben werden kann. Außerdem folgen oft noch Zusatzkosten vor allem für die Bereitstellung von Fahrzeugen und Maschinen. Zieht sich eine Freiräumung über drei Tage hin können Kosten von 3.000 bis 5.000 Euro zusammenkommen.

Welche Alternativen gibt es?
Soweit Sie das Grundstück noch nicht erworben haben, können Sie die Freiräumung zum Vertragsbestandteil mit dem Vorbesitzer machen. Bei klassischen Bauträgerkaufverträgen ist dies ohnehin der Fall. Hier erwirbt man sozusagen „ein Stück fertiges Haus", und die Freiräumung ist Leistung des Bauträgers, der Grundstück und Haus gemeinsam verkauft. Trotzdem sollte man darauf achten, dass dieser Punkt dann auch in der Bau- und Leistungsbeschreibung explizit benannt ist.

Gehört einem das Grundstück selbst und schließt der Hausanbieter diese Leistung nicht ein, kann man als Alternative zum Einkauf dieser Leistung nur überlegen, die Grundstücksräumung in Eigenleistung vorzunehmen. Man sollte das aber nicht unterschätzen. Und ohne vernünftiges Arbeitsgerät (unter anderem Motorsäge, Autoanhänger für den Abtransport) ist es oft gar nicht möglich.

⇢ Checkblatt Baustelleneinrichtung

Was ist eine Baustelleneinrichtung?
Bei einer Baustelleneinrichtung handelt es sich um Baustraßen, einen Kranstandplatz, Lagerplatz für Material, einen Bauzaun, ein Chemie-WC und auch den Anschluss von Baustrom und Bauwasser (⇢ **Checkblatt Baustrom/ Bauwasser** Seite 49). Hinzu können notwendige Straßenabsperrungen samt Beleuchtung kommen.

Wann benötigt man eine Baustelleneinrichtung?
Eine Baustelleneinrichtung ist die Voraussetzung dafür, dass gebaut werden kann. Ist die Baustellenabsicherung fehlerhaft, kann das auch zum Verlust von Versicherungsschutz führen. Viele Fertighausanbieter und Generalunternehmer nehmen in ihre Verträge auch die Regelung auf, dass die Baustelle mit schweren Fahrzeugen problemlos zu erreichen sein muss. 2 Beispiele sollen das Problem der Baustelleneinrichtung verdeutlichen.

Fertighausanbieter geben für Lkws, die die Baustelle anfahren müssen, häufig genaue Tonnen-Lasten vor. Erweist sich dies später als nicht einhaltbar und der Fertighausanbieter kann mit seiner Logistik die Baustelle nicht vernünftig erreichen oder bricht ein schwerer Lkw auf der Baustelle ein, liegen die Mehrkosten daraus üblicherweise bei Ihnen. Und diese Mehrkosten können sehr hoch sein. Denn zum einen kann es sein, dass ein schweres Kranfahrzeug herbeigeschafft werden muss, um die Gebäudeteile über eine Zwischenstrecke zu heben, und/oder der Lkw muss aus seiner misslichen Lage befreit werden. Kommt es bei solchen Zwischenfällen auch noch zu Beschädigungen von Lkw oder Hausfertigteilen, kann es richtig teuer werden. Diese Zwischenfälle ziehen fast immer einen empfindlichen Zeitverzug nach sich. Selbst ein Tag Verzug beim Aufbau eines Fertighauses, dessen Rohbau üblicherweise binnen eines, maximal zweier

Tage steht, kann gravierende Folgen haben. Kann der Bautrupp das Vorhaben zum Beispiel an einem Freitagabend nicht fertigstellen und muss den halbfertigen Bau übers Wochenende stehen lassen und kommt es dann auch noch ganz überraschend zu Regenfällen, kann das sogar die Durchfeuchtung des ganzen Hauses nach sich ziehen. Außerdem kann es sein, dass der Fertighausanbieter den zusätzlichen Tag, den er unverschuldet benötigt, Ihnen in Rechnung stellt. Ein Bautrupp mit acht Mann und zwei Lkw kann Sie ganz schnell einen höheren vierstelligen Betrag kosten. Auch für diesen wird der Fertighausanbieter oder Generalunternehmer ungern einstehen wollen, wenn der Grund dieser Entwicklung bei Ihnen und einer unzureichenden Baustelleneinrichtung liegt.

Gleiches gilt für das Thema Versicherung. Kommen zum Beispiel spielende Kinder auf der ungesicherten Baustelle zu Schaden, haften zunächst einmal Sie dafür, denn Sie sind Bauherr. Das gilt auch für Bauträgerimmobilien, bei denen Grundstück und Haus getrennt gekauft werden, denn auch in diesem Fall sind Sie rechtlich ja nicht mehr einfach Hauskäufer, sondern Bauherr.

Wie viel kostet eine Baustelleneinrichtung?

Die Kosten einer Baustelleneinrichtung hängen ganz stark vom Umfang der notwendigen Einrichtungs- und Erschließungsmaßnahmen ab. Wenn die Baustelle zum Beispiel auch mit schweren Lkws gut anfahrbar ist, vielleicht sogar eine öffentliche Straße – zumindest provisorisch – bis an die Baustelle führt, ist das ein großer Vorteil. Ist dies nicht der Fall und muss etwa eine „Baustraße" angelegt werden (das ist eine provisorische Schotterstraße meist auf wasserdurchlässiger Trennlage) ist schnell mit höheren vierstelligen Summen zu rechnen. Kommen auch noch Kranaufstellungskosten hinzu, gegebenenfalls auch Mietkosten, die nicht in der Bau- und Leistungsbeschreibung enthalten sind, ist die Vierstelligkeit sehr schnell in Richtung Fünfstelligkeit der Rechnung durchbrochen. Sind dann auch noch aufwändige Absicherungsmaßnahmen zu öffentlichem Straßenraum zu tätigen, können rasch 15.000 bis 20.000 Euro zusammenkommen – Kosten, an die man überhaupt nicht gedacht hatte.

Werden nur ein einfacher üblicher Bauzaun fällig, ein Chemie-WC und ein Bauwagen, kommt man über eine Bauzeit von einigen Monaten mit 1.200 bis 2.000 Euro aus. Diese Kosten sollten aber auf alle Fälle im Hausangebot enthalten sein.

Welche Alternativen gibt es?

Ein wirkliches Problem bei der Baustelleneinrichtung ist, dass sie immer eine Schnittstelle darstellt zwischen den von Ihnen zu erbringenden Leistungen und den Leistungen des Fertighausanbieters oder Generalunternehmers. Deswegen ist eine Möglichkeit, dass man den Hausanbieter bittet, eine komplette Baustelleneinrichtung in gesonderter Position mit anzubieten, damit man sich einmal ansehen kann, welche Kosten er dafür ansetzt und was Sie zahlen müssten. Wenn der Hausanbieter diese Leistung selbst erbringt, hat das den großen Vorteil, dass er sich um alles kümmern muss und nicht Sie Dinge erbringen müssen, die Sie vielleicht noch nie vorher getan haben und auch nie mehr tun werden. Sind die Kosten zu hoch, kann man überlegen, Teilleistungen selbst zu übernehmen. Ungünstig ist, wenn Ihnen der Hausanbieter eine Baustelleneinrichtung anbietet, ohne dass er zuvor das Grundstück gesehen hat. Denn eventuell benötigen Sie bestimmte Leistungen gar nicht, andere aber wieder unbedingt. Daher ist es sehr wichtig, dass Sie mit dem Anbieter auf alle Fälle eine Vorbesichtigung des Grundstücks vornehmen. Das heißt, er sollte sich ein Bild von der konkreten Situation vor Ort machen und dann auch schriftlich eine Aussage treffen, ob die Anfahr-, Ablade- und Lagersituation für ihn funktioniert. Dann sollten auch die Vorbehalte bezüglich der Baustellenvoraussetzungen unbedingt aus dem Vertrag genommen werden, und es sollte dort erklärt werden, dass die Baustelle besichtigt wurde und sie für den Bauablauf und das Bauvorhaben geeignet ist. Das mindert die Kostenrisiken stark. Viele Anbieter wehren sich dagegen und sagen, das sei alles viel zu viel Aufwand. Sie dürfen dann allerdings schon die Frage stellen, ob Sie dies bei einer Investition im sechsstelligen Bereich nicht erwarten können, zumal das ja im beiderseitigen Interesse liegt.

⸺⸽ Checkblatt
Baustrom/ Bauwasser

Was sind Baustrom und Bauwasser?
Die Installation von Baustrom und Bauwasser gehört eigentlich zur „Baustelleneinrichtung". Sie wird hier aber noch einmal gesondert behandelt, da man bei einer Baustelleneinrichtung um alles Mögliche herumkommen mag, aber nicht um Baustrom und Bauwasser. Denn wenn man zu bauen beginnt, hat das Grundstück meist noch keinen Strom- und Wasserzugang. Die Strom- und Wasseranschlüsse werden daher als Provisorium auf der Baustelle eingerichtet. Den besonderen Baustrom benötigt man für viele Baumaschinen, die nicht über üblichen Wechselstrom, sondern den sogenannten Drehstrom arbeiten.

Auch Baustrom und Bauwasser werden in Vertragsunterlagen von Fertighausherstellern oder Generalunternehmern häufig explizit benannt, meist als vom Bauherrn zu erbringende Leistung. Solche Leistungen verbergen sich in Vertragsunterlagen gerne hinter dem sehr irreführenden Begriff „bauseits": Eine „bauseits" zu erbringende Leistung ist eine vom Bauherrn zu erbringende Leistung. Richtigerweise müsste man von „bauherrnseitig" zu erbringenden Leistungen sprechen.

Wann benötigt man Baustrom und Bauwasser?
Baustrom und Bauwasser sind für die Stromversorgung der Baugeräte und die Wassernutzung während des Baus notwendig. Es gibt Fertighausanbieter, die heutzutage beides nicht mehr benötigen und vollständig ausgerüstet zum Bauplatz kommen. Aber das sollten Sie vorab gut mit dem Anbieter klären: Sind Baustrom- und Bauwasseranschluss nämlich in den Vertragsbedingungen vorbehalten und findet das Unternehmen sie dann nicht vor und kann nicht weiterbauen, ist es möglich, dass Ihnen das Unternehmen eine sogenannte „Behinderungsanzeige" zustellt. Eine Behinderungsanzeige ist eine Mitteilung an Sie, in der das Unternehmen festhält, dass es in seinen Arbeiten behindert wird – und zwar durch Sie –

und dass Sie aufgefordert werden, die Behinderung zu beseitigen. Reagieren Sie dann nicht sehr schnell und angemessen und beseitigen die Behinderung, bleiben die Zusatzkosten, die die Behinderung verursacht hat, sehr schnell an Ihnen hängen. Wenn ein Acht-Mann-Team auch nur einen einzigen halben Tag tatenlos herumsitzt, kann das teuer werden: 8 x 4 (8 Mann x 4 Stunden) x 80 Euro Stundensatz (brutto) = 2.560 Euro!

Wie viel kosten Baustrom und Bauwasser?
Bei Baustrom und Bauwasser ibt es üblicherweise fünf Kostenpunkte:

- die behördliche Genehmigungsgebühr,
- die Miete der Strom- und Wasserzähler,
- die Installation vor Ort,
- der Strom- und Wasserverbrauch,
- die Deinstallation vor Ort.

Sie können dabei insgesamt mit etwa 500 bis 1.000 Euro an Kosten rechnen (auch abhängig vom Verbrauch).

Welche Alternativen gibt es?
Auch bei Baustrom und Bauwasser gibt es die Möglichkeit, sich Genehmigung, Installation und Deinstallation vom Hausanbieter mit offerieren zu lassen. Ferner kann man die Abrechnung des Verbrauchs über ihn laufen lassen. Meist geht der Hausanbieter dann sparsamer mit Wasser und Strom um. Andererseits ist der Verbrauch aber über die Verbrauchsuhren transparent abrechenbar. Eine andere Variante ist, sich beim Baunachbarn, soweit es solche gibt, „dranzuhängen". Hier ist aber eine vorherige gute Abstimmung mit dem Nachbarn wichtig, damit auch die Abrechnung vernünftig klappt. Am einfachsten ist es, wenn der Nachbar mit seinem Bau deutlich weiter ist und Baustrom und Bauwasser fast schon wieder demontiert werden könnten. Dann ließe sich gegen Gebühr an den Nachbarn die Installation übernehmen. Über die Dokumentation des Verbrauchszwischenstands wäre auch der Verbrauch nachher gut abrechenbar. Das sind aber eher seltene Zufälle. Häufiger kommt das bei zwei Doppelhaushälften vor, wenn von vornherein gemeinsame Sache gemacht wird und am Ende die Installations- und Verbrauchskosten einfach pauschal geteilt werden.

Beim Kauf von Grundstück und Haus in einem Vertrag als verbundenes Geschäft müssen Sie sich um Bauwasser und Baustrom eher wenig Gedanken machen. Denn diese muss der Bauträger organisieren, wenn er Ihnen die zugesicherte Bauleistung erbringen will.

⸺▶ Checkblatt Grundwasserhaltung

Was ist Grundwasserhaltung?
Unter Grundwasserhaltung versteht man einen künstlichen Eingriff in den natürlichen Grundwasserspiegel. Unter anderem lässt sich so der Grundwasserstand auf einem bestimmten Niveau halten, absenken oder das Grundwasser von bestimmten Bereichen, etwa einer Baugrube, fernhalten. Grundwasserhaltung kann dauerhaft notwendig oder auch nur temporär erforderlich sein.

Wann benötigt man Grundwasserhaltung?

Bei hochstehendem Grundwasser kann man nicht ohne Weiteres einfach eine Baugrube ausheben, da sonst Grundwasser in die Baugrube nachfließen würde. Das Bauen wäre damit nicht mehr möglich. Daher muss im Fall eines hohen Grundwasserstands bei gleichzeitig notwendigem Kelleraushub eine temporäre Grundwasserhaltung erfolgen, mindestens so lange, bis der Keller fertig erstellt ist. Dazu wird üblicherweise das Wasser um die Baugrube herum fortlaufend abgepumpt und an anderer Stelle wieder einem natürlichen Oberflächengewässer, wie zum Beispiel einem Bachlauf, zugeführt. Grundwasserhaltungen und Grundwassereinleitungen in andere Gewässer sind genehmigungspflichtig.

Wie viel kostet Grundwasserhaltung?

Bei der Grundwasserhaltung stehen zunächst einmal Genehmigungsgebühren an. Diese bewegen sich im Rahmen weniger Hundert Euro. Dann muss die Grundwasserhaltung selbst installiert werden. Hier gibt es unterschiedliche Verfahren, die auch unterschiedlich hohe Kosten nach sich ziehen. Die Kosten für eine Grundwasserhaltung sind aber generell vierstellig. Je nach Aufwand können sie auch fünfstellig werden. Sie liegen – je nach gewähltem Verfahren und abhängig von Lage und Größe der Baugrube sowie den Mengen des abzupumpenden Wasservolumens – zwischen 5.000 und 10.000 Euro. Wenn es komplizierter wird (schwierige Baugrube, aufwändiges Abpumpen), auch deutlich höher. Aufgrund der hohen Kosten ist es also wichtig, dass man vor Baubeginn die Höhe des Grundwasserspiegels kennt, um die Wahrscheinlichkeit dieser Kostenposition frühzeitig erkennen zu können.

Denn sie muss dann unbedingt frühzeitig mit in die Baukosten aufgenommen werden. Hinzu kommt, dass nach Beendigung der Grundwasserhaltung und bei dann wieder steigendem Grundwasserspiegel der Keller dauerhaft im Grundwasser stehen kann. Das heißt, auch für die Kellerkonstruktion muss dann eine wasserdichte Variante gewählt werden, eine sogenannte weiße Wanne, die ebenfalls erhebliche Mehrkosten verursacht (⇢ **Checkblatt Kellerkonstruktion** Seite 55).

Welche Alternativen gibt es?

Wenn man weiß, dass das Grundstück in einem Gebiet mit hohem Grundwasserspiegel steht, können Sie natürlich von vornherein überlegen, ob Sie in dieses Grundwasser tatsächlich einen Keller setzen wollen. Der Verzicht auf den Keller erspart Ihnen hohe Kosten. Sie können in einem solchen Fall auch über die Schaffung eines ebenerdigen Kellerersatzraumes nachdenken. Allerdings ist ein Keller auch ein Hausbereich, auf den viele ungern verzichten, und er trägt zu einem höheren Wiederverkaufswert des Hauses bei. Wollen Sie auf alle Fälle einen Keller bauen, dann führt bei einem hohen Grundwasserstand kein Weg an einer geordneten Grundwasserhaltung während der Kellerbauphase und einem wasserdichten Keller vorbei.

⇢ Checkblatt
Abtransport- und Deponiekosten

Was sind Abtransport- und Deponiekosten?

Abtransport- und Deponiekosten sind Kosten, die für alles anfallen, was im Zuge einer Baumaßnahme von der Baustelle abtransportiert und speziell deponiert werden muss, vor allem Erdmaterial. Das kann aber auch Abbruchmaterial eines alten Gebäudes oder von alten Nebengebäuden und Zäunen sein sowie Einfriedungen oder zu entsorgende Schadstoffe. Für üblichen Baustellenabfall, vor allem solchen, den die Unternehmen während der Bauphase selbst produzieren (etwa leere Verpackungen, Packmaterial, Farbeimer oder Putzreste), werden üblicherweise keine Abtransport- oder Deponiekosten in Rechnung gestellt.

Wann benötigt man Abtransport und Deponie?

Der häufigste Grund für die Leistungen Abtransport und die Deponie ist das anfallende Erdreich, das im Zuge des Aushubs der Baugrube vom Grundstück entfernt werden muss, weil es auf diesem – meist aus Platzgründen – nicht dauerhaft gelagert werden kann. Die Freiräumung des Grundstücks von beispielsweise hinderlichem Strauchwerk oder Bäumen, samt Abtransport ist zu diesem Zeitpunkt bereits erfolgt (⇢ **Checkblatt Freiräumung Grundstück** Seite 45). Ein Abtransport und die Deponie von Stoffen können aber auch Abbruchmaterial und sogar hoch sensibles Material betreffen, selbst Blindgänger aus dem Zweiten Weltkrieg. Das ist allerdings selten. Häufiger geht es um den Abtransport von belastetem Boden. Ein solcher Abtransport kann zum Beispiel dann notwendig sein, wenn das Grundstück zuvor gewerblich genutzt wurde (etwa Tankstelle, Werkstatt). Auch intensiv betriebene Landwirtschaft kann zu erheblichen Bodenbelastungen führen und einen Bodenabtrag nötig machen.

Wie viel kosten Abtransport und Deponie?

Abtransport- und Deponiekosten von üblichem Erdmaterial sind in der Regel vierstellig, ab etwa 3.000 Euro und auch deutlich höher, da teils Deponien knapp werden. Wie hoch im Einzelfall, kommt auf das Volumen des abzutransportierenden Materials, auf die Art des Materials und auf die Deponiekosten an. Die Erfahrung der Verbraucherzentralen zeigt, dass Abtransport- und Deponiekosten auch bei Immobilienkaufverträgen, bei denen man Grundstück und Haus zusammen in einem Vertrag vom Bauträger kauft, fast nie im Leistungsumfang explizit benannt werden. Eine ganze Reihe von Bauträgern lässt das Aushubmaterial später einfach auf dem Grundstück liegen, auch wenn dies dafür zu klein ist. Der Abtransport und die Deponiekosten sind dann gesondert zu vergüten. Dem sollten Sie vorbeugen, indem Sie im Fragebogen, den Sie dem Bauträger zum Ausfüllen gegeben haben (⇢ Seite 30, Frage 12), nachsehen, ob auch Abtransport und Deponie des Erdaushubs im Leistungsumfang und damit im Preis enthalten sind.

Handelt es sich bei dem abzutransportierenden Material nicht nur um übliches Erdmaterial, sondern auch um Bauschutt, dann fällt dafür ebenfalls noch einmal ein Betrag in etwa gleicher Höhe an.

Explodieren können die Abtransport- und Deponiekosten, wenn es sich nicht um übliches Erdmaterial, sondern um belastetes handelt, zum Beispiel mit Altölen durchsetztes oder ähnliches. Denn dann ist der Aushub dieses Materials teurer, auch wegen zusätzlicher Schutzvorkehrungen für das Personal. Und der Transport wird rasch teurer, je nachdem, ob das Material offen transportiert werden kann oder geschlossen transportiert werden muss und wie weit die nächste geeignete Deponie entfernt liegt. Schließlich sind auch die Deponiekosten selbst deutlich höher als üblich, denn nicht jede Deponie kann einfach jedes Material aufnehmen. Spezialdeponien sind folglich in Errichtung und Unterhalt teurer als einfache Erddeponien.

Welche Alternativen gibt es?

Um Abtransport- und Deponiekosten zu vermeiden, gibt es verschiedene Möglichkeiten: Sie können ganz auf einen Keller samt Aushub verzichten. Dies aber nur wegen der Aushub- und Deponiekosten zu tun, wäre Unsinn.

Eine andere Alternative ist die Geländemodellierung: Ausgehobenes Erdmaterial wird an anderer Stelle auf dem Grundstück aufgeschüttet, und auf diese Weise wird das Gelände modelliert. Gerne wird dies an Hanggrundstücken gemacht.

Ist auch dies nicht möglich, können Sie sich überlegen, es mit einem Inserat zu versuchen und den Boden kostenfrei an Selbstabholer abzugeben. Das gelingt aber eher selten, denn: Übliches Erdreich ist nicht zu verwechseln mit gutem oberflächennahen Mutterboden.

⇢ Checkblatt
Hausanschlüsse und Entwässerungskanalarbeiten

Was sind Hausanschlüsse und Entwässerungskanalarbeiten?

Hausanschlüsse sind sämtliche Versorgungsanschlüsse des Hauses an die öffentliche Infrastruktur, sei es von Wasser, Abwasser, Elektrizität, Telekommunikation oder auch Gas und Fernwärme.

Ein Hausanschluss ist der private Teil der Infrastruktur. Dieser private Anschluss läuft von der Grundstücksgrenze bis zum Haus beziehungsweise vom Haus bis zur Grundstücksgrenze. Das ist der Teil, den die öffentlichen Infrastrukturanbieter nicht bauen, sondern den Sie selbst bauen und finanzieren müssen. Das heißt, Sie müssen dazu Kabel-, Rohrleitungs- und Kanalgräben ausheben lassen und gegebenenfalls einen sogenannten Kontrollschacht (eine Art privaten Kanalzugang auf Ihrem Grundstück) errichten lassen. Bei Angeboten von Fertighausanbietern oder Generalunternehmern sind diese Leistungen fast nie Vertragsbestandteil. Auch bei Bauträgern nicht, wenn Grundstück und Haus separat gekauft werden. Selbst beim schlüsselfertigen Kauf samt Grundstück ist diese Leistung häufig nicht im Leistungsumfang enthalten. Ein angeblich schlüsselfertiges Haus ist absurderweise häufig noch nicht einmal ein betriebsfertiges Haus. Sehr häufig steht beispielsweise in Bau- und Leistungsbeschreibungen beim

Punkt „Regenrinnen": „Fallrohre bis ein Meter oberhalb Gelände". Das heißt, das Fallrohr der Regenwasserleitung hört einfach einen Meter oberhalb des Geländes auf. Die Regenwasser-Entwässerungskanalleitung, die am Fußpunkt des Kellers im Gefälle ums Haus gezogen wird, fehlt dann. Ebenso die Standrohre am Fußpunkt der Fallrohre der Regenleitung, die das Regenwasser von der Fallleitung durchs Erdreich nach unten abführen in die Entwässerungskanalleitung.

Wann benötigt man Hausanschlüsse und Entwässerungskanalarbeiten?

Sie benötigen die Anschlüsse spätestens zum Zeitpunkt der Keller- oder Bodenplattenerrichtung. Durch die Hausanschlüsse wird das Haus an alle öffentlichen Versorgungen angebunden. Sie erhalten dadurch unter anderem fließendes Wasser, Gas oder Strom. Manche Anschlüsse kann man frei wählen, zum Beispiel ob man einen Gasanschluss haben will oder nicht (aber auch nur, wenn eine Gasleitung in der Straße vor Ihrem Grundstück liegt oder geplant ist). Andere hingegen muss man zwingend umsetzen – wie etwa die Anbindung eines Gebäudes an die Wasser- und Abwasserversorgung. Die Entwässerungskanalarbeiten für das Regenwasser müssen erfolgen, wenn das Wasser nicht anders abgeführt werden soll (zum Beispiel in eine Zisterne) oder darf (etwa bei kommunalen Vorgaben).

Wie viel kosten Hausanschlüsse und Entwässerungskanalarbeiten?

Die Kosten für Hausanschlüsse setzen sich üblicherweise zusammen aus Erdarbeiten und den jeweiligen Kabel-, Rohr- oder Kanalverlegungsarbeiten samt Materialkosten.

Hausanschlusskosten – also die Kosten der Rohr- und Leitungsverlegung (Strom, Telefon, Wasser, Abwasser, eventuell Gas oder Fernwärme) von der Grundstücksgrenze bis zum Haus – sind fast immer im vierstelligen Bereich. Sie sollten dafür etwa 2.500 bis 4.000 Euro veranschlagen. Hinzu kommen die Entwässerungskanalarbeiten mit zusätzlich etwa 600 bis 700 Euro, bei großen Häusern auch mehr. Da dieser Kostenpunkt relativ hoch ist, sollte er von vornherein mit dem Hausanbieter besprochen werden. Entweder nimmt er ihn in seinen Leistungskatalog auf und erledigt ihn mit, oder Sie müssen sich ein Unternehmen suchen, das diese Anschlüsse vornimmt. Das Problem sind dann allerdings wieder die Schnittpunkte, die in Ihrer Verantwortung liegen. Die verlegten Kabel, Rohre und Kanäle müssen am Haus exakt dort herauskommen, wo sie benötigt werden. Wenn gerade erst neu errichtete und gegebenenfalls aufwändig abgedichtete Kelleraußenwände dafür durchbohrt werden müssen, sollte die Bohrung sehr sorgfältig und umsichtig erfolgen. Wird hier nicht sorgsam gearbeitet und auf Erhaltung der Abdichtung geachtet, kann das weitere Folgekosten nach sich ziehen. Egal wer die Anschlüsse letztlich legt, die Hauswanddurchbrüche für die Anschlüsse sollte nach Möglichkeit der Hausanbieter durchführen.

Welche Alternativen gibt es?

Wirkliche Alternativen zu Hausanschlüssen gibt es nicht, es sei denn, Sie wären wirklich energieautark und hätten Ihre eigene Klärungsanlage für Abwässer inklusive behördlicher Genehmigung.

Es gibt nur bei wenigen Hausanschlüssen Wahlfreiheit. So kann man, wie erwähnt, beispielsweise beim Gasanschluss des Grundstücks mitunter wählen, ob man diesen haben will oder nicht. Beim Wasser funktioniert das nicht ohne Weiteres.

Bezüglich der Regenwasserableitung kann man im Zuge des Baugesuchs beantragen, Regenwasser für den eigenen Gebrauch im Garten zu nutzen und Regenwassertonnen oder -zisternen aufstellen zu dürfen. In immer mehr Kommunen wird man in Neubaugebieten sogar dazu verpflichtet.

⸬ Checkblatt Kellerkonstruktion

Was ist eine angemessene Kellerkonstruktion?

Eine angemessene Kellerkonstruktion ist das Ergebnis der Anforderungen an den Keller. Da ist zunächst die Frage: Auf welchen Bodenverhältnissen steht der Keller? Dann kommen Fragen nach den Grundwasserverhältnissen, nach dem Auftriebsrisiko von unten und der Gebäudelast von oben. Erst danach folgen Fragen zur Nutzungsart des Kellers: als Wohnkeller oder Lagerraum?

Häufig wird bei Kellerkonstruktionen ganz grundsätzlich unterschieden zwischen sogenannten „schwarzen Wannen" und „weißen Wannen". Mit Wanne ist der Keller selbst gemeint, der wie eine Wanne ins Erdreich gesetzt wird. Unter „schwarzen Wannen" versteht man Kellerausführungen, die mit wasserdurchlässigen Steinen oder auch Beton ausgeführt sind und die zum Schutz außen einen schwarzen Anstrich erhalten (daher der Name). Meist ist das eine Bitumendickbeschichtung. Sie soll verhindern, dass Feuchte ins Mauerwerk oder den Beton dringt.

Unter einer „weißen Wanne" versteht man eine Kellerausführung in wasserundurchlässigem Beton, sogenannter WU-Beton. Dieser kann zwar – wird aber meist nicht mehr – zusätzlich mit Bitumendickbeschichtungen oder Ähnlichem behandelt werden. Er bleibt grau beziehungsweise weiß-grau, daher der Name „weiße Wanne".

Wann benötigt man eine angemessene Kellerkonstruktion?

Die richtige Kellerkonstruktion muss sehr früh in der Planungsphase berücksichtigt werden, denn eine angemessene Kellerkonstruktion ist notwendig, damit ein Keller die ihm zugeordneten Aufgaben auch erfüllen kann. Er muss – falls erforderlich – dicht sein gegen stehendes Grundwasser. Er muss eventuellen Auftriebskräften (Keller können in Grundwasser „aufschwimmen") ausreichend entgegenwirken können. Seine Statik muss so ausgelegt sein, dass er das Gebäude tragen kann, das auf ihm errichtet wird. Und er muss – wenn er als Wohnkeller genutzt wird – auch über die notwendigen Wärmedämmungen und Lichteinlässe verfügen, um überhaupt bewohnbar zu sein. Außerdem benötigt er dann auch Mindestraumhöhen (⸬ **Checkblatt Kellerausstattung** Seite 56).

Wie viel kostet eine angemessene Kellerkonstruktion?

Die Kosten eines Kellers sind sehr unterschiedlich und hängen vor allem von der angemessenen Ausführung der Kellerkonstruktion ab. Ist diese aufwändig, können Kosten förmlich explodieren. Daher sind auch Baugrunduntersuchungen so wichtig, damit solche Kostenrisiken rechtzeitig erkannt werden. Wenn ein Keller als schwarze Wanne geplant ist und sich plötzlich herausstellt, dass eine weiße Wanne benötigt wird, können das schnell hohe vier- bis fünfstellige Mehrkosten sein, also zwischen 8.000 und 15.000 Euro und mehr, je nach Größe und Ausführung des Kellers. Das ist ein Betrag, der eine Finanzierung definitiv gefährden kann, deswegen ist die Prüfung, ob der Keller eine angemessene Konstruktionsweise hat, sehr wichtig. Wenn kein Bodengutachten des Grundstücks vorliegt, zumindest mit Daten zu Bodenklasse, Bodendruckverhältnissen und Grundwasserstand und parallel ein Keller in einfacher Ausführung, als gemauerter Keller mit Bitumendickbeschichtung, angeboten wird, bestehen klar Risiken. Denn wenn Bodenverhältnisse angetroffen werden, die plötzlich eine ganz andere Kellerausführung notwendig machen, müssen Sie meist schnell kostenintensive Entscheidungen treffen.

Welche Alternativen gibt es?

Wenn Sie auf eigenem Grundstück ein Haus mit einem Fertighausanbieter oder Generalunternehmer bauen, ist eine Möglichkeit immer, dass Sie auf den Keller ganz oder teilweise verzichten. Der komplette Kellerverzicht führt dazu, dass nur noch eine Bodenplatte auf der Erdoberfläche gegossen wird, um das Haus dann darauf zu errichten. Bei einer Teilunterkellerung wird nur ein Teil des Hauses unterkellert. Eine zum Beispiel nur halbe Unterkellerung führt in der Regel aber nicht zur Halbierung der Kellerbaukosten. Es können nun letztlich dann doch bis zu drei Viertel der Kosten einer Vollunterkellerung anfallen. Das liegt unter anderem daran, dass Teilunterkellerungen einen gewissen statischen Aufwand erfordern, denn ein Teil des Hauses ohne Keller muss dann anders gegründet werden als der andere Teil mit Keller. Damit es dabei nicht zu Setzungsproblemen des Hauses kommt, muss das Ganze gut geplant werden, mit entsprechendem Aufwand, zum Beispiel einer tieferen Gründung des nicht unterkellerten Bereichs. In einem solchen Fall könnten Sie erwägen, ganz auf den Keller zu verzichten und einen ebenerdigen Kellerersatzraum zum Beispiel neben der Garage zu bauen.

⇢ Checkblatt Kellerausstattung

Was ist eine angemessene Kellerausstattung?

Neben der Kellerkonstruktion ist auch die Kellerausstattung ein unbedingt zu überprüfender Kostenpunkt. Die Kellerausstattung bei Bauträger-, Fertighaus- oder Generalunternehmerangeboten hat üblicherweise einen sehr niedrigen Standard. Das heißt, Keller sind häufig ungedämmt, haben Einfachverglasung, keinen Estrich und keinen Bodenbelag oder Wandputz (in der Regel bloß gestrichenen Beton), nur eine minimale Elektroausstattung und mitunter keinen Wasser- und Abwasseranschluss. Die Angemessenheit einer Kellerausstattung hängt davon ab, wie der Keller genutzt werden soll. Wenn der Keller zu Wohnzwecken genutzt werden soll, aber auch wenn der Bauträger Begriffe wie „Hobbyraum" in den Keller schreibt, dann haben diese Räume zunächst einmal

Vorgaben der jeweiligen Landesbauordnungen an Wohnräume einzuhalten. Das beginnt bei der Raumhöhe (in allen Bundesländern 2,40 Meter, außer in Baden-Württemberg, dort 2,30 Meter und in Berlin, dort 2,50 Meter) und geht weiter über die Fenstergrößen (mindestens zehn Prozent der Raumgrundfläche muss Fensterfläche sein; ein zehn Quadratmeter großer Raum = ein Quadratmeter Fensterfläche) und führt schließlich zu Beheizbarkeit auf Raumtemperatur (nach DIN zumindest 20 °C). Was mit diesen Anforderungen von einem Hobbyraum in einem üblicherweise angebotenen Keller noch übrig bleibt, können Sie selbst überprüfen. Wollen Sie nur Äpfel, Kartoffeln und Wein im Keller lagern und ihn nicht zu Wohnzwecken nutzen, benötigen Sie weder bestimmte Raumhöhen, bestimmte Fenstergrößen, noch Beheizbarkeit; also auch keine Dämmung und keinen Estrich. Sie können ihn allerdings später auch nicht ohne Weiteres „umnutzen".

Wann benötigt man eine angemessene Kellerausstattung?

Die Angemessenheit der Ausstattung eines Kellers hängt vor allem davon ab, wie man den Keller nutzen will. Wenn einem durch den Bauträger, Fertighausanbieter oder Generalunternehmer Nutzungsmöglichkeiten versprochen werden, dann sollten diese auch eingehalten werden. Das heißt, die baulichen Voraussetzungen müssen geschaffen werden. Ist also ein Hobbyraum versprochen, dann muss dieser zum Beispiel auch gedämmte Außenwände, eine Dämmung unterhalb des Estrichs sowie einen Estrich selbst haben. Er muss 3 Dinge in jedem Fall aufweisen: ausreichende Raumhöhe, ausreichende Belichtung und ausreichende Beheizungsmöglichkeit.

Nicht selten ist es so, dass gerade Bauträger solche Kellerflächen noch in die Wohnfläche einrechnen und es dadurch zu einer ungerechtfertigten Größe der Gesamtwohnfläche des Hauses kommt. Wollen Sie das Haus dann einmal vermieten oder verkaufen, können Sie diese Flächen aber nicht einfach als Wohnflächen angeben. Sie kaufen also angebliche Wohnfläche, die es gar nicht gibt. Daher ist eine angemessene Kellerausstattung zumindest immer dann angezeigt, wenn sie seitens des Immobilienanbieters als Wohnraum oder Wohnfläche ausgegeben wird.

Wenn der Keller nur Lagerzwecken dienen soll, reicht auch eine relativ einfache Ausstattung. So kann es sogar besser sein, gar keinen Estrich im Keller zu haben als den falschen. Ein sinnvoller Estrich ist ein schwimmender (man könnte auch sagen frei schwingender) Estrich auf Dämmlage. Ein Verbundestrich hingegen (direkt auf die Bodenplatte gegossener Estrich) ist weniger sinnvoll, da ohne Wärmedämmwirkung. Auch ein Estrich auf Trennlage (Folienlage zwischen Bodenplatte und Estrich) hilft da nicht weiter. Dann bringen Sie lieber später einmal, wenn Sie wieder Geld haben, einen Estrich auf Dämmlage ein.

Ein weiterer kritischer Punkt beim Kellerausbau ist häufig die Schnittstelle Treppenhaus/Kellerbereich: Viele Kellerabgänge sind heute offen gestaltet. Die warme Wohnraumluft gelangt so bis in den Kellervorflur. Dieser Vorflur hat häufig einen Estrich mit einer Dämmlage darunter. Aber die Kellerinnenwände vom Vorflur zu den angrenzenden Räumen und die Türen vom Vorflur in diese angrenzenden Räume sind meist nicht wärmegedämmt. So stoßen Kalt- und Warmbereiche des Hauses ungedämmt aufeinander. Wenn Sie auf dem eigenen Grundstück mit dem Fertighausanbieter oder Generalunternehmer bauen und einen Keller haben wollen, ist eine sinnvolle Überlegung immer, den gesamten Keller von außen zu dämmen, also sowohl die Kelleraußenwände als auch die Kellerbodenplatte. Denn das ist eine Maßnahme, die Sie später nur unter hohem Aufwand (Kelleraußenwanddämmung) oder gar nicht mehr (Bodenplattenunterdämmung) umsetzen können, während Sie zum Beispiel einen Bodenbelag später auch austauschen können. Eine Komplettdämmung des Kellers von außen ist sinnvoll.

Soweit Sie wissen, dass Sie im Keller eine Waschmaschine und gegebenenfalls einen Trockner anschließen wollen, müssen diese Anschlüsse (also Wasser, Abwasser und Strom) natürlich schon dorthin gelegt werden, wo die Maschinen später stehen sollen.

Wie viel kostet eine angemessene Kellerausstattung?

Vergleicht man einen nicht ausgebauten mit einem ausgebauten Keller, ist die Betragsdifferenz sehr hoch. Der Ausbau eines kleineren Hauskellers in einfachem Standard (Elektroversorgung, Wasserversorgung, Heizung, größere Fenster, Dämmung, Estrich, Bodenbeläge, Wandputz, Deckenputz, Wohntüren) kann zwischen 10.000 und 15.000 Euro kosten. Mit Schwankungen nach oben und nach unten. Benötigt man den Keller nicht als Wohnraum, liegt hier ein erhebliches Einsparpotenzial. Allerdings sieht die ganz überwiegende Anzahl von Hausangeboten ohnehin einen Kellerausbau gar nicht vor. Daher ist ein Ausbau im Basispreis auch nicht enthalten. Bei vielen Fertighausanbietern heißt es sogar „ab Oberkante Bodenplatte". Oft einfach abgekürzt als „OK". Dann ist weder ein Keller noch eine Bodenplatte im Preis enthalten. Um beides müssen Sie sich dann selbst kümmern.

Welche Alternativen gibt es?

Bei den Überlegungen zu einer angemessenen Kellerausstattung sollte es immer um eine für Sie angemessene Kellerausstattung gehen. Wenn Sie einen Keller wollen, ist es zunächst sinnvoll, den Keller auch von außen zu dämmen. Wenn Sie ganz sicher wissen, dass Sie den Keller nie zu Wohn-, Arbeits- oder Hobbyzwecken nutzen werden, können Sie ihn auch ungedämmt lassen, sollten ihn dann aber vom übrigen Haus gut isolieren (etwa die Kellerdecke und den Treppenhausvorflur). Sinnvoll kann es auch sein, den Keller für einen späteren Ausbau nur vorzubereiten. Dabei sollten Sie bereits in die Außendämmung und in ausreichend große Fenster investieren. Heizung, Strom und Wasser müssen nur bis zu einem Verteiler in den Keller gelegt werden. Estrich braucht noch nicht gelegt zu werden (nur die ausreichende Raumhöhe muss beachtet werden, sodass Estrich auch später noch problemlos unter Beachtung der Wohnraumhöhe eingebracht werden kann – Estrich plus Dämmung benötigen je etwa sechs Zentimeter, also insgesamt zwölf plus Bodenoberbelag). Auch Türrahmen und Türblätter können gegebenenfalls noch ganz entfallen, selbst Trennwände, soweit sie nicht tragend sind, müssten noch nicht eingebaut werden. All das hilft, an einer sinnvollen Stelle Geld zu sparen.

Sie haben dann einen sehr einfachen, aber gut vorbereiteten Rohkeller. Das kann viel sinnvoller sein, als ein angeblich ausgebauter Keller, der aber nicht einmal über eine ausreichende

Dämmung der Außenwände und unterhalb der Bodenplatte verfügt.

⇢ Checkblatt
Hebeanlage

Was ist eine Hebeanlage?
Eine Hebanlage dient dazu, (Ab-)Wasser von einem niedrigen Niveau auf ein höheres Niveau zu „heben". Man unterscheidet zwischen Hebeanlagen für Fäkalien, Abwasser und auch Heizungskondensat. Es gibt Hebeanlagen, in und außerhalb von Häusern. Es gibt auch Hebeanlagen an die mehrere Häuser angeschlossen sind. Meist handelt es sich aber um individuelle Hebeanlagen im Haus.

Wann benötigt man eine Hebeanlage?
Eine Hebeanlage ist dann notwendig, wenn der tiefste Punkt der Abwasserausleitung aus dem Haus nur sehr knapp oberhalb oder sogar unterhalb des Straßenkanalniveaus liegt, sodass eine Ausleitung des Abwassers aus dem Haus im natürlichen Gefälle bis zum Kanal nicht möglich ist. Das kann zum Beispiel dann der Fall sein, wenn das Abwasser des Hauses unterhalb der Kellerbodenplatte gesammelt wird und von diesem Tiefpunkt in den Straßenkanal geführt werden soll. Wenn dies über natürliches Gefälle nicht möglich ist, muss das Abwasser zunächst auf ein höheres Niveau gehoben werden, um von dort aus im natürlichen Gefälle den Straßenkanal zu erreichen.

Wie viel kostet eine Hebeanlage?
Eine Hebeanlage kostet zwischen etwa 1.500 und 3.500 Euro, je nachdem welches Modell gewählt wird und ob auch die Montagekosten dabei sind. Hinzuzurechnen sind langfristig Wartungskosten und natürlich Reparaturkosten. Ist die Hebeanlage bei einem neuen Gebäude vom Bauträger oder Fertighausanbieter in der Leistungsbeschreibung nicht explizit benannt, gehört sie auch nicht zur vertraglich vereinbarten Leistung. Hier sind also gegebenenfalls Kosten in Höhe von 1.500 bis 3.500 Euro zusätzlich zu veranschlagen.

Welche Alternativen gibt es?
Sie benötigen keine Hebeanlage, wenn Sie zum Beispiel auf Wasser- und Abwasseranschlüsse im Keller verzichten. Man kann in diesem Fall dann das Abwasser bereits unterhalb der Decke zwischen Erdgeschoss und Keller sammeln und im Gefälle zum Kanal führen. Das funktioniert fast immer. Das heißt aber auch, dass man zum Beispiel die Waschmaschine nicht mehr ohne Weiteres in den Keller stellen kann. Waschmaschinen haben allerdings eigene Pumpen und manchmal genügt ein höherer Sockel, auf dem die Waschmaschine im Keller steht, damit sie ihr Abwasser noch in eine solche Abwasserleitung unterhalb der Kellerdecke pumpen kann. Toiletten und Duschen im Keller sind hingegen ohne Hebeanlage dann in der Regel nicht möglich. Dafür spart man aber einen vierstelligen Betrag und hat auch keine Wartungs- und Reparaturkosten.

Will man ungeachtet dessen aber doch WC und Dusche im Keller haben und wird eine Hebeanlage notwendig, sollte diese von vornherein mit in die Baubeschreibung des Fertighausanbieters, Generalunternehmers oder Bauträgers aufgenommen und kalkuliert werden. Dann haben Sie zumindest die Möglichkeit, zu reagieren und dafür gegebenenfalls an einer anderen Stelle auf etwas zu verzichten, um die Gesamtbaukosten nicht zu erhöhen.

⋯▸ Checkblatt
Elektroausstattung

Was ist eine angemessene Elektroausstattung?

Die Elektroausstattung umfasst die Installation des Hausanschlusses sowie sämtlicher Steckdosen, Schalter, Deckenauslässe und Wandauslässe (an die später die Lampen angeschlossen werden können) samt aller Verkabelungen – innerhalb des Hauses und außerhalb des Hauses. Es muss also auch der Anschluss für eine Hauseingangs-, Terrassen- und Balkonbeleuchtung enthalten sein; ferner Steckdosenanschlüsse für Terrasse und Balkon. Soweit eine Garage Vertragsbestandteil ist, benötigt auch diese mindestens eine Steckdose und einen Beleuchtungsanschluss.

Der Umfang der Elektroausstattung im Haus ist bei fast allen Hausanbietern eher mager. Fast nie ist das, was im Angebot enthalten ist, wirklich ausreichend. Hier empfiehlt sich in der Regel, mit Hilfe der Grundrisspläne Raum für Raum fiktiv durch das Haus zu gehen und mit drei verschiedenen Farbstiften zu markieren, wo und wie viele Steckdosen, Schalter sowie Deckenauslässe oder Wandauslässe benötigt werden.

Ein einfaches Beispiel: Bei der Beschreibung des Umfangs einer Elektroausstattung in einer üblichen Bau- und Leistungsbeschreibung tauchen die ersten Probleme manchmal schon bei der Raumdefinition auf. In der Baubeschreibung heißt es dann etwa „eine Steckdose im Flur", im Plan gibt es aber nur einen „Windfang" und eine „Diele" und man rätselt dann, in welchem Raum diese Steckdose denn nun sitzt. Und wo im Raum sie sitzt, ist ohnehin fast nie angegeben, wenn man nicht einen detaillierten Elektroplan erhält.

Wichtig ist auch, dass die Anzahl der Stromkreise angegeben ist und welche Räume sie jeweils umschließen. Je kleiner die Stromkreise – je größer also ihre Anzahl ist – desto höher ist die Betriebssicherheit, desto einfacher ist auch die Abschaltung eines begrenzten Bereiches, etwa um eine Glühbirne zu wechseln oder eine Installation vorzunehmen.

Es gibt für die Elektroausstattung unterschiedliche Definitionen, auf die Sie in Bau- und Leistungsbeschreibungen stoßen können. So zum Beispiel „Elektroinstallation nach DIN" oder „Elektroausstattung nach HEA". HEA ist ein Verein (Fachgemeinschaft für effiziente Energieanwendung e.V.). Dieser hat in Anlehnung an die DIN 18015-2 eine Mindestausstattung für die Elektroinstallation vorgelegt. Das ist für Sie im konkreten Fall Ihres Hausbaus aber wenig hilfreich, und Sie kennen auch den Ausstattungsumfang nach DIN nicht, ferner definiert sie nur absolute Mindeststandards. Sie benötigen daher von Ihrem Hausanbieter eine komplette, ausgeschriebene Übersicht sämtlicher Elektroanschlüsse in Ihrem Haus: alle Steckdosen, alle Schalter, alle Deckenauslässe, alle Wandauslässe, alle Außenstecker sowie Außenschalter und Außenauslässe.

Bei den Elektrokabeln unterscheidet man zwischen Stegleitungen und Mantelleitungen. Eine dritte Variante sind Kabel in Leerrohren. Die Wahl der Ausführung hängt auch davon ab, welchen Komfort man bei der Elektroausstattung sucht oder welchen Nachrüstungsbedarf man zukünftig hat. Ist dieser eher hoch, kann es sinnvoll sein, alle Leitungen in Leerrohren verlegen zu lassen, in die man später weitere Kabel legen oder in denen man bestehende einfach austauschen kann, ohne eine Wand oder Decke öffnen zu müssen.

Wann benötigt man eine angemessene Elektroausstattung?

Eine einmal installierte Elektroausstattung ist nicht ohne Weiteres einfach nachrüstbar. Das geht nur, wenn man von vornherein bestimmte Vorkehrungen trifft. Wenn man aber ein neues Haus kauft oder baut, will man nicht nach kurzer Zeit schon wieder nachrüsten, sondern einen Standard schaffen, mit dem man dann auch einige Jahre auskommt. So können Sie beispielsweise grundsätzlich einen einfachen Standard mit NYM-Leitungen oder einen etwas gehobenen mit Mantelleitungen oder gar Leerrohren wählen. Sie könnten sogar ein BUS-System wählen: Bei diesem lassen sich dauerhaft zum Beispiel bestimmte Schalter bestimmten Lampen immer wieder neu beliebig zuordnen und sogar Funktionen per Mobilfunk steuern. Die meisten Menschen benötigen das jedoch nicht.

Viele verzichten auch auf elektrische Rollladenantriebe. Etwas anders sieht es schon bei Jalousien aus. Bei großen Südfenstern mit großflächigen Außenjalousien (auch Raffstoren genannt) kann vereinzelt durchaus ein Elektromotoreinbau sinnvoll sein. Die Wünsche und Bedürfnisse der Menschen sind hier unterschiedlich.

Was sich aber festhalten lässt, ist, dass Sie nur in den wenigsten Fällen mit dem Ihnen angebotenen Umfang an Elektroausstattung auskommen werden. „Eine Steckdose im Flur" heißt nämlich, dass diese Steckdose eventuell bereits durch den Stecker des Akku-Festnetz-Telefongerätes dauerhaft belegt ist. Für das Aufladen des Mobilfunkgeräts oder für den Staubsaugerbetrieb im Flur ist dann kein Platz mehr. Das Einfachste ist, dass Sie sich Ihren gegenwärtigen Bedarf an Steckdosen pro Zimmer anschauen und sich auch fragen, was darüberhinaus wünschenswert wäre. Das können Sie dann mit dem vergleichen, was Ihnen der Hausanbieter offeriert. Vergessen Sie nicht die Nebenbereiche wie Keller oder Dachboden. Auch Räume, die nur als Waschküche geplant sind, kommen mit einer einzelnen Steckdose selten aus. Waschmaschine, Trockner oder Bügeleisen benötigen eigene Steckdosen. Ferner ist in der Waschküche die Lage der Steckdosen sehr wichtig, weil man gerade dort ungern Steckerleisten auf den Boden legt, in die auch Wasser laufen kann.

Fehlerinduktionsschalter, sogenannte FI-Schalter (unter anderem zur Kindersicherheit), sind heute ohnehin Standard und müssen eingebaut werden. Ihr Einbau ist zumindest für Kinderzimmer, Küche und Bäder sinnvoll.

Stromkreise sollten, wie erwähnt, nicht zu groß sein. Wenn zum Beispiel Wohnzimmer und Küche an einem Stromkreis hängen und Sie die Sicherung zwecks Glühbirnenwechsels in der Küche herausnehmen wollen, können sämtliche Einstellungen Ihres Fernsehers oder DVD-Spielers verlorengehen.

Das heißt, eine angemessene Elektroausstattung ist eine solche, die zunächst vom Umfang her Ihren Bedürfnissen entspricht (ausreichende Anzahl an Steckdosen, Schaltern, Decken- und Wandauslässen im Haus inklusive Keller und Dachboden sowie außen am Haus und in einer eventuellen Garage). Die nächste Überlegung ist dann, ob die Steckdosen, Schalter, Decken- und Wandauslässe mit Stegleitungen, Mantelleitungen oder mit Leitungen in Leerrohren angefahren (also angeschlossen) werden sollen. Die weitere Überlegung ist schließlich, welchen Standard der Anlage man wünscht. Ob man sich den Luxus eines BUS-Systems leisten will, sollte man ernsthaft hinterfragen. Auch hinsichtlich zusätzlicher Ausstattung, wie zum Beispiel elektrischer Rollläden, kann man unterschiedlicher Meinung sein. Will man solche Dinge allerdings haben, gehören Sie von Anfang an auf die Ausstattungsliste, also in die vertraglich zu vereinbarende Bau- und Leistungsbeschreibung, um ihre Kosten im Auge zu behalten und nicht von erheblichen Mehrkosten überrascht zu werden.

Wie viel kostet eine angemessene Elektroausstattung?

Zwar ist eine Elektrogrundausstattung in den meisten Hausangeboten enthalten, meist aber deutlich unterdimensioniert. Das heißt, beim Kostenrisiko stellt sich weniger die Frage nach den Kosten der Basisinstallation als nach dem Kostenrisiko für Zusatzwünsche und wie man das eingrenzt. Ein einfaches Beispiel aus der Beratungspraxis der Verbraucherzentralen mag das Kostenrisiko verdeutlichen: Ein Rat-

suchender ließ die Baubeschreibung eines Hausanbieters prüfen. Dieser offerierte eine schmale Grundausstattung mit Elektrik. Für weitere Installationen setzte er pro Element (Schalter, Steckdose) eine Pauschale von 90 Euro netto an. Der Kunde wollte im gesamten Haus nur 4 weitere Steckdosen haben, dazu eine für die Terrasse und eine für den Balkon sowie vier zusätzliche Schalter, was zusammen Kosten von sage und schreibe 900 Euro netto ausgelöst hätte. Sie sehen, dass Zusatzkosten für die Elektroausstattung explodieren können, wenn Sie diese nicht von vornherein festlegen. Überlegen Sie einmal, wenn Sie pro Etage nur 6 zusätzliche Steckdosen und vier zusätzliche Schalter haben wollten, dann würden Sie bei den genannten Vertragsbedingungen und bei 3 Etagen (Keller, Erdgeschoss, Dachgeschoss) bei folgender Rechnung landen: 30 Installationen zusätzlich × 90 Euro = 2.700 Euro netto Zusatzkosten. Sehr viele Hausanbieter wollen für jede weitere Installation einer Steckdose, eines Schalters, eines Decken- oder Wandauslasses 50 Euro oder mehr, häufig auch noch ohne Angabe ob brutto oder netto. Denn bei einem Nettopreis beträgt der Bruttopreis, den Sie zahlen, dann bereits fast 60 oder mehr Euro. Angemessen sind maximal 25 bis 35 Euro brutto. Vor allem dann, wenn das Haus an sich schon nicht gerade günstig ist.

Welche Alternativen gibt es?

Die wirksamste Alternative, sich vor überraschenden Mehrkosten bei der Elektroausstattung zu schützen, liegt darin, von vornherein über dieses Thema mit dem Hausanbieter klar zu sprechen. Ihre stärkste Verhandlungsposition haben Sie dann, wenn Sie auf eigenem Grundstück bauen und den Hauskaufvertrag des Fertighausanbieters oder Generalunternehmers noch nicht unterzeichnet haben. Anders sieht es aus, wenn Sie ein Grundstück erwerben und sich bereits im Grundstückskaufvertrag verpflichten, mit einem bestimmten Bauträger zu bauen. Wenige Verhandlungsmöglichkeiten gibt es, wenn Sie Grundstück und Haus gemeinsam von einem Bauträger kaufen. Allerdings kommt es auch hier darauf an, in welcher Region Deutschlands Sie kaufen möchten. In sehr begehrter Lage wie Hamburg oder München werden die Verhandlungen schwieriger sein als in Gera oder Duisburg.

Wenn Sie frühzeitig erkennen, dass die Elektroausstattung, so wie sie Ihnen angeboten wird, nicht ausreicht und der Hausanbieter zur Erweiterung nur bei Zahlung von Mehrkosten bereit ist, sollten Sie zumindest diese mit ihm festlegen. Hierfür gibt es unterschiedliche Vorgehensweisen. Entweder legen Sie im Detail die von Ihnen gewünschte Elektroausstattung fest und verhandeln dafür einen Gesamtpreis. Oder Sie legen fest, was eine Steckdose, ein Schalter, ein Deckenauslass und ein Wandauslass pro Stück zusätzlich kosten. Wie erwähnt sollten diese Preise aber nicht über 25 bis maximal 35 Euro pro Stück (brutto) liegen. Und eine Doppelsteckdose sollte nicht gleich das Doppelte, also 50 oder 70 Euro kosten, sondern deutlich darunter, denn die Hauptarbeit, wie das Schlitzen oder Schneiden der Wand, muss auch in diesem Fall nur einmal gemacht werden. Eine solche Kostenfestlegung vor Hauskauf verhindert zumindest überraschende Fantasiepreise im späteren Bauablauf, wenn der Zeitdruck hoch ist und Sie keine Verhandlungsmöglichkeit mehr haben.

⋯⋅ Checkblatt
TV-, IT- und Telefonausstattung

Was ist eine angemessene TV-, IT- und Telefonausstattung?

Eine angemessene Telekommunikationsausstattung umfasst heute mehr als nur einen Telefonanschluss. Dazu gehören meist auch ein TV-Kabelanschluss und ein Anschluss an Datenkabel für den Internetzugang. Es gibt zwar – gerade in ländlichen Regionen – mittlerweile auch den Versuch der kabellosen Übertragung, um auch hier schnellere Datenübertragungen möglich zu machen, trotzdem sollte ein Haus nach Möglichkeit auch an Datenkabel angebunden werden, soweit sie existieren. DSL beziehungsweise TDSL ist heute – zumindest in Ballungsräumen – Standard.

Im Haus selbst ist dann eine Unterverteilung in die einzelnen Räume wichtig. Es ist bereits heute so, dass eigentlich jeder Wohn- und Schlafraum sowie Kinderzimmer einen Telefon-, Kabel- und Internetanschluss haben sollte beziehungsweise zumindest die Option dafür. Das kann man entweder über die Verlegung von Leerrohren lösen, über die man dann später eine Versorgung mit Datenkabeln einziehen kann. Oder aber man legt auch die Kabel bereits bis in alle Zimmer und installiert sie samt Anschlussdosen. Dann ist alles fix und fertig, und man kann bei Bedarf sofort die Geräte anschließen.

Wann benötigt man eine angemessene TV-, IT- und Telefonausstattung?

Die meisten Menschen benötigen die Telekommunikationsausstattung zu Hause nur für Freizeitzwecke. So etwas kann sich aber durchaus ändern. Sei es, dass man (vorübergehend) einen Teil der beruflichen Arbeit von zu Hause aus erledigen kann oder will, sei es, dass man einen Fernlehrgang bucht, der im Wesentlichen über den Computer läuft, oder dass die Kinder sich von zu Hause aus in Schulungsprogramme ihrer Schulen einloggen müssen. Dann ist die Internetnutzung kein Hobby mehr, sondern wird zum festen Werkzeug der Ausbildung, Weiterbildung oder des Berufs.

Auch für die Nutzung des Hauses selbst kann Telekommunikation in Zukunft noch eine ganz andere Rolle spielen. Mit den sogenannten Smartphones in Kombination mit bestimmten Hausinstallationen (BUS-Technik, → Seite 61) kann man heute schon „Fernsteuerungen" einiger Bereiche des Hauses vornehmen, wie zum Beispiel der Heizung. Ob sich das allerdings tatsächlich an Verbraucherbedürfnissen orientiert und durchsetzt, bleibt abzuwarten.

Wie viel kostet eine angemessene TV-, IT- und Telefonausstattung?

Mit der Telekommunikationsausstattung ist es wie mit der Elektroausstattung. Eine Basisausstattung ist im Kaufvertrag in der Regel enthalten, meist aber keine umfassende oder komfortable Ausstattung. Wenn Sie eine solche wollen, müssen Sie auch diese vor dem Kauf mit dem Hausanbieter festlegen. Nicht jeder Anbieter wird Ihnen alles anbieten wollen oder können. Das fängt schon damit an, dass für die Hauszuleitung der Telekommunikationsleitung das erschließende Telekommunikationsunternehmen zuständig ist – nicht der Hausanbieter und nicht die Kommune. Gleiches gilt für Kabel-TV. In einem Neubaugebiet in Süddeutschland gab es die Situation, dass es monatelang ohne Festnetzanschluss war, da kein Telekommunikationsunternehmen Interesse an einer Telekommunikationserschließung des Gebietes hatte. Sie wiederum kaufen aber ein Haus schlüsselfertig und gehen davon aus, dass dann auch alles im Paket enthalten ist, nicht nur schlüsselfertig, sondern auch betriebsfertig. Damit hier kein Ärger entsteht, müssen Leistungen und Kosten vorab dezidiert geklärt werden. Bei der Basisausstattung ist also zunächst wichtig, dass auch der Hausanschluss der Telefon- und Datenkabel enthalten ist. Dies ist bei Fertighaus- und Generalunternehmerangeboten üblicherweise nicht der Fall. Auch bei Bauträgerimmobilien, bei denen Grundstück und Haus separat gekauft werden, ist das nicht automatisch der Fall. Und selbst ein klassisches Bauträgerhaus, bei dem Sie Grundstück und Haus gemeinsam erwerben, muss dies nicht automatisch im Leistungsumfang haben. Ist die Leistung nicht enthalten und muss sie vollständig zusätzlich erbracht werden, inklusive Kabelkanalaushub von der Grundstücksgrenze an der öffentlichen Straße bis zum Haus, dann sollte man für den Hausanschluss mit einem Betrag zwischen 600 und 1.000 Euro brutto rechnen. Hinzu kommt dann noch die Verteilung im Haus. Hier gibt es 2 Varianten: dass man die Dinge nur vorbereiten lässt, zum Beispiel durch die Verlegung von Leerrohren und Leerdosen in alle Räume, oder dass man alles fertig installieren lässt, inklusive Kabel und Dosen. Auch hier sollte man bei voller Installation in alle Räume mit einem Betrag von nicht unter 150 bis 200 Euro pro Raum rechnen. Bei 5 Räumen also 750 Euro bis 1.000

Euro. Hier schwanken die Preise allerdings sehr, daher muss dies unbedingt rechtzeitig abgefragt werden, damit nicht plötzlich eine Rechnung über 2.500 Euro und mehr auf dem Tisch liegt. Das Ziehen nur von Leerrohren und Setzen von Leerdosen sollte mit nicht mehr als 75 bis 100 Euro pro Raum zu Buche schlagen.

Wenn der Telekommunikations- oder Kabelanbieter selbst die Verlegung im Haus übernimmt, wird der Außendienstmonteur hier gegebenenfalls nach Stundensätzen abrechnen. Wenn das so ist, sollte er vorab aber einen verbindlichen Kostenvoranschlag machen.

Welche Alternativen gibt es?
Die Alternativen bei der Telekommunikationsinstallation liegen vor allem im Bereich des Hausanschlusses. Wenn man kein Kabel-TV will oder keinen örtlichen Anbieter hat, kann man auf einen Satelliten umsteigen. Allerdings erfordert eine Satellitenschüssel eine innerhäusliche Unterverteilung in die einzelnen Räume. Auch der Internetzugang wird im ländlichen Raum wie erwähnt zukünftig möglicherweise stärker per Funksignal erfolgen als über Kabel. Selbst beim Telefon haben heute viele Menschen bereits keinen Festnetzanschluss mehr. Die Alternativen hängen hier also von den örtlich gegebenen Voraussetzungen und den persönlichen Vorlieben ab. Eine sinnvolle und kostengünstige Alternative ist jedenfalls immer, den Hausanschluss installieren zu lassen (für Telefon, Internet und TV), aber die Unterverteilung im Haus nur über Leerrohre und Leerdosen vorbereiten zu lassen.

⇢ Checkblatt
Heizungsausstattung und Warmwasserbereitung

Was sind eine angemessene Heizungsausstattung und Warmwasserbereitung?
Die Heizungsausstattung eines Hauses muss zunächst einmal so ausgelegt sein, dass sie die Wohn- und Schlafräume sowie Bäder und Küche ausreichend beheizt, nach DIN also zumindest auf 20 °C bzw. 24 °C – und zwar unabhängig davon, wie kalt es draußen ist. Doch eine angemessene Heizung muss natürlich noch viel mehr können. Die moderne Energiegesetzgebung fordert die automatische Anpassung an Außentemperaturverhältnisse, auch eine automatische Nachtabsenkung muss einstellbar sein, und schließlich sollte jeder Heizkörper einzeln individuell angefahren werden können und regelbar sein. Das ist heute üblicher Standard.

Soweit eine Fußbodenheizung zum Einsatz kommt, ist es sehr wichtig, die einzelnen Heizkreise festzulegen. Es ist nicht sinnvoll, zum Beispiel Flure und Bäder oder Arbeits- und Schlafzimmer zusammenzuhängen. Jeder Raum sollte über eine eigene Heizschleife angefahren und versorgt werden, sodass die Temperatur in jedem Raum individuell regelbar ist. Das gilt auch für offene Wohn-Essbereiche, die zwar einen Raum bilden, aber die getrennt regelbar sein sollten. Die Regelbarkeit sollte über einfache, leicht zugängliche Regelventile in den Räumen möglich sein.

Zu einer angemessenen Heizungsausstattung gehört auch eine ökonomisch und ökologisch optimale Heizungsplanung. Die Frage, ob man mit Öl, Gas, Pellets, Fernwärme, Wärmepumpe (also Strom) oder Geothermie das Haus beheizt, ist häufig eine Frage der örtlich gegebenen Verhältnisse. Liegt vor dem Haus eine Gasleitung, kann die Gasheizung eine Option sein. Liegt vor dem Haus keine Gasleitung, geht das nicht, wenn Sie keinen Gastank installieren wollen. Gleiches gilt für Fernwärme. Bei Öl stellen sich viele kritische Fragen – ökonomische und ökologische –, weshalb eine Ölheizung in der heutigen Zeit nicht mehr die erste Wahl ist. Umgekehrt muss aber auch eine Wärmepumpe nicht automatisch eine ökologische Lösung sein. Dann nämlich nicht, wenn sie keine gute sogenannte Jahresarbeitszahl hat, was viele Luft-Wasser-Wärmepumpen nicht haben, und wenn der Strom zu ihrem Betrieb kein zertifizierter Ökostrom ist. Die Jahresarbeitszahl (in Bau- und Leistungsbeschreibungen manchmal auch mit „JAZ" abgekürzt oder mit „ß" bezeichnet) gibt das Verhältnis von abgegebener Wärmeleistung in Kilowattstunden (kWh) zu aufgenommener Antriebsleistung in Kilowattstunden (kWh) an, betrachtet über den Zeitraum von einem Jahr (a). Eine gute Jahresarbeitszahl liegt bei 4 oder 4,5 oder höher.

Neben der Raumerwärmung versorgt die Heizung meist auch die **Warmwasserversorgung**. Bei Neubauten ist die Nutzung erneuerbarer Energien Pflicht, und zwar in einem Umfang von 20 Prozent des Gesamtenergiebedarfs. Die meisten Hausanbieter lösen diese Vorgabe damit, dass sie als Standard im Hauspaket auch Solarkollektoren für die Warmwasserbereitung anbieten. Was mitunter aber fehlt, ist ein ausreichend großer Warmwasserspeicher. Denn wenn Sie Solarkollektoren haben, aber nur einen Warmwasserspeicher mit 120 Litern Speichervolumen, kann es Ihnen passieren, dass die Heizung doch immer wieder das schnell verbrauchte solarerwärmte Warmwasser durch heizungserwärmtes Wasser ergänzen muss. Daher benötigt man beim Betrieb von Solarkollektoranlagen üblicherweise auch einen deutlich größeren Warmwasserspeicher von etwa 300 Litern Speichervolumen. Sehr oft nicht im Preis enthalten ist eine (zeitgesteuerte) **Warmwasserzirkulationsleitung**, die Warmwasser temporär in Umlauf hält, sodass aus allen Wasserhähnen bei Bedarf sofort warmes Wasser fließt.

Wann benötigt man eine angemessene Heizungsausstattung und Warmwasserbereitung?

Eine angemessene Heizungsanlage dient einerseits dem Komfort und der Behaglichkeit, sie muss andererseits aber auch dem ökonomischen und ökologischen Einsatz von Energie gerecht werden. Die Anschaffungskosten einer Heizungsanlage werden über die Jahre von ihren Betriebskosten weit übertroffen, wenn sie strom- oder rohstoffabhängig ist. Das heißt, auch eine zunächst teure Heizungsanlage kann langfristig günstiger sein als eine zunächst preiswert erscheinende Anlage.

Die Festlegung der Heizungsausstattung ist in Bau- und Leistungsbeschreibungen fast durchgängig ein großes Problem. Obwohl man erwarten würde, dass genaue Herstellerbezeichnung und Typ des Heizgerätes, also des Brenners oder des Pelletofens oder der

Wärmepumpe, dezidiert benannt und auch weitere Elemente und ihre Hersteller genau festgehalten werden (etwa Warmwasserspeicher, Solarkollektoranlage, Heizungspumpen und Heizkörper), ist dies nur selten der Fall. Häufig finden Sie in Bau- und Leistungsbeschreibungen Formulierungen wie „moderne Gasbrennwertheizung" oder Ähnliches. Das heißt, Sie wissen letztlich gar nicht, welches Gerät welches Herstellers eingebaut werden soll, und damit auch nicht, ob das Gerät eine gute Kosten-Nutzen-Rechnung hat. **Ob es beispielsweise bei der Stiftung Warentest (www.test.de) „gut" getestet wurde, können Sie so auch nicht in Erfahrung bringen. Es ist daher sinnvoll nachzufragen, welches System welches Herstellers eingebaut werden soll.** Auch die langfristige Versorgung mit Ersatzteilen ist ein Aspekt. Deutsche Hersteller von Heizungsanlagen gehören allerdings ohnehin zu den international führenden Herstellern, sodass es gut sein kann, dass Sie ein Fabrikat mit relativ einfacher Möglichkeit der Ersatzteilbeschaffung erhalten.

Ein weiterer Aspekt einer angemessenen Heizungsanlage ist ihr Wartungsbedarf. Viele Hausanbieter übernehmen nur dann Garantieleistungen, wenn mit der Übernahme der Heizungsanlage durch den Hauskäufer oder Bauherrn auch gleichzeitig ein Wartungsvertrag abgeschlossen wird. Manche Hausanbieter schließen sogar Gewährleistungen (die, anders als Garantien, gesetzlich verpflichtend sind) für den Fall aus, dass kein Wartungsvertrag geschlossen wird. Dies ist allerdings juristisch nicht so einfach machbar, wie es in manchen Kaufverträgen formuliert wird. Ungeachtet dessen sollte der Wartungsbedarf einer Anlage möglichst gering sein – und damit ihre Wartungskosten. Wenn ein Hausanbieter einen Wartungsvertrag verlangt, sollten Sie ihn direkt nach den Kosten fragen, die er veranschlagt. Nicht immer wird die Wartung der Anlage diejenige Firma übernehmen können, die sie auch eingebaut hat – zum Beispiel schon aufgrund zu großer örtlicher Entfernungen. Dann muss ein weiteres Unternehmen hinzugezogen und auch dessen Kosten müssen dann in Erfahrung gebracht werden. Da die Gewährleistung vieler Heizungsbauteile nicht über fünf Jahre läuft, sondern nur über zwei Jahre, sollten zwei Routine-Heizungschecks in den ersten beiden Jahren eigentlich im Kaufpreis des Hauses enthalten sein und kein extra Wartungsvertrag für diese Zeit abgeschlossen werden müssen. Auch das können Sie offen ansprechen.

Wie viel kosten eine angemessene Heizungsausstattung und Warmwasserbereitung?

Eine angemessene Heizungsausstattung kostet zwischen 15.000 bis 25.000 Euro, wobei es nach oben kaum Grenzen gibt. Die Kosten sind deshalb so hoch, weil eine Heizungsanlage nicht nur aus einem Brenner, ein paar Rohrleitungen und einigen Heizkörpern besteht, sondern eine moderne Heizungsanlage hat in der Regel auch solare Komponenten. Das sind beispielsweise Solarkollektoren zur Brauchwassererwärmung auf dem Dach inklusive eines 300-Liter-Schichtspeichers für das Warmwasser. Man kann für eine Heizungsanlage auch schnell 35.000 Euro und mehr loswerden. Bei solchen Preisangeboten sollte man allerdings genauer hinsehen. Sie müssen dann auch qualitativ sehr gut sein. Sie können davon ausgehen, dass ein Gasbrenner zwischen 1.500 und 3.500 Euro kostet. Mit 2.000 bis 3.500 Euro sollten Sie für einen modernen

Warmwasserschichtenspeicher mit 300 Litern Inhalt aufwärts rechnen, und noch einmal etwa 4.000 bis 6.000 Euro werden die Solarkollektoren auf dem Dach verschlingen, auch abhängig von der Fläche (ganz grob 1.000 Euro pro Quadratmeter). Dazu kommen die internen Rohrleitungen, Pumpen und Heizkörper. So setzt sich der Gesamtpreis in etwa zusammen. Kaufen Sie nun aber zum Beispiel eine Wärmepumpe für 8.000 Euro, erhöht sich der Gesamtpreis der Heizungsanlage natürlich entsprechend, da Sie für eine Wärmepumpe nach wie vor deutlich tiefer in die Tasche greifen müssen als für einen Gasbrenner. Trotzdem kann sich eine wirklich effiziente Erdwärmepumpe mit einer Jahresarbeitszahl von mindestens 4,5 langfristig lohnen.

Soweit Sie eine Fußbodenheizung oder im Bad zum Beispiel einen Handtuchheizkörper installieren möchten, verteuern auch diese Elemente die Heizungsanlage und damit die Gesamtkosten. Fußbodenheizungen sind schnell um ein Drittel bis um die Hälfte teurer als klassische Heizkörper.

Je nachdem, welches Heizsystem Sie wählen und ob dieses einen Schornstein benötigt oder nicht (Fernwärme und Wärmepumpen brauchen zum Beispiel keinen), kommt neben dem Schornsteinbau (der als einzügiger, einfacher Schornstein aber meist im Grundpreis enthalten ist) auch eine Abnahme des Schornsteins hinzu. Diese nimmt der zuständige Schornsteinfeger vor. Für die sogenannte Rohbau- und Gebrauchsabnahme können Sie mit um die 150 Euro rechnen.

Fehlt eine Zirkulationsleitung für Warmwasser, ist ein zusätzlicher Betrag zwischen 800 und 1.500 Euro fällig.

Welche Alternativen gibt es?

Bei Heizungsanlagen gilt: Bevor man zu viel Geld in sie steckt, sollte man zunächst in eine optimale Gebäudehülle investieren. Denn eine Heizungsanlage ist letztlich nichts anderes, als der aufwändige Versuch, eine nicht optimale Gebäudehülle dadurch auszugleichen, dass man das Gebäude von innen künstlich nachheizt. Hochgedämmte Gebäude wie etwa Passivhäuser können weitgehend auf Heizungsanlagen verzichten und kommen mit einer installierten Lüftungsanlage samt Wärmerückgewinnung aus. Zwar ist die Anfangsinvestition teurer, langfristig allerdings sind die Betriebskosten eines Passivhauses sehr gering. Das heißt, man investiert zunächst mehr, dafür langfristig und an der richtigen Stelle. Die Mehrkosten für einen Passivhausstandard betragen etwa 10 bis 15 Prozent gegenüber GEG-Standard. Aber auch der GEG-Standard wird vom Gesetzgeber schrittweise auf den Passivhausstandard hin weiterentwickelt werden. Hinzu kommt: Eine andere Heizungslösung ist später auch einfacher nachzurüsten als ein anderer Wärmedämmstandard des Hauses insgesamt.

Reicht das Geld nur für den gesetzlich vorgeschriebenen GEG-Wärmedämmstandard und können Sie auch bei der Heizung keine großen Sprünge machen, dann ist eine Lösung immer, mögliche Nachrüstungen zumindest jetzt schon anlagentechnisch vorzubereiten. Wenn Sie also zunächst mit einem klassischen Gasbrenner einsteigen wollen, sollten sie nachfragen, ob dieser später problemlos auch zum Beispiel gegen eine Wärmepumpe ausgetauscht werden kann, ohne dass die Heizungsanlage insgesamt aufwändig umgebaut werden muss. Viele Hersteller bieten Nachrüstoptionen und sinnvolle Ergänzungen an, wenn dies von vornherein berücksichtigt wird. Eine weitere Möglichkeit, um Geld zu sparen, ist Ihre Eigenleistung. Allerdings sollten Sie eine Heizungsinstallation nur dann in Eigenleistung durchführen, wenn dafür eine solide Fachkunde im Familien- oder Freundeskreis vorhanden ist. Dabei sollte es sich schon um einen ausgebildeten Heizungsinstallateur handeln.

Kritisch bei Eigenleistungen ist immer der Schnittpunkt der Eigenleistung zu der vom Hausanbieter zu erbringenden Leistung. Wird beispielsweise eine Fußbodenheizung verlegt, muss der Hausanbieter zunächst die Decken erstellen. Auf diese muss eine Wärme- und/oder Trittschalldämmung gelegt werden und auf beziehungsweise in diese dann die Heizschleifen. Darauf wird dann wiederum der Estrich gegossen. Wenn es hier zu Verzögerungen oder Abstimmungsproblemen kommt, kann es sein, dass finanzielle Forderungen des Hausanbieters auf Sie zukommen. Ein weiteres Problem ist das Thema Haftung bei Gewährleistungsfällen. Wird zum Beispiel nach einem Jahr der Estrich an irgendeiner Stelle feucht, dann taucht die Frage auf, warum? Und wer ist dann dafür verantwortlich? Hat der Estrich die Heizschleife beschädigt? Oder war es umgekehrt eine bereits beschädigt installierte Heizschleife, die den Estrich durchfeuchtet hat?

Wenn Sie also Eigenleistungen in Erwägung ziehen, dann überlegen Sie immer, welche Einsparungen Sie damit tatsächlich realisieren und welche Folgerisiken damit einhergehen

können. Unproblematische Eigenleistungen sind meist diejenigen, die ganz am Ende eines Bauvorhabens stehen und nur noch Oberflächengewerke betreffen wie etwa Tapezier- und Malerarbeiten innen oder Bodenbelagsarbeiten innen. Mit diesen Arbeiten kommen sie dem Hausanbieter nicht in die Quere, und der Haftungsschnittpunkt ist relativ klar.

Zur Schornsteinabnahme gibt es Alternativen dann, wenn die eigene Heizungsanlage – etwa eine Wärmepumpe – gar keinen Schornstein braucht. Dann muss natürlich auch keine Abnahme erfolgen. Es hat aber selbstverständlich keinen Sinn, die Wahl einer Heizungsanlage davon abhängig zu machen, ob eine Schornsteinabnahme erfolgen muss oder nicht. Sondern die Wahl einer Heizungsanlage sollte nur davon abhängen, ob sie optimal zum baulichen Vorhaben passt und ökologisch und ökonomisch sinnvoll ist.

⇢ Checkblatt Fenster

Was ist eine angemessene Fensterausstattung?

Eine angemessene Fensterausstattung umfasst heutzutage zumindest die Aspekte Wärmeschutz, Schallschutz und Einbruchsicherheit.

Beim **Wärmeschutz** gibt es gesetzliche Vorgaben. So müssen Fenster einen festgelegten Wärmedurchgangswert (U-Wert) einhalten, der im Gebäudeenergiegesetz (GEG) festgelegt ist. Letzteres wird von Zeit zu Zeit auch verschärft.

Beim **Schallschutz** kann es Vorgaben aus dem Bebauungsplan geben. Dort können sogenannte Lärmpegelbereiche festgelegt sein, etwa in der Nähe von lauten Straßen, Bahnlinien oder Gewerbegebieten. In diesen Bereichen kann ein bestimmter Schallschutz vor Außenlärmeintrag vorgeschrieben sein. Sie können sich bei der zuständigen Kommune danach erkundigen, ob Schallschutzvorgaben im Bebauungsplan festgelegt wurden.

Beim **Einbruchschutz** gibt es möglicherweise Vorgaben Ihrer Versicherung, in jedem Fall aber Empfehlungen der Kriminalpolizei (**www.k-einbruch.de**). Man richtet sich hier bei Fenstern unter anderem nach sogenannten **R**esistance-**C**lasses (**RC** – früher Widerstandsklassen WK). Diese besagen, wie lange ein Fenster einem Einbrecher Widerstand entgegensetzen kann. Sie beginnen mit RC 1 und gehen über RC 2 bis hin zu RC 6. Je höher die Zahl, desto sicherer das Fenster. RC 2 ist im Einfamilienhausbau eine gute Wahl und ausreichend sicher, aber auch deutlich teurer als eine RC-1-Ausstattung (→ Kosten Seite 71).

Grundsätzlich muss eine ausreichende Anzahl an Fenstern vorhanden sein (nach Landesbauordnung, LBO, sind zumindest 10 Prozent der Raumgrundfläche als Fensterfläche vorzusehen: bei einem 10 Quadratmeter großen Raum also ein Quadratmeter Fensterfläche). Ferner sollte bei Fenstern ihre Öffnungsrichtung festgelegt werden (damit sie im geöffneten Zustand zum Beispiel nicht einfach mitten im Raum stehen, sondern zu einer Wand hin geschwenkt werden können). Bei raumhohen Fenstern muss beachtet werden, dass Sicherheitsglas mindestens für die Brüstungsverglasung zum Einsatz kommt, wenn außen vor dem Fenster Absturzgefahr besteht und dort kein Geländer angebracht wird. Die Fenstermontage sollte möglichst nach RAL erfolgen, das heißt, das Fenster wird mit Blendleisten dicht in die Wand eingepasst und nicht nur einfach mit Bauschaum eingefügt. Fast alle Fertighausanbieter montieren ihre Fenster bereits im Werk. Durch diesen standardisierten Vorgang kann das Fenster sehr genau eingepasst werden. Dadurch haben Fertighäuser an diesem Punkt meist eine recht hohe Qualität. Anders ist es bei Fenstermontagen erst auf der Baustelle.

Soweit im Keller Wohnräume entstehen sollen, spielt die Fenstergröße und damit die natürliche Belichtung und Belüftung eine große Rolle. Die Fensterfläche muss gemäß Landesbauordnungen dann auch im Keller mindestens zehn Prozent der Raumgrundfläche ausmachen.

Wann benötigt man eine angemessene Fensterausstattung?

Eine angemessene Ausstattung der Fenster benötigt man vor allem dann, wenn man bestimmte energetische Ziele erreichen will. Daher sollte sich eine angemessene Fensterausstattung immer danach richten, welchen Ausstattungsgrad das Haus insgesamt hat. Wenn das Haus zum Beispiel als sehr hochwertig gedämmtes Passivhaus ausgestattet wird, hat es keinen Sinn, bei den Fenstern zu sparen, weil dann die Dämmwirkung der Gebäudehülle zu stark beeinträchtigt wird. Bei einem Haus mit dem gerade einmal gesetzlich geforderten Dämmstandard nach dem Gebäudeenergiegesetz (GEG) kann man eher mit einem etwas niedrigeren Standard leben. Grundsätzlich ist es sinnvoller, in eine gut gedämmte Gebäudehülle zu investieren als in eine Heizungsanlage. Denn eine Heizungsanlage ist, wie bereits erwähnt, letztlich nichts anderes als der Versuch, eine schlecht gedämmte Gebäudehülle durch Nacherwärmung des Gebäudeinneren mit Wärme zu kompensieren.

Wie viel kostet eine angemessene Fensterausstattung?

Meist ist in Hausangeboten eine eher einfache Grundausstattung an Fenstern enthalten. Das sind häufig Fenster mit Isolierverglasung in Form einer Doppelverglasung mit Edelgasfüllung zwischen den Gläsern, maximal als RC-1-Ausführung, in der Regel ohne gehobenen Schallschutz sowie mit Rollläden und Rollladengurten nur in den Wohnräumen (also nicht im Keller und nicht in Küchen, Bädern, WC oder dem Dachboden). Will man eine höherwertige Fensterausstattung, zum Beispiel Dreifachverglasung als RC-2-Ausführung, vielleicht sogar mit einem bestimmten Schallschutz, dann gehen die Kosten nach oben. Ein kleineres Fenster (Größe etwa ein Quadratmeter), das sonst 350 oder 400 Euro kostet, kann auf diese Weise rasch das Doppelte kosten. Wenn Sie also Zusatzkosten für höherwertige Fenster auf ein ganzes Haus hochrechnen, sind das fünfstellige Beträge. 8.000 bis 12.000 Euro und mehr sind da sehr schnell verplant.

Welche Alternativen gibt es?

Bei der Gebäudehülle gibt es nur wenige Alternativen. Sie später nachzurüsten ist aufwändig. Es ist viel sinnvoller, in gute Fenster und eine gut gedämmte Fassade zu investieren als in eine hochwertige Innenausstattung, die man jederzeit wechseln kann. Keller, Fassade und Dach sind Bauteile, in die man von Anfang an investieren sollte, um dem Gebäudekorpus von Anfang an eine vernünftige Qualität zu geben.

Wenn es Vorgaben aus dem Bebauungsplan zum Schallschutz gibt, sollten Sie sich gut überlegen, ob Sie sich darüber hinwegsetzen. Zu empfehlen ist dies jedenfalls nicht, und oft sind diese Vorgaben auch verbindlich. Dann ist wichtig, dass die Schallschutzqualität der Fenster auch in der Bau- und Leistungsbeschreibung schriftlich fixiert ist.

⇢ Checkblatt Rollläden

Was ist eine angemessene Rollladenausstattung?

Die Funktionen eines Rollladens sind vor allem die Raumverdunkelung und der Sichtschutz. Im Sommer werden sie gerne auch zur Raumverschattung eingesetzt. Sie haben dabei allerdings den Nachteil, dass sie zwar in Teilen die direkte Sonneneinstrahlung verhindern, den Raum aber meist auch erheblich dunkler machen. Außenjalousien (auch Raffstoren genannt) eignen sich zur Verschattung von Räumen deutlich besser. Ihre Lamellen kann man so einstellen, dass direkte Sonneneinstrahlung verhindert wird, aber ausreichend Helligkeit durchs Fenster gelangen kann. Außenjalousien sind aber fast nie im Standardangebot von Hausangeboten enthalten, da sie auch teurer sind als Rollläden.

Bei der Rollladenausstattung erhält man heute fast immer Kunststoffrollläden. Auch die Rollladenkästen sind mitunter aus Kunststoff, was von der Rauminnenseite nicht allzu schön aussieht. Rollladenkästen sollten über eine ausreichende Dämmung und Dichtigkeit verfügen und sich bei Reparaturen problemlos öffnen lassen, ohne dass dabei größere Oberflächenschäden im oder am Haus hervorgerufen werden.

Es gibt zwischenzeitlich auch gedämmte Rollladenlamellen, sodass sich das Haus nachts zusätzlich vor Wärmeverlusten schützen lässt.

Eine Hochschiebesicherung sollte jeder Rollladen haben. Für Rollläden gibt es die Widerstandsklassendefinition, die auch Fenster haben, von RC 1 bis RC 6 (⟶ **Checkblatt Fenster** Seite 69). Bei Rollläden ist ebenfalls RC 2 zu empfehlen.

Elektrische Antriebe, die es seit Jahrzehnten gibt, sind nach wie vor eher Luxus. Nur beim Einbau von Außenjalousien werden sie zunehmend eingesetzt.

Wetterschutz ist keine Funktion mehr von Rollläden. Das, was Fensterläden früher leisteten, bieten Rollläden heute nicht mehr – im Gegenteil. Es ist nicht ratsam, sie bei Hagelschlag herunterzulassen. Hagelkörner haben ein leichtes Spiel mit den Kunststofflamellen und durchschlagen sie in der Regel einfach. Auch Außenjalousien halten Hagelschlag und starken Winden nicht immer ohne Beschädigung stand.

Eine Sonderstellung nehmen Rollläden an Kellerfenstern, Bad- und WC-Fenstern, mitunter auch Küchenfenstern sowie an Dach- und Dreiecksfenstern ein. Sehr häufig sind sie nicht in der Grundausstattung enthalten und müssen zusätzlich bezahlt werden.

Wann benötigt man eine angemessene Rollladenausstattung?

Eine angemessene Ausstattung des Hauses mit Rollläden sieht zumindest auch für die Küche, Bäder, WC, Dach- und Dreiecksfenster solche vor.

Rollläden an Kellerfenstern sind im Standardpreis von Häusern praktisch nie enthalten. Es kann aber sein, dass man sie zumindest bei bestimmten Kellerräumen haben will. Häufig ist das zum Beispiel bei Hanggrundstücken der Fall, wenn sich an der hangabgewandten Hausseite ebenfalls große Kellerfenster befinden. Auch bei Dreiecksfenstern, zum Beispiel unter Giebeln, hätte man manchmal gerne Rollläden; diese sind in den Standardpreisen ebenfalls fast nie enthalten, weil dort teure Spezialrollläden notwendig wären. Bei Dachfenstern, etwa bei Gaubenfenstern und fast immer bei Schrägdachfenstern sind Rollläden ebenfalls so gut wie nie im Preis enthalten, und häufig ist noch nicht einmal ein Sonnenschutz vorgesehen.

Die Ausstattung mit elektrischen Antrieben kann ein Thema werden, wenn große Fensterflächen nicht mit Rollladengurten zu bedienen sind, sondern mit Kurbeln. Vor allem dann, wenn statt eines Rollladens eine Außenjalousie montiert wird, können elektrische Antriebe notwendig werden. Denn das Hochkurbeln von Jalousien dauert deutlich länger als das von Rollläden, außerdem ist das Fadenwerk der Jalousien meist anfälliger als die relativ einfache Lamellenbauweise von Rollläden.

Auch bei körperlichen Beeinträchtigungen der Bewohner können elektrische Antriebe das Mittel der Wahl sein.

Wie viel kostet eine angemessene Rollladenausstattung?

Je nachdem, was Sie alles zusätzlich haben wollen, können die Kosten vierstellig steigen, bei Außenjalousien als Sonderwunsch auch fünfstellig, je nach Umfang. Wollen Sie zum Beispiel statt Gurtrollern oder Handkurbeln einen elektrischen Antrieb, wird es deutlich teurer. Der Preis eines ganz einfachen Rollladens, der schon für 150 Euro zu haben ist, kann dann auf 300 bis 400 Euro springen.

Welche Alternativen gibt es?

Sie können es auch bei der Grundausstattung an Rollläden belassen, sollten sich nur zumindest bewusst sein, an welchen Fenstern Rollläden angebracht werden.

Bezüglich des elektrischen Antriebs von Rollläden können Sie überlegen, diesen durch Installation von Leerrohren und Leerdosen vorbereiten zu lassen (⋯▸ Checkblatt Elektroausstattung Seite 60), sodass später nur Schalter und Elektromotoren nachgerüstet werden müssen.

⋯▸ Checkblatt Badausstattung

Was ist eine angemessene Badausstattung?

Eine angemessene Badausstattung umfasst nicht nur die sichtbare Ausstattung wie Fliesen, Sanitärgegenstände und Armaturen, sondern auch die unsichtbaren Dinge wie die Installation und die Warmwasserbereitung. Informationen zur angemessenen Warmwasserbereitung finden Sie im **Checkblatt Heizungsausstattung und Warmwasserbereitung** (⋯▸ Seite 65).

Es enthält auch Informationen zur Fußbodenheizung (die immer häufiger in Bädern eingebaut wird) und zu Handtuchheizkörpern.

Eine angemessene Badausstattung beginnt mit einer angemessenen Installation für die Wasserzu- und -ableitung. In Hausangeboten werden als Material häufig Kunststoffrohre genannt. Für die Wasserzuleitung ist dies meist ein Verbundkunststoff, für die Wasserableitung häufig ein PVC-Rohr. Seltener finden Sie Kupferrohre und noch seltener Edelstahlrohre. Einfache Kunststoffrohre als Wasserzuleitungsrohre sollten Sie nach Möglichkeit ablehnen, da es hier Diskussionen zu gesundheitsgefährdenden Weichmachern gibt, die von den Kunststoffrohren in das Wasser dringen. Verbundkunststoffe hingegen sind eine Möglichkeit, allerdings muss man auch klar sagen, dass noch keine Erfahrungswerte vorliegen, wie sich Verbundkunststoffrohre über einen langen Zeitraum verhalten. Die frühesten Erfahrungen hat man mit Kunststoffleitungen als Heizschleifen in Fußbodenheizungen. Hier wurden die ersten verbauten Kunststoffe mit der Zeit teilweise porös und einige auch undicht. Die Verbundkunststoffe der heutigen Generation sind da allerdings deutlich weiter. Kunststoffrohre haben den Vorteil, dass man sie elegant allen Biegungen anpassen kann, wohingegen man zum Beispiel Kupferrohre mit entsprechenden Winkelstücken anpassen muss. Und auch bei Kupfer kann es zu Undichtigkeiten kommen, so können beispielsweise durch „Kupferfraß" mit den Jahren durchaus Löcher in den Wandungen der Rohre auftauchen. Wer ganz sichergehen will, wählt Edelstahlrohre. Mit diesen hat man langjährige Erfahrung; sie sind sehr wenig anfällig gegen Rohrschäden. Außerdem sind ihre Wandungen sehr glatt, sodass das Wasser darin gut fließen kann (Vermeidung von Ablagerungen). Experten diskutieren, inwieweit sich an den leicht rauen Wandungen der Kunststoffrohre unerwünschte (gesundheitsschädliche) Stoffe festsetzen können.

Die Wasserableitung wird praktisch immer aus PVC-Rohren gefertigt. PVC ist nicht umweltverträglich und gibt auch Weichmacher an das Wasser ab. Das ist zwar fürs häusliche Abwasser vertretbar, für den etwas größeren Blick auf den Wasserkreislauf ist das aber auch nicht ideal. Leider werden Sie in Hausangeboten nur selten Alternativen zu PVC-Abwasserrohren finden.

Unabhängig davon, welches Leitungsmaterial Sie wählen, ist der Installationsschallschutz der Leitungen wichtig (mehr dazu ⇢ **Checkblatt Schallschutz** Seite 80).

Während das eine Ende der Frisch- und Abwasserrohre der Hausanschluss an das öffentliche Ver- und Entsorgungsnetz ist, ist das andere Rohrende entweder die Armatur (zum Beispiel Wasserhahn oder Brausenkopf) für die Entnahme des Frischwassers oder der Abfluss in Waschbecken, Wanne oder Dusche. Beim Wasserablauf kann man nicht viel falsch machen, aber bei Armaturen gibt es erhebliche Unterschiede – vor allem Qualitätsunterschiede. Neben Dingen wie Einhebelmischer oder klassischen Hähnen betrifft das vor allem auch den Schallschutz. Eine exzellent gedämmte Wasserleitung nutzt nur relativ wenig, wenn an dieser eine sehr laute Armatur hängt. Daher

sollten die Armaturen jeweils die gleiche Schallschutzstufe haben wie die Rohrinstallation, zum Beispiel Schutzsstufe II oder III (⇢ **Checkblatt Schallschutz** Seite 80).

Der nächste wichtige Punkt sind die Sanitärgegenstände: WC-Schüssel, Waschbecken, Duschtasse, Badewanne. Auch diese müssen zunächst einmal schallentkoppelt montiert werden. So wird zum Beispiel bei Hänge-WCs eine Kunststoffmatte zwischen WC-Schüssel und Montagewand gesetzt. Badewannen werden meist in komplette Hartschaumträgerkörper gesetzt (eine Art Hartschaumwanne, im Volksmund „Styroporwanne" genannt, um die Keramikwanne herum). Auch Duschtassen erhalten üblicherweise eine solche Schallentkopplung. Waschbecken werden ähnlich wie WCs mit einer Kunststoffmatte zwischen Waschbecken und Wand montiert.

Die Qualität der Sanitärgegenstände kann zwar sehr unterschiedlich sein, allerdings sind auch die Preise sehr unterschiedlich. In den meisten Hausangeboten gibt es nur eine einfache Standard-Sanitärausstattung, die nicht jedem Geschmack entspricht. Wer es höherwertiger will oder ein spezielles Design bevorzugt, muss schnell tiefer in die Tasche greifen (⇢ Kosten, Seite 76).

Weiterer Ausstattungspunkt sind die Wand- und Bodenfliesen. Hier werden Sie ebenfalls sehr oft eher einfache beziehungsweise niedrige Standards vorfinden, häufig Wand- und Bodenfliesen im Bereich zwischen 15 und 25 Euro pro Quadratmeter. Wollen Sie andere Fliesen haben, müssen Sie meist einen Aufpreis zahlen.

Fensterbänke in Bädern sind meist gefliest. Das ist durchaus in Ordnung. Falls Sie etwas anderes wollen, müssen Sie dies rechtzeitig kundtun und schriftlich in die Baubeschreibung aufnehmen.

Ein anderes Thema ist die Höhe der Wandverfliesung. Diese kann „raumhoch" sein, sie kann „türhoch" sein, wie es viele Anbieter ausdrücken, und sie kann auch deutlich niedriger sein, zum Beispiel mit einer Maßangabe, etwa: „Wände umlaufend bis auf 1,20 Meter verfliest." Auch hier müssen Sie zeitig eingreifen und festlegen, was Sie wünschen, denn auch das kann zu Mehrkosten führen. Klar ist indes, dass zumindest im Bereich der Dusche die Wand auf wenigstens zwei Meter Höhe gefliest sein sollte. Festgelegt werden muss dann noch, was darüber passiert. Putz? Tapete? Und auch die Ausstattung der Decke selbst und deren Ausführung im Bad sollte festgelegt werden, damit man keine Kostenüberraschungen erlebt. Und schließlich sollte die Ausführung des Sockels beschrieben werden, also des Bereichs, an dem Boden und Wand zusammenlaufen. Meist wird hier eine Sockelleiste aus gestellten, hälftig oder anders geschnittenen Bodenfliesen gewählt.

Ein Thema, das nicht zuletzt im Badbereich zunehmend an Raum gewinnt, ist die Barrierefreiheit. Barrierefreiheit ist kein geschützter Begriff, allerdings gibt es zur Barrierefreiheit eine DIN-Norm, die unter anderem definiert, wie zum Beispiel ein Bad beschaffen sein muss, damit man es als barrierefrei bezeichnen kann. Es handelt sich um die DIN 18040, Teil 2. Hier werden unter anderem Vorgaben für Türdurchgangsbreiten gemacht, für die Unterfahrbarkeit (mit dem Rollstuhl) des Waschbeckens, für die Anfahrbarkeit des WCs (Parallelstellmöglichkeit des Rollstuhls) und die Einfahrbarkeit in den Duschbereich (schwellenfreie Duschtasse). Wer hier speziellen Bedarf hat, sollte sich seitens des Hausanbieters ausführlich beraten lassen und vertraglich ganz einfach „Badausbau nach DIN 18040, Teil 2" vereinbaren. Mit diesem Satz sind alle Vorgaben klar gefasst, die der Hausanbieter einzuhalten hat und die sicherstellen, dass man sich im Zweifel sogar mit dem Rollstuhl selbstständig im Bad bewegen kann.

Vergessen werden in der Baubeschreibung gerne auch die vielen Kleinigkeiten: Handtuchhalter, WC-Papierrollenhalter, Haltegriffe Wanne/Dusche, Seifenschalen, Spiegel. Wenn Sie ein nagelneues Bad abnehmen und wenige Tage später mit der Bohrmaschine in einen nagelneuen Fliesenspiegel bohren müssen, tut das weh. Es ist auch unnötig, wenn von vornherein geklärt ist, dass diese Montagen noch durch den Hausanbieter erfolgen – möglichst auch jeweils im sogenannten Fugenkreuz, das heißt gebohrt wird dort, wo vier Fliesen mit ihren Ecken aneinander stoßen (Fugenkreuz). Ist das ab und zu nicht machbar, behilft man sich mit Manschetten, die über die Bohrlöcher gesetzt werden.

Der Spiegel samt Spiegelbeleuchtung erhält immer mehr Bedeutung. Viele Spiegel werden heute großflächig mit in den Fliesenspiegel integriert. Wenn Sie also keinen kleinen Spiegel wollen, der vor die Verfliesung gehängt wird, sondern einen großen, eingefügt in die verfliese Wand, dann muss das mit allen notwendigen Angaben und Maßen schriftlich in der Bau- und Leistungsbeschreibung fixiert werden.

Wann benötigt man eine angemessene Badausstattung?

Eine angemessene Badausstattung hat zunächst nichts mit übertriebenem Komfort oder gar Luxus zu tun, sondern damit, dass man eine angemessene Qualität einkauft, um möglichst lange etwas von der Investition zu haben. Denn wenn bereits nach kurzer Zeit erste Reparaturen oder Instandsetzungen anfallen, kann das aufwändig und auch teuer werden. Es gibt zwar eine Gewährleistungszeit, diese dauert aber maximal 5 Jahre, für bewegliche Teile mitunter nur 2 Jahre. Ein Bad sollte aber 20 bis 30 Jahre halten, bevor man es erneuern muss. Das heißt, nicht nur die Oberflächengewerke wie Fliesen, Sanitärgegenstände und Armaturen müssen über eine hinreichende Qualität verfügen, sondern auch die „unter Putz" verbauten Elemente wie die Frischwasserleitungen, die Abwasserleitungen, die Warmwasserbereitung und gegebenenfalls besondere Heizungselemente wie ein Handtuchheizkörper oder eine Fußbodenheizung.

Hinzukommen kann, dass das Bad für veränderte Lebensumstände einsetzbar bleiben muss, etwa wenn man – und sei es nur vorübergehend – eine barrierefreie Nutzbarkeit benötigt. Gerade dann wird man für eine weitsichtige Planung sehr dankbar sein. Sie ist nicht in jedem Fall umsetzbar, aber zumindest als eine barrierereduzierte Planungsvariante häufig machbar. Sie spielt in den Angeboten gerade von Bauträgern leider nur sehr selten eine Rolle. Wer aber im eigenen Haus alt werden will, für den sollte es eine große Rolle spielen.

Wie viel kostet eine angemessene Badausstattung?

Die Kosten für ein qualitätvolles Bad mit einer Wanne, einer Dusche, einem WC und zwei Waschbecken, liegen bei etwa 12.000 bis 18.000 Euro. Für dieses Geld können Sie allerdings Edelstahlrohrleitungen erwarten, schallgedämmt gelagert, gegebenenfalls in Vorbauten, dazu hochwertige Fliesen (Quadratmeterpreis nicht unter 35 Euro brutto), hochwertige Sanitärgegenstände (keine Stangenware aus Bauhäusern, sondern namhafte Hersteller aus dem Sanitärfachhandel) sowie große Spiegel und Zubehör wie etwa Waschtischunterschränke, Edelstahl-Handgriffe und Handtuchhalter sowie Seifenschale oder WC-Papierrollenhalter.

Soll eine barrierefreie Ausstattung hinzukommen, sollten Sie mit mindestens 5.000 Euro Zusatzkosten rechnen, da dann in der Regel grundsätzlich mehr Raum gebraucht wird (unter anderem für die Anfahrbarkeit des WCs und Bewegungsflächen). Ferner müssen die Unterfahrbarkeit des Waschtisches möglich sein, eine bodenebene Duschtasse eingesetzt werden und eventuell eine Schwenkvorrichtung für die Badewanne. Modernen barrierefreien Bädern sieht man ihre Unterstützungsfunktionen nicht an, ganz im Gegenteil: Sie wirken sehr elegant.

Welche Alternativen gibt es?

Soweit Sie Fliesenleger im Verwandten- oder Bekanntenkreis haben, ließe sich das Bad in Eigenleistung ausbauen. Es müssen dann aber klare Schnittstellen vereinbart werden. Also: Bis wohin baut der Hausanbieter die Rohinstallation, und ab welchem Punkt übernehmen Sie mit der Eigenleistung? Soweit später Probleme auftauchen (zum Beispiel undichte Leitung), muss Ihnen immer klar sein, dass es dann auch Haftungsschnittpunkte geben kann, bei denen der Hausanbieter die Verantwortung ablehnen wird.

Ist das Geld knapp, können Sie auch überlegen, zunächst nur eine sehr einfache Badausstattung zu wählen, die Sie irgendwann einmal gegen eine höherwertigere Ausstattung austauschen können. Vor allem bei den Sanitärgegenständen und Armaturen kann man einiges sparen. Bei Fliesen ist es sinnvoller, gleich höherwertigere zu nehmen, damit diese später nicht aufwändig wieder herausgebrochen werden müssen. Es ist auch ratsam, einige Ersatzfliesen sicherheitshalber im Keller zu lagern, falls später Sanitärgegenstände und Armaturen ausgetauscht werden. Denn bei solchen Wechseln kommt es meist auch zu Fliesenbruch oder Fliesenfehlstellen.

Man kann in Bädern auf die Verfliesung auch ganz verzichten. Ein Estrich und Wandputz, die mit einem abwaschbaren Kunstharzanstrich überzogen werden, tun es auch. Möglich sind auch „Pandomo-Böden". Dabei handelt es sich um einen leicht glänzenden Bodenbelag auf Zementbasis mit der optischen Wirkung eines großflächigen, fugenfreien Steinbelags. Mit „Pandomo" lassen sich Wand und Boden überziehen. Andererseits sind die Mehrkosten von hochwertigen Fliesen zu minderwertigen – aufgrund der üblicherweise kleinen Boden- und Wandflächen in Bädern und WCs – eher gering.

Sind zusätzliche Bäder geplant, beispielsweise ein Gästebad im Keller, können Sie auch überlegen, dieses zunächst gar nicht auszubauen, sondern es nur vorzubereiten und den Ausbau nachzuholen, wenn wieder etwas Geld in der Kasse ist. Sinnvoll ist es allerdings, sämtliche Installationsanschlüsse bereits legen zu lassen, damit später nur noch der Badausbau selbst mit den Oberflächengewerken, wie Fliesen, Sanitärgegenständen und Armaturen erfolgen muss.

⋯▷ Checkblatt Dachbodenausstattung

Was ist eine angemessene Dachbodenausstattung?

Wer ein Haus baut, das über ein Pult- oder Satteldach verfügt, getrennt durch eine Zwischendecke vom darunter liegenden Wohnraum, der muss in der Baubeschreibung ganz genau nachsehen, wie diese Zwischendecke beschaffen ist. Immer häufiger sind das abgehängte Decken, auf die von oben später nur eine leichte Dämmschicht gelegt wird, die aber weder betreten noch belastet werden kann. Mit der Nutzung des Dachbodens als Abstellboden wird es dann nichts. Eine angemessene Dachbodenausstattung umfasst also zumindest

- eine vernünftige Erreichbarkeit,
- eine ausreichende Begeh- und Belastbarkeit und
- die Beachtung energetischer Vorschriften.

Will man den Dachboden auch als Wohnraumreserve zum späteren Ausbau haben, müssen zusätzliche Kriterien eingehalten werden, vor allem aus den Landesbauordnungen (Raumhöhe, Belichtung, Beheizbarkeit ⇢ Seite 56), damit er bei Bedarf möglichst einfach zu Wohnraum umgebaut werden kann.

Das Gebäudeenergiegesetz (GEG) schließlich macht energetische Vorgaben, je nachdem, ob der Dachboden ausgebaut ist oder nicht. Bei einem nicht ausgebauten Dachstuhl reicht es, wenn die Zwischendecke zwischen letzter beheizter Wohngeschossebene und kaltem Dachboden gedämmt ist. Ist das Dach ausgebaut, müssen die Dachflächen an sich gedämmt werden.

Hat das Gebäude einen Kamin, muss auch an einen Ausstieg für den Schornsteinfeger gedacht werden. Das heißt, neben einer Luke müssen auf dem Dach auch Trittgitter angebracht werden. Und auch der Dachboden selbst muss einfach und sicher zu erreichen sein. Ist die Zwischendecke zwischen oberstem Wohngeschoss und Dachgeschoss gedämmt, so muss die Dachbodenklappe ebenfalls gedämmt sein.

Wann benötigt man eine angemessene Dachbodenausstattung?

Eine angemessene Dachbodenausstattung ist notwendig, um gesetzliche Vorgaben einzuhalten. So muss gemäß dem Gebäudeenergiegesetz (GEG) zum Beispiel die oberste Geschossdecke von Gebäuden gedämmt werden. Das heißt, bei Häusern, in denen der Dachboden nicht ausgebaut ist, muss entweder das Dach selbst gedämmt werden oder eben die Zwischendecke zwischen dem obersten Wohngeschoss und dem Dach. Da die Dämmung der Zwischendecke einfacher und preisgünstiger ist, bieten die meisten Hausanbieter zunächst einmal nur diese Variante an. Nicht immer ist dabei aber auch eine gedämmte Dachbodenklappe enthalten. Fordern Sie diese aber auf alle Fälle ein, sie ist Stand der Technik.

Üblicherweise soll ein Dachboden auch als Abstellraum dienen können. Bei vielen Hausanbietern ist dies bei der Basisvariante, wie erwähnt, nicht möglich. Sie verfügt häufig nur über eine nicht tragfähige Zwischendecke zwischen dem obersten Wohngeschoss und dem Dachgeschoss und nur für den Schornsteinfeger wird eine Art Holzlaufsteg eingebaut, von der Dachbodenklappe in der Zwischendecke bis zum Dachausstieg im Dach selbst. Ein durchgehender, begeh- und belastbarer Boden aus einer stabilen Holzlage muss immer häufiger zusätzlich gezahlt werden.

Soweit der Dachboden von vornherein zur Bewohnung ausgebaut werden soll, müssen Vorgaben der Landesbauordnung eingehalten werden. Das betrifft zunächst einmal die Raumhöhe. Nach den meisten Landesbauordnungen muss diese zumindest über zwei Drittel der Grundfläche höher sein als 2,40 Meter. Die natürliche Belichtung der Räume mit ausreichend Fensterfläche muss gegeben (etwa zehn Prozent der Raumgrundfläche) und die Beheizbarkeit der Räume sichergestellt sein: 20 °C nach DIN. Damit geht einher, dass die Dachfläche dann zumindest soweit gedämmt sein muss, dass die gesetzlichen Vorgaben aus dem Gebäudeenergiegesetz (GEG) eingehalten werden. Denn wenn das Dachgeschoss bewohnt wird, reicht eine Zwischendeckendämmung zwischen oberstem Wohngeschoss und Dachgeschoss natürlich nicht mehr aus. Ferner können Anforderungen aus dem Bebauungsplan zum Schallschutz hinzukommen.

Das ist gerade im Dach mit seiner weit verbreiteten Holzbauweise ein wichtiger Aspekt. Der Dachaufbau ist häufig nämlich nicht mehr als nur (von außen nach innen) eine Ziegellage, darunter eine Dachpappe oder Unterspannbahn, dann eine Dämmlage, darunter eine Dampfbremsfolie und unter dieser schließlich noch eine Gipskartonplatte. Sind, aufgrund von Regelungen im Bebauungsplan, besondere Schallschutzvorgaben einzuhalten – zum Beispiel aufgrund von Lärmpegelbereichen –, dann reicht eine einfache Innenverkleidung mit Gipskartonplatten häufig nicht aus, sondern es müssen zumindest zwei Lagen Gipskartonplatten angebracht werden. Hierfür muss allerdings auch der Dachstuhl statisch entsprechend ausgelegt sein. Das ist er in aller Regel; trotzdem sollten Sie das abklären, denn in allen diesen Dingen lauern Mehrkosten. Selbst wenn im Bebauungsplan keine Vorgaben zu erhöhtem Schallschutz gemacht werden, kann es sein, dass man einen solchen wünscht. Auch dann ist eine doppelt beplankte Lage Gipskartonverkleidung sinn-voll – aber eben auch doppelt so teuer wie eine einfache Lage.

Soweit ein Schornsteinfeger einen Schornstein auf dem Dach erreichen muss, sollte er auch auf den Dachboden und das Dach einfach und sicher gelangen können. Als Hausbesitzer sind Sie hier mitverantwortlich.

Wie viel kostet eine angemessene Dachbodenausstattung?

Grundsätzlich muss man bei den Kosten für eine angemessene Dachbodenausstattung unterscheiden zwischen einem Dachboden, der nur Lagerzwecken dienen soll und einem zum Wohngeschoss ausgebauten Dachboden. Soll ein Dachboden zu einem vollwertigen Wohngeschoss ausgebaut werden (in der Größenordnung eines üblichen Reihenhauses) ist mit etwa 15.000 bis 20.000 Euro zu rechnen. Aber selbst wenn ein Dachboden mit ungenügendem Ausbaustandard wenigstens zu einem Dachboden ausgebaut werden soll, auf dem man wenigstens Lagerplatz schaffen kann (durch den Einzug eines vernünftigen, flächendeckenden Bodens und einer vernünftigen Dachunterdichtung ist mit 3.000 bis 5.000 Euro zu rechnen.

Welche Alternativen gibt es?

Den Ausbau eines Spar-Dachbodens in einen nutzbaren Lager-Dachboden oder sogar in ein vollwertiges Wohngeschoss können Sie natürlich auch in Eigenleistung vornehmen. Allerdings gibt es auch hier die schon mehrfach erwähnten Haftungsschnittpunkte, wenn zum Beispiel Ihre Gipskartonplatten und deren Unterkonstruktion unter den Dachstuhl des Hausanbieters geschraubt werden. Ferner sollten der Zeitbedarf und die handwerklichen Fähigkeiten, die man dafür benötigt, nicht unterschätzt werden. Und vor allem sollten einige Dinge vorbereitet sein. So sollte nach Möglichkeit die Heizungsinstallation bereits bis ins Dachgeschoss gelegt worden sein. Außerdem sollten bereits die Treppe bis nach oben geführt sowie die Fenster eingebaut sein.

Wenn das Geld sehr knapp ist und der Raumbedarf auch noch ohne Dachgeschoss auskommt, ist es sinnvoll, den Dachgeschossausbau vorzubereiten, aber erst später umzusetzen. Wollen Sie nur einen Lager-Dachboden schaffen, sollten Sie den Finanzbedarf dafür (also von der Wandlung des üblichen Spar-Dachbodens zu einem einfachen Lager-

Dachboden) von vornherein einkalkulieren, vor allem dann, wenn kein Keller geplant ist. Gerade beim Einzug ist man meist sehr dankbar für Stauraum, den man sofort nutzen kann.

⇢ Checkblatt
Schallschutz

Was ist angemessener Schallschutz?

Nur sehr selten bieten Hausangebote in ihrer Grundausstattung einen angemessenen Schallschutz. Ein angemessener Schallschutz besteht aus einem ausreichenden Schutz vor Außenschalleintrag, Schalleintrag von Nachbarbebauungen, Innenschalleintrag und Schalleintrag von Gebäudeinstallationen.

Man unterscheidet zwischen Luftschall, Körperschall und Trittschall. Luftschall ist Schall der durch die Luft übertragen wird (zum Beispiel Schallwellen, verursacht durch das Spielen einer Trompete). Körperschall ist Schall, der durch direktes Einwirken auf den Baukörper verursacht wird, wenn etwa Wasser durch eine Installationsleitung in einer Wand läuft. Trittschall ist Schall, der zum Beispiel beim Begehen einer Decke entsteht: Er beginnt zunächst als Körperschall und wird teilweise auch als Luftschall abgestrahlt.

Angemessen ist Schallschutz immer dann, wenn er den zu erwartenden Schallquellen wirksam entgegenwirkt. Der Schallschutz wird in der DIN 4109 geregelt. Sehr häufig lesen Sie in Bau- und Leistungsbeschreibungen daher auch „Schallschutz nach DIN". Das hört sich zunächst einmal gut an, ist aber insofern unsinnig, da die DIN nur Mindestvorgaben zum Lärmschutz macht. Sie bietet keinen angemessenen Schallschutz. Die Rechtsprechung sieht die DIN 4109 daher auch nicht mehr auf der Höhe der Zeit. Bereits mehrfach wurde gerichtlich festgestellt, dass sie nicht mehr den Allgemein Anerkannten Regeln der Technik entspricht. Zur DIN 4109 gibt es ein sogenanntes Beiblatt 2, das unter anderem „Vorschläge für einen erhöhten Schallschutz" enthält. Ein solcher Schallschutz nach DIN 4109 Beiblatt 2 entspricht schon eher einem angemessenen Schallschutz.

Wann benötigt man angemessenen Schallschutz?

Es gibt drei wesentliche Schallquellen:

Außenschalleintrag: Hier muss man darauf achten, ob im Bebauungsplan sogenannte Lärmpegelbereiche, manchmal auch abgekürzt als LPGs, eingetragen sind. Mitunter sind sie sogar farblich markiert. Ist das der Fall, muss man nachsehen, in welchem Bereich das eigene Grundstück liegt. Meist gibt es dann auch Vorschriften aus dem Bebauungsplan zum Schallschutz. Kauft man zum Beispiel ein Fertighaus, ist es wichtig, dass der Fertighaushersteller weiß, dass das zu bebauende Grundstück in einem besonderen Lärmpegelbereich liegt, denn dann muss er unter Umständen besondere Maßnahmen ergreifen, beispielsweise besondere Fenster einbauen. Solche sind fast nie Bestandteil der Standardausführung und müssen daher auch gesondert gezahlt werden. Es kann aber auch sein, dass das Luftschalldämmmaß der gesamten Außenwand entsprechend angepasst werden muss. Dazu gibt es Vorgaben. Sie finden diese im Detail im **„Hand-**

buch Baubeschreibung" der Verbraucherzentrale (---> Seite 271.)

Auch wenn im Bebauungsplan keine besonderen Lärmpegelbereiche eingezeichnet sind, kann es trotzdem sein, dass in der Nähe störende Schallquellen sind, vor denen Sie sich schützen möchten. Ist das der Fall, müssen Sie darüber rechtzeitig mit Ihrem Hausanbie--ter reden. Dann muss er mit dem Schalldämm-maß entsprechend reagieren. Detaillierte Ausführungen hierzu und die konkreten Schallschutzanforderungen der einzelnen Lärmpegelbereiche finden Sie im **„Handbuch Baubeschreibung"** der Verbraucherzentrale (---> Seite 271.)

Ein typischer Außenlärmeintrag ist der Lärmeintrag von direkt angrenzender Nachbarbebauung. Vor allem Bauträgerobjekte werden sehr häufig in Form von Doppelhaushälften und Reihenhäusern erstellt, weil dies für den Bauträger sehr kosteneffizient ist: Er kann auf relativ wenig Grund und Boden eine relativ große Anzahl von Häusern unterbringen. Aber auch Eigentumswohnungen haben dieses Problem. Für den Schallschutz in Aufenthaltsräumen eines Hauses oder einer Eigentumswohnung können Sie neben den Empfehlungen aus Beiblatt 2 zur DIN 4109 auch noch besseren Schallschutz vereinbaren, gemäß der VDI-Richtlinie 4100 vom Verein Deutscher Ingenieure. In dieser Richtlinie sind drei Schallschutzstufen definiert, von I bis III. Schallschutzstufe I entspricht in etwa den Anforderungen der DIN 4109, bietet also keinen herausgehobenen Schallschutz. Schallschutzstufe II liegt etwa auf dem Niveau der Empfehlungen aus Beiblatt 2 zur DIN 4109. Schallschutzstufe III ist die höchste Stufe und

bietet höheren Schallschutz als die Empfehlungen aus Beiblatt 2 zur DIN 4109. Wenn Sie Schallschutzstufe III nach VDI 4100 vereinbaren, haben Sie einen guten Schallschutz. Wollen Sie diesen Schallschutz auch für Küchen oder Bäder, muss dies aber explizit vereinbart werden, denn die Schallschutzstufen beziehen sich zunächst nur auf Aufenthaltsräume, auch wenn immer mehr Küchen als offene Küchen geplant werden.

Seit mehreren Jahren gibt es den Versuch, die Inhalte des Beiblattes 2 zur DIN 4109 und die Inhalte der VDI 4100 zu harmonisieren und durch ein Normblatt zu ersetzen. Hierzu wurde der Entwurf E DIN 4109 Teil 10 (Vorschläge für einen erhöhten Schallschutz) vorgelegt. Er wurde 2005 aber zurückgezogen. Ob es noch zu einer entsprechenden Norm kommen wird, ist gegenwärtig offen. So lange können Sie sich aber an die VDI Richtlinie 4100 halten.

Wenn Sie eine Bau- und Leistungsbeschreibung eines Bauträgers akzeptieren, in der steht „Schallschutz nach DIN", dann haben Sie vertraglich einen minderwertigen Schallschutz vereinbart. Stünde zum Schallschutz überhaupt nichts in der Bau- und Leistungsbeschreibung, wäre das in diesem Fall sogar günstiger, weil Sie dann zumindest auf einen angemessenen Schallschutz klagen könnten. Und den sehen Richter heute deutlich höher als einfach nach DIN 4109. Wenn Sie also Vereinbarungen zum Schallschutz in der Bau- und Leistungsbeschreibung treffen, dann sollten diese immer erhöhten Schallschutz zur Grundlage haben, etwa durch Festlegung der Schallschutzstufe.

Ein klassisches Problem bei Reihenhäusern ist auch, dass sie untereinander nicht vollständig getrennt sind. Manchmal haben sie noch nicht einmal doppelte Trennwände zwischen den Häusern. Häufig wird auch die Bodenplatte für alle Häuser ohne Unterbrechung betoniert. Dadurch kann dann Körperschall von einem Haus zum anderen gelangen. Reihenhäuser und auch Doppelhaushälften sollten aber vollständig voneinander getrennt sein – komplett von oben bis unten, wie geschnittene Brotscheiben. Dadurch kann man von vornherein bestimmte Schallprobleme vermeiden. Das geht im Eigentumswohnungsbau natürlich nicht, aber dort kommt man mit den Schallschutzstufen schon ein ganzes Stück weiter.

Innenschalleintrag: Der Innenschalleintrag erfolgt vor allem durch die Bewohner des Gebäudes. Wohnt man ohne direkt angrenzende Nachbarbebauung mit der eigenen Familie in einem Haus, kann man natürlich gut eingreifen, wenn es zu laut wird. Bei einem Reihenhaus oder einer Doppelhaushälfte ist das schon schwieriger. Da ist Außenlärmeintrag faktisch immer auch Innenlärmeintrag – nämlich der Innenlärmeintrag des Nachbarn. Hier helfen nur die geschilderten Maßnahmen der vertraglichen Vereinbarung deutlich erhöhter Schallschutzwerte gegen Lärmeintrag vom Nachbarhaus.

Aber auch innerhalb der eigenen vier Wände kann fehlender Schallschutz zum Problem werden. Wenn Kinderzimmer und Arbeitszimmer direkt nebeneinander liegen, dann birgt das Konfliktpotenzial. Es gibt die Möglichkeit, erhöhten Schallschutz auch innerhalb des Hauses zu vereinbaren (beispielsweise nach E DIN 4109-10 EW), aber dieser Schutz ist noch unterhalb der Schallschutzklassen I aus der VDI-Richtlinie 4100 angesiedelt und hilft nur bedingt. Wenn Sie lärmempfindlich sind, lohnt es sich, mit dem Bauträger über mögliche Schutzmaßnahmen auch innerhalb des Hauses zu sprechen. Neben dem Installationsschalleintrag (→ Seite 83) geht es dabei vor allem um den Trittschallschutz und den Luftschallschutz. Vor Trittschallschutz schützt Sie „schwimmender Estrich", der weder Kontakt zur darunterliegenden Geschossdecke noch zu den angrenzenden Wänden hat, er „schwimmt" sozusagen frei auf einer Dämmlage. Schwimmender Estrich ist heute eigentlich Standard. Nicht Standard ist aber Estrich, der von Zimmer zu Zimmer einzeln eingebracht und schalltechnisch entkoppelt ist. Auch das kann man machen, wenn man dies will.

Genauso wichtig sind wirksame Maßnahmen gegen den Luftschallschutz. Sehr viele Bauträgerangebote haben heute einen mehr als einfachen Innenausbau. Immer weitere Verbreitung finden zum Beispiel „Gipskartonständerwände". Dabei werden zunächst Metallstreben zwischen Geschossboden und Geschossdecke verschraubt, die dann von beiden Seiten mit einer meist 12,5 Millimeter starken Gipskartonplatte verkleidet werden. Eine solche Konstruktion ist weniger eine Wand, sondern eher die Fortentwicklung eines Vorhangs. Wände dieser Bauart lassen praktisch jeden Schall durch. Solche Wände kann man nur ersetzen durch eine zumindest 24 Zentimeter starke Massivwand (denn auch dünne Massivwände in der Stärke von 11,5 Zentimeter haben nur eine schlechte Schalldämpfungswirkung). Eine 24 Zentimeter starke Wand führt aber nicht nur zu Mehrkosten. Sie führt im schlimmsten Fall sogar zu statischen Problemen, wenn sie frei auf eine Zwischendecke gesetzt wird, und sie führt natürlich auch zu Raumverlust.

Denn übliche Trockenbauwände sind gerade einmal zehn Zentimeter stark. Als Kompromiss kann man die Trockenbauwand innen mit Weichfaserdämmstoff füllen und auf beiden Seiten statt nur mit einer Gipskartonplatte mit 2 Gipskartonplatten übereinander verkleiden. Schon dieses einfache Verfahren hilft, die Schalldämpfungswirkung der Wand erheblich zu erhöhen.

Das alles bringt aber wenig, wenn nicht auch die Zimmertüren einen erhöhten Schalldämpfungsgrad erhalten. Die in normalen Hausangeboten weit verbreiteten einfachen Türen, haben Türblätter mit einfachen Röhrenspanplatten und einfache Dichtungen; unten, zum Boden hin, meist gar keine. Wählt man andere Türblätter, mit höherer Dichte und Masse, vielleicht einen Doppelfalzrahmen mit umlaufender Doppelfalzdichtung und eine sogenannten Schall-Ex an der Unterkante des Türblattes (das ist eine Vorrichtung, die sich beim Schließen der Tür auf den Boden absenkt), erreicht man schon einen verbesserten Schallschutz. Solche Türsysteme kann man aber oft dann nicht verwenden, wenn das Haus über eine zentrale Lüftungsanlage verfügt, bei der Zuluft über die Wohnräume eingespeist und die Abluft über Küchen und Bäder abgesaugt wird. Solche Systeme benötigen Türen mit Durchströmöffnungen für die Luft. Auch Passivhaussysteme benötigen dies.

Installationsschalleintrag: Der Installationsschalleintrag kommt von den Hausinstallationen, das ist üblicherweise vor allem der Schalleintrag aus Wasser- und Abwasserleitungen. Welche Rohre man auch wählt, wichtig ist, dass die Rohrleitungen schallentkoppelt durchs Haus geführt werden. Das heißt, dass sie nicht einfach in Wandschlitze gelegt und zugemörtelt werden, wie dies jahrzehntelang Praxis war, sondern dass sie in Schellen gelegt werden, die ihrerseits noch einmal eine Kunststoffeinlage haben, in der das Rohr liegt, sodass die Rohrerschütterungen bei Wasserdurchfluss durch diese Einlage gedämpft werden. Man spricht daher auch von Schalldämpfern. Sie können auch zum Installationsschallschutz klare Werte beim sogenannten „Installationspegelgeräusch" vereinbaren: zum Beispiel nach Schallschutzstufe II der VDI-Richtlinie 4100 auf 25 db(A) oder auch Schallschutzstufe III der VDI Richtlinie 4100 auf 22 db(A). Die Angabe dB bedeutet Dezibel; Sie können sich das als eine Art Lautstärken- beziehungsweise Schalldämpfungsangabe vorstellen. Eine Änderung von 3 dB bedeutet eine Verdopplung beziehungsweise Halbierung der Lautstärke.

Wie viel kostet angemessener Schallschutz?

Angemessener Schallschutz ist teuer. Bauträger scheuen ihn daher sehr, denn er schmälert die Gewinnmarge, ohne dass er als Verkaufsargument wirklich zieht. Hinzu kommt, dass er haftungsintensiv ist, weil er konkret nachmessbar und damit nachprüfbar ist. Für einen guten Schallschutz muss im Grunde jedes Bauteil qualitativ hochwertiger ausgebildet werden, als dies üblicherweise der Fall ist: Wände, Decken, Fenster und Türen. Um ein einfach ausgestattetes Haus auf ein Schallschutzniveau nach Schallschutzstufe III der VDI Richtlinie 4100 zu bringen, können Sie mit 10.000 bis 15.000 Euro rechnen. Sehr schnell auch mehr. Viele Bauträger lehnen verbesserte Schallschutzvereinbarungen, aus den benannten Gründen, aber kategorisch ab.

Welche Alternativen gibt es?

Wenige. Am einfachsten kann man noch auf den Schallschutz im eigenen Wohnbereich verzichten, weil man diesen relativ leicht regulieren kann. Aber schon der Nachbar lässt sich in seinem Wohnverhalten kaum beeinflussen.

Allerdings kommt es auch immer darauf an, wie Sie bisher gewohnt haben und wie Ihr subjektives Schallempfinden ist. Wenn Sie bislang in einem Altbau mit sehr schlechtem Schallschutz gewohnt haben, werden Sie für jede Verbesserung dankbar sein. Wohnen Sie jetzt schon in einem eher neueren Haus mit gutem Schallschutz, kann der Umzug ins eigene Haus schnell auch ein Rückschritt werden. Ein Beispiel: In Ihrer „alten" Wohnung gab es 2 Türen zwischen Wohnzimmer und Kinderzimmer. In Ihrem neuen Haus ist ein offenes Treppenhaus geplant und das Wohnzimmer wird nur noch durch eine Tür vom Kinderzimmer getrennt.

⤑ Checkblatt Einbauküche

Was ist eine angemessene Einbauküche?

Während unsere Kochkünste allgemein dramatisch sinken, werden unsere Küchen immer hochwertiger. Eine angemessene Küche ist jedoch eine Küche, die den vorhandenen Kochkünsten entspricht. Eine hochpreisige Profiküche in einem Haushalt, dessen Mitglieder über eher geringe Kochkünste verfügen, ist eine glatte Fehlinvestition, wenn nicht gleichzeitig intensiver Kochunterricht genommen wird.

Ebenso gut könnten sich Nichtschwimmer einen Swimmingpool ins Haus bauen lassen oder Nicht-Musiker einen Flügel ins Wohnzimmer stellen. Eine angemessene Einbauküche orientiert sich daher am ehesten an den Nutzern und deren Können und Ansprüchen.

Selbst absolute Kochprofis benötigen keine Einbauküche, sondern im Zweifel einfach nur eine gute Küche, das heißt vor allem einen guten Herd. Es gibt Köchinnen und Köche, die schwören auf das Kochen mit Gas, weil es sehr schnell reagiert. Aber auch das ist nicht immer realisierbar, zum Beispiel wenn man keinen Gasanschluss hat. Dann muss man gegebenenfalls mit einer mobilen Gasflasche arbeiten. Auch der Backofen ist für viele Köchinnen und Köche ein wichtiges Werkzeug, und sie investieren gezielt in dieses. Ob man um diese Geräte herum allerdings unbedingt eine komplette Einbauküche benötigt, muss jeder für sich entscheiden. Die zunehmend offene Bauweise der Küchen, ohne Trennwände zum Wohnraum, hat ebenfalls dazu beigetragen, dass Einbauküchen sehr beliebt wurden, da sie mit ihrem geschlossenen Charakter dem Wohnraum, an den sie grenzen, optisch eher gerecht zu werden scheinen als einfache Küchen mit Einzelgeräten.

Wann benötigt man eine angemessene Einbauküche?

Diese Frage lässt sich ganz einfach beantworten: Wenn die Qualität der Kochkünste hoch ist oder man es fest vorhat, diese zu erlernen. Ansonsten tut es immer eine einfache Küchenausstattung.

Wie viel kostet eine angemessene Einbauküche?

Die Kosten einer Einbauküche richten sich zum einen nach der Qualität des gewählten Mobiliars und zum anderen nach der Qualität der gewählten Geräteinstallation. Eine angemessene Einbauküche mit relativ hochwertigen Geräteinstallationen ist meist nicht unter 8.000 bis 15.000 Euro zu haben, je nach Größe und Ausstattung und wenn sie vor Ort auch noch individuell eingepasst werden muss. Nach oben gibt es praktisch keine Grenzen und wenn man will, kann man für eine Einbauküche ganz schnell 20.000 oder 30.000 Euro loswerden – und mehr.

Welche Alternativen gibt es?

Eine Einbauküche ist eine relativ teure Anschaffung, die meist auch beim Auszug zurückgelassen werden muss. Nehmen Sie Ihre Kochkünste ganz realistisch unter die Lupe und wägen Sie ab, ob es wirklich eine angemessene Investition ist. Auch eine einfache Küche mit Einzelgeräten kann sehr gemütlich sein und viel Geld sparen. Hinzu kommt, dass man gerade eine Einbauküche problemlos jederzeit nachrüsten kann, zum Beispiel wenn wieder mehr Geld in der Kasse ist. Schlechter essen werden Sie in der Zwischenzeit deswegen ganz sicher nicht ein einziges Mal.

⋯⋮ Checkblatt
Hauseingang

Was ist ein vollständiger Hauseingang?

Ein vollständiger Hauseingang besteht aus:

- Zugangstreppe mit Unterkonstruktion und gegebenenfalls Auflage (zum Beispiel Granitauflage),
- Geländer und auch ein eingelassenes Trittgitter auf dem obersten Treppenpodest für das Abstreifen von Schuhen,
- Außenlicht,
- Vordach mit sicherer Regenwasserabführung,
- Hausnummer,
- Klingel,
- Gegensprechanlage,
- Briefkasten und
- Haustür in ausreichender Qualität (Einbruchschutz, Schallschutz, Wärmeschutz).

In vielen Baubeschreibungen fehlen gleich mehrere dieser Elemente. Ein fehlendes Element kann ein preiswertes Element sein (etwa ein einfacher Briefkasten), es kann aber auch ein teures Element sein wie zum Beispiel das Vordach oder auch die komplette Zugangstreppe samt Geländer.

Wann benötigt man einen vollständigen Hauseingang?

Gerade bei Neubauten ist von Anfang an ein vollständiger Hauseingang sinnvoll. Provisorische Treppen bringen Stolpergefahren mit sich, durch fehlende Trittgitter für die Reinigung der Schuhe kommt fortlaufend Dreck ins Haus, fehlende Vordächer sorgen für unangenehmen Regen auf den Schultern beim Schlüsselsuchen, das im Dunkeln ohne eine Beleuchtung ohnehin zum Ratespiel wird. Und auch wenn die Post keinen Briefkasten findet, kann das sehr unangenehme Folgen haben. Aber auch wenn aus irgendwelchen Gründen ein Arzt das Haus schnell finden muss und keine

Hausnummer angebracht ist, wird das problematisch. Früher oder später benötigen Sie die Ausstattungselemente doch, da können Sie sie auch gleich mit in die Kalkulation aufnehmen.

Wie viel kostet ein vollständiger Hauseingang?

Sind die oben erwähnten Elemente nicht in der Bau- und Leistungsbeschreibung erwähnt, wird es ganz schnell teuer, allein für Treppe, Geländer und Vordach zwischen 3.000 und 5.000 Euro, gegebenenfalls sogar mehr. Allein eine qualitätvolle hochwertige und sichere Haustür kann mit 4.000 Euro und mehr Euro zu Buche schlagen. Daher sollten diese Dinge vor Unterzeichnung eines Kaufvertrags ganz klar bemustert sein und in die Baubeschreibung aufgenommen werden. Sonst drohen Ihnen allein im Bereich Hauseingang für eigentlich selbstverständliche Dinge hohe Mehrkosten. An solchen Punkten bieten sich Ihnen durchaus auch Verhandlungsargumente, wenn der Bauträger oder Hausanbieter von „schlüsselfertig" spricht, Sie aber faktisch mit ihrem Schlüssel im Dunkeln auf provisorischer Treppe im Regen stehen lässt. So bildlich können Sie es ihm darlegen und ihn um faire „Schlüsselfertigkeit" bitten.

Welche Alternativen gibt es?

Auch bei der Ausstattung des Hauseingangs kann man natürlich zur Eigenleistung greifen. Ein Briefkasten ist schnell gekauft und montiert – denkt man. Wenn er aber auf einem Vollwärmeschurz montiert werden muss, benötigen Sie dafür Spezialdübel und Montageplatten. Und dann läuft auf ihm möglicherweise das Regenwasser nicht ab, und schon nach wenigen Wochen kommt es auf dem Vollwärmeschurz oberhalb des Briefkastens zu unschönen Verfärbungen. Auch das vergessene Außenlicht zwingt zur nachträglichen Durchbohrung der Außenwand, um das Kabel zu führen. Überlegen Sie sich gut, ob Sie hier wirklich sparen wollen oder nicht doch lieber vor Vertragsabschluss klar und hartnäckig verhandeln, um einen vernünftigen Preis für alle Ausstattungselemente rund um die Haustür herauszuholen.

⇢ Checkblatt
Terrassen und Balkone

Was sind angemessene Terrassen und Balkone?

Terrassen und Balkone werden bei Komplettangeboten von Häusern immer häufiger nur als Zusatzwunsch angeboten.

Terrassen werden in vielen Fällen grundsätzlich nicht mit angeboten, da sie dem Außenbereich zugeordnet werden, um den sich der Bauherr selbst kümmern muss. Das ist vor allem bei vielen Fertighausangeboten so. Bei Bauträgerangeboten fehlen sie häufig in der Baubeschreibung. Sind sie dort nicht erwähnt, sind sie auch nicht Bestandteil des Leistungsangebots. Wollen Sie eine Terrasse, dann muss sie entweder in die Leistungsbeschreibung mit aufgenommen werden, oder Sie lassen sie von einem Dritten bauen. Enthalten Angebote Terrassen, sind es oft ganz einfache Konstruktionen: meist nur eine verdichtete Erdschicht mit Kiesbett, in dem die Terrassenplatten lose liegen (meist einfache Betonplatten 20 × 20

Zentimeter). Bodenplatten aus Beton als Gründung für Terrassen sind immer seltener; sie sind auch nicht unbedingt notwendig. Allerdings sollte eine Terrasse schon einige Grundanforderungen erfüllen. So sollte sie sich nicht setzen (das heißt, nicht absacken – auch nicht einzelne Platten), zuverlässig das Wasser abführen und im Winter frostfest sein, das heißt, der Plattenbelag sollte bei Frost nicht reißen oder brechen. Gerade was die Setzung und die sichere Wasserabführung angeht, sind die heute angebotenen Konstruktionen – vor allem die Unterkonstruktionen – allzu oft nicht ausreichend qualitätvoll. Daher kann es durchaus sinnvoll sein, eine andere Ausführung zu wählen (→ Seite 88). Bei Terrassen muss besonders der Unterbau vernünftig konstruiert sein, damit sie über lange Zeit gut nutzbar sind. Je nach Konstruktionsart muss das Erdreich dazu gut verdichtet werden, damit es nicht nachgeben kann, und mit einem leichten Gefälle versehen sein. Auf dieses Erdreich muss ein ausreichend hohes Kiesbett aufgebracht werden, in das dann Betonplatten verlegt werden. Diese sollten mit Abstandwinkeln versehen werden, damit sie sich untereinander nicht verschieben können. Eine Alternative ist das Einbringen eines Magerbetons als Untergrund, auf dem das Kiesbett oder auch ein Mörtelbett mit Fliesen aufgebracht werden kann. Bei Fliesen im Mörtelbett muss das Mörtelbett die Neigung mit nachvollziehen und die Fliesen müssen rutschfest und frostsicher sein. Alternativ kann man auch einen Terrassenboden aus Holzdielen fertigen und zum Beispiel eine Unterkonstruktion aus Metall als Tragkonstruktion wählen. Diese kann im Erdreich mit Betonfüßen verankert sein. Das Wasser kann dann zwischen den Bohlen ablaufen. Unterhalb der Bohlen muss dafür gesorgt werden, dass das Wasser schnell vom Haus weggeführt wird.

Balkone gibt es in den unterschiedlichsten Varianten. Wichtig bei einem Balkon ist, dass er wärmentkoppelt vom Haus konstruiert ist. Eher selten wird er separat vor das Haus gestellt. Üblich sind vorgehängte Balkone. Diese werden mit sogenannten Isolierkörben vom Haus weitestgehend wärmetechnisch getrennt. Balkone mit einem Belag sollten mit einer sicheren Wasserabführung versehen werden. Der Belag könnte zum Beispiel durch einen Fliesenbelag im Mörtelbett oder lose Betonplatten im Kiesbett gebildet werden. Auch ein Holzbelag ist denkbar, sogar eine vollständige Holzkonstruktion des Balkons. Welche Ausführung auch immer man wählt, wichtig ist auch beim Balkon, dass das Wasser sicher und schnell abgeführt wird. Das heißt also, dass der Belag und/oder die wasserführende Kieselschicht eine leichte Neigung vom Haus weg aufweist und die Balkonplatte grundsätzlich mit einer balkonumlaufenden Regenrinne ausgerüstet ist, mit Abführung in die Hauptrinne oder mit einem Wasserspeier mit ausreichendem Abstand zur Hauswand, sodass auch bei starkem Wind das Wasser nicht an der Hausfassade landet. Ferner benötigt jeder Balkon natürlich ein stabiles Geländer. Ein Tipp ist hierbei, kein Geländer mit Horizontalstreben zu wählen, da Kinder das gerne als Leiter nutzen, sondern Vertikalstreben, mit einem Abstand der Streben untereinander von nicht mehr als 12 Zentimetern – dann passt auch der Kopf eines Kleinkindes nicht hindurch. Für öffentliche Gebäude gibt es hierzu sogar Vorschriften.

Das Thema Beleuchtung von Terrassen und Balkonen finden Sie im **Checkblatt Elektroausstattung** (⇢ Seite 60).

Wann benötigt man angemessene Terrassen und Balkone?

Eine angemessene Terrassen- und Balkonausstattung benötigt man, um Folgeschäden zu vermeiden, deren Instandsetzung meist teuer ist. Einer der häufigsten Folgeschäden ist die Setzung der gesamten Terrasse oder einzelner Platten. Ein anderer häufiger Folgeschaden ist, dass das Wasser nicht korrekt abfließt und im ungünstigsten Fall vor der Hauswand stehen bleibt oder sogar in diese eindringt und Schäden verursacht. Häufig sind auch Frostschäden, gerade wenn Fliesen im Außenbereich in ein Mörtelbett gelegt werden.

Bei Balkonen ist ein häufiges Ärgernis ebenfalls, dass das Wasser nicht sauber im Gefälle abfließt, dass umlaufende Ablaufrinnen fehlen oder nicht sorgsam gearbeitet sind. Dann kann das Wasser nicht ungehindert abfließen. Häufig ist auch das Geländer ungünstig an die Balkonplatte montiert, sodass es sogar dem Wasserablauf im Weg sein kann. Unverzinkte Elemente rosten zudem sehr schnell.

Wie viel kosten angemessene Terrassen und Balkone?

Bei Fertighausanbietern, in deren Hausangeboten Terrassen und Balkone nicht in der Basisausführung enthalten sind, können Sie die Mehrkosten meist sehr einfach erfragen. Für eine kleinere Terrasse sollten Sie zwischen 1.800 und 2.500 Euro kalkulieren, für einen kleinen Balkon zwischen 3.000 und 5.000 Euro Zusatzkosten – je nach Ausführung auch mehr. Ist die Ausführung sehr aufwändig, kann es erheblich teurer werden.

Welche Alternativen gibt es?

Eine Terrasse können Sie durchaus in Eigenleistung erstellen, wenn Sie handwerklich geschickt sind und den Garten ohnehin selbst anlegen wollen. Das kann eine Option sein, wenn die Terrasse nicht im Leistungsumfang des Hausanbieters enthalten ist. Ferner können Sie zunächst eine kleine Terrasse anlegen, eine Art Austritt in den Garten, und später einmal, wenn wieder etwas Geld in der Kasse ist, die Terrasse ausbauen.

Balkone können Sie kaum in Eigenleistung herstellen. Wenn das Geld sehr knapp ist, kann es sinnvoll sein, zunächst auf den Balkon zu verzichten. In einem solchen Fall kann man eine spätere Nachrüstung vorbereiten. Dazu ist es vor allem wichtig, dass die bodentiefen Fenstertüren, die später als Balkontüren auf den Balkon führen sollen, von Anfang an eingebaut werden. Man kann diese zunächst als sogenannte französische Fenster ausführen. Das sind Fenstertüren, die bis auf den Boden reichen, aber vor denen direkt an der Außenfassade ein Geländer bis auf Brüstungshöhe montiert ist. Ist dieses Geländer abschraubbar, können Sie später einmal, wenn Sie einen Balkon vor das Haus gestellt haben, einfach die Geländer demontieren und haben so ganz einfach den Balkonzugang geschaffen.

⇢ Checkblatt Außenanlagen

Was sind Außenanlagen?

Unter Außenanlagen versteht man nicht nur die Anlage des Gartens mit Aufschüttung von

Mutterboden, Geländemodellierung und Grünpflanzungen, sondern auch die Anlage aller Zuwege zum Haus, Fahrzeugzufahrt und Fahrzeugstellplatz sowie einen Zaun. Manchmal gehören dazu auch Dinge wie zum Beispiel die Installation einer externen Regenwasserzisterne, wenn das gewünscht ist.

Wann benötigt man Außenanlagen?
Außenanlagen benötigt man eigentlich von Anfang an, wenn man das Haus sicher und schmutzfrei erreichen und ein Fahrzeug sicher abstellen will, ohne dass Öl ins Erdreich gelangen kann. Erst dann kommen Aspekte wie Terrasse und Garten. Gerade bei Neubauten wird man es sehr schätzen, wenn zumindest die notwendigsten Außenanlagen schnell erstellt sind, damit man nicht fortlaufend Dreck ins Haus trägt.

Wie viel kosten Außenanlagen?
Bei den Außenanlagen kann man unterscheiden zwischen den Wegen, einer Auffahrt und einem Abstellplatz für das Fahrzeug, dem Zaun sowie der Anlage des Gartens selbst (mit Geländemodellierung, Mutterboden, Rasensaat, Bepflanzung). Die Terrasse wird im **Checkblatt Terrassen und Balkon** (⇢ Seite 86) separat behandelt. Für Zuwege, Stellplatz und Zaun sollten Sie mit zumindest 3.500 bis 5.000 Euro rechnen, je nach Ausmaß der benötigten Wege und Flächen. Für den Garten wird es meist deutlich teurer. Wenn er professionell angelegt werden soll, können Sie nicht unter 8.000 bis 10.000 Euro kalkulieren, es sei denn, es ist ein wirklich sehr kleiner Reihenhausgarten.

Welche Alternativen gibt es?
Für die Anlage von Wegen, Stellplätzen und Zaun benötigt man handwerkliches Geschick und Erfahrung. Denn dabei müssen der Untergrund verdichtet und ein sauberes Kiesbett oder sogar eine Magerbetonschicht ausgebracht werden, damit der Oberbelag später stabil hält und sich nicht fortlaufend in der Fläche oder an einzelnen Punkten setzt. Wenn man es selbst versuchen will, empfiehlt es sich, zunächst mit einer kleinen Aufgabe anzufangen, zum Beispiel dem Zuweg zum Haus, bevor man größere Flächen in Angriff nimmt.

Wenn man Spaß und Interesse an Gartenarbeit hat, kann man auch einen kompletten Garten selbst anlegen. Das ist aber nicht ganz einfach. Überlegen Sie sich, in einem Teilbereich Ihres Gartens einen „Testlauf" zu machen, bevor es gleich an den gesamten Garten geht.

⇢ Checkblatt
Garage

Was ist eine angemessene Garage?
Eine angemessene Garage ist eine vollumschlossene Garage mit Bodenplatte, festen Seitenwänden und verschließbarem Garagentor. Auch ein Licht- und Stromanschluss sollte zur Ausstattung gehören.

Eine angemessene Garage dient dem Schutz und Werterhalt eines Fahrzeugs. Ferner ist es komfortabel, wenn man im Winter das Fahrzeug nicht erst vom Schnee räumen oder die Scheiben freikratzen muss. Wenn der Wert eines Autos geringer ist (und das auch künftig so bleiben soll) als der Kaufpreis einer Garage und der Wertverfall ohnehin sehr hoch ist (zum Beispiel weil es ein gebrauchtes Fahrzeug

ist), dann sollten Sie sich überlegen, ob sich die Investition lohnt. Allerdings übernimmt eine Garage meist noch Nebenfunktionen: Ob Fahrräder oder Rasenmäher, manches lässt sich dort zusätzlich unterbringen. Ausgestattet mit Licht und Strom kann eine Garage auch zur temporären Werkstatt werden.
Eine wichtige neue Aufgabe von Garagen wird zukünftig sein, als heimische Stromtankstelle zu fungieren. dafür müssen sie über sogenannte **Wallboxen** verfügen, über die Elektrofahrzeuge aufgeladen werden.

Immer häufiger werden als Alternative Carports angeboten, die nur geringen Schutz für das Fahrzeug bieten. In der Regel handelt es sich bei Carports um einfache Holz- oder Metallkonstruktionen, meist eine Art Ständerkonstruktion, die ein sehr einfaches Dach tragen. Schon die Wasserabführung vom Dach (meist ein Flachdach) ist nicht immer sauber gelöst.

Ein Carport bewahrt ein Fahrzeug auch nicht vor Außenfrost. Er kann im wesentlichen Schatten spenden und vor Regen und vor allem Hagelschlag schützen. Mehr nicht. Meist ist das viel Geld für relativ wenig Schutzfunktion.

Garagen sind sehr häufig nicht im Leistungsumfang von Bauträgern, Generalunternehmern oder Fertighausanbietern enthalten, sondern müssen zusätzlich erworben werden.

Wann benötig man eine angemessene Garage?

Wenn Sie ein hochwertiges Fahrzeug besitzen, benötigen Sie eine Garage nach Möglichkeit von Anfang an. Handelt es sich um ein gebrauchtes, älteres Model und ziehen Sie im Frühjahr oder Sommer ins Haus, haben Sie Zeit.

Wenn Sie die Anschaffung eines Elektrofahrzeugs überlegen oder ein solches schon haben, benötigen Sie eine angemessen ausgestattete Garage (Wallbox) auch als sicheren Aufladepunkt für Ihr Fahrzeug.

Wie viel kostet eine Garage?

Für eine angemessene Garage sollte man mit Kosten von 6.000 bis 10.000 Euro rechnen. Für dieses Geld erhalten Sie einfache, aber ausreichende Fertiggaragen. Möchten Sie etwas Aufwändigeres oder eine Doppelgarage, wird es deutlich teurer.

Allerdings verlangen viele Bauträger oder Generalunternehmer schon für einfache Carports Aufpreise zwischen 8.000 und 12.000 Euro und mehr. Ob man so viel Geld für eine einfache Holzkonstruktion investieren will, die dem Fahrzeug nur mäßigen Schutz bietet, ist fraglich.

Welche Alternativen gibt es?

Bei Bauträgerangeboten ist häufig das Problem, dass nicht neben jedem Haus eine Garage gebaut werden kann, da es sich meist um Reihenhäuser handelt. Daher werden häufig Sammelgaragen oder Sammelparkplätze eingerichtet, und Sie können nicht immer frei entscheiden, ob Sie eine Garage oder einen Carport haben wollen. Gemäß den Landesbauordnungen muss ein Bauträger pro Haus auch nur einen Pkw-„Stellplatz" nachweisen, keine Garage und keinen Carport.

Wenn das Geld sehr knapp ist, können Sie zunächst auf eine Garage verzichten. Möglicherweise lässt sich in Ihrer Nachbarschaft für kleines Geld vorübergehend ein geschützter Stellplatz anmieten. Wenn Sie dafür 50 oder

80 Euro Miete im Monat zahlen, selbst wenn es 100 Euro sind, könnten Sie zehn Jahre lang Miete zahlen, bevor Sie den Kostenrahmen einer Garage erreichen würden.

Und eine zukunftsorientierte Alternative kann natürlich auch sein, ganz auf ein Fahrzeug zu verzichten, wenn Ihnen dies möglich ist. Das spart nicht nur die Garage, das spart auch Anschaffung sowie Unterhalt und entlastet die Umwelt. Da es immer mehr Car-Sharing-Angebote gibt – vielleicht auch in Ihrer Nähe – , ist das eine Option, die man sich näher ansehen kann.

⋯⇢ Checkblatt Sonderwünsche

Was sind Sonderwünsche?

Neben den in den einzelnen Checkblättern aufgeführten Kostenfallen gibt es beim Bauen immer auch das Problem, dass man Sonderwünsche hat, die die Baukosten in die Höhe treiben können. Es soll dann doch noch ein „Schwedenofen", ein Kachelofen oder ein offener Kamin sein, wenn man schon mal baut. Die Kosten, die aus exquisiten Sonderwünschen wie einem Kamin oder einer Heimsauna resultieren, die man für ein übliches Haus zunächst nicht benötigt, können in diesem Ratgeber nicht berücksichtigt werden.

Sonderwünsche sind aber nicht automatisch exquisite Wünsche, denn der Bauträger, Generalunternehmer oder Fertighausanbieter wird darunter grundsätzlich alle Wünsche verstehen, die nicht in seiner Bau- und Leistungsbeschreibung enthalten sind, und wird Sie in der Regel dafür auch zur Kasse bitten.

Wann benötigt man Sonderwünsche?

Mit den Fragebögen am Anfang dieses Buches (ab Seite 30) können Sie Ihren Bedarf an Sonderwünschen ergründen, denn mit diesen Bögen fragen Sie ja eine gewisse Vollständigkeit der Bau- und Leistungsbeschreibung direkt bei Ihrem Hausanbieter ab. Einige der Punkte würden Sie vielleicht sogar als selbstverständlich zu erbringende Leistung ansehen und wären überrascht, wenn diese nicht im Basispreis enthalten wären. Die in den Fragebögen und Checkblättern aufgeführten Punkte sind auch jene, die zunächst wirklich wichtig sind und abgefragt werden müssen. Darüber hinausgehende Punkte sind meist speziellere Sonderwünsche, die nicht immer zwingend und notwendigerweise für ein vollständiges Angebot berücksichtigt werden müssen. Wohingegen Sie andere Sonderwünsche, wie zum Beispiel ein Dachboden, auf dem Sie auch Dinge lagern können, eventuell als dringend ansehen und eigentlich auch davon ausgegangen sind, dass das gar kein Sonderwunsch ist und selbstverständlich geliefert wird.

Wie viel kosten Sonderwünsche?

Die Kosten der notwendigen Sonderwünsche finden Sie in den jeweiligen Checkblättern dieses Ratgebers. Kosten von eher speziellen Sonderwünschen müssen Sie bei Ihrem Hausanbieter jeweils abfragen. Aber auch diese sollten vor Vertragsunterzeichnung klar auf den Tisch kommen. Denn auch sie sind geeignet, Kosten in die Höhe zu treiben, obwohl sie normalerweise schlicht überflüssig sind.

Welche Alternativen gibt es?

Überflüssige Sonderwünsche sollten ergründet und generell hinterfragt werden, vor allem dann, wenn sie die Baukosten stark nach oben treiben. Sonst kommt der Punkt, an dem Bauen auch deswegen sehr unwirtschaftlich werden kann, weil die investierten Kosten im Fall eines Wiederverkaufs des Hauses nie mehr zu erlösen wären. Ein Luxusheim in falscher Lage ist nichts weiter als eine Finanzruine, so exklusiv das Haus selbst auch sein mag. Aber auch ein durchschnittliches Haus mit allzu aufwändiger Ausstattung in durchschnittlicher Lage kann ein Kostengrab werden.

Neubau-Eigentumswohnung vom Bauträger

Bei Neubau-Eigentumswohnungen, die von einem Bauträger gekauft werden, sind zusätzlich die nachfolgenden Checkblätter zu beachten.

Checkblatt Kellerabteil

Was ist ein angemessenes Kellerabteil?

Wenn Sie von einem Bauträger eine Eigentumswohnung kaufen, werden Sie üblicherweise nur ein Kellerabteil erhalten. Ein angemessenes Kellerabteil sollte nach Möglichkeit vollständig geschlossen sein. Ein reiner Lattenverschlag ist eine sehr dürftige Ausführung. Ein Kellerabteil sollte ferner einen unabhängigen Stromanschluss für Beleuchtung und Steckdose haben, der über Ihren Stromzähler läuft. Wünschenswert ist ferner ein sicheres Schließsystem, sodass Sie mit Ihrem Wohnungsschlüssel auch durch alle übrigen gemeinschaftlichen Türen des Hauses gelangen. Sonst haben Sie am Ende einen Lattenrostverschlag mit Vorhängeschloss.

Wichtig ist, dass in Ihrem Kellerabteil keine Ventile von Rohrführungen sitzen, über die die zentrale Versorgung des Hauses abgestellt werden kann. Es kann Ihnen sonst passieren, dass man Ihren Keller aufbrechen muss, wenn man Sie nicht erreicht, weil man beispielsweise bei einem Rohrbruch das Wasser abstellen muss.

Ein hochwertiges Kellerabteil hat neben geschlossenen Wänden auch ein eigenes Fenster für natürliche Belichtung und Belüftung.

Fast kein Keller, den Bauträger von Neubauwohnungen anbieten, ist beheizt. Das muss ein Keller auch nicht sein. Es empfiehlt sich dann nur, dass Sie dort keine Kleidungsstücke, Textilien oder Ledersachen einlagern.

Wann benötigt man ein angemessenes Kellerabteil?

Der Keller ist ein wichtiger Lagerraum. Neben den oben beschriebenen Ausstattungsdetails spielt daher auch seine Größe eine wichtige Rolle. Gemäß den Landesbauordnungen muss sogar innerhalb einer Wohnung ein Stauraum von zumindest 1,5 Quadratmeter Fläche vorhanden sein. Das reicht aber gerade einmal für kleine Dinge wie Bügelbrett oder Wäscheständer. Wollen oder müssen Sie größere Gegenstände sicher einlagern, benötigen Sie einen Keller. Auch für viele Lebensmittel, die besser dunkel und kühl gelagert werden, wie zum Beispiel Obst, ist ein Keller sehr nützlich. Pro Person sollten Sie mindestens mit 4 Quadratmeter Keller kalkulieren. 2 Personen kommen mit 8 Quadratmetern aus und 5 Personen benötigen um die 20 Quadratmeter, die es aber fast nie gibt. Alles andere sind aber eher bauliche Notlösungen als angemessene Kellergrößen.

Wie viel kostet ein Kellerabteil?

Die Kosten des Kellers sind fast immer im Preis einer Wohnung enthalten. Was nicht enthalten ist, ist natürlich ein angemessener Keller, der geschlossene Wände hat und eine vollwertige Kellertür. Nicht immer kann ein solcher Wunsch erfüllt werden, weil der Keller insgesamt ein gemeinschaftlicher Bereich der Wohnanlage ist und die einzelne Kellerparzelle häufig nur mit einem Sondernutzungsrecht versehen wird. Ist die Kellerparzelle aber auch Sondereigentum, kann man mit dem Bauträger natürlich darüber sprechen, ob die Kellerparzelle nicht komplett geschlossen werden kann. Die Mehrkosten dafür liegen in den Kosten für die Umfassungswände und eine vollwertige Tür, also – je nach Größe – zwischen etwa 800 und maximal 2.000 Euro.

Welche Alternativen gibt es?

Bei Bauträgerobjekten – und das sind neue Eigentumswohnungen, die am Immobilienmarkt angeboten werden fast immer – gibt es keine Alternativen.

Sie können aber überlegen, mit zukünftigen Nachbarn eine Kellerparzelle zu tauschen.

Oder Sie mieten von einem Nachbarn eine zusätzliche Parzelle oder in der Nähe des Hauses einen weiteren Kellerraum an.

⇢ Checkblatt Aufzug

Was ist ein angemessener Aufzug?

Ein angemessener Aufzug richtet sich immer nach dem Bedarf – das heißt nach der benötigten Größe, Tragkraft und eventuell Barrierefreiheit. Aufzugshersteller und -modell legt üblicherweise der Bauträger fest. Sie haben da eher wenige Einflussmöglichkeiten. Wichtig ist nur, dass Sie zumindest wissen, welche Größe und Traglast der Aufzug haben wird und ob er **barrierefrei** gemäß **DIN 18040** ist. Außerdem sollten Sie wissen, wo die **Notrufschaltung** des Aufzugs aufgeschaltet ist. Denn wenn Sie an einem Sonntagnachmittag im Aufzug stecken bleiben, sollten Sie selbstverständlich jemanden erreichen, der Sie aus dem Aufzug befreien kann. Und diese Person muss auch in das Haus selbst gelangen können. Denn wenn außer Ihnen niemand da ist, haben Sie sonst das nächste Problem: Der Aufzugsmonteur steht vor der Tür, kann aber nicht zu Ihnen gelangen.

Wann benötigt man einen angemessenen Aufzug?

Einen Aufzug benötigt man gemäß Landesbauordnungen meist dann, wenn das geplante Gebäude mehr als 5 Geschosse hat. Aufzüge werden heute allerdings oft schon bei Gebäuden ab 4 Geschossen eingebaut.

Zwingend notwendig sind Aufzüge, wenn ein Wohnungsangebot als „barrierefrei" beworben wird. Dann sollte nicht nur der Aufzug den Kriterien der **DIN 18040** entsprechen, sondern auch der gesamte Zugang zum Aufzug, das gilt auch für den Zugang von der Tiefgarage. Falls Sie an einem barrierefreien Objekt interessiert sind, lassen Sie sich in der Baubeschreibung schriftlich bestätigen, dass das Objekt alle Anforderungen der **DIN 18040** erfüllt. Dann haben Sie sich sehr einfach mit einem Satz umfassend abgesichert.

Wie viel kostet ein angemessener Aufzug?

Ein angemessener Aufzug kostet eine höhere fünf- bis sechsstellige Summe. Außenaufzüge, zum Beispiel an Laubengängen, die dauerhaft jeglicher Witterung ausgesetzt sind, müssen aufwändig und teuer geschützt werden.

Neben den Anschaffungskosten ist vor allem auch der Aufzugsbetrieb teuer. Sie können von ganz normalen Wartungs- und technischen Prüfkosten von 3.000 Euro pro Jahr selbst für einen kleineren Hausaufzug ausgehen.

Welche Alternativen gibt es?

Zu Aufzügen gibt es wenige Alternativen, wenn man auf sie angewiesen ist. Soweit Sie in einem Haus ohne Aufzug eine barrierefreie Wohnung kaufen wollen, bleibt als Alternative nur der Erwerb einer Erdgeschosswohnung samt ebenerdigem Kfz-Stellplatz. Besuche bei Hausnachbarn in oberen Etagen sind dann allerdings nur schwer möglich.

⇢ Checkblatt Tiefgaragenstellplatz

Was ist ein angemessener Tiefgaragenstellplatz?

Häufig erwirbt man mit einer Wohnung nur einen ebenerdigen Stellplatz, den man auch nicht später einfach überdachen kann, da er meist Teil einer Gesamtparkierungsanlage ist. Manchmal werden aber auch Tiefgaragenstellplätze mit verkauft oder separat zum Kauf angeboten. Wenn man eine Wohnung vom Planentwurf weg kauft, ist allerdings Vorsicht geboten, damit man am Ende nicht einen schlecht nutzbaren Parkplatz erwirbt. Ein angemessener Tiefgaragenstellplatz ist ein solcher, in den man gut ein- und ausfahren kann und auf dem das Fahrzeug sicher und mit ausreichend Abstand zu den Nachbarfahrzeugen steht.

Die zunehmend aufkommenden **„Doppelparker"-Systeme** haben dagegen gravierende Nachteile. Bei diesen Systemen werden zwei Fahrzeuge auf einer Hebebühnenanlage übereinander geparkt. Die Fahrzeuge können nicht unabhängig voneinander bewegt werden, sondern bei Ein- und Ausfahrten nur ein Fahrzeug nach dem anderen. Man muss auch jedes Mal auf ein relativ enges Metallgestell auffahren, was Manövrierkunst verlangt. Und schließlich fällt vom oberen Fahrzeug unter Umständen viel Schmutz auf das untere Fahrzeug. Wenn Sie also den Begriff „Doppelparker" oder ähnliches in der Baubeschreibung lesen, sollten Sie wachsam sein und genauer nachfragen.

Eine Tiefgarage benötigt ein sicher schließendes Tor und eine (auch im Winter) problemfrei zu befahrende Rampe. Reine Rolltore sind deutlich anfälliger als Sektionaltore oder Kipptore. Wichtig ist in jedem Fall eine Toröffnungsmöglichkeit per Hand, falls der Elektromotor doch einmal streikt und man dringend mit dem Fahrzeug weg muss. Sinnvoll ist auch eine leicht geriffelte Fahrbahnoberfläche der Einfahrtrampe mit nicht zu steilem Neigungswinkel und zu großem Kurvenradius. Denn sonst kann es im Winter schwierig werden, die Tiefgarage zu verlassen.

Da die Elektromobilität zunehmend aufkommt, ist die Ausstattung eines Tiefgaragenstellplatzes mit einer sogenannten **Wallbox** sinnvoll, zum Aufladen eines Elektrofahrzeugs. Ist eine solche nicht vorgesehen oder vorhanden, sollte zumindest eine Leerrohrinstallation vorhanden sein, um eine solche Box später möglichst einfach nachrüsten zu können.

Wann benötigt man einen angemessenen Tiefgaragenstellplatz?

Stellplätze sind gemäß den Landesbauordnungen vorgeschrieben. Üblicherweise benötigt jede Wohnung zumindest einen Stellplatz. Dieser muss kein Tiefgaragenstellplatz sein, sondern kann auch ein ebenerdiger Freiluftstellplatz sein. Häufig ist aber der Baugrund so teuer, dass Bauträger den Grund und Boden nicht für Parkplätze verschwenden wollen, sondern diese lieber unter die Erde packen. Zwar ist eine Tiefgarage eines der teuersten Bauteile eines Hauses, aber es lohnt sich trotzdem, wenn so insgesamt mehr Wohnraum errichtet werden kann. Im Gegensatz zu Freiluftstellplätzen haben Tiefgaragenstellplätze zumindest den großen Vorteil, dass Sie im Winter kein Eis von den Scheiben kratzen müssen, im Sommer schattig parken können und das Fahrzeug das ganze Jahr über geschützt steht.

Hinzu kommt, dass Tiefgaragenstellplätze zukünftig auch das heimische Stromtanken sicherstellen müssen.

Achten Sie darauf, dass Ihr Stellplatz in der Tiefgarage einfach anfahrbar ist.

Wie viel kostet ein Tiefgaragenstellplatz?

Manchmal werden Tiefgaragenstellplätze separat von der Wohnung verkauft. Werden diese Plätze separat ausgewiesen, liegen ihre Kosten meist zwischen 8.000 und 15.000 Euro. Selbst wenn Sie kein Auto haben und die Wahl hätten, ob Sie einen Tiefgaragenstellplatz mit erwerben oder nicht, sollten Sie sich das gut überlegen, denn ein Tiefgaragenstellplatz steigert den Wert der Wohnung und macht sie einfacher wiederverkäuflich. Wenn Sie den Stellplatz nicht nutzen, können Sie ihn auch weitervermieten, zum Beispiel an Nachbarn mit Zweitfahrzeug. Wichtig ist nur, dass Sie die Zusatzkosten für den Ankauf eines Stellplatzes – soweit solche dafür anfallen – von vornherein kennen und nicht von ihnen überrascht werden. Daher sollte der Stellplatz explizit in der Bau- und Leistungsbeschreibung aufgenommen sein, wenn er auch im Kaufpreis enthalten ist.

Welche Alternativen gibt es?

Der Verzicht auf einen Tiefgaragenstellplatz ist nur dann sinnvoll, wenn Sie kein Auto haben und auch langfristig keines wünschen. Eine andere Alternative ist die bereits benannte, den Stellplatz zwar zu kaufen, ihn aber anschließend weiterzuvermieten, um die Investitionskosten wenigstens etwas abzumildern. Schließlich können Sie auch überlegen, Ihren Stellplatz der Wohnungseigentümergemeinschaft zu vermieten, als dauerhaften Gästeparkplatz oder als Parkplatz für Fahrräder in der Tiefgarage.

⇢ Checkblatt
Außenanlagen Eigentumswohnung

Was sind Außenanlagen einer Eigentumswohnung?

Außenanlagen wurden bereits im **Checkblatt Außenanlagen** (⇢ Seite 88) näher beleuchtet. Beim Kauf einer neuen Eigentumswohnung vom Bauträger kommen allerdings einige Dinge hinzu. Denn im Gegensatz zu einem Hauskäufer können Sie die Grünanlagen rund ums Haus nicht allein gestalten. Das werden Sie auch gar nicht wollen, denn mit dem Kauf einer Eigentumswohnung entscheiden Sie sich ja vielleicht sogar bewusst gegen einen Garten.

Zu den Außenanlagen einer Eigentumswohnung gehören Zugänge, Zufahrten (unter anderem Tiefgaragenzufahrten), Stellplätze (auch für Fahrräder und Mülltonen) sowie Grünflächen (häufig auch auf Tiefgaragen). Zunächst sollte man klären, ob die Grünanlagen im Wesentlichen gemeinschaftliches Eigentum sind oder ob sie in Form von Sondernutzungsrechten den Eigentümern der Erdgeschosswohnung zugeteilt sind. Ist Letzteres der Fall, müssen sich in aller Regel auch die Bewohner der Erdgeschosswohnungen um die Grünanlagen kümmern. Handelt es sich bei den Grünanlagen um gemeinschaftliches Eigentum, muss sich auch die gesamte Wohnungseigentümergemeinschaft darum kümmern. Zwei übliche Modelle gibt es dafür. Beim ersten Modell wird ein externer Gärtner durch die Wohnungseigentümergemeinschaft mit der Pflege beauftragt. Beim zweiten kann auch ein Miteigentümer damit beauftragt werden und dafür von der Wohnungseigentümergemeinschaft ein kleines Entgelt bekommen. Sind noch nicht alle Wohnungen verkauft und ist möglicherweise auch noch kein Wohnungseigentumsverwalter bestellt, kann es in beiden Fällen problematisch werden. Die Erstbepflanzung der Grünanlagen, die durch die Bau- und Leistungsbeschreibung vielleicht zwar zugesichert ist, kann eingehen, weil sich niemand um deren Pflege kümmert oder Sie dies alleine oder gemeinsam mit den ersten Nachbarn tun müssen. Im ungünstigsten Fall muss die Wohnungseigentümergemeinschaft eine Bepflanzung kostenintensiv wiederholen, wenn alle Wohnungen verkauft sind und ein Wohnungseigentumsverwalter bestellt ist.

Wie viel kosten Außenanlagen?

Im Grundpreis einer Neubau-Eigentumswohnung vom Bauträger sind üblicherweise die Zuwege, Zufahrt und manchmal auch die Müllstellplätze im Preis enthalten. Eher selten gibt es Fahrradstellplätze. Überdachte und geschützte noch seltener. Und auch ob eine Erstbepflanzung der Grünanlagen enthalten ist, kann man nur an Hand der Bau- und Leistungsbeschreibung prüfen. Fast nie ist allerdings eine sogenannte „Anpflege" enthalten, das heißt eine Pflege nach Anpflanzung, damit sichergestellt ist, dass die Grünanlagen auch die erste Phase überstehen, gerade wenn es noch keinen WEG-Verwalter und Gärtner gibt, der sich darum kümmern kann. Muss aufgrund solcher Tatsachen eine Zweitbepflanzung erfolgen, kann es teuer werden. Selbst bei kleinen Außenanlagen sollte man dabei nicht unter 8.000 bis 10.000 Euro kalkulieren. Bei größeren Anlagen – zum Beispiel inklusive Bepflanzung ganzer Tiefgaragendächer – fallen deutlich höhere Summen an. Das kann bei größeren Anlagen sogar sechsstellig werden.

Welche Alternativen gibt es?

Eine Alternative wurde bereits benannt. Das ist die Möglichkeit, dass die Erstbepflanzung in die Hände der Bewohner der Erdgeschosswohnungen gelegt wird und diese auch die Anpflege übernehmen. Dann ist üblicherweise gewährleistet, dass das funktioniert. Eine zweite Alternative kann sein, dass der Bauträger die Erstbepflanzung und die Anpflege so lange übernimmt, bis die Wohnungseigentümergemeinschaft das selbst erledigen kann. Eine dritte Alternative ist, mit der Bepflanzung zu warten, bis sich die Wohnungseigentümergemeinschaft konstituiert hat und ein Wohnungseigentumsverwalter bestellt ist, der sich dann darum kümmern kann. Der Bauträger könnte die Grünbepflanzung also einfach zeitversetzt vornehmen. Oder, als vierte Variante, der Bauträger könnte die Gelder für die Grünbepflanzung der Wohnungseigentümergemeinschaft überlassen, damit die sie in Eigenregie durchzuführt.

Praxisbeispiel 1

Analyse der Kostenfallen beim Kauf eines neuen Reihenhauses vom Bauträger

Familie Schmidt möchte ein neues Reihenhaus vom Bauträger kaufen. Sie hat den Fragebogen zur Baubeschreibung (Seite 30) von der Internetseite der Verbraucherzentrale heruntergeladen und als Papierausdruck ihrem Bauträger postalisch zugesandt, mit der Bitte um kurze Beantwortung der Fragen. Der Bauträger hat ihn ausgefüllt und zurückgeschickt. Demnach sind folgende Leistungen **nicht** im Angebot des Bauträgers enthalten:

- angemessene Elektroausstattung,
- angemessener Schallschutz,
- angemessener Einbruchschutz,
- angemessener Dachboden zum Lagern,
- angemessene Kellerkonstruktion,
- angemessene Kellerausstattung.

Familie Schmidt sieht sich nun mit Hilfe der Checkblätter in diesem Buch die möglichen Mehrkosten genauer an. Demnach wird eine zusätzliche, fünfstellige Summe auf sie zukommen. Sie erschrickt zunächst und überlegt dann, welche Leistungen sie von diesen bislang noch nicht erfassten unbedingt benötigt. Folgende Leistungen benötigt sie auf alle Fälle noch vom Bauträger:

- angemessene Elektroausstattung,
- angemessenen Schallschutz,
- angemessenen Einbruchschutz,
- angemessene Kellerkonstruktion.

Das Reihenhaus selbst sollte eigentlich 320.000 Euro kosten. Dazu kämen Nebenkosten von etwa zehn Prozent, also noch einmal etwa 32.000 Euro. Ferner kämen mindestens weitere 10.000 Euro für Elektroausstattung, Schallschutz und Einbruchschutz hinzu. Und sollten der in der Bau- und Leistungsbeschreibung beschriebene Grund und Boden nicht vorgefunden und ein anderer Keller notwendig werden, wären weitere etwa 15.000 Euro fällig. Das Reihenhaus würde dann alles in allem satte 377.000 Euro kosten.

Diese Kosten sind noch sehr hoch, vor allem wegen des Kostenrisikos des Kellers, das der Bauträger vollständig dem Käufer überträgt. In der Bau- und Leistungsbeschreibung steht hierzu ein klarer Vorbehalt. Der Hauspreis gilt nur, wenn bestimmte Bodenverhältnisse angetroffen werden. Ein Bodengutachten indessen existiert nicht.

Familie Schmidt will das Problem jetzt erst einmal mit dem Bauträger besprechen und nach Lösungen suchen, wie die Kostenunsicherheiten besser in den Griff zu bekommen sind. Vor allem das Kostenrisiko des Kellers ist Familie Schmidt viel zu hoch. Erst wenn dieses Risiko vertraglich ausgeschlossen werden kann, will sie mit ihrer Bank konkreter zum benötigten Kreditvolumen sprechen und die Baufinanzierungsüberlegungen durch die Verbraucherzentrale noch einmal überprüfen lassen.

Ob sich Familie Schmidt das Häuschen letztendlich leisten kann, weiß sie noch nicht. Keinesfalls aber möchte sie es kaufen, wenn es bei diesem Kostenrisiko bleibt und das Geld im schlimmsten Fall einfach nicht mehr reicht.

Praxisbeispiel 2

Analyse der Kostenfallen beim Kauf einer neuen Eigentumswohnung

Felix Müller möchte eine neue Eigentumswohnung vom Bauträger kaufen. Er hat den Fragebogen zur Baubeschreibung (Seite 32) aus diesem Ratgeber von den Internetseiten der Verbraucherzentrale heruntergeladen, ausgedruckt und seinem Bauträger per Post zugesandt, mit der Bitte um kurze Beantwortung. Demnach sind folgende Punkte **nicht** im Angebot des Bauträgers enthalten:

- angemessene Badausstattung,
- angemessene Elektroausstattung,
- angemessener Einbruchschutz,
- Balkonbodenbelag,
- Außenanlagen.

Felix Müller kann nun anhand der Checkblätter in diesem Buch mögliche Mehrkosten näher unter die Lupe nehmen. Nach Prüfung kommt er zu dem Schluss, dass er zumindest folgende Leistungen seitens des Bauträgers noch benötigt:

- angemessene Badausstattung,
- angemessene Elektroausstattung,
- angemessener Einbruchschutz.

Die Kosten für diese Leistungen liegen insgesamt im fünfstelligen Bereich. Felix Müller fragt die voraussichtlichen Kosten dieser Leistungen aber auch noch einmal schriftlich beim Bauträger ab, um ganz sicherzugehen. Dieser teilt ihm mit, dass die zusätzlichen Wünsche mit 12.000 Euro zu Buche schlagen werden. Erst nachdem er auch diese Kosten noch schriftlich benannt bekommen hat und nachdem die zusätzlichen Leistungen auch schriftlich in die Bau- und Leistungsbeschreibung aufgenommen wurden, weiß er, dass der Kauf der Eigentumswohnung zwar deutlich teurer wird als gedacht, aber zumindest seinen finanziell gesetzten Rahmen noch nicht sprengt. Er weiß aber auch, dass die Kosten der Außenanlagen noch auf ihn zukommen werden, spätestens wenn die Wohnungseigentümergemeinschaft darüber abstimmt. Die Wohnung sollte eigentlich 179.000 Euro kosten. Nun kommen noch 12.000 Euro hinzu, und die Außenanlagen müssen bezahlt werden. Der Bauträger schätzt diese Kosten auf insgesamt 28.000 Euro. Macht pro Eigentümer (im Haus sollen einmal zehn Eigentümer leben) noch einmal 2.800 Euro. Wenn Felix Müller alles zusammenzählt, also Kaufpreis, übliche Nebenkosten (etwa zehn Prozent vom Kaufpreis, entspricht etwa 18.000 Euro) und zusätzliche Kosten, landet er bei satten 211.800 Euro. Das hört sich plötzlich ganz anders an. Er möchte sich daher nach vielleicht günstigeren – auch gebrauchten – Objekten umsehen, bevor er sich wirklich für die Wohnung entscheidet.

Fragebögen und Checkblätter: Bestandsimmobilien – Haus oder Wohnung

Kauft man eine Bestandsimmobilie, wird diese üblicherweise erworben wie gesehen. Liegen Schäden vor, die man nicht gesehen hat, kann eine Modernisierung der Schäden nach dem Kauf zur teuren Kostenfalle werden. Im Extremfall kann der Schaden größer sein als der Gesamtwert der Immobilie. Das weiße Eurozeichen im roten Feld und das weiße Häuschen im hellroten Feld am Seitenrand sind die Erkennungszeichen dieser Checkblätter.

Bei gebrauchten Immobilien muss man unbedingt eine Besichtigung des Objekts vornehmen und sich vom Umfang und Zustand der Immobilie überzeugen. Für einen eingehenden Check einer gebrauchten Immobilie empfehlen wir Ihnen den Ratgeber **„Kauf eines gebrauchten Hauses"** der Verbraucherzentrale (⸺› Seite 271.). Mit diesem Ratgeber können Sie eine gebrauchte Immobilie auf Herz und Nieren überprüfen. Sie finden dort auch Informationen zum (eher selten vorkommenden) Totalausfall des Vermögens beim Erwerb einer gebrauchten Immobilie.

Im hier vorliegenden Kapitel werden allein die typischen und häufig vorkommenden versteckten Zusatzkosten beim Erwerb gebrauchter Immobilien dargelegt. Um diese zu finden, nutzen Sie die beiden Fragebögen auf Seite 102 (gebrauchtes Haus) oder 103 (gebrauchte Eigentumswohnung). Diese lassen sich auch aus dem Internet herunterladen und ausdrucken (⸺› Seite 265.).

Sie können die Fragebögen zur Besichtigung der jeweiligen Immobilie mitnehmen. Im Fragebogen kreuzen Sie an, welche baulichen Nachbesserungen Sie unter Umständen vornehmen wollen oder müssen, vor allem solche, die vor Ihrem Einzug erledigt sein sollen oder müssen, denn diese Maßnahmen werden definitiv und zeitnah Kosten verursachen.

Beispiel: Sie sehen bei der Besichtigung eines gebrauchten Hauses, dass die Bäder auf alle Fälle saniert werden müssen. Das vermerken Sie durch Ankreuzen auf dem Fragebogen (Punkt 8 in der Liste auf Seite 102). Wenn Sie von der Besichtigung wieder zurückgekehrt sind, nehmen Sie den von Ihnen ausgefüllten Fragebogen und schauen auf der Übersichtsliste im Buch (⸺› Seite 104) unter Punkt 8 nach, wo Sie das dazugehörige Checkblatt zur Badsanierung finden, nämlich auf Seite 117. Dort erfahren Sie die Hintergründe und Kosten zu Badsanierungen in Bestandsimmobilien.

Fragebogen

Besichtigung eines gebrauchten Hauses

Welche baulichen Nachbesserungen sind notwenig oder nicht notwendig. Bitte einfach „Ja" (= notwendig) oder „Nein" (= nicht notwendig) ankreuzen.

		Ja, notwendig	Nein, nicht notwendig
1	GEG-Pflicht-Modernisierungen	☐	☐
2	Kellersanierung	☐	☐
3	Fassadensanierung	☐	☐
4	Dachsanierung	☐	☐
5	Fenstersanierungen	☐	☐
6	Heizungssanierung	☐	☐
7	Elektroerneuerungen	☐	☐
8	TV-, IT- und Telefonanschlüsse	☐	☐
9	Badsanierung	☐	☐
10	Wasserleitungssanierung	☐	☐
11	Küchensanierung	☐	☐
12	Innentürenerneuerung	☐	☐
13	Wandoberflächenerneuerung	☐	☐
14	Bodenbelagserneuerung	☐	☐
15	Schadstoffsanierung	☐	☐
16	Haustürerneuerung	☐	☐
17	Hauseingangserneuerung	☐	☐
18	Terrassen- und Balkonsanierung	☐	☐
19	Nachträgliche Erschließungsbeiträge	☐	☐
20	Anstehende Straßenausbaubeiträge	☐	☐

Fragebogen

Besichtigung einer gebrauchten Eigentumswohnung

Welche baulichen Nachbesserungen sind notwendig oder nicht notwendig. Bitte einfach „Ja" (= notwendig) oder „Nein" (= nicht notwendig) ankreuzen.

		Ja, notwendig	Nein, nicht notwendig
1	GEG-Pflicht-Modernisierungen	☐	☐
2	Kellersanierung	☐	☐
3	Fassadensanierung	☐	☐
4	Dachsanierung	☐	☐
5	Fenstersanierungen	☐	☐
6	Heizungssanierung	☐	☐
7	Elektroerneuerungen	☐	☐
8	TV-, IT- und Telefonanschlüsse	☐	☐
9	Badsanierung	☐	☐
10	Wasserleitungssanierung	☐	☐
11	Küchensanierung	☐	☐
12	Innentürenerneuerung	☐	☐
13	Wandoberflächenerneuerung	☐	☐
14	Bodenbelagserneuerung	☐	☐
15	Schadstoffsanierung	☐	☐
16	Haustürerneuerung	☐	☐
17	Hauseingangserneuerung	☐	☐
18	Terrassen- und Balkonsanierung	☐	☐
19	Nachträgliche Erschließungsbeiträge	☐	☐
20	Anstehende Straßenausbaubeiträge	☐	☐
21	Zusätzlicher Kapitalbedarf für beschlossene Sanierungen	☐	☐
22	Treppenhausmodernisierung	☐	☐
23	Aufzugssanierungen	☐	☐
24	Tiefgaragensanierungen	☐	☐
25	Flachdachsanierungen	☐	☐
26	Außenanlagensanierungen	☐	☐

Checkblatt-Wegweiser

So finden Sie zu jeder Frage das passende Checkblatt

1. GEG-Pflicht-Modernisierungen
   ⇢ **Checkblatt GEG Pflichtmodernisierung Seite 106**
2. Kellersanierung
   ⇢ **Checkblatt Kellersanierung Seite 107**
3. Dachsanierungen
   ⇢ **Checkblatt Dachsanierung Seite 110**
4. Fassadensanierung
   ⇢ **Checkblatt Fassadensanierung Seite 108**
5. Fenstersanierungen
   ⇢ **Checkblatt Fenster- und Rollladensanierung Seite 111**
6. Heizungssanierung
   ⇢ **Checkblatt Heizungssanierung Seite 113**
7. Elektroerneuerungen
   ⇢ **Checkblatt Elektroerneuerung Seite 115**
8. TV-, IT- und Telefonanschlüsse
   ⇢ **Checkblatt TV-, IT- und Telefonanschlüsse Seite 116**
9. Badsanierung
   ⇢ **Checkblatt Badsanierung Seite 117**
10. Wasserleitungssanierung
    ⇢ **Checkblatt Wasserleitungssanierung Seite 119**
11. Küchensanierung
    ⇢ **Checkblatt Küchenerneuerung Seite 121**
12. Innentürenerneuerung
    ⇢ **Checkblatt Innentürerneuerung Seite 123**
13. Wandoberflächenerneuerung
    ⇢ **Checkblatt Wandoberflächenerneuerung Seite 124**
14. Bodenbelagserneuerung
    ⇢ **Checkblatt Bodenbelagserneuerung Seite 125**
15. Schadstoffsanierung
    ⇢ **Checkblatt Schadstoffsanierung Seite 128**
16. Haustürerneuerung
    ⇢ **Checkblatt Haustürerneuerung Seite 130**
17. Hauseingangserneuerung
    ⇢ **Checkblatt Hauseingangserneuerung Seite 131**
18. Terrassen- und Balkonsanierung
    ⇢ **Checkblatt Terrassen- und Balkonsanierung Seite 132**

Fortsetzung Checkblatt-Wegweiser

19 Nachträgliche Erschließungsbeiträge
⇢ **Checkblatt Nachträgliche Erschließungsbeiträge Seite 134**

20 Anstehende Straßenausbaubeiträge
⇢ **Checkblatt Anstehende Straßenausbaubeiträge Seite 135**

Zusätzlich gebrauchte Wohnung

21 Zusätzlicher Kapitalbedarf für beschlossene Sanierungen
⇢ **Checkblatt Beschlossene Sanierungen des gemeinschaftlichen Eigentums Seite 137**
⇢ **Checkblatt Wohngeld und Rücklagenbildung der WEG Seite 139**

22 Treppenhausmodernisierung
⇢ **Checkblatt Treppenhausmodernisierung Seite 140**

23 Aufzugssanierungen
⇢ **Checkblatt Aufzugsanierung Seite 141**

24 Tiefgaragensanierungen
⇢ **Checkblatt Tiefgaragensanierung Seite 142**

25 Flachdachsanierungen
⇢ **Checkblatt Flachdachsanierung Seite 144**

26 Außenanlagensanierungen
⇢ **Checkblatt Außenanlagensanierung Seite 146**

Checkblatt GEG-Pflichtmodernisierung

Was ist eine GEG-Pflichtmodernisierung?

GEG steht für Gebäudeenergiegesetz. Es ist ein Gesetz des Bundesgesetzgebers und verpflichtet alle Bauherren und Hauseigentümer zur Einhaltung bestimmter energetischer Vorgaben. Das sind vor allem Vorgaben zu Heizung und Dämmung eines Hauses. Bei Neubauten werden Sie von vornherein berücksichtigt, bei Bestandsgebäuden müssen sie gegebenenfalls nachgerüstet werden. Bei Bestandsgebäuden legt das GEG einen besonderen Akzent auf den Eigentümerwechsel einer Immobilie. Denn Immobilieneigentümer von Gebäuden mit maximal 2 Wohnungen, die das Haus schon am 01.02.2002 besaßen, müssen die meisten Vorgaben nicht einhalten. Immobilienkäufer hingegen, die seit dem 01.02.2002 solche Immobilien kaufen, sind dazu verpflichtet. Man kann darüber streiten, ob das eine sinnvolle Regelung ist. Fakt ist, Sie müssen sich daran orientieren.

Folgendes müssen Sie gemäß dem GEG zwingend nachrüsten, soweit dies durch den Vorbesitzer des Hauses nicht bereits passiert ist:

- individuelle Wärmesteuerung für jeden Heizkörper,
- Dämmung der Warmwasser- und Heizungsrohre,
- Heizungsbrennerwechsel, falls er älter als 30 Jahre ist,
- zentrale Steuerung der Wärmeleistung in Abhängigkeit zur Außentemperatur,
- Dämmung der obersten Geschossecke zu unbeheizten Räumen.

Hinzu kommen weitere Regelungen, wenn Sie ohnehin modernisieren wollen. Möchten Sie beispielsweise sämtliche Fenster austauschen, müssen Sie Fenster mit einem festgelegten Mindestdämmwert einsetzen; wollen Sie das Haus ohnehin neu verputzen, müssen Sie es auch dämmen.

In diesem Checkblatt geht es aber nur um diejenigen Nachrüstungen, um die Sie beim Kauf eines gebrauchten Hauses auf gar keinen Fall herumkommen, selbst wenn Sie am Haus gar nichts machen wollen. Es geht also um versteckte Kosten, die Sie nicht umgehen können und die Sie neben dem Preis für das Haus als zwingende Nachrüstungen bezahlen müssen.

Wann benötigt man eine GEG-Pflichtmodernisierung?

Die Pflichtmodernisierungsmaßnahmen nach dem GEG benötigen Sie, um der zuständigen Behörde im Fall des Falles einen korrekten Umgang mit dem GEG dokumentieren zu können. Diese Vorgaben helfen Ihnen auch, Energie zu sparen. Sie sind vom Gesetzgeber mit Augenmaß erlassen worden; er hat auch nur wenige Maßnahmen vorgeschrieben. Berücksichtigen Sie diese Maßnahmen nicht, kann eine Ordnungswidrigkeit vorliegen, die mit einem Ordnungsgeld belegt werden kann. Allerdings klaffen Theorie und Praxis gerade beim GEG weit auseinander. Halten Sie sich nicht an die gesetzlichen Vorgaben, werden Sie kaum Besuch vom kommunalen Ordnungsdienst oder gar der Polizei erhalten. Was Ihnen allerdings passieren kann ist, dass der zuständige Schornsteinfeger feststellt, dass bei Ihnen die Nachrüstungspflichten des GEG nicht eingehalten wurden. Er ist dann mit Ermessensspielraum zur Meldung dieses Sachverhalts an die zuständige Behörde verpflichtet.

Ist Ihr Haus an eine Fernwärmeversorgung angeschlossen oder verfügt es über eine Wärmepumpe oder Elektroheizung, bekommen Sie aber nicht einmal Schornsteinfegerbesuch.

Wie viel kostet eine GEG-Pflichtmodernisierung?

Nehmen wir an, Sie kaufen heute ein Haus und der Vorbesitzer des Hauses wohnte schon vor dem 01.02.2002 dort und hat dementsprechend noch keine einzige Nachrüstung nach dem GEG vorgenommen. Dann können folgende Kosten auf Sie zukommen:

- individuelle Wärmesteuerung für jeden Heizkörper: (je nach Größe) pro Heizkörper 25 bis 100 Euro,
- Dämmung der Warmwasser- und Heizungsrohre: je nach Umfang zwischen 600 und 3.000 Euro,
- Heizungsbrenner, falls er älter als 30 Jahre ist: etwa 1.500 bis 3.500 Euro,
- zentrale Steuerung der Wärmeleistung in Abhängigkeit zur Außentemperatur: je nach Umfang einige Hundert Euro,
- Dämmung der obersten Geschossdecke zu unbeheizten Räumen: je nach Umfang und Größe zwischen 600 und 2.500 Euro.

Welche Alternativen gibt es?

Eine Alternative ist, dass der Vorbesitzer der Immobilie im Kaufvertrag noch zur Durchführung dieser Maßnahmen verpflichtet wird. Dazu wird er aber kaum bereit sein. Eine bessere Alternative ist, dass die geschätzten Kosten für die Maßnahmen vom verlangten Kaufpreis abgezogen werden (···> **Checkblatt Rückständige GEG-Pflichtmodernisierung** Seite 250). Das kann aber nur dann gelingen, wenn es nicht mehrere Interessenten für das Haus gibt, die bereit sind, den geforderten Preis zu zahlen. Eine letzte Möglichkeit ist es, einen Ausnahmeantrag bei der zuständigen Behörde zu stellen und ihn damit zu begründen, dass Ihnen eine Modernisierung gegenwärtig wirtschaftlich nicht möglich ist. So etwas funktioniert jedoch nur, wenn es auch den Tatsachen entspricht. Mit einem solchen Gesuch haben Sie allerdings „schlafende Hunde" geweckt, und man wird Sie unter Umständen umso sorgfältiger bei Ihren Pflichtmodernisierungen beobachten. Da die GEG-Nachrüstpflichten allgemein sehr wenig bekannt sind und praktisch nicht überprüft werden, es sei denn eher zufällig durch den Schornsteinfeger, können Sie auch einfach entspannt dessen nächsten Besuch abwarten und hören, was er dazu sagt, ohne dass Sie ihn direkt darauf ansprechen.

···> Checkblatt Kellersanierung

Was ist eine Kellersanierung?

Unter einer Kellersanierung versteht man keine Kellermodernisierung und vielleicht den Ausbau des Kellers zu Wohnraum, sondern die Herstellung eines schadfreien Zustands des Kellers. Keller sind dauerhaft erdberührte Bauteile und daher sehr schadanfällig, vor allem dann, wenn ihre Bauweise den bauphysikalischen Anforderungen nicht gerecht wird. Viele alte Keller haben beispielsweise keine ausreichenden Abdichtungen gegen von außen eindringende Feuchte – einer der häufigsten Gebäudeschäden überhaupt. Will man solche Schäden beheben, müssen die Ursachen wirksam bekämpft werden, das heißt, die fehlende Abdichtung muss nachgeholt werden, soweit das geht. Das ist sehr aufwändig und in der Regel mit dem Freilegen der Kelleraußenwände verbunden, soweit das möglich ist. Ferner kann dies mit der nachträglichen Einbringung von Horizontalsperren in den Außenwänden verbunden sein, die ein Aufsteigen der Feuchtigkeit verhindern.

Wann benötigt man eine Kellersanierung?

Eine Kellersanierung wird nötig, wenn Bauschäden auftauchen, die – bei Nichtbeachtung – immer größer werden können und zu Folgeschäden führen. Das kann bis hin zu statischen Problemen gehen, denn jedes Haus, das einen Keller hat, ruht auf diesem. Soweit ein Keller Schäden aufweist und keine hochwertigen Ansprüche als Lagerort erfüllen muss, lässt sich mit Kellerproblemen leben. Einem sehr alten Keller beispielsweise, der schon immer eine gewisse Grundfeuchte hatte, muss diese nicht in jedem Fall entzogen werden. Wenn allerdings richtige Durchfeuchtungen zu finden sind, die auch das Baumaterial bereits stark schädigen, müssen Sie handeln.

Wie viel kostet eine Kellersanierung?

Eine Kellersanierung ist oft sehr teuer. Das liegt vor allem daran, dass man an die zu sanierenden Teile von außen meist gar nicht herankommt, ohne sie aufwändig freizulegen – soweit das überhaupt geht, oder aber sich aufwändig von innen zu behelfen. Einen Keller aus den 1950er- oder 1960er-Jahren auf ein heutiges Abdichtungsniveau zu bringen, kostet etwa zwischen 25.000 und 35.000 Euro.

Welche Alternativen gibt es?

Wenn ein Keller ernsthafte Schäden aufweist, gibt es keine Alternative zur Sanierung. Nur bei den Sanierungsverfahren gibt es unterschiedliche Möglichkeiten, und man kann dabei viel Geld sparen. Das hängt aber vom konkreten Schadensfall im Keller ab. Das Sinnvollste ist bei solchen kostenintensiven Problemen immer, zunächst in eine exakte Schadensklärung zu investieren. So kann ein Sachverständiger für Gebäudeschäden das eigentliche Problem zunächst eingrenzen und dann gezielt Vorschläge zur Problembehebung machen.

Aber wie erwähnt: Nicht jeder Schadensfall in einem Keller ist ein Sanierungsfall. Mit einer Reihe von Schäden kann man durchaus leben, so etwa mit einer begrenzten Zahl an „Ausblühungen" an der Wand, solange sie das Mauerwerk nicht schädigen.

···> Checkblatt Fassadensanierung

Was ist eine Fassadensanierung?

Eine Fassadensanierung kann eine reine Modernisierung sein, etwa eine Dämmung, um den Wärmeschutz zu erhöhen. Sie kann aber auch eine tatsächliche Sanierung sein, etwa von alten baufälligen Teilen der Fassade. Neben dem Putz kann das auch die Entfernung alter Fassadenverkleidungen, wie etwa Asbestplatten betreffen – aber auch die Sanierung zum Beispiel von Fachwerk. Zu einer vollständigen Fassadensanierung gehört fast immer auch eine Sanierung oder Modernisierung mindestens der Fenster, oft auch der Außentüren. Das kann die Renovierung alter Fenster genauso betreffen wie deren Komplettaustausch.

Wann benötigt man eine Fassadensanierung?

Während die Fassadendämmung zum Wärmeschutz eine Maßnahme ist, die man machen kann, aber nicht machen muss, sind Fassadensanierungen, etwa abplatzender Putz aufgrund von Feuchtigkeit, zwingend notwendig. Oft kann man bei Beginn der Arbeiten aber noch nicht exakt voraussagen, wie umfangreich sie am Ende werden, denn oft verbergen Putze oder Fassadenverkleidungen die freie Sicht auf die darunter liegenden Bauteile. Erst mit Abnahme dieser Bauteile wird dann meist auch klar, ob – und wenn inwieweit – diese Bauteile ebenfalls saniert werden müssen.

Wieviel kostet eine Fassadensanierung?

Das ist pauschal nicht zu sagen. Zunächst einmal liegt es daran, ob eine Fassade einfach nur gedämmt werden soll. Für die Dämmungen eines kleinen Einfamilienhauses müssen Sie mit mindestens 30.000 bis 40.000 Euro rechnen. Die sind allerdings die Kosten nur für die Fassade. Sollen auch Fenster modernisiert werden, also alte Fenster ausgetauscht werden gegen neue wärmedämmende Fenster, sind das bei einem kleinen Einfamilienhaus ganz schnell noch einmal 20.000 Euro zusätzlich.

Muss noch mehr gemacht werden, also etwa der alte Putz erst einmal vollständig abgeschlagen und die darunter befindliche Konstruktion saniert werden, kommen erhebliche Zusatzkosten hinzu, die die eigentlichen Kosten einer reinen Modernisierung problemlos verdoppeln können.

Welche Alternativen gibt es?

Geht es nur um eine Wärmedämmung, ist man in seiner Entscheidung frei. Das einzige Problem: Es kann sein, dass man nach dem Gebäudeenergiegesetz (GEG) gezwungen ist, eine veraltete Heizung gegen eine neue auszutauschen. Diese würde man dann natürlich gerne abstimmen auf eine neu gedämmte Fassade, weil die Leistung der Heizung dann natürlich geringer ausfallen kann. Trennt man beides voneinander und dämmt ein Haus erst später, hat man später dann im Zweifel eine überdimensionierte Heizung. Trotzdem ist man in der Entscheidung für oder gegen eine Fassadendämmung grundsätzlich frei.

Bei einer notwendigen Sanierung eine Fassade hingegen ist man nicht frei. Macht man das nicht, kann das zu noch viel teureren Folgeschäden führen. Man kann sich allerdings immer auf die Sanierung schadhafter Bereiche konzentrieren und muss der Fassadenoptik dabei keine Aufmerksamkeit schenken. Dann mag das Haus von außen zunächst zwar wie ein Flickenteppich aussehen, ist aber zumindest saniert und vor weiteren Schäden geschützt.

⇢ Checkblatt
Dachsanierung

Was ist eine Dachsanierung?

Mit der Dachsanierung verhält es sich ähnlich wie mit der Kellersanierung. Zunächst einmal ist damit nicht der Dachgeschossausbau gemeint, sondern nur die Sanierung eines Daches, damit es seine ihm zugedachte Funktionsfähigkeit erfüllt. Der entscheidende Unterschied zur Kellersanierung ist, dass das Dach einfacher zugänglich und modular aufgebaut ist. So bestehen geneigte Dächer meist aus einzelnen Holzbalken und einzelnen Ziegeln, sodass eine Sanierung – wenn nicht das ganze Dach erneuert werden muss – einfacher und kleinteiliger zu bewerkstelligen ist.

Wann benötigt man eine Dachsanierung?

Das Dach ist ein ganz wichtiges, schützendes Element des übrigen Baukörpers, was bisweilen in Vergessenheit gerät. Moderne Dächer haben immer häufiger nur noch sehr geringe bis gar keine Dachüberstände oder es handelt sich um komplette Flachdächer. Das bietet Wind und Wetter viele Angriffsmöglichkeiten. Absurderweise sind sehr steile Satteldächer, mit weit über 45 Grad Dachneigung, von denen das Regenwasser schnell abläuft und auf denen der Schnee nicht liegen bleibt, in immer mehr Neubaugebieten nach den Bebauungsplänen nicht mehr zulässig.

Wenn ein Dach Schäden aufweist, vor allem solche, bei denen Feuchtigkeit in den Baukörper dringt, setzen sich diese Schäden sehr schnell im übrigen Baukörper fort, da das Wasser – nach den Gesetzen der Schwerkraft – seinen natürlichen Weg nach unten sucht. Daher ist bei Schäden am Dach besondere Eile geboten. Schon wenige regenreiche Tage reichen, um große Schäden an der darunter liegenden Bausubstanz anzurichten.

Wie viel kostet eine Dachsanierung?

Die Kosten einer Dachsanierung hängen von deren Umfang ab. Aufgrund des modularen Aufbaus der meisten Dächer kann man aber häufig mit Teilsanierungen arbeiten, wenn das Geld für eine Komplettsanierungen nicht reicht. Müssen beispielsweise nur kleine Dachflächen wieder angedichtet und einige Ziegel ausgetauscht werden, kann das zwischen 1.500 und 2.000 Euro kosten. Eine komplette Dachsanierung hingegen, bei der der Holzdachstuhl zwar erhalten bleibt, aber an einigen Stellen gegebenenfalls ausgebessert wird und das Dach eine komplett neue Ziegeleindeckung erhält, samt Unterbau, wie Unterspannbahn und eventuell sogar noch Dämmung und Dampfbremsfolie, entstehen Kosten zwischen 15.000 und 25.000 Euro, je nach Umfang und Dachgröße auch mehr; bei zusätzlich notwendigen, größeren Eingriffen am Dachstuhl können es 35.000 Euro und mehr sein.

Welche Alternativen gibt es?

Wenn ein Dach Beschädigungen aufweist, gibt es keine Alternativen zur Sanierung. Innerhalb der Sanierungsmöglichkeiten gibt es Alternativen. Gerade beim Dach kann man dabei nötigenfalls nach kostengünstigen, kleinteiligen und provisorischen Lösungen suchen, bis wieder mehr Geld in der Kasse ist. Die Lösung muss nicht schön aussehen, sie muss zunächst vor allem wirksam sein und Wasser daran hindern, ins Haus einzudringen.

⋯▸ Checkblatt
Fenster- und Rollladensanierung

Was ist eine Fenster und Rollladensanierung?
Eine Fenstersanierung muss nicht den Austausch sämtlicher Fenster eines gebrauchten Hauses umfassen. Eine Sanierung kann auch entweder die Instandsetzung oder das komplette Auswechseln eines einzelnen Fensters bedeuten.

Das Gleiche gilt für die Rollläden: Es können bloß einzelne Rollläden betroffen sein, die saniert oder komplett ausgetauscht werden müssen.

Vorliegend geht es nur um Maßnahmen, die nötig sind, um das Haus vernünftig bewohnbar zu machen.

Wann benötigt man eine Fenster- und Rollladensanierung?
Eine Fenstersanierung ist notwendig, wenn ansonsten Folgeschäden drohen. Beispielsweise kann ein undichtes Fenster zu Wassereintritt in den Innenraum führen, ein morscher Fensterrahmen das Fensterglas nicht mehr halten – was zur Unfallgefahr wird.

Häufig sind die Fenster eines gebrauchten Hauses sehr unterschiedlich belastet und in einem sehr unterschiedlichen Zustand. Fenster an der „Wetterseite" eines Hauses, das ist die Seite, die der Hauptwindrichtung entgegensteht (etwa die Westfassade, wenn die Hauptwinde von Westen nach Osten ziehen, was sie in Deutschland oft tun), sind meist stärker angegriffen.

Sind durch Schäden an bestimmten Fenstern bereits Folgeschäden eingetreten (etwa im angrenzenden Mauerwerk), benötigt man die Sanierung des betreffenden Fensters, um kostenintensivere Folgeschäden abzuwenden.

Ein Sanierungsstandard für Fenster kann gesetzlich zwingend werden, wenn Sie mehr als zehn Prozent der Fenster eines gebrauchten Hauses tauschen wollen. Dann müssen die neu eingebauten Fenster die Dämmvorgaben des GEG für Fenster einhalten.

Eine Rollladensanierung kann ebenfalls eine Folge einer Fenstersanierung sein. Manche alten Rollladenkästen lassen sich bei einem Fensterwechsel nicht ohne Weiteres erhalten. Es kann preiswerter sein, das ganze alte Element herauszunehmen und durch ein neues Fenster samt Rollladenkasten zu ersetzen.

Wie viel kostet eine Fenster- und Rollladensanierung?
Die Kosten einer Fenstersanierung hängen stark davon ab, was man macht: ob man zum Beispiel nur einzelne Fenster vom Schreiner reparieren lässt oder ob man bestimmte Fenster ganz austauscht. Auch beim Austausch gibt es Unterschiede: So kann man ein Fenster samt dem alten Fensterrahmen, der das Fenster mit der Hauswand verbindet, ausbauen, oder man lässt den alten Fensterrahmen stehen. Auf diesen setzt man dann ein neues Fenster. Und schließlich kann man alte Fenster samt alten Rollläden vollständig austauschen lassen. Das heißt, die Kosten sind abhängig vom Umfang der Sanierung am einzelnen Fenster und davon, wie viele Fenster insgesamt einbezogen werden.

Darüber hinaus ist für die Kosten entscheidend, welche Fensterqualität gewählt wird. Die Qualität hängt davon ab, welches Rahmenmaterial zum Einsatz kommt: Holz, Kunststoff oder eine höherwertige Holz-Aluminium-Konstruktion, ferner von der Anzahl der Gläser (also Zweifach- oder Dreifachverglasung) und schließlich von der Wahl an Zusatzfunktionen wie erhöhter Schallschutz oder erhöhter Einbruchschutz.

Die Reparatur eines einzelnen Fensters kann zwischen wenigen Hundert Euro bis hin zu 1.500 oder 2.000 Euro kosten – etwa bei größeren Fenstertüren. Bei darüber hinausgehenden Kosten sollte man eher den Austausch eines Fensters in Betracht ziehen, es sei denn, es handelt sich um wertvolle Altfenster, die dem Haus einen Charakter geben und geschützt werden sollten oder sogar unter Denkmalschutz stehen.

Der Komplettwechsel eines Fensters kann zwischen 1.500 und 3.500 Euro kosten, je nach Fenstergröße und Umfang der Arbeiten. Darin sind aber bereits der Ausbau und die Entsorgung des alten Fensters sowie ein neuer Rollladen enthalten. Für sehr große Panoramafenster kann es teurer werden. Wechselt man die Fenster des gesamten Hauses, sollte man (je nach Fensteranzahl, Umfang und Qualität) mit Kosten zwischen 15.000 und 35.000 Euro rechnen. Eine Gesamtmodernisierung aller Fenster ist meist etwas günstiger als der Austausch eines einzelnen Fensters, denn viele Arbeitsgänge können hier gebündelt und zeitgleich ausgeführt werden.

Sollen oder müssen ebenfalls alle Rollläden gewechselt werden, sollte man mit einem Zuschlag nicht unter 5.000 bis 7.000 Euro rechnen. Bei aufwändigeren Systemen wie elektrischen Rollläden oder elektrischen Außenjalousien wird es noch einmal deutlich teurer, das kann bis zum Doppelten gehen.

Welche Alternativen gibt es?
Fenstersanierungen sollten nicht vorschnell geschehen. Das hat vor allem 2 Gründe.

Kostengrund: Wenn Sie ein gebrauchtes Haus für beispielsweise 250.000 oder 300.000 Euro erwerben, dazu noch alle Nebenkosten haben (Notargebühren, Grunderwerbssteuer) und noch 25.000 oder 30.000 Euro für einen Fenstertausch aufbringen sollen, können Sie schnell an Ihre Finanzierungsgrenzen kommen. Es ist dann vernünftiger zu warten. Fast immer ist es für Hauskäufer sinnvoller, vorrangig alle Oberflächengewerke auf Vordermann zu bringen (also Bodenbeläge, Wände, Decken, Innentüren). Viele ältere Häuser sind sonst nicht bezugsfähig. Wie Sie noch sehen werden, verschlingt das in der Regel viel mehr Geld, als man glaubt. Von daher: Mit alten Fenstern lässt sich meist noch eine Weile leben.

Bauphysikalischer Grund: Alte Fenster in schlecht gedämmten Wänden sind zwar keine Ideallösung, aber sie harmonieren miteinander meist ganz gut. Denn ein altes Fenster ist in der Regel immer schlechter gedämmt als eine alte Wand. Das heißt, am kältesten ist es unmittelbar vor dem Fenster, und dort schlägt sich auch die Feuchtigkeit nieder, die die Raumluft nicht halten kann. Das kennen Sie vor allem von alten Fenstern, wenn sich nach einer kalten Nacht morgens innen am Fenster kleine Wassertropfen gebildet haben. Nehmen Sie ein solches altes Fenster heraus und tauschen es gegen ein neues, hochgedämmtes, kann es Ihnen passieren, dass das Fenster besser gedämmt ist als die umliegende Wand. Dann schlägt sich die Feuchte nicht mehr am Fenster nieder, sondern an der angrenzenden Wand, und das kann zu Schimmelbildung führen. Wenn Sie also alte Fenster gegen neue tauschen, ist es sinnvoll, auch die Gebäudefassaden zu dämmen. Das hat auch den Vorteil, dass Sie den Fensterausbau und eventuelle Beschädigungen der Fassade sowie den Einbau der neuen Fenster zeitgleich mit der Montage der Wärmedämmung koordinieren und die neuen Fenster optimal einpassen können.

Mit der Fenster- und Rollladensanierung sollte man also nach Möglichkeit warten, bis genügend Geld für eine Fassadensanierung vorhanden ist. Wenn bis dahin das eine oder andere Fenster saniert werden muss, kann man prüfen, ob eine einfache oder provisorische Reparatur genügt. Gleiches gilt für die Rollläden.

⋯▸ Checkblatt
Heizungssanierung

Was ist eine Heizungssanierung?
Bei einer Heizungssanierung werden wesentliche Teile einer Heizungsanlage auf den aktuellen Stand der Technik gebracht. Soweit in einem Haus noch Einzelöfen installiert sind (meist Gasöfen in jedem Zimmer) oder Etagenheizungen (etwa eine Gasetagenheizung mit einem Gasbrenner pro Wohnung, über den alle anderen Zimmer der Wohnung versorgt werden), wechselt man solche Systeme im Zuge eines Hauskaufs mit anschließender Heizungssanierung häufig komplett gegen eine moderne Zentralheizungsanlage aus.

Weit verbreitet sind auch Zentralheizungsanlagen (in den alten Bundesländern sind es sehr häufig Ölzentralheizungen). Eine klassische Öl- oder Gaszentralheizungsanlage besteht aus folgenden Elementen:

- Öltank beziehungsweise Gasleitung,
- Brenner,
- Kessel,
- Heizungsrohren mit Heizungspumpen,
- Warmwasserspeicher,
- Heizkörper/Fußbodenheizschleifen,
- Sicherheitseinrichtungen (zum Beispiel Ausdehnungsgefäß).

Bei Heizungssanierungen können alle diese Elemente entweder auf den aktuellen Stand der Technik gebracht werden, oder man tauscht ein altes Heizungssystem vollständig gegen ein neues aus und wechselt dabei eventuell auch das Heizmedium, steigt also zum Beispiel von Öl oder Gas um auf Holzpellets oder auf eine Wärmepumpe, die mit Strom betrieben wird.

Ein grundsätzlicher Unterschied zwischen älteren und modernen Zentralheizungsanlagen ist die Versorgung der Heizkörper in den einzelnen Räumen mit Heizwasser. Fast alle Zentralheizungsanlagen aus den 1960er-, 1970er -und bis hinein in die 1980er-Jahre haben „Einrohrsysteme". Dabei verläuft ein Versorgungsrohr ringförmig durchs Haus, vom Heizkessel weg und wieder zu ihm hin. Mittels Rohrabzweigungen, an denen Ventile sitzen, hängen daran jeweils die Heizkörper. Das ist ein in vielerlei Hinsicht ungünstiges System (unter anderem wird das Wasser, das im Heizkörper Wärme an die Raumluft abgegeben hat und sich dabei selbst abkühlt, in den Warmwasserstrang zurückgegeben). Fast immer wird im Zuge einer Heizungssanierung ein Einrohrsystem gegen ein modernes Zweirohrsystem ausgetauscht, bei dem jeder Heizkörper von der Heizungszentrale mit einem sogenannten Vor- und Rücklauf separat angefahren wird. Da die Heizungsleitungen früher fast immer fest mit in die Wand gemauert wurden, entsteht im gesamten Haus eine Baustelle.

Wann benötigt man eine Heizungssanierung?

Eine Heizungssanierung kann für Sie gesetzlich verpflichtend sein. Eine Sache, die Sie auf alle Fälle tun müssen, ist unter Umständen die Nachrüstung aller Heizkörper mit modernen Thermostatventilen, damit die Raumtemperatur am Heizkörper individuell eingestellt werden kann. Außerdem müssen sämtliche Warmwasserleitungen, die in unbeheizten Gebäudebereichen nicht innerhalb von Wänden verlaufen, gedämmt werden. Ist der Heizungsbrenner des Hauses, das Sie kaufen wollen, kein Niedertemperatur- oder Brennwert-Heizkessel und älter als 30 Jahre, muss dieser ebenfalls gewechselt werden. Neben diesen gesetzlichen Verpflichtungen benötigen Sie eine Heizungsmodernisierung nur dann, wenn die Heizungsanlage Probleme macht und zum Beispiel die Heizungspumpen ausfallen oder der Brenner streikt.

Bei steigenden Energiepreisen kann es sein, dass Sie eine Heizungsmodernisierung benötigen, um die Energiekosten aufzufangen. Dazu muss allerdings gesagt werden, dass die Amortisationszeiten für Modernisierungsinvestitionen in der Praxis meist deutlich länger sind, als dies häufig dargestellt wird. Denn wie viel Energie Sie verbrauchen, hängt ganz entscheidend von Ihrem persönlichen Heizverhalten ab. Bevorzugen Sie statt einer Raumtemperatur von 18 °C eine von 22 °C, werden Sie eine deutlich höhere Rechnung haben. Energiekosten lassen sich aber einfach und kostengünstig ohne Modernisierung einer Heizungsanlage sparen, indem man zum Beispiel die Raumtemperatur nicht ständig auf 20 °C hält.

Wie viel kostet eine Heizungssanierung?

Die nachträgliche Dämmung von Warmwasserrohren ist sehr preiswert. Mit etwas Geschick können Sie das sogar selbst machen, denn Rohrdämmmaterial wird verarbeitungsfertig in Baumärkten angeboten.

Auch der nachträgliche Wechsel der Thermostatventile ist üblicherweise kein größeres Problem und kostengünstig zu haben: zwischen 25 und 50 Euro pro Ventil samt Montage. Etwas anders sieht es bei einem kompletten Brennerwechsel aus. Hier müssen Sie mit 1.500 bis 3.500 Euro rechnen, auch abhängig vom Brennertyp.

Ganz andere Dimensionen kommen bei einer vollständigen Heizungssanierung auf Sie zu.

Angenommen, Sie wollen eine alte Öl- oder Gasheizung vollständig sanieren, also alle Elemente auswechseln, ohne aber das Energiemedium (zum Beispiel Öl oder Gas) zu wechseln, dann müssen Sie mit etwa 15.000 bis 25.000 Euro rechnen. Wenn Sie das Medium (etwa eine Ölheizung) durch eine Wärmepumpe ersetzen wollen, wird es teurer. Allein eine Wärmepumpe kostet zwischen 8.000 und 15.000 Euro, eine Solaranlage zur Brauchwassererwärmung zwischen 5.000 und 7.000 Euro.

Welche Alternativen gibt es?

Solange die Heizung eines gebrauchten Hauses noch läuft, kann sie erst einmal unangetastet weiterlaufen. Es müssen nur die bereits erwähnten gesetzlich vorgeschriebenen Maßnahmen umgesetzt werden. Eine weitere Überlegung ist, dass man die Heizungsanlage zunächst nur einem Heizungs-Check unterzieht. Mittlerweile gibt es ein standardisiertes Prüfverfahren, das viele Heizungsbaubetriebe anbieten: die Heizungsanlagenprüfung nach DIN EN 15378. Mit diesem Check erhalten Sie einen vernünftigen Überblick und können in Ruhe das weitere Vorgehen entscheiden. So kann es zum Beispiel sein, dass bereits der Austausch der alten Heizungspumpen ein erster effizienter und relativ kostengünstiger Schritt wäre, statt gleich die ganze Anlage auszuwechseln.

Hinzu kommt, dass eine Heizungsanlage stets nach dem zu beheizenden Gebäudevolumen und der Gebäudedämmung ausgerichtet wird. Das heißt, man sollte zunächst Geld in eine vernünftige Gebäudedämmung stecken, bevor man es in eine neue Heizungsanlage investiert. Denn erstens richtet sich die Dimensionierung und Auslegung einer Heizungsanlage immer nach dem Dämmstandard, und zweitens ist eine Heizungsanlage letztlich nichts anderes als ein Kompensationsinstrument für eine schlechte Gebäudedämmung. Es ist immer sinnvoller, die Ursachen zu bekämpfen statt die Symptome.

⋯⋮ Checkblatt
Elektroerneuerung

Was ist eine Elektroerneuerung?

Eine Elektroerneuerung umfasst die Neuinstallation der gesamten Elektroausstattung eines Hauses. Dazu gehört das Stromnetz mit den Sicherungskreisen und den Steckdosen, Lichtschaltern, Wand- und Deckenauslässen, außerdem der Herdanschluss und Außeninstallationen, soweit es solche gibt.

Wann benötigt man eine Elektroerneuerung?

Die Elektroausstattung von gebrauchten Häusern, vor allem aus den 1950er-, 1960er- und 1970er-Jahren, ist häufig veraltet und hat große Sicherheitsdefizite. So sind sogenannte FI-Schalter (Fehlerinduktionsschalter) oft nicht installiert. FI-Schalter können Stromunfälle verhindern, indem sie bei Zwischenfällen für eine sofortige Stromunterbrechung sorgen. Sie sind vor allem in Bädern, Kinderzimmern und Küchen sinnvoll.

Veraltete Strominstallationen haben oft relativ große Stromkreise, die noch über alte Sicherungen laufen. Das kann zu Überlastungen führen – die Sicherung „fliegt raus". Passiert dies öfter, kann das ärgerlich sein, zum Beispiel beim Arbeiten am PC. Bei einer Elektroerneuerung stehen daher der Sicherheitsaspekt (vor allem beim Wohnen mit Kindern!) und der Komfortaspekt im Vordergrund.

Wie viel kostet eine Elektroerneuerung?

Eine umfassende Elektroerneuerung für ein komplettes Haus bedeutet einen relativ großen Aufwand, da zumeist vom Hausanschluss beginnend alle Installationen neu verlegt werden müssen. Man sollte dafür nicht unter 5.000 bis 7.000 Euro kalkulieren. Wenn aufwändigere Systeme wie etwa „BUS-Systeme" (Checkblatt Elektroausstattung Seite 60) installiert werden sollen, mit denen man dauerhaft flexibel zum Beispiel bestimmte Schalter bestimmten Lampen immer wieder neu zuordnen kann oder auch mobile Zugriffsmöglichkeiten auf die Elektroinstallation hat, kann es deutlich teurer werden.

Welche Alternativen gibt es?

Wenn Sie die bestehende Elektroinstallation zunächst so belassen wollen, wie sie ist, bleiben Restrisiken. Allein schon der kleinen Kinder wegen, wenn es solche im Haushalt gibt, sollten Sie nicht an Ausgaben für die Sicherheit sparen. Es ist dann besser, einzelne Stromkreise zu erneuern und mit FI-Schaltern auszustatten; Bäder, Kinderzimmer und Küche sollten unbedingt dazugehören. An allen anderen Steckdosen sollten in jedem Fall die ohnehin wichtigen Abdeckklappen auf den Steckdosen angebracht werden und der Fön im Bad immer (!) sicher vor Kinderzugriff gelagert werden.

Checkblatt
TV-, IT- und Telefonanschlüsse

Was sind zeitgemäße IT-, TV- und Telefonanschlüsse?

Nur selten haben gebrauchte Häuser zeitgemäße IT-, TV- und Telefonanschlüsse. Hierbei handelt es sich um Datenleitungen, die vom Haus- oder Antennenanschluss in jeden Wohnraum des Hauses geführt werden, also auch in Arbeits-, Schlaf- und Kinderzimmer. Dort werden sogenannte Dosen installiert, das ist eine Art Wandstecker, in die Telefon- oder TV-Kabel direkt eingesteckt werden. Auf diese Weise kann man von jedem Raum aus über Festnetz telefonieren, ins Internet gehen oder fernsehen. Das Internet lässt sich zwar längst über WLAN erreichen, aber gerade im ländlichen Raum ist die WLAN-Versorgung noch nicht optimal; hinzu kommen Sicherheitsbedenken bei der Übermittlung sensibler Daten, etwa beim Onlinebanking.

Wann benötigt man zeitgemäße IT-, TV- und Telefonanschlüsse?

Es wird zwar immer mehr über Handys telefoniert, über Satellit ferngesehen und das Internet über WLAN erreicht, doch vermutlich werden auch in Zukunft Festnetzanschlüsse eine gewisse Rolle spielen. Im Vordergrund stehen dabei Gesundheits-, Qualitäts- und Sicherheitsaspekte. Das Telefonieren mit einem Festnetztelefon mit Telefonkabel ist mit einer viel geringeren Strahlenbelastung möglich, als dies bei einem Handy der Fall ist. Gerade im ländlichen Raum ist die Verbindung in der

Regel auch deutlich besser. Beim Fernsehen ist ein gutes Fernsehbild über Kabelempfang meist mit höherer Qualität gewährleistet als über Satellitenempfang. Und beim Internet kommen die erwähnten Sicherheitsaspekte hinzu: Datenübertragungen bergen grundsätzlich das Risiko des unberechtigten Zugriffs von Dritten. Bei einer drahtlosen Datenübertragung können sie sich auch von außen in die Verbindung „einklinken". Es empfiehlt sich daher, Online-Geschäfte mit der Bank nicht über WLAN-Verbindungen abzuwickeln, sondern über eine sicherere Festnetzverbindung.

Im Gebäude selber ist es sehr angenehm, wenn jeder Wohnraum mit einer entsprechenden Anschlussdose versorgt ist, so lässt sich unabhängig voneinander und flexibel telefonieren, fernsehen oder „surfen". Wenn im Haus ein Home-Office existiert, sind solche Anschlüsse dort ohnehin sehr wichtig, damit berufliche Tätigkeit und Privatleben nicht kollidieren.

Wie viel kosten zeitgemäße IT-, TV- und Telefonanschlüsse?

Soweit das Haus grundsätzlich einen Anschluss an Datenleitungen für Telefon und Internet sowie für TV hat, ist die Versorgung innerhalb des Hauses nur eine Frage der Verlegung der Datenleitungen in die einzelnen Räume. So kann man zum Beispiel Leerrohre verlegen lassen, in die man die Kabel gemeinsam legt und vom Haus- oder auch Antennenanschluss bis zu den Dosen in den einzelnen Räumen führt. Die Kosten dafür sind nicht besonders hoch. Da aber doch einige Wandschlitzungen und Deckendurchbohrungen erfolgen müssen, sollte man nicht unter 2.000 bis 3.500 Euro kalkulieren – ohne neuen Putz und neue Tapeten. Das kostet wenigstens noch einmal so viel – eher mehr (···→ **Checkblatt Wandoberflächenerneuerung** Seite 124).

Welche Alternativen gibt es?

Wenn Sie nicht auf ein Home-Office angewiesen sind oder eher selten am Computer sitzen, können Sie auch mit einer sehr geringen IT-, TV- und Telefonausstattung auskommen, etwa mit einem Anschluss für TV und Telefon. Im Zweifel kann man am Anfang sogar eine Datenleitung (etwa Internetkabel) offen von Zimmer zu Zimmer legen. Weitergehende Maßnahmen lassen sich zunächst komplett zurückstellen, anders als etwa die Nachrüstung der Elektroinstallation mit Sicherheitstechnik.

···→ Checkblatt Badsanierung

Was ist eine Badsanierung?

Eine Badsanierung umfasst nicht nur die Sanierung der Oberflächengewerke, wie Fliesenbeläge, Sanitärgegenstände und Armaturen, sondern fast immer auch die Sanierung der Wasserzu- und -ableitungen, bisweilen sogar die komplette Warmwasserbereitung. Das wird häufig vergessen und treibt dann die Kosten nach oben. Sehr häufig tauchen beim Rückbau des alten Bades die Probleme scheibchenweise auf: Erst stellt man fest, dass die Fliesen auf einem sehr brüchigen Mörtelbett oder Putz kleben, das/der dann ebenfalls mit abgenommen werden muss, sodass man schließlich die Rohbauwand neu verputzen beziehungsweise mit einem neuen Mörtelbett versehen muss. Dann stellt man fest, dass die alten Anschlusspunkte der Sanitärgegenstände für den neuen Badausbau nicht mehr funktionieren und gänzlich neue geschaffen werden müssen; und schließlich kommt hinzu, dass Steig- und Fallleitungen ebenfalls erneuert werden müssen, weil sie in sehr schlechtem Zustand sind. So wird aus einer eigentlich als überschaubar gedachten Badmodernisierung schnell die Vollsanierung. Wenn dann noch die Warmwasserbereitung umgestellt werden soll, zum Beispiel durch Ergänzung von Solarkollektoren auf dem Dach und einen neuen Warmwasserspeicher im Keller, kann es schnell richtig teuer werden.

Wann benötigt man eine Badsanierung?

Der häufigste Grund für Badsanierungen sind andere Ästhetik- und Komfortansprüche an Bäder als in den 1950er-, 1960er-, 1970er- und selbst noch in den 1980er-Jahren. Außerdem nutzt man meist ungern WCs und Badewannen, die bei den Vorbesitzern bereits seit Jahren in Gebrauch waren. Daher sind Badsanierungen beim Eigentumswechsel von Gebäuden an der Tagesordnung.

Eine Badsanierung kann aber auch notwendig werden, wenn zum Beispiel die Installationsleitungen veraltet und Rohrbrüche zu befürchten sind. Wenn dann ohnehin der halbe Fliesenspiegel aufgeschlagen werden muss, damit man an die Rohre kommt, kann es sinnvoll sein, gleich eine komplette Badsanierung durchzuführen. Einfache Eisenleitungen, die 20 bis 30 Jahre alt sind, können vermehrt das Risiko von Rohrbrüchen in sich tragen. Auch Kupferrohre können undicht werden, besonders wenn sie schon 30 oder 40 Jahre alt sind und die Wasserqualität ihnen zusetzt.

Ein anderer gewichtiger Grund kann sein, dass man ein barrierefreies oder zumindest barrierereduziertes Bad benötigt, weil man vorübergehend oder dauerhaft in seinen Bewegungen eingeschränkt ist.

Wie viel kostet eine Badsanierung?

Eine Badsanierung bedeutet fast immer den vollständigen Rückbau des alten Bades inklusive Auswechselung der Anschlusspunkte der alten Sanitärgegenstände und häufig auch der Fall- und Steigleitungen, die das Bad mit Wasser- und Warmwasser versorgen sowie das Abwasser entsorgen. Nicht selten kommt noch ein Austausch des alten Heizkörpers gegen einen modernen Handtuchheizkörper hinzu. Wird dann der Neuausbau entsprechend komfortabel gestaltet, mit Wanne, bodengleicher Dusche, großem Waschtisch mit eingelassenem Doppelwaschbecken und Unterschrank sowie überall modernen Einhebelarmaturen, WC mit versenktem Wasserkasten, großem Spiegel und entsprechender Beleuchtung, sollten Sie um die 20.000 Euro zur Verfügung haben. Zu großer Vorsicht sei hier bei allzu lockeren Kostenvoranschlägen geraten, die häufig sogar erstellt werden, ohne dass das betreffende Unternehmen das Bestandsbad überhaupt einmal gesehen hätte, geschweige denn die vorhandene Substanz von Gebäude, Heizung und Installationen genauer untersucht hätte.

Welche Alternativen gibt es?

Sie können bei einer Badsanierung sehr viel Geld sparen. Das fängt schon beim Rückbau an. So müssen Sie zum Beispiel die alten Fliesen nicht zwingend abklopfen und entsorgen, um dann neue Fliesen setzen zu können: Die alten Fliesen können Sie auch überfliesen, das heißt die neuen Fliesen werden auf den alten verlegt.

Sind die alten Rohre stark korrodiert und ist die nächste Leckage vorprogrammiert, sollten Sie nach Möglichkeit in neue Rohrleitungen und – falls notwendig – in neue Fall- und Steigleitungen investieren. Etwas sparsamer können Sie wieder bei den Fliesen, Sanitärgegenständen und Armaturen werden.

Vielleicht kann der alte Heizkörper bleiben, dann ist schon einiges gespart, und Sie kommen mit der Hälfte des Geldes oder sogar noch weniger aus, das ansonsten in die Badsanierung gesteckt wird.

⤳ Checkblatt Wasserleitungssanierung

Was ist eine Wasserleitungssanierung?

Wasserleitungen in Häusern benötigt man zum einen für die Heizung und zum anderen für die direkte Versorgung mit Wasser zum Spülen, Waschen, Baden, Duschen und fürs WC. Viele Wasserleitungen in Bestandgebäuden sind entweder aus Eisen, Kupfer oder Kunststoff, eher selten aus Edelstahl. Edelstahlrohre machen eher geringe Probleme, aber sowohl Eisen als auch Kupfer können über die Jahre Leckagen kriegen, sodass Wasser austritt. Selbst Kunststoffe können porös werden. Für Frischwasserleitungen werden Kunststoffrohre in Deutschland aber erst seit etwa Anfang der 1990er-Jahre flächendeckend eingesetzt. Bei Gebäuden aus der Vorkriegszeit finden sich auch noch Bleirohre. Sie werden schon lange nicht mehr eingebaut und sind für Neubauten längst verboten, da sie permanent Schwermetallmengen ans Wasser abgeben und so nachgewiesenermaßen die Gesundheit schädigen.

Wasserrohre aus Eisen halten etwa 20 bis 30 Jahre, Kupferrohre etwa 30 bis 40 Jahre, bis es zunehmend zu Problemen kommen kann, das heißt, Leckagen oder sehr starke Verkalkungen vermehrt auftreten. Kauft man ein gebrauchtes Haus dieses Alters, muss man mit solchen Problemen rechnen, egal, ob es sich um Wasserleitungen des Heizwasser- oder um die des Trinkwassersystems handelt.

Bei einer Wasserleitungssanierung handelt es sich nicht um die vereinzelte Reparatur beispielsweise eines Rohrbruchs, sondern um die Sanierung des gesamten Leitungssystems. Das heißt, dabei werden alle Leitungen, von der Heizungsanlage beziehungsweise vom Wasserhausanschluss bis zu den Heizkörpern beziehungsweise den Wasserentnahmestellen in Küchen, Bädern und WCs, ausgebaut, ebenso wie die Rückleitungen zur Heizungsanlage beziehungsweise Abwasserleitungen zum Kanal, und vollständig durch neue Leitungen ersetzt. Da Wasserleitungen häufig in Wänden liegen und im Bereich der Steig- und Fallleitungen auch Geschossdecken durchstoßen, ist eine Wasserleitungssanierung meist relativ aufwändig. Denn um den eigentlichen Rohrtausch überhaupt durchführen zu können, müssen Wände aufgeschlitzt, Decken vielleicht durchbohrt – und anschließend muss alles auch wieder verschlossen werden. Das hört sich vielleicht einfach an. Ist es aber nicht, denn wenn Sie in Bädern oder

Küchen eine verfliese Wand öffnen müssen, Sie aber zu den Fliesen, die möglicherweise dabei zerstört werden, keine Ersatzfliesen mehr erhalten, können Sie im Grunde die Küche oder das Bad gleich neu verfliesen.

Manchmal gehört zu einer Wasserleitungssanierung auch die Sanierung des Außenwasserhahns und des privaten Abwasserkanals, der vom Haus über das eigene Grundstück zum öffentlichen Kanalanschluss führt.

Wann benötigt man eine Wasserleitungssanierung?

Die Sanierung von Wasserleitungen kann aus unterschiedlichen Gründen notwendig sein. Die beiden Hauptgründe sind technische Defekte oder gesetzliche Vorschriften. Die technischen Defekte reichen von starker Verkalkung oder Korrosion über Lochfraß bis hin zu offenen Rohrbrüchen. Bei den gesetzlichen Vorschriften spielt vor allem das Wasserhaushaltsgesetz eine Rolle, nach dem private Haushalte bis zum Jahr 2015 die Dichtigkeit des privaten Abwasserkanals nachweisen müssten, in Wasserschutzzonen sogar schon früher. Ferner spielt die novellierte Trinkwasserverordnung eine Rolle, nach der Hauseigentümer bei Mehrfamilienhäusern mit Wasserspeichern ab 400 Litern Inhalt jährlich mindestens eine Trinkwasseranalyse durchführen müssen. Dass betrifft Sie allerdings dann nicht, wenn Sie ein Ein- oder Zweifamilienhaus kaufen und es selbst bewohnen. Trotzdem ist eine Trinkwasseranalyse im Rahmen des Kaufs eines gebrauchten Hauses ohnehin sehr sinnvoll und in Ihrem ureigenen Interesse.

Soweit ein Gebäude noch Bleirohre als Trinkwasserleitungen enthält, kann nur zum sofortigen Ausbau geraten werden.

Wie viel kostet eine Wasserleitungssanierung?

Die Sanierung eines Wasserleitungssystems setzt sich zusammen aus dem Rückbau der alten Leitungen sowie den Material- und Personalkosten für die Montage der neuen Leitungen. Außerdem kommen meistens noch mindestens ein bis zwei Folgegewerke dazu, Putzer und Maler oder Putzer und Fliesenleger, um die entstandenen Schäden an den Wand- und Deckenoberflächen wieder herzurichten. Sie sollten dafür bei einem üblichen Einfamilienhaus mit nicht weniger als etwa 7.000 Euro rechnen, vor allem dann, wenn Sie für die erneuerten Rohre hochwertige Materialien, wie zum Beispiel Edelstahl, einsetzen wollen. Bei zusätzlichen Arbeiten, etwa Vormauerungen für neue Leitungsführungen oder kompletter Neugestaltung der Anschlüsse im Haus, kann es auch teurer werden.

Bei den Heizungsleitungen kann es gut sein, dass Sie in einem Haus aus den 1960er- bis 1980er-Jahren noch auf sogenannte Einrohrsysteme treffen. Bei diesen Systemen wird nicht jeder Heizkörper von der Heizzentrale einzeln angefahren, sondern eine Ringleitung, an der alle Heizkörper hängen, versorgt diese mit Heizwasser (**Checkblatt Heizungssanierung** Seite 113). Das ist kein ideales System, und häufig ändert man dies, wenn man ohnehin alle Leitungen austauscht, in ein modernes Zweirohrsystem, bei dem jeder Heizkörper mit einem Vor- und Rücklauf von der Heizzentrale einzeln angefahren wird.

Ein Sonderfall ist der Wechsel der Heizschleifen von Fußbodenheizungen. Diese sind Anfang der 1980er-Jahre häufig noch mit flexiblen Rohrleitungen aus relativ sprödem Kunststoff unter dem Estrich verlegt worden. Wenn solche Heizschleifen entfernt und erneuert werden müssen, dann wird es teuer, da auch der Estrich (in älteren Gebäuden bis aus den 1980er-Jahren meist ein Zementestrich) flächendeckend aufgebrochen und ausgetauscht werden muss. In solchen Fällen können Sie von einer Verdopplung der Kosten ausgehen: 15.000 Euro sollten dafür mindestens einkalkuliert werden, denn der Aufwand ist hoch.

Für die Dichtigkeitsprüfung des privaten Abwasserkanals, zu der Sie gesetzlich verpflichtet sind (soweit sie der Vorbesitzer des Hauses nicht bereits erbracht hat) gilt große Vorsicht. Hier ziehen immer wieder sehr zwielichtige Unternehmen um die Häuser und kassieren völlig überzogene Prüfungsentgelte. Eine Dichtigkeitsprüfung Ihres privaten Abwasserkanals wird normalerweise mit einer kleinen Kamera gemacht, die in den Kanal eingelassen wird – meist über den sogenannten Kontrollschacht im oder vor dem Haus. Eine solche Maßnahme sollte nicht mehr als 500 bis 800 Euro kosten. Auf gar keinen Fall sollten Sie Firmen beauftragen, deren Mitarbeiter bei Ihnen klingeln und erzählen, sie seien „gerade in der Nachbarschaft zur Kontrolle gewesen" und könnten Ihnen, da schon vor Ort, einen günstigen Preis anbieten. Sinnvoller ist es, bei Ihrem örtlichen Wasserlieferanten anzufragen, ob er seriöse Unternehmen für eine solche Kontrolluntersuchung empfehlen kann.

Welche Alternativen gibt es?

Wenn Sie ein gebrauchtes Haus kaufen, das zwischen 20 und 30 Jahre alt ist und dessen Wasserrohrleitungen aus Eisen oder Kupfer bestehen, müssen Sie damit rechnen, dass es zu Leckagen kommen kann. Sie können allerdings das Haus zunächst einmal beziehen und die Situation beobachten. Möglicherweise halten die Wasserleitungen zu Ihrer Überraschung noch eine ganze Weile. Tauchen irgendwann einzelne Leckagen auf, lassen sich diese auch einzeln reparieren. Falls später in kürzeren Abständen immer wieder Leckagen auftauchen, können Sie immer noch reagieren und erst dann über eine komplette Sanierung der Wasserleitungen nachdenken. Es kann auch sein, dass Sie kurz nach dem Einzug von einer ganzen Leckagen-Serie überrascht werden. Dann werden Einzelreparaturen schnell teurer als ein präventiver Wechsel des gesamten Leitungssystems.

Nicht herum kommen Sie um die Dichtigkeitsüberprüfung des privaten Abwasserkanals, wenn der Vorbesitzer diese nicht schon hat durchführen lassen.

⇢ Checkblatt Küchenerneuerung

Was ist eine Küchenerneuerung?

In vielen gebrauchten Gebäuden gibt es heute Einbauküchen. Häufig bieten die Vorbesitzer an, dass diese mit übernommen werden können. Bei Einbauküchen gibt es große Qualitätsunterschiede, nicht nur bei den Möbeln selbst, sondern auch bei den eingebauten Elektrogeräten. Bei Elektrogeräten, die über 20 Jahre alt sind, sollten Sie einen Geräteausfall generell einkalkulieren. Fallen Herd oder Kühlschrank aus, muss meist sehr schnell Ersatz her, und Kosten von mehreren Hundert Euro treffen Sie. Bei sehr hochwertigen Herden mit Backofen gelangen Sie auch schnell in den vierstelligen

Bereich. Manchmal fragt man sich in einer solchen Situation, ob es sinnvoll ist, neue teure Geräte in eine alte Küche einzubauen, und möchte dann eher die gesamte Küche wechseln.

Mitunter trifft die eingebaute Küche auch den eigenen Geschmack nicht, und man will sie direkt austauschen. Nicht selten ist es dann mit einem reinen Ausbau der alten Küche und Einbau einer neuen Küche nicht getan, sondern zahlreiche andere Gewerke (Putzer, Fliesenleger, Elektriker, Sanitärinstallateur) müssen für die neu geplante Küche notwendige Veränderungen an Wand- oder Bodenbelägen sowie Installationen vornehmen. Diese Arbeiten, die fast immer zu einer Küchenerneuerung gehören, sind meist sehr viel umfangreicher und damit teurer als angenommen.

Wann benötigt man eine Küchenerneuerung?

Eine Küchenerneuerung kann zwingend sein, wenn die Vorbesitzer ihre Einbauküche mitnehmen und Sie den zurückgelassenen Küchenraum wieder so herrichten müssen, dass er eine neue Küche aufnehmen kann. So kann es zum Beispiel sein, dass Wasser- und Abwasserleitungen an einem Punkt installiert sind, der für Ihre Neuplanung nicht geeignet ist und verlegt werden muss. Gleiches gilt für die Elektroinstallation und die vorhandenen Fliesenspiegel. Es kann aber auch sein, dass Sie die alte Küche übernehmen können, sie aber zumindest mit FI-Schaltern nachrüsten wollen (⇢ **Checkblatt Elektroerneuerung** Seite 115). Oder Sie wollen die alte Küche behalten, möchten aber die Elektrogeräte tauschen – oder umgekehrt: Sie wollen die Elektrogeräte behalten, aber nicht das Mobiliar. Meist rührt eine Küchenerneuerung aber daher, dass die vorgefundene Bestandsküche nicht den eigenen ästhetischen Wünschen entspricht.

Wie viel kostet eine Küchenerneuerung?

Die Kosten einer Küchenerneuerung hängen natürlich vom Umfang ab. Im günstigsten Fall müssen Sie nur FI-Schalter bei der Elektroinstallation installieren lassen (⇢ **Checkblatt Elektroerneuerung** Seite 115). Im ungünstigsten Fall müssen Sie den gesamten Küchenraum von alten Fliesen und Oberflächenmaterialien befreien, die Elektro- und Wasseranschlüsse neu verlegen und eine neue Einbauküche mit neuen Elektrogeräten einbauen lassen. Das kostet zwischen 15.000 und 20.000 Euro, selbst wenn Sie eine relativ günstige Einbauküche für 6.000 oder 7.000 Euro erwerben. Denn bis diese wirklich eingebaut ist, ist um sie herum viel zu tun: Elektroarbeiten, Sanitärarbeiten, Fliesenarbeiten, möglicherweise noch das Versetzen eines für den Einbau der Küche störenden Heizkörpers. Das alles summiert sich ganz schnell auf einen höheren vierstelligen Betrag, der dann mit der Küche fünfstellig wird.

Welche Alternativen gibt es?

Die Küche ist der ideale Platz, um wirklich Geld zu sparen. Sinnvoll ist sicher, wenn Sie FI-Schalter installieren lassen oder eine alte Küche übernehmen können, die noch in einem guten Zustand ist. Fragwürdig ist es, wenn man in eine Küche große Summen investiert, aber die eigenen Kochkünste mit der Küchenausstattung nicht mithalten. Eine ehrliche Einschätzung ist da ratsam. Und es muss auch nicht immer eine Einbauküche her, es dürfen ruhig einmal die guten alten Küchenmöbel als Einzelstücke sein. Gerade in gebrauchten Häusern können diese sogar viel Atmosphäre schaffen.

⇢ Checkblatt
Innentürerneuerung

Was ist eine Innentürerneuerung?

Der Innenausbau eines Hauses aus den 1950er- bis 1970er- und sogar aus den 1980er-Jahren entspricht meist nicht mehr heutigen Wohnbedürfnissen oder Vorlieben. Das gilt für die Innentüren, die Wand- und Deckenverkleidungen, die Bodenbeläge sowie die Bäder. Im Gegensatz zu Maßnahmen an den Außenfassaden sind Erneuerungen des Innenausbaus noch vor Bezug insofern sinnvoll, als dass sie natürlich erheblich zum Wohlbefinden beitragen. Nach dem Einzug sind sie viel schwieriger durchzuführen: Wer einmal 2 oder 3 Wochen ohne Türen gewohnt hat, weiß, wovon die Rede ist.

Innentüren sind (anders als Haustüren) außerdem relativ einfach zu wechseln, da sie bereits in den 1960er-Baujahren schon relativ häufig mit Normmaßen eingebaut wurden. In Häusern der 1950er-Jahre findet man hingegen die unterschiedlichsten Türmaße und muss die Türöffnungen dann oft etwas anpassen. Manche alten Türrahmen – vor allem solche aus Metall – sind ungünstigerweise sehr tief in der angrenzenden Wand verankert.

Wann benötigt man eine Innentürerneuerung?

Eine Innentürerneuerung kann notwendig sein, wenn man Barrierefreiheit schaffen muss, die alten Türen aber zu schmal sind. Ferner können die alten Türen verschlissen, beschädigt oder defekt sein. Möglicherweise klemmen sie, schließen nicht mehr und eine Reparatur würde sich nicht mehr lohnen.

In den allermeisten Fällen aber wandern sie auf den Müll, weil sich die ästhetischen Ansprüche gewandelt haben. Ein zwingender Grund zur Erneuerung ist das nicht, aber wenn man sie wechseln will, ist es ratsam, dies vor dem Einzug zu tun. Außerdem sind die Kosten überschaubar.

Wie viel kostet eine Innentürerneuerung?

Wenn Innentüren ein Normmaß haben, sind sie relativ preisgünstig zu erhalten. Mit 200 bis 350 Euro pro Stück ist da schon etwas machbar – je nach Türblattaufbau, Oberflächenbeschaffenheit und Beschlägen. Das gilt aber nur für reine Innentüren und nicht etwa für Wohnungsabschlusstüren zu Treppenhäusern oder gar Wohnungsabschlusstüren nach außen. Solche Türen müssen ganz anderen Belastungen standhalten und sind erheblich teurer. Will man allerdings bei Innentüren einen erhöhten Schallschutz (zum Beispiel mit einem besonderen Türblatt und absenkbarer Schallschutzleiste an der Türblattunterkante) kann das schnell deutlich teurer werden, problemlos über 800 Euro. Dabei sollte man aber stets bedenken, dass perfekte Türen wenig nutzen, wenn die angrenzenden Wände dünn sind und keinen guten Schallschutz bieten.

Ein Kostenfaktor können die alten Türen sein, wenn sie sich nur schwer ausbauen lassen. Dann können der Ausbau und die anschließende Reparatur der Wand ähnlich viel kosten wie die neue Tür.

Ein weiteres Problem sind alte Türen, die keine Normmaße haben, sodass jede Tür individuell angepasst werden muss. In einem solchen Fall kann es sogar preiswerter sein, umgekehrt das alte Mauerwerk einfach auf Normmaß zu bringen und Normtüren einzubauen. Hauptproblem dabei ist meist der alte Türsturz. Nur wenn dieser erhalten bleiben kann, ist das eine kostengünstige Option. Kann er nicht erhalten bleiben, wird es aufwändiger, vor allem bei tragenden Wänden. Dann kann man nicht einfach die Türöffnung auf Normmaß verbreitern, sondern muss zum Beispiel den Türsturz höher setzen oder verbreitern, bevor man eine Normtür einsetzt. Muss die Türöffnung hingegen nur etwas verkleinert werden und kann die Türsturzhöhe bleiben wie sie ist, kann man meist problemlos eine Normtür einsetzen.

Welche Alternativen gibt es?
Eine Alternative kann das Behalten der alten Türen sein. Wenn es sich bei den Türen um nichtfurnierte Massivtüren handelt, können Sie sie durch das Abbeizen oder Abschleifen von alten Farbschichten befreien und danach neu lackieren oder in Natur belassen. Das kann sehr schön aussehen und dem Haus einen sehr viel stärkeren und wohnlicheren Charakter verleihen als eine eher seelenlose neue Tür.

⋯› Checkblatt
Wandoberflächenerneuerung

Was ist eine Wandoberflächenerneuerung?
Eine Wandoberflächenerneuerung ist nicht nur das Streichen einer Wand, sondern zumindest die Entfernung der bisherigen Tapete und Austausch gegen eine neue. Aber nicht jeder mag Tapete, sodass manchmal auch ein Verputz der Wand gewünscht wird. Und es kann auch sein, dass der alte Innenputz sinnvollerweise mit abgetragen und erneuert wird. Das wäre dann eine vollständige Erneuerung der alten Wandoberfläche.

Manchmal sind Wandoberflächen verkleidet – etwa mit Holz oder Fliesen. Diese Verkleidungselemente müssen dann abgenommen werden.

Im Dachstuhlbereich kann es sein, dass die Verkleidungsplatten (häufig Gipskartonplatten) abgenommen und erneuert werden müssen.

Wann benötigt man eine Wandoberflächenerneuerung?
Eine Wandoberflächenerneuerung kann zwingend notwendig sein, wenn zum Beispiel Putze oder andere Wandverkleidungen aufgrund von Gebäudeschäden durchfeuchtet sind. Sie kann auch notwendig sein, wenn in der Verkleidung Schadstoffe enthalten sind (etwa bei Spanplattenverkleidungen der 1960er- und 1970er-, teilweise auch der 1980er-Jahre). Manchmal kann die Erneuerung von Innenoberflächen notwendig werden, weil man zuvor darunterliegende Elektroleitungen oder Wasserrohre sanieren musste oder wenn die Vorbesitzer starke Raucher waren. Man wird den Geruch meist nur durch einen vollständigen Wechsel der Tapeten aus dem Gebäude bringen.

In den allermeisten Fällen spielen aber auch hier die Ästhetik und der persönliche Geschmack die Hauptrolle, warum man Erneuerungen vornimmt. Diese sollten vor dem Einzug erfolgen.

Wie viel kostet eine Wandoberflächenerneuerung?

Je nachdem, ob sie nur die Tapete oder auch den Putz oder eine Gipskartonplattenverkleidung tauschen wollen, müssen Sie mit unterschiedlichen Kosten rechnen. Für das Entfernen einer alten Tapete fallen etwa 3 bis 5 Euro pro Quadratmeter an – je nach Aufwand. Im Zweifel sollte an einer unauffälligen Stelle ein Test gemacht werden, damit Sie wissen, wie problematisch das Entfernen wird. Für das neue Tapezieren sollten Sie mit etwa 10 bis 15 Euro plus 5 bis 7 Euro für das anschließende Streichen rechnen. Soll es nicht einfache Raufaser sein, sondern ein ausgefallenes Material, etwa eine Textiltapete, wird es schnell deutlich teurer. Dann sind 40, 50 oder 70 Euro pro Quadratmeter drin. Der Arbeitskostenanteil bleibt in etwa gleich, aber der Materialpreis schnellt in die Höhe. Für ein durchschnittliches Haus (etwa 120 Quadratmeter Grundfläche) sollten Sie mit 7.000 bis 10.000 Euro für das Entfernen der alten Tapete, das Aufbringen der neuen Tapete und das Streichen kalkulieren. Ist das Haus größer, entsprechend mehr.

Soll der alte Putz entfernt und gegen einen neuen getauscht werden, springen die Kosten rapide nach oben. Dafür sollten Sie für ein übliches Haus zwischen 15.000 und 20.000 Euro kalkulieren.

Welche Alternativen gibt es?

Wenn Sie unerfahren sind, ist es ratsam, das Verputzen nicht selbst vorzunehmen. Das Tapezieren können Sie hingegen mit Hilfe von erfahrenen Verwandten oder Bekannten selbst in Angriff nehmen. Beginnen Sie an einer unauffälligen Stelle, dann können Sie mit dem Fortschreiten der Arbeit lernen und zunehmend schneller und besser werden. Auch das Streichen kann eigentlich jeder. Eine Herausforderung ist meist nur das Treppenhaus mit seinen Höhen. Hier können Sie sich aber nötigenfalls sogar von einem Gerüstbauer ein professionelles Gerüst stellen lassen und eine Mietgebühr für die Standdauer entrichten. Oder aber Sie arbeiten mit Leiter und mindestens einer Person, die nichts anderes tut, als diese Leiter zu sichern.

⋯▸ Checkblatt
Bodenbelagserneuerung

Was ist eine Bodenbelagserneuerung?

Unter Bodenbelägen versteht man jede Art von Oberböden, Fliesen, Parkett, Dielenböden, Teppiche, Linoleum und so weiter. Man versteht darunter nicht Estriche. Der Estrich gehört zur Unterbodenkonstruktion und trägt nur den Oberboden. Wird ein Bodenbelag erneuert, bleibt der Unterboden meist bestehen.

Eine Belagserneuerung kann ein kompletter Austausch des Belags sein, etwa ein neues Parkett gegen ein altes. Es kann aber auch eine Erneuerung des alten Parketts sein, ein Parkettschliff samt einer neuen Versiegelung.

Bei Teppichen, Linoleum (häufig sogar PVC) und Fliesen hingegen bedeutet Erneuerung immer auch Austausch. Wird ein Belag gegen einen anderen ausgetauscht, ist eine der Herausforderungen die Demontage des alten Belags. Parkett liegt im Parkettkleber, der Estrich und Parkett fest miteinander verbindet; Fliesen liegen im Mörtelbett, das Estrich und Fliesen fest miteinander verbindet, und Teppich ist oft durch Teppichkleber fest mit dem Estrich verbunden. Jede dieser Entfernungen kann Schäden am Estrich hinterlassen, die aber fast immer ganz gut ausgeglichen werden können, soweit es sich beim Estrich um Zementestrich handelt.

Anders verhalten kann es sich bei Dielenbelägen. Vor allem bei älteren Gebäuden mit Holzdecken liegen diese häufig auf einer Balkenlage auf und decken auch die Zwischenräume der Balkenlage ab. In diesen Zwischenräumen kann es zu einer Reihe von Überraschungen kommen: Man findet dort alles Mögliche, womit früher der Versuch von Wärme- und Schalldämmung betrieben wurde, vor allem Schlacke, die meist Schadstoffe enthält und als Sondermüll entsorgt werden muss. Bei einer solchen Deckenöffnung lassen sich angefaulte Balken und Ähnliches entdecken. So kann aus einer einfachen Bodenbelagserneuerung ein Abenteuer werden, das bei der Untersuchung der Zwischendeckenkonstruktion und schließlich der Gebäudestatik endet.

Altteppiche samt deren Kleber müssen ebenfalls meist als Sondermüll entsorgt werden. Gleiches gilt für Parkett samt dessen Klebern, vor allem wenn der Parkettkleber schwarz ist, Ähnlichkeit mit Teer hat und polyzyklische **a**romatische **K**ohlenwasserstoffe (PAK) enthält. Dann müssen sogar während des Ausbaus strenge Vorschriften der Gewerbeaufsicht eingehalten werden, zum Schutz der Arbeiter und der späteren Bewohner.

Fliesen hingegen liegen häufig in einem Mörtelbett, dessen Herausnehmen zwar sehr aufwändig sein kann – häufig ist ein Bohrhammer notwendig, um die Mörtelmasse vom Estrich zu trennen –, das aber vom Material her eher ungefährlich ist. Es splittert allerdings.

Eine Estricherneuerung gehört nur ganz selten zu den üblichen Modernisierungsmaßnahmen im Zuge des Kaufs eines gebrauchten Hauses. Das liegt daran, dass der Estrich meist gar nicht ins Blickfeld der Hauskäufer gerät, weil sie ihn nicht sehen können und seine Funktionen oft gar nicht kennen. Der Estrich in Bestandsgebäuden besteht zum überwiegenden Teil aus einer etwa sechs Zentimeter starken Zementmasse, die auf der Rohdecke aufliegt. Manchmal als **„Verbundestrich"**. Das heißt, dass zwischen der Rohgeschossdecke und dem Estrich nichts dazwischengefügt ist, sondern beide im festen Verbund (daher der Name) aufeinander ruhen. Deren nachträgliche Trennung ist sehr aufwändig und führt fast immer zu erheblichen Schäden an der Geschossdecke. Manchmal ist der Estrich ein **„Estrich auf Trennlage"**. Dann liegt zwischen Rohgeschossdecke und Estrich zum Beispiel eine einfache Folie, die sogenannte Trennlage. Der Ausbau eines solchen Estrichs ist zumindest einfacher als der Ausbau eines Verbundestrichs. Denn die Trennlage verhindert einen festen Materialverbund zwischen Rohdecke und Estrich. Oder aber es handelt sich beim Estrich um einen **„schwimmenden Estrich"**. Dann liegt zwischen der Rohgeschossdecke und dem Estrich eine Wärme- und/oder Trittschalldämmung, eine Art sehr fester Schaumstoff. An den Estrichrändern zu den Wänden hin ist eine Art Schaumstoff- oder Pappband gefügt, damit der Estrich keinen direkten Kontakt zur Wand hat. Der Estrich

„schwimmt" auf diese Weise sozusagen frei in einem Dämmbett. Dadurch wird der Schallübertrag auf andere, angrenzende Bauteile deutlich gedämpft. Solche Estriche wurden in Baujahren ab etwa 1980 flächendeckend in den alten Bundesländern Standard. Ältere Estriche in Wohngeschossen sind häufig Verbundestriche oder Estriche auf Trennlage mit denkbar schlechtem Schallschutz. Diese Zusammenhänge sind Hauskäufern aber selten klar, daher wird häufig auf einen alten Estrich mit einer schlechten Schalldämmung ein moderner Bodenbelag gelegt. Die schlechte Schalldämmung aber bleibt. Das ist insofern verständlich, als eine komplette Estricherneuerung nicht nur sehr teuer wäre, sondern auch zahlreiche andere Konsequenzen in sich birgt. Die gravierendste ist, dass sich beim Einbringen eines neuen Estrichs alle Innenraumhöhen verändern können (unter anderem Brüstungshöhen von Fenstern, Türdurchgangshöhen und andere mehr).

Wann benötigt man eine Bodenbelagserneuerung?
Eine Bodenbelagserneuerung ist nur dann notwendig, wenn der Boden Schäden oder Schadstoffe aufweist, wenn Barrieren im Bodenbereich geebnet werden sollen oder wenn unterhalb des Oberbodens Modernisierungen stattfinden sollen – etwa der Einbau einer Fußbodenheizung. In den beiden letzteren Fällen muss allerdings fast immer auch der Estrich erneuert werden.In der Praxis wird der Oberboden meist aus Gründen des ästhetischen Empfindens gewechselt. Das kann für das persönliche Wohlbefinden im neuen Heim wichtig sein. Ein Bodenbelagswechsel sollte vor dem Einzug stattfinden. Danach ist er nur mit großem Aufwand durchführbar.

Wie viel kostet eine Bodenbelagserneuerung?
Zu einer Bodenbelagserneuerung gehört zunächst einmal der Rückbau des alten Bodenbelags. Normalerweise bleibt der alte Estrich hierbei erhalten. Dieser wird von den Kleber- oder Mörtelresten komplett befreit und eventuell noch gespachtelt. Darauf kommt der neue Bodenbelag. Rechnen Sie für Rückbau und Entsorgung alter Böden (ohne Zusatzaufwand für Schadstoffbelastungen und ohne Deponiegebühren) mit etwa 10 bis 20 Euro pro Quadratmeter. Für den neuen Bodenbelag können Sie bei Fliesen (gute Fliesenqualität) mit etwa 35 bis 50 Euro pro Quadratmeter rechnen (also Material- plus Verlegekosten); bei Parkett sollten Sie nicht unter 80 Euro für Material- und Verlegekosten pro Quadratmeter kalkulieren, bei Teppichboden – wenn die Materialqualität einigermaßen vernünftig sein soll – ab 25 Euro.

Soll auch der Estrich erneuert werden, wird es schlagartig teurer. Rechnen Sie für Ausbau und Entsorgung des alten Estrichs nicht unter 3.000 bis 5.000 Euro für ein übliches Haus. Für den neuen Estrich sollten Sie zwischen 8.000 und 10.000 Euro einkalkulieren.

Welche Alternativen gibt es?
Soweit die alten Böden keine Schadstoffe enthalten, die bei Entfernung freigesetzt werden, können Sie sie gut selbst ausbauen. Das gilt vor allem für alte Teppichböden, PVC- oder Linoleumbeläge. Schwieriger kann es bei Parkett- und Fliesenbelägen sein. Letztere können manchmal extrem fest im alten Mörtelbett liegen. Dann benötigen Sie Erfahrung im Umgang mit einem Bohrhammer, auch um den darunterliegenden Estrich nicht zu stark zu beschädigen.

Hinsichtlich der neuen Bodenbeläge kann man statt Parkett gut auf ein „Klick-System" ausweichen: Dabei werden schmale Holzdielen in dafür vorbereitete Halterungen geklickt – ohne flächige Verklebung. Das ist relativ einfach und selbst für Laien gut zu schaffen. Beim Fliesenlegen sieht das anders aus: An die Qualität eines erfahrenen Fliesenlegers kommt man nur schwer heran. Wenn das Geld sehr knapp ist, können Sie auf Kork- oder Linoleumböden ausweichen. Vermeiden Sie billige Teppiche oder gar PVC-Böden. Sie tragen sonst das Risiko, dass Sie sich Schadstoffe ins Haus holen. Ein Linoleumboden ist zwar teurer als ein PVC-Belag, doch ist er die deutlich bessere (Zwischen)Lösung, wenn anfangs das Geld für mehr fehlt. Linoleum gibt es in den verschiedensten Gestaltungsvarianten. Theoretisch denkbar ist auch, den alten Estrich, soweit er gut erhalten ist, abzuschleifen und farblich zu behandeln: zum Beispiel hellgrau oder anthrazitfarben zu streichen und dann mit einem Kunstharzanstrich zu versehen. Das kann sehr schön aussehen. Kunstharz ist allerdings nicht ganz billig und ökologisch nicht optimal.

Wenn der Estrich entfernt und durch einen neuen ersetzt werden soll, sollten Sie auch das Einbringen eines Sicht-Estrichs erwägen. Das sind Estriche, die ohne weiteren Oberbodenbelag auskommen und deren Oberfläche speziell geschützt wird, etwa auch mit einem Kunstharzanstrich. Alternativ kann ein Estrich zum Beispiel in Form eines „Pandomo"-Bodenbelags ausgeführt werden – ein Bodenbelag auf Zementbasis, der ebenfalls keinen weiteren Oberboden benötigt.

Neue Estriche sollten Sie nur einbauen, wenn auch der alte Estrich komplett entfernt ist – schon aus Gewichtsgründen und der Deckenstatik: Estriche sind sehr schwer! Sie können nicht ohne Weiteres einen neuen Estrich auf einen alten legen.

⇢ Checkblatt Schadstoffsanierung

Was ist eine Schadstoffsanierung?

Unter einer Schadstoffsanierung versteht man einen baulichen Eingriff, mit dem entweder versucht wird, den „Expositionspfad" von Schadstoffen zu unterbinden oder die Schadstoffe ganz zu entfernen. Der Expositionspfad ist der Weg, den ein Schadstoff aus einem belasteten Material nimmt (ob gasförmig, flüssig oder fest) und so in die Raumluft, das Trinkwassernetz oder auf Wand-, Boden- oder Deckenoberflächen der Räume gelangt, wo er über die Atemwege, die Haut oder durch Verschlucken (Trinkwasser) vom menschlichen Körper aufgenommen wird.

Eine Schadstoffsanierung kann auch den vollständigen Ausbau und die Entfernung eines Schadstoffes bedeuten. Dies kann wiederum neue Probleme verursachen, zum Beispiel durch eine schadstoffhaltige Staubentwicklung.

Eine Checkliste häufiger Schadstoff-Belastungen bei gebrauchten Immobilien, viele weitere Informationen zum Vorgehen und wie Sie Sachverständige finden, erhalten Sie in dem Ratgeber **„Kauf eines gebrauchten Hauses"** (⇢ Seite 271).

Wann benötigt man eine Schadstoffsanierung?

Eine Schadstoffsanierung benötigt man dann, wenn die Unversehrtheit der Bewohner eines Gebäudes, ob Eigentümer oder Mieter, gefährdet oder schon beeinträchtigt ist. Das wird üblicherweise an Grenzwerten festgemacht: für die Raumluft, die Raumoberflächen oder das Trinkwasser. Eine Schadstoffsanierung dient zudem der Unversehrtheit von Besuchern und Bewohnern des näheren Umfelds, da schadstoffhaltige Baustoffe auch sie belasten können.

Schadstoffsanierungen können darüber hinaus notwendig werden, um bestehende Gesetze zu erfüllen. Im Einfamilienhausbereich gibt es allerdings nur wenige gesetzliche Verpflichtungen. Hier sind es eher festgelegte Grenzwerte, etwa von Formaldehyd in der Raumluft, die die Bewohner darüber nachdenken lassen sollten, bei begründeten Verdachtsfällen Messungen vorzunehmen und zu handeln. Anders sieht es außerhalb des Hauses aus. Sind auf Ihrem Grundstück schwere Bodenbelastungen vorhanden, zum Beispiel durch Altöle oder Überdüngungen, kann die zuständige Kommune die Sanierung einfordern, da von Ihrem Grundstück dann Gefahren für die Allgemeinheit ausgehen. Manchmal ist es auch umgekehrt und Kommunen verkaufen belastete Grundstücke – zum Beispiel Grundstücke auf denen ehemals ein kommunaler Bauhof oder Ähnliches angesiedelt war. Werden im Grundstückskaufvertrag Sanierungspflichten auferlegt, muss man diesen nachkommen.

Wie viel kostet eine Schadstoffsanierung?

Schadstoffsanierungen können sehr teuer sein. Sind es keine kleinen Sanierungen wie etwa die Entfernung alter Wasserbleirohre, sondern umfangreichere, wie beispielsweise die Entfernung von formaldehydhaltigen Wandverkleidungen im ganzen Haus, wird es schnell fünfstellig. Es kann auch sechsstellig werden, wenn zum Beispiel das gesamte Haus entkernt werden muss, damit man an gefährliche Baustoffe herankommt und sie entfernen kam. Das können gefährliche Farben, Kleber oder sogar ein komplett belasteter Holzdachstuhl sein. Es hängt aber sehr stark vom Einzelfall ab. Daher sollten vor allem Gebäude aus den 1950er-, 1960er- und 1970er-Jahren vor Ankauf auf mögliche Schadstoffbelastungen überprüft werden. Bei Fertighäusern aus den 1960er- und 1970er-Jahren sollte vor dem Ankauf grundsätzlich eine Raumluftmessung durchgeführt werden, um die Formaldehydbelastung festzustellen.

Und bezüglich des Grundstückes, auf dem ein Haus steht, sollte immer gefragt werden, was vorher dort war: Einfach nur Ackerland oder Wiese? Oder intensive Viehzucht, Gewerbe, Industrie?

Welche Alternativen gibt es?

Zu Schadstoffsanierungen gibt es nur wenige Alternativen. Wenn Sie nichts tun, sind davon zunächst vor allem Sie selbst und Ihre Kinder betroffen. Und das können Sie auf gar keinen Fall zulassen. Weil Schadstoffsanierungen aber so kostenintensiv sind und sich ein vermeintliches Immobilienschnäppchen ganz schnell in ein finanzielles Desaster verwandeln kann, wenn das Objekt schadstoffbelastet ist, müssen Sie vor allem bei verdächtigen Immobilientypen genauer hinschauen. Fertighäuser aus den 1960er- und 1970er-Jahren stehen hier ebenso auf der Liste wie Gebäude mit auffallend vielen unnatürlichen Baustoffen wie Asbestzementverkleidungen an Fassaden oder Dächern, PVC-Böden in den Innenräumen, chemischen Holzschutzmitteln im Dachstuhl oder in Wand- und Deckenverkleidungen. Wenn diese Baustoffe schon an den Oberflächen stark eingesetzt wurden, können Sie davon ausgehen, dass es darunter nicht besser aussieht, sondern sowohl Baustoffe, die **p**oly**c**hlorierte **B**iphenyle (PCB), als auch solche, die **p**olyzyklische **a**romatische **K**ohlenwasserstoffe (PAK) enthalten, umfangreicher als notwendig verwendet wurden: ob als Fugendichtmasse zum Beispiel an Fenstern (PCB) oder als Parkettkleber (PAK). Daher: Augen auf beim Kauf! Wenn Sie den Verdacht auf Schadstoffbelastung haben, sollte sich das immer ein Experte vor dem Kauf ansehen. Nötigenfalls müssen Proben genommen und untersucht werden (Luft-, Staub-, Materialproben). Das ist die beste Alternative zum Risiko einer Schadstoffsanierung.

⋯ Checkblatt
Haustürerneuerung

Was ist eine Haustürerneuerung?
Eine Haustürerneuerung ist meist der komplette Austausch der alten Haustür samt Rahmenwerk gegen eine neue. Das heißt, dass in einem solchen Fall auch angrenzende Wände davon betroffen sind, sei es, dass sie ganz weichen müssen, sei es, dass sie in Teilen weichen müssen, sei es, dass sie in Mitleidenschaft gezogen werden. Ferner kann es sein, dass auch Klingelanlage, Beleuchtung und Briefkasten Teil einer alten Haustür waren und dann mit erneuert werden müssen. Und schließlich haben alte Haustüren häufig keine Normmaße, sodass der Türsturz (der tragende Wandteil über der Tür), unterfüttert oder in Teilen herausgebrochen, werden muss. Das alles führt zu Kosten, die nur selten in einem vernünftigen Verhältnis zum Nutzen stehen.

Wann benötigt man eine Haustürerneuerung?
Eine Haustürerneuerung benötigt man eigentlich nur aus 4 Gründen:

- Die gesamte Gebäudehülle soll auf einen neuen energetischen Stand gebracht werden.
- Der Einbruchschutz an allen Fenstern und Türen soll deutlich verbessert werden.
- Der Schallschutz an Fenstern und Türen zumindest an einer Fassade soll erhöht werden.
- Die bisherige Tür ist so desolat oder altersschwach, dass sie ersetzt werden muss.

Das heißt also, dass in 3 von 4 Fällen eine Haustürerneuerung nur sinnvoll ist, wenn gleichzeitig auch die Fenster erneuert werden, weil sonst die gewünschte Wirkung kaum eintritt. Die isolierte Erneuerung der Haustür bringt in diesen Fällen sehr wenig.

Sehr häufig steht aber ein ganz anderer Grund zur Auswechselung der Haustür vor allen anderen: Sie entspricht nicht mehr der gewünschten Ästhetik. Mit energetischen Überlegungen oder Überlegungen zum verbesserten Schall- und Einbruchschutz oder einer Altersschwäche der Tür hat es interessanterweise in vielen Fällen weniger zu tun.

Wie viel kostet eine Haustürerneuerung?

Eine Haustürerneuerung ist teuer. Allein für das Türelement sollten Sie nicht unter 3.500 Euro veranschlagen, wenn Sie etwas Vernünftiges wollen. Hinzu kommen der Ausbau und die Entsorgung der alten Tür sowie der Einbau einer neuen, soweit notwendig, inklusive aller Anpassungsarbeiten, also Bodenbelags-, Wandputz-, Tapezier- und Malerarbeiten. Das kann 5.000 bis 6.000 Euro kosten.

Welche Alternativen gibt es?

Die einfachste Alternative ist: Die alte Haustür – falls sie noch nicht auseinanderfällt – einfach eingebaut zu lassen, bis Sie ohnehin irgendwann einmal an die gesamte Hausfassade gehen, diese dämmen und neue Fenster einbauen. Das ist dann der richtige Zeitpunkt, um auch eine alte Haustür gegen eine neue auszuwechseln.

⋯▸ Checkblatt
Hauseingangserneuerung

Was ist eine Hauseingangserneuerung?

Ganz ähnlich wie bei der Haustürerneuerung ist auch der Wunsch einer generellen Hauseingangserneuerung nach dem Kauf eines gebrauchten Hauses weit verbreitet. Zum Hauseingangsbereich gehören üblicherweise der Zugangsweg, die Vortreppe, das Treppenpodest (gegebenenfalls mit eingelassenem Gitterrost zum Fußabtritt), das Geländer, das Vordach, die Beleuchtung, der Briefkasten, die Klingel (unter Umständen mit Gegensprechanlage) und die Hausnummer.

Meist sind hier alle einzelnen Elemente noch funktionstüchtig, sie genügen aber oft nicht mehr den ästhetischen Ansprüchen. Manchmal werden dann alle Elemente durch neue ersetzt, auch ganze Treppen abgebrochen und gegen neue ausgewechselt.

Wann benötigt man eine Hauseingangserneuerung?

Eine Erneuerung des Hauseingangs benötigen Sie eigentlich nur dann, wenn Sie zum Beispiel statt einer Treppe einen barrierefreien Zugang zum Haus schaffen wollen, weil Sie zwingend darauf angewiesen sind oder es einfach als angenehmer empfinden.

Eine Erneuerung des Hauseingangs kann auch erforderlich sein, wenn generell eine andere Zugangssituation zum Haus geschaffen werden soll: etwa um Platz für einen PKW-Stellplatz oder für Fahrräder oder Mülltonnen zu schaffen. Ästhetische Gründe sind eher Kosmetik. Es kann allerdings durchaus sein, dass der alte Hauseingangsbereich bauliche Schäden aufweist, die bis hin zu Unfallgefahren gehen (absturzgefährdete Vordächer, lose Geländer, loser Treppenbelag). Das alles muss natürlich zeitnah in Ordnung gebracht werden.

Wie viel kostet eine Hauseingangserneuerung?

Wenn Sie einen Hauseingangsbereich mit Zugang, Vortreppe, Podest, Vordach, Klingel- und Beleuchtungsanlage vollständig erneuern, kostet das sehr schnell über 10.000 Euro. Eine solche Investition ist eigentlich nur gerechtfertigt, wenn sie umfassenden, funktionalen Nutzen bringt, etwa aus einem barriereintensiven einen barrierefreien Zugang macht.

Einzelne Maßnahmen sind immer dann gerechtfertigt, wenn sie bauliche Folgeschäden verhindern oder Unfallgefahren beseitigen.

Welche Alternativen gibt es?
Wenn Sie nicht zwingend auf bauliche Änderungen des Hauseingangsbereichs angewiesen sind, ist es sinnvoll, mit solchen Maßnahmen zu warten, bis Sie insgesamt an die äußere Hausmodernisierung gehen. Eine Hauseingangsmodernisierung ist nur dann sinnvoll, wenn auch Fenster und Fassade sowie die Haustür erneuert werden. Als isolierte Maßnahme aus rein ästhetischen Gründen sind sie ähnlich fragwürdig wie die Haustürerneuerung, weil sie hohe Kosten bei im Zweifel wenig Nutzen verursachen.

⋯▶ Checkblatt
Terrassen- und Balkonsanierung

Was ist eine Terrassen- und Balkonsanierung?
Terrassen und Balkone sind als exponierte Außenbauteile eines Hauses ganzjährig allen Witterungseinflüssen ausgesetzt. Und während zum Beispiel ziegelgedeckte Satteldächer optimal gegen Witterungseinflüsse geschützt sind und auch das Haus selbst schützen, ist dies bei Terrassen und Balkonen deswegen anders, weil sie nicht vorrangig als Schutzbauteile gedacht und konstruiert sind, sondern als Nutzbauteile. Bei gebrauchten Häusern sind Schäden an Terrassen und Balkonen daher häufig zu finden. Eine Sanierung dieser Bauteile bedeutet, dass sie nicht nur repariert werden, zum Beispiel einzelne Fliesen eines Fliesenbelags ausgetauscht, sondern dass alle Aufbauschichten wie Fliesen, Mörtelbett, Gefälleestrich und Abdichtung abgetragen und neu aufgebaut werden. In diesem Zusammenhang kann es sein, dass auch Wasserabführungen und Geländer mit abgenommen und erneuert oder komplett ausgetauscht werden müssen.

Wann benötigt man eine Terrassen- und Balkonsanierung?
Eine Terrassen- oder Balkonsanierung benötigt man üblicherweise dann, wenn entweder ein Schaden einzutreten droht oder bereits eingetreten ist (sehr häufig ein Wasserschaden), der vielleicht schon angrenzende Bauteile des Gebäudes in Mitleidenschaft gezogen hat (beispielsweise die Fassade). Auch wenn ein Schaden Unfallgefahren birgt (etwa ein unebener Plattenbelag auf der Terrasse Stolpergefahren oder ein loses Geländer am Balkon Absturzgefahren), besteht Handlungsbedarf. In solchen Fällen ist eine zeitnahe Sanierung notwendig.

Wie viel kostet eine Terrassen- und Balkonsanierung?
Bei der Sanierung von Terrassen und Balkonen kommt es sehr darauf an, wie sie konstruiert sind.

So gibt es beispielsweise vermehrt **Terrassen**, bei denen die Fliesen nicht mehr im Mörtelbett auf einem Gefälleestrich und einer Betonplatte aufliegen. Viele Terrassen werden heutzutage eher mit einem Betonpflasterbelag versehen, der auf einem Kiesbett liegt, das wiederum auf verdichtetem Erdreich aufgebracht wird. Sanierungen an solchen Terrassen sind relativ einfach, denn dann können sogar einzelne Platten problemlos angehoben und zum Beispiel mit Kies neu unterfüttert werden. Hier bewegen sich Sanierungskosten im Bereich weniger Hundert Euro – oder man erledigt es selbst. Anders sieht es aus, wenn die Fliesen fest vermörtelt sind und zunächst einmal (nötigenfalls mit einem Bohrhammer) ebenso wie das Mörtelbett abgelöst werden müssen und unter Umständen der Gefälleestrich, bis nur noch die rohe Betonplatte bleibt. Diese muss dann eventuell auch geglättet werden, und der gesamte Neuaufbau kann beginnen. In einem solchen Fall ist je nach Größe einer Terrasse mit 2.000 bis 4.000 Euro zu rechnen.

Bei **Balkonen** muss man ebenfalls zwischen einfachen Aufbauten und aufwändigeren Konstruktionen unterscheiden. So gibt es mittlerweile auch für Balkone einfache Aufbauarten, mit einem losen Betonpflasterbelag auf einem Kiesbett, das auf der Balkonplatte liegt. Viele ältere Gebäude haben allerdings noch klassische Fliesenbeläge im Mörtelbett, vielleicht auf einem Gefälleestrich, häufig aber einfach auf der Betonplatte. Von Gefälle ist oft auch keine Spur zu sehen, was ein häufiger Sanierungsgrund ist. Denn das Regenwasser bleibt dann auf dem Balkon stehen und sucht sich andere Wege, häufig genug in die Hausfassade, vor allem an Schwachpunkten wie Balkontürdurchgängen. Auch die Sanierung eines Balkons bewegt sich zwischen 2.000 und 4.000 Euro. Müssen allerdings weitere Bauteile saniert werden wie zum Beispiel das Balkongeländer oder die angrenzenden Balkontüren,

wird es natürlich teurer. Allein die Auswechselung eines Geländers kann mit 2.000 bis 4.000 Euro zu Buche schlagen, je nachdem, wie groß es ist und ob man eine Standardform wählt oder ein individuelles Geländer anfertigen lässt und vor allem aus welchem Material man das Geländer haben will (also zum Beispiel aus einfachem, grundiertem Eisen, aus verzinktem Stahl oder aus Edelstahl).

Wenn sich im Bereich des Balkons bereits Folgeschäden bemerkbar gemacht haben, Feuchtigkeit also zum Beispiel schon in die Fassade gedrungen ist, kann es sein, dass Teile der Fassade neu ausgebildet werden müssen. Müssen dazu beispielsweise ein Gerüst gestellt und Putz großflächig abgenommen und wieder aufgebracht werden, sollten Sie mit 3.500 bis 5.000 Euro zusätzlich rechnen.

Welche Alternativen gibt es?
Soweit eine Terrasse oder ein Balkon unabhängig vom übrigen Gebäudekörper konstruiert und gebaut ist, können Sie abwägen, ob Sie Terrasse und Balkon tatsächlich sanieren möchten. Beim Balkon kann es auch eine Alternative sein, ihn ersatzlos zu entfernen und vor die Balkontüren bis auf Brüstungshöhe Gitter zu setzen – wie bei sogenannten französischen Fenstern. Das ist aber nur sinnvoll, wenn der Balkon sehr einfach entfernt werden kann, weil er nicht mit dem Haus konstruktiv verbunden ist, was jedoch eher selten der Fall ist.

Auch viele ältere Terrassen sind fest mit dem Gebäude verbunden; häufig hat die Betonunterplatte direkten Kontakt zur Gebäudeaußenwand. Manchmal hat die Terrasse sogar eine Doppelfunktion und bildet zusätzlich die Decke eines Kellerraums. In solchen Fällen ist es sinnvoller, die Terrasse nicht abzureißen, sondern neu aufzubauen. Liegt eine Terrasse separiert vom übrigen Gebäudekörper vor dem Haus, kann man auch sie komplett wegnehmen und durch eine kleinere, preiswertere und gegebenenfalls auch pflegeleichtere ersetzen.

Wenn das Geld sehr knapp ist und Terrasse und Balkon in einem kritischen Zustand sind, ohne dass sie jedoch angrenzende Bauteile gefährden, kann man beide durchaus für den Zugang sperren und eine Sanierung verschieben. Gerade dann, wenn man in den Herbst- oder Wintermonaten ein Haus mit maroder Terrasse oder marodem Balkon kauft, ist eine Sanierung ohnehin nicht sinnvoll. Dafür sollte man besser bis zum Frühjahr oder Sommer warten.

⋯▸ Checkblatt
Nachträgliche Erschließungs- beiträge

Was sind nachträgliche Erschließungsbeiträge?

Nachträgliche Erschließungsbeiträge sind Beiträge, die eigentlich bei der Ersterschließung des Hauses hätten gezahlt werden müssen, aber nicht gezahlt wurden, zum Beispiel weil die Kommune die Erschließung nicht gleich, sondern über einen längeren Zeitraum umgesetzt hat und dann mit jeder Maßnahme abrechnet. So kann es sein, dass die Straße vor dem Haus lange in einem unguten Zustand war, vielleicht weil die Kommune noch warten wollte, bis auch eine Zubringerstraße oder Ähnliches fertiggestellt werden konnte. Es kann seitens einer Kommune durchaus berechtigte Gründe geben, mit einer vollständigen Erschließung zunächst zu warten. Kaufen Sie das Haus dann zum Beispiel zehn Jahre nach Erstellung und sind die Erschließungsbeiträge noch nicht voll abgerechnet, blieben diese an Ihnen als aktuellem Eigentümer hängen. Solche Gebühren können Sie selbst 20 Jahre nach Erstellung eines Hauses noch treffen. Und es kann sein, dass die Straße vor dem Haus nach 30 Jahren einfach nur erneuert werden muss. Auch dann sind Sie es, der/die zahlt.

Wann kommt es zu nachträglichen Erschließungsbeiträgen?

Die Kommune benötigt die Erschließungsbeiträge um die Infrastruktur rund um das Grundstück bezahlen zu können: zum Beispiel Kanal-system, Straße, Beschilderung, Straßenbeleuchtung, Gehweg und Gehwegbeleuchtung. Die Kommune kann diese Erschließungsgebühren den Anliegern in Rechnung stellen. Dazu ist sie gesetzlich ermächtigt. Die Erschließung kommt natürlich auch Ihnen zugute. Gerade die Kanal- und Straßenerschließungen sind ja von großem persönlichem Vorteil für Sie.

Nachträgliche Erschließungsbeiträge fordert die Kommune dann, wenn sie nachträglich Ersterschließungsmaßnahmen vornimmt oder Ersterschließungen erneuert.

Wie viel kosten nachträgliche Erschließungsbeiträge?

Erschließungsbeiträge, auch nachträgliche Erschließungsbeiträge, können sehr hoch sein. Sie werden auf unterschiedlicher Basis erhoben. Die Kommunen erlassen diesbezüglich eigene Verteilungsschlüssel. So kann es sein, dass nach Grundstücksgröße oder nach der Lauflänge des Grundstücks an der Straße abgerechnet wird. In letzterem Fall würde etwa ein Eckgrundstück deutlich stärker zu Buche schlagen als ein schmales Grundstück zwischen zwei anderen. Für die Vollerschließung eines Grundstücks müssen Sie mit um die 15.000 bis 20.000 Euro rechnen. Es kann auch mehr werden – vor allem dann, wenn das Grundstück eine relativ lange Lauflänge zur Straße hat und der Verteilungsschlüssel sich danach richtet (⇢ **Checkblatt Erschließungsbeiträge/Straßenausbaubeiträge** Seite 241).

Welche Alternativen gibt es?

Wenn die Kommune berechtigte Erschließungsbeiträge in Rechnung stellt, gibt es üblicherweise keine Alternativen. Zwar klagen immer wieder Anlieger vor den Verwaltungsgerichten gegen Erschließungsbeiträge, allerdings mit unterschiedlichem Erfolg. Es muss schon ein klarer Verstoß der Kommune gegen geltendes Recht oder eine unverhältnismäßige Benachteiligung eines Anliegers vorliegen, damit eine Klage erfolgreich erscheint. Das muss jedoch im Einzelfall ein Anwalt mit Tätigkeitsschwerpunkt im Verwaltungsrecht prüfen.

⇢ Checkblatt
Anstehende Straßenausbaubeiträge

Was sind Straßenausbaubeiträge?

Straßenausbaubeiträge sind keine Gebühren, sondern tatsächliche Ausgleichszahlungen für anfallende Arbeiten zur Sanierung oder Erweiterung bestehender Straßen. Getragen werden diese Beiträge von den sogenannten Anliegern. Die Erhebung von Straßenausbaubeiträgen beruht auf Landesrecht. Das heißt, die Bundesländer können über ihre Kommunalabgabengesetze selber entscheiden, ob die Kommunen in den Ländern diese Beiträge erheben oder nicht. Das kann Kommunen auch einfach freigestellt sein. Es gibt Bundesländer, wie etwa Bayern, die diese Beiträge gar nicht mehr erheben und es gibt andere Länder, deren Kommunen das weiterhin tun – oder deren Kommunen die Erhebung freigestellt ist. Das heißt: Es kommt auf die Lage der Immobilie an, ob solche Beiträge drohen können oder nicht.

Wann fallen Straßenausbaubeiträge an?

Straßenausbaubeiträge fallen im Zuge von Straßenausbaumaßnahmen an. Über die Ausbaumaßnahmen informiert die Kommune, führt diese dann durch und rechnet sie schließlich gegenüber den Anliegern ab – wenn dies im betreffenden Bundesland und der betreffenden Kommune so geregelt ist. Die Ausbaubeiträge schuldet derjenige, der zum

Zeitpunkt ihrer Erhebung im Grundbuch als Eigentümer eingetragen ist. Nun kann es aber sein, dass Sie zum Zeitpunkt der Erhebung zwar noch nicht im Grundbuch als Eigentümer eingetragen sind, aber der Übertragung aller Rechte und Pflichten mit dem Datum der Kaufvertragsbeurkundung zugestimmt haben. Dann wäre der Grundstückseigentümer zwar gegenüber der Kommune der Schuldner, könnte die Forderungen aber an Sie weiterreichen. Die zuständige Kommune selbst setzt meist eine Zahlungsfrist, bis zu der die Beiträge zu begleichen sind.

Wie hoch sind Straßenausbaubeiträge?

Straßenausbaubeiträge – und das ist das gefährliche – können extrem hoch sein. Sie können sich etwa bemessen an der Grundstücksgröße oder der Länge der Grundstücksgrenze zur Straße. Wird eine Straße vollständig saniert, also etwa inklusive Unterbau, Gehweg und Beleuchtung, gehen die Beiträge schnell in die Zehntausende von Euro pro Anlieger. Übersieht man solche Beträge beim Kauf einer Immobilie, kann das für die Immobilienfinanzierung schnell eng werden.

Welche Alternativen gibt es?

Es gibt keine Alternativen zur Zahlung der geforderten Beiträge. Nur in Bundesländern, die sie ganz abgeschafft haben oder in Kommunen, die sie abgeschafft haben, weil das Landesrecht ihnen das zugesteht, gibt es solche Beiträge nicht. Das heißt, man sollte sich zunächst informieren, ob das betreffende Bundesland, in dem die Immobilie steht, von den Anliegern noch Straßenausbaubeiträge verlangt. In Bundesländern, die diese Entscheidung den Kommunen freistellen, muss man prüfen, wie die betreffende Kommune verfährt.

Befindet sich die Immobilie in einem Bundesland und einer Kommune, wo die Beiträge noch erhoben werden, muss man diesen Punkt vor dem Kauf sehr sorgfältig klären. Das beginnt damit, dass man den Immobilienverkäufer fragt, ob Straßenausbauarbeiten seitens der betreffenden Kommune angekündigt sind. Sind sie das, muss bei der betreffenden Kommune nachgefragt werden, wie hoch die voraussichtlichen Anliegerbeiträge für das konkrete Grundstück ausfallen werden. Der Verkäufer der Immobilie wird diese Beiträge in aller Regel nicht mehr bezahlen wollen. Dann kann man aber zumindest über eine gewisse Kompensationsleistung beim Kaufpreis verhandeln. Ein Restrisiko bleibt aber, denn kaum eine Kommune kann zu Beginn von Maßnahmen darlegen, wie hoch diese am Ende wirklich sein werden. Ist Ihnen das Risiko zu hoch, müssen Sie nötigenfalls die Finger von der betreffenden Immobilie lassen, denn das Risiko kann im Einzelfall tatsächlich zu hoch sein.

Gebrauchte Eigentumswohnung

Beim Kauf einer gebrauchten Eigentumswohnung sind zusätzlich die nachfolgenden Checkblätter zu beachten.

⋯▷ Checkblatt
Beschlossene Sanierungen des gemeinschaftlichen Eigentums

Was sind beschlossene Sanierungen des gemeinschaftlichen Eigentums?

Bei Eigentumswohnungen unterscheidet man zwischen dem sogenannten gemeinschaftlichen Eigentum und dem Sondereigentum. Das **Sondereigentum** betrifft bildlich gesprochen alles, was innerhalb ihrer Wohnung liegt: zum Beispiel Ihr Bad, Ihre Küche, Ihre Privaträume. Das **gemeinschaftliche Eigentum** betrifft alle Gebäudeteile, die die Wohnungseigentümergemeinschaft gemeinsam nutzt. Ob Sie Ihre Wohnung innen modernisieren, bleibt im Wesentlichen Ihrer alleinigen Entscheidung überlassen – soweit es bei Oberflächensanierungen bleibt und Sie nicht Estriche oder gar tragende oder leitungsführende Wände entfernen. Ob das Gebäude insgesamt allerdings modernisiert oder saniert wird, ist eine Entscheidung der gesamten Eigentümergemeinschaft. Früher waren kostenträchtige Maßnahmen nur zu erreichen, wenn alle Eigentümer ausnahmslos zugestimmt haben. Heute genügen für viele Modernisierungsmaßnahmen bereits Mehrheitsentscheidungen. Diese Entscheidungen werden auf den Wohnungseigentümerversammlungen beschlossen. Von diesen Versammlungen werden Protokolle angefertigt, meist vom Wohnungseigentumsverwalter. Diese Protokolle erhalten üblicherweise alle Eigentümer in Kopie, sodass auch der bisherige Eigentümer Ihrer Wohnung alle Protokolle haben sollte. Ferner muss der Wohnungseigentumsverwalter eine sogenannte Beschlusssammlung führen. Er muss also alle Beschlüsse, die die Wohnungseigentümergemeinschaft getroffen hat, separat archivieren. Diese Beschlusssammlung können Sie im Zuge eines Wohnungskaufs einsehen und so erkennen, welche Beschlüsse gefasst wurden. So kann es ja zum Beispiel sein, dass die Wohnungseigentümergemeinschaft kurz vor Ihrem Kauf einer Wohnung einen sehr kostenintensiven Sanierungsbeschluss gefasst hat. Das könnte dazu führen, dass Sie zeitnah nicht nur den Kaufpreis für die Wohnung aufbringen müssten, sondern möglicherweise auch noch einen erheblichen anteiligen Betrag für die Sanierung des Gebäudes. Die Zahlung eines solchen Betrages zu verweigern mit dem Argument, Sie hätten davon nichts gewusst, funktioniert nicht. Die Wohnungseigentümergemeinschaft könnte nötigenfalls auch rechtlich gegen Sie vorgehen.

Wann benötigt man einen Beschluss für Sanierungen des gemeinschaftlichen Eigentums?

Selbst für kleinere Sanierungsmaßnahmen ist nach dem Wohnungseigentumsgesetz eine Zustimmung der Eigentümer notwendig, das heißt, man benötigt einen offiziellen Beschluss. Da sich die Wohnungseigentümergemeinschaft üblicherweise nur einmal im Jahr trifft, muss weit im Voraus geplant werden.

Der Beschluss für eine Sanierungsmaßnahme kann freiwilliger Natur sein, etwa weil man das Gebäude auf den neuesten energetischen Stand bringen oder bloß die Fassaden streichen und Balkone ausbessern will. Die Beschlüsse können aber auch darin begründet liegen, dass man zum Beispiel gesetzlichen Verpflichtungen bezüglich der energetischen Anforderungen nachkommen muss. Und schließlich können Verkehrssicherungsmaßnahmen Sanierungen notwendig machen, beispielsweise wenn sich Bauteile des Gebäudes zu lösen drohen und Passanten gefährden oder wenn die Sicherheitstechnik des Aufzugs oder der Brandschutz des Gebäudes nachgebessert werden müssen.

Wie viel kosten Sanierungen des gemeinschaftlichen Eigentums?

Sanierungen des gemeinschaftlichen Eigentums können teuer sein. Allein der Anstrich einer Fassade, ohne weitere Dämmmaßnahmen oder Ähnliches, kann schon mehrere 10.000 Euro kosten, je nach Größe des Gebäudes. Das liegt ganz einfach daran, dass Gebäude mit gemeinschaftlichem Eigentum immer Mehrfamilienhäuser sind. Haben sie mehr als 10 Wohneinheiten, sind die Kosten meist auch etwas höher. Dann werden sofort aufwändige Maßnahmen wie zum Beispiel umfangreiche Gerüststellungen notwendig. Ferner haben diese Gebäude häufig Sonderanlagen, etwa Aufzüge und/oder Tiefgaragen. Eine komplette Aufzugsanierung mit Wechsel der Aufzugskabine und des Antriebs kann problemlos über 80.000 Euro kosten. Leben in einem solchen Haus 10 Parteien, kann das bedeuten, dass jede Partei nur allein für die Aufzugssanierung über 8.000 Euro berappen muss. Und: Selbst die Bewohner einer Erdgeschosswohnung müssen sich daran beteiligen, auch wenn sie den Aufzug nie benutzen. Solche Fälle sind zwischenzeitlich sogar gerichtlich geklärt worden (→ **Checkblatt Aufzugssanierung** Seite 141).

Hat die Wohnungseigentümergemeinschaft eine vollständige energetische Modernisierung beschlossen, mit Fenstertausch, Heizungstausch (→ **Checkblätter** Seite 111 und 113) und Fassadendämmung, gehen solche Maßnahmen in die Hunderttausende. Der einzelne Eigentümer kann dabei schnell mit 20.000 bis 40.000 Euro beteiligt sein.

Welche Alternativen gibt es?

Keine. Wenn ein rechtskräftiger Sanierungsbeschluss (oder auch Modernisierungsbeschluss) der Wohnungseigentümergemeinschaft vorliegt, dann müssen Sie diesen finanziell (als sogenannte Sonderumlage) mittragen. Die einzige Möglichkeit, die Sie haben: Vor dem Kauf einer gebrauchten Eigentumswohnung genau hinsehen und insbesondere die Versammlungsprotokolle und die Beschlusssammlung der Wohnungseigentümergemeinschaft, zumindest der letzten 5 Jahre, besser der letzten 10 Jahre, sehr sorgsam durchlesen, damit Sie wissen, ob und welche Sanierungsmaßnahmen beschlossen wurden und ob dafür eventuell schon Kostenvoranschläge vorliegen und ausreichende Rücklagen gebildet werden.

⇢ Checkblatt
Wohngeld und Rücklagenbildung der Wohnungseigentümergemeinschaft (WEG)

Was sind Wohngeld und Rücklagenbildung der WEG?

Neben der Beschlusssammlung der WEG ist für Sie beim Kauf einer gebrauchten Wohnung auch von entscheidender Bedeutung, dass Sie wissen, welche Rücklagen die WEG über die Jahre gebildet hat, zum Beispiel für Modernisierungen. Diese Rücklagen werden gebildet aus Teilen eines sogenannten Wohngeldes, das üblicherweise monatlich an den Wohnungseigentumsverwalter überwiesen wird, welcher es auf einem separaten Konto anlegen muss. Auch die Höhe dieses monatlichen Wohngeldes müssen Sie kennen, denn es belastet Monat für Monat Ihre regelmäßigen Ausgaben zusätzlich.

Wann benötigt die WEG Wohngeld und Rücklagenbildung?

Die Rücklagenbildung einer WEG benötigt man sowohl für geplante als auch für unvorhergesehene Sanierungsfälle. So kann es zum Beispiel sein, dass der Aufzug plötzlich defekt ist und repariert werden muss. In solchen Fällen zahlt keine Versicherung. Und soweit das zeitlich nicht mehr von der gesetzlichen Gewährleistung gedeckt wird (je nach Bauteil maximal 5 Jahre) und soweit auch Garantieleistungen des Herstellers nicht mehr greifen, muss relativ schnell und auf Kosten der WEG gehandelt werden.

Wie viel kosten Wohngeld und Rücklagenbildungen der WEG?

Beiträge zu Rücklagenbildungen werden meist gemeinsam mit dem Wohngeld gezahlt. Sie können damit rechnen, dass – je nach Größe der WEG – etwa um die 200 bis 300 Euro monatlich für Sie anfallen, um Rücklagen der WEG aufzustocken, Nebenkostenvorauszahlungen zu leisten und fortlaufende Dienstleistungen rund um die Immobilie anteilig zu bezahlen (etwa Treppenhausreinigung, Grünanlagenpflege). Diese Kosten müssen Sie unbedingt in Ihre Finanzierungsüberlegungen einbeziehen, denn wenn Sie dieses Geld monatlich nicht zur Verfügung haben, kann es finanziell eng werden. Das fortlaufende Wohngeld wird in sehr vielen Finanzierungsberechnungen für den Kauf von Eigentumswohnungen ausgeblendet, und das ist sehr gefährlich. Es kann die Finanzierungsüberlegungen ins Wanken bringen.

Noch teurer kann es allerdings werden, wenn die WEG keine ausreichende Rücklagenbildung betrieben hat. Kommt es dann zu überraschend notwendigen und kostenintensiven Modernisierungen, kann es für Sie finanziell schnell auch eng werden. Fällt der Aufzug aus und muss er komplett erneuert werden, wird es teuer (⇢ **Checkblatt Aufzugssanierung** Seite 141), wird das Tiefgaragendach undicht und muss erneuert werden, ebenfalls (⇢ **Checkblatt Tiefgaragensanierung** Seite 142).

Kostenintensiv für Sie wird es vor allem dann, wenn kaum Rücklagenbildung betrieben wurde, aber größere Sanierungsmaßnahmen bereits beschlossen sind.

Welche Alternativen gibt es?
Keine. Wirkliche Alternativen zum Wohngeld und der Rücklagenbildung gibt es nicht, wenn die WEG das so beschlossen hat. Daher ist es sehr wichtig, vor dem Kauf die Beschlusssammlung mit den Beschlüssen der letzten 5, besser 10 Jahre ebenso eingesehen zu haben wie die Protokolle der Wohnungseigentümerversammlungen der letzten 5, besser 10 Jahre. Alles andere hieße sonst, dass Sie die Katze im Sack kaufen – Sie wissen letztlich nicht, welche Folge-kosten Ihnen unmittelbar drohen können. Das wäre leichtsinnig, und selbst die beste Immobilienfinanzierung würde Ihnen dann nur sehr bedingt weiterhelfen. Sie könnten gezwungen sein, teuer nachzufinanzieren.

⇢ Checkblatt Treppenhausmodernisierung

Was ist eine Treppenhausmodernisierung?
Eine einfache Treppenhausmodernisierung umfasst nach dem allgemeinen Verständnis nur den Anstrich der Treppenhauswände, soweit es sich um ein innen liegendes Treppenhaus handelt. Es kann aber auch sein, dass Treppenbelag und Treppengeländer ausgetauscht werden. Sollen dann noch Treppenhausfenster gewechselt werden, wird aus dem unscheinbaren Begriff Treppenhausmodernisierung rasch ein erheblicher Modernisierungsumfang.

Neben innen liegenden Treppenhäusern gibt es zunehmend außen liegende Treppenhäuser mit offenen Laubengängen, die zu den Wohnungen führen. Wenn man bei einer solchen Gebäudeanlage von einer Treppenhausmodernisierung spricht, wird es kaum um den Wandanstrich gehen, sondern sehr wahrscheinlich eher um die Modernisierung der Laufflächen und Geländer. Solche Treppenhäuser sind der Witterung sehr stark ausgesetzt, ihre Modernisierung kann sich daher unversehens zu einer kostenintensiven Sanierung entwickeln.

Wann benötigt man eine Treppenhausmodernisierung?
Eine Treppenhausmodernisierung kann notwendig werden, wenn zum Beispiel eine Brandschau gezeigt hat, dass mit Zwangsentlüftung zum Rauchabzug und Feuerlöschern nachgerüstet werden muss. Bei offenen Treppenhäusern mit Laubengängen können Modernisierungen notwendig werden, wenn aufgrund von Witterungseinflüssen bauliche Schäden eingetreten sind, die behoben werden müssen, damit Folgeschäden abgewendet werden.

Bei alten Holztreppenhäusern wiederum ist es manchmal notwendig, die alte Treppe neu zu schleifen und zu versiegeln, um sie vor Feuchteeintrag und Schimmel zu schützen.

In den meisten Fällen ist eine Treppenhausmodernisierung von innen liegenden Treppenhäusern aber nur dem Umstand geschuldet, dass die Wände neu gestrichen werden sollen. Eher selten werden Geländer und Treppenbelag getauscht. Solche Maßnahmen betreffen eher außen liegende Treppenhäuser.

Soweit ein Gebäude über keinen Aufzug verfügt und im Treppenhaus Anlagen zur Überbrückung der ersten Treppenläufe angebracht werden sollen (zum Beispiel Hebebühne), etwa weil im Erdgeschoss oder ersten Obergeschoss eine Person mit Bewegungseinschränkungen wohnt, sind die Kosten dafür üblicherweise von dieser Person zu tragen beziehungsweise von allen Personen, die von der Maßnahme profitieren und sie nutzen.

Wie viel kostet eine Treppenhausmodernisierung?

Bei einer Treppenhausmodernisierung kommt es erheblich auf den geplanten Umfang an. Wenn das Treppenhaus nur gestrichen werden soll, kommt man mit einem kleineren Betrag aus, je nach Hausgröße zwischen 3.000 und 8.000 Euro insgesamt. Bei Gebäuden mit mehr als 20 Wohnungen und relativ großem Treppenhaus auch mehr. Wenn allerdings der Treppenbelag und das Treppengeländer noch erneuert werden sollen, sind ganz andere Summen im Spiel. Denn dann müssen der alte Belag und das alte Geländer entfernt und entsorgt werden. Das kann sehr aufwändig sein. Selbst das Verlegen eines neuen Belags (vor allem bei Steinzeugbelägen, zum Beispiel Granit) und das Anbringen eines neuen Geländers sind relativ teuer. Selbst bei einem kleinen Treppenhaus sollte man dafür nicht unter 15.000 Euro rechnen. Bei größeren Treppenhäusern kann das in den Bereich von 30.000 bis 40.000 Euro laufen und bei sehr großen Treppenhäusern (zum Beispiel Gebäude mit mehr als 30 Wohnungen) auch noch mehr.

Sollen dann zum Beispiel noch die Fenster gleich mit gewechselt werden, können sich die Kosten verdoppeln, je nach Fenstergröße und -bedarf im Treppenhaus.

Wenn Sie also in einer Beschlusssammlung oder in einem WEG-Protokoll lesen, dass das Treppenhaus modernisiert werden soll, sollten Sie fragen, in welchem Umfang. Denn davon hängt ab, wie viel Sie anteilig zu tragen haben, eher 1.000 Euro bei einem reinen Anstrich des Treppenhauses oder eher 3.000 oder noch mehr Euro, wenn umfassend saniert werden soll.

Welche Alternativen gibt es?

Keine. Wenn ein Beschluss der Wohnungseigentümergemeinschaft rechtskräftig steht, sind Sie diesem unterworfen. Sie können zwar versuchen, mit den anderen Mitgliedern der Wohnungseigentümergemeinschaft ins Gespräch zu kommen und die Maßnahmen mit ihnen gemeinsam noch einmal zu überdenken oder den Umfang zu reduzieren, es dürfte aber fraglich sein, wie viel Erfolg Sie damit haben.

⋯▷ Checkblatt
Aufzugssanierung

Was ist eine Aufzugssanierung?

Unter einer Aufzugssanierung versteht man weder eine übliche Routinekontrolle und Wartung des Aufzugs noch eine außerplanmäßige Reparatur. Eine Aufzugssanierung ist eine geplante, vollständige Generalüberholung des Aufzugs mit dem Ersatz wesentlicher Bestandteile, wie zum Beispiel der Fahrkabine und dem Antrieb. Aufzüge sind relativ komplexe Systeme. Wer sich als Hersteller am Markt durchsetzen will, muss zuverlässige Technik und Qualität bieten, die durch technische Überwachungsbehörden abgenommen werden müssen. Aufzugssysteme sind daher relativ langlebig, soweit sie nicht als Außenaufzüge der Witterung ausgesetzt sind. Es gibt 40 Jahre alte Aufzüge, die nach wie vor zuverlässig funktionieren. Man sollte allerdings nach etwa 30 Jahren mit einer Generalüberholung eines Aufzugssystems rechnen, bei der wesentliche Teile ausgetauscht werden.

Wann benötigt man eine Aufzugssanierung?
Eine Aufzugssanierung kann unterschiedliche Gründe haben. So kann es zum Beispiel sein, dass man eine alte Aufzugskabine durch eine moderne barrierefreie Kabine ersetzen muss, um den barrierefreien Zugang zu den Wohnungen sicherzustellen. Es kann aber auch sein, dass der Aufzugsantrieb oder andere Bauteile aufgrund von Verschleißerscheinungen aus mehreren Jahrzehnten Betrieb ersetzt werden müssen, um den weiteren dauerhaft zuverlässigen Betrieb sicherzustellen.

Manchmal spielen Komfortaspekte eine Rolle. Moderne Aufzugskabinen mit großen Spiegelflächen und angenehmer Beleuchtung sowie einem ruckfreien Antrieb bieten ganz anderen Komfort als Aufzüge, die bereits mehrere Jahrzehnte alt sind.

Wie viel kostet eine Aufzugssanierung?
Die Kosten für eine Aufzugssanierung hängen im Wesentlichen von der Größe der Anlage und dem Umfang der Sanierung ab. Für eine Wohneinheit mit 12 bis 16 Parteien kann eine Aufzugssanierung bereits im hohen fünfstelligen bis hinein in den sechsstelligen Bereich liegen. Pro Einwohner ist das nicht unter 4.000 Euro zu haben, es können aber auch 6.000 oder 7.000 Euro pro Eigentümer werden.

Welche Alternativen gibt es?
Keine. Wenn die Wohnungseigentümergemeinschaft rechtskräftig beschlossen hat, dass eine umfassende Aufzugssanierung erfolgen soll, dann können Sie dies kaum anfechten. Selbst wenn Sie eine Wohnung im Erdgeschoss kaufen und den Aufzug nie benutzen müssen, haben Sie keine Chance, der Kostenbeteiligung zu entgehen. Entscheidend ist daher, dass Sie die Beschlusssammlung und die Protokolle der Wohnungseigentümergemeinschaft aus den letzten 5, besser 10 Jahren aufmerksam durchlesen, bevor Sie die Wohnung kaufen. Ist eine Aufzugssanierung geplant, ist es sinnvoll nachzuhaken, in welchem Umfang und ob bereits ein Kostenvoranschlag vorliegt. Haben Sie dann überprüft, wie hoch die Rücklagenbildung der Wohnungseigentümergemeinschaft aktuell ist (⇢ **Checkblatt Protokollsammlung/ Rücklagenbildung/Wohngeld** Seite 252), können Sie abschätzen, was an Kosten auf Sie zukommen kann.

⇢ Checkblatt Tiefgaragensanierung

Was ist eine Tiefgaragensanierung?
Ähnlich wie der Aufzug ist auch die Tiefgarage ein typischer Sonderbauteil von Gebäuden mit Eigentumswohnungen. Tiefgaragen finden

sich heute unter vielen Gebäudeanlagen mit Eigentumswohnungen. Selbst relativ kleine Einheiten verfügen heute über solche Bauteile. Das liegt daran, dass gemäß den Landesbauordnungen für jede Wohnung mindestens ein Stellplatz nachgewiesen werden muss. Da aber Grund und Boden teuer ist, verlegt man die Stellplätze unter die Erde beziehungsweise unter das Haus. Das lohnt sich, obwohl Tiefgaragen meist eines der teuersten Gebäudeteile sind. Tiefgaragen sind auch ein Gebäudeteil, mit dem Planer und Architekten erst in jüngerer Zeit in großer Breite konfrontiert wurden. Eine Tiefgarage ist zwar rein äußerlich ein eher wenig komplexer Gebäudeteil, ohne allzu großen Ausbauaufwand, aber sie ist ein Gebäudeteil, der extremen Umfeldbedingungen ausgesetzt ist. Tiefgaragen sind in das Erdreich eingegrabene Bauteile, haben also dauerhaften Kontakt mit von außen angreifender Erdfeuchte. Zunehmend sind Tiefgaragen auch von oben begrünt, das heißt, selbst ihr Dach ist häufig – zumindest in Teilbereichen – von Erdmaterial bedeckt.

Tiefgaragen werden fast immer aus wasserundurchlässigem Beton gebaut, sogenanntem WU-Beton. Aber auch vor WU-Beton macht der Zahn der Zeit nicht Halt. Trotz aller Vorbeugemaßnahmen kann es mit der Zeit doch zu Feuchtigkeitseintritt kommen. So sind beispielsweise Fugen oder Lüftungsöffnungen Gefahrenpunkte für den Feuchteeintritt. Tritt dieser vermehrt auf, kann man möglicherweise punktuell nachhelfen, kommt es aber wiederholt zu Problemstellen, auch größeren Problemstellen, beispielsweise im Bereich von Wand- oder Bodenfugen, können umfangreichere Sanierungsmaßnahmen notwendig werden. Das gilt auch für die Tiefgaragendecken, insbesondere für begrünte Decken.

Eine solche Sanierung ist praktisch immer mit dem Öffnen der Tiefgarage von innen oder von außen verbunden. Von außen ist das nur möglich, wenn die Garage nicht Wand an Wand mit der Nachbarbebauung errichtet wurde. Ist dies der Fall, kann praktisch nur von innen geöffnet werden. Böden können ohnehin nur von innen geöffnet werden. Nur Tiefgaragen, die begrünt sind, sind meist auch von oben zugänglich, indem Grünzeug und Erdmaterial abgeschoben und seitlich gelagert werden. Zur Tiefgarage gehört ferner die Tiefgaragenzufahrt. Diese ist allen Witterungseinflüssen voll ausgesetzt. Hier kann es vor allem zu Fahrbahn- und Fugenschäden kommen, aber auch zu stärkerer Grünverfärbung oder zu Vermoosungen.

Neben den Massivbauteilen einer Tiefgarage können auch die Ausbauelemente wie zum Beispiel das Tiefgaragentor, die Schließanlage, die Ampelanlage oder sogenannte Doppelparkeranlagen (⇢ **Checkblatt Tiefgaragenstellplatz** Seite 94) von Sanierungen betroffen sein. Da sie mechanisch und elektrisch betriebene Teile sind, sind sie deutlich anfälliger als die statische Gebäudehülle.

Wann benötigt man eine Tiefgaragensanierung?

Eine Tiefgaragensanierung auf Kosten der Wohnungseigentümergemeinschaft kann notwendig werden, wenn Bauschäden außerhalb der Gewährleistungszeit (also nach über 5 Jahren seit Gebäudeabnahme) auftreten, die geeignet sind, weitere schwere Folgeschäden für die Tiefgarage oder das Gebäude insgesamt zu verursachen. Dann ist es sinnvoll, mit einer Sanierung einzugreifen, bevor noch größere Schäden eintreten. Bei den mechanisch oder elektrisch betriebenen Teilen können bereits Funktionsausfälle Sanierungsmaßnahmen notwendig machen.

Wie viel kostet eine Tiefgaragensanierung?

Bei den Kosten einer Tiefgaragensanierung kommt es auf die Art des Eingriffs und den Umfang an. Wenn es sich nur um temporäre, eher oberflächliche Ausbesserungen zum Beispiel von Fugen handelt, kann es sein, dass es bei 3.000 bis 5.000 Euro bleibt. Wenn komplette Wand-, Boden- und Deckensanierung sowie Torsanierungen, Sanierungen der Doppelparkeranlagen und umfassende Oberflächensanierungen (Zufahrtsrampe, Fahrboden, Fugen) anstehen, können es 50.000 Euro und mehr werden.

Welche Alternativen gibt es?

Keine. Wenn die Wohnungseigentümergemeinschaft rechtskräftig die Sanierung der Tiefgarage beschlossen hat, können Sie daran kaum etwas ändern. Entscheidend für Sie vor dem Kauf ist die Frage, in welchem Umfang saniert werden soll und ob schon Kostenvoranschläge vorliegen. Parallel dazu muss die Höhe der Rücklage der Wohnungseigentümergemeinschaft überprüft werden. Wird beides nicht überprüft und fällt dann eine teure Tiefgaragensanierung an, kann Ihre Immobilienfinanzierung so gut sein wie sie will, sie wird Ihnen in dieser Situation wenig helfen. Dann können teure Nachfinanzierungen auf Sie zukommen.

⋯⋗ Checkblatt Flachdachsanierung

Was ist eine Flachdachsanierung?

Auch Flachdächer sind Gebäudeelemente, die vermehrt im Mehrfamilienhausbereich auftauchen. Das Flachdach kam in den Breitengraden nördlich der Alpen viele Jahrhunderte überhaupt nicht vor. Es stammt eher aus der Mittelmeerregion, Nordafrika und Teilen Asiens. Dort hat das Flachdach vielfach auch Zusatzfunktionen als Wohn-, Schlaf- oder Lagerplatz. In Indien zum Beispiel schläft man bis heute auf Flachdächern. Die Idee des Flachdachs wurde populär mit der Architekturschule des Bauhauses, ohne dass man über die bauphysikalischen Konsequenzen allzu viel nachdachte. Das zentrale Problem von Flachdächern ist, dass das Wasser nicht natürlich ablaufen kann, wenn das Flachdach keine oder keine ausreichende Neigung hat und/oder wenn der Abfluss zugesetzt ist. Das führt dazu, dass Wasser auf dem Dach stehen bleibt und das Dach wirklich hundertprozentig wasserdicht sein muss. Kaum ein Dach in Deutschland ist langfristig hundertprozentig wasserdicht. Auch Ziegeldächer nicht. Sie kompensieren dieses Problem nur ganz einfach mit ihrer Neigung. Sie nutzen die Schwerkraft, um das Wasser abzuleiten, wohingegen sich Flachdächer der Schwerkraft förmlich in den Weg stellen. Stehendes Wasser, das Bauteile über Monate hinweg angreift, bleibt nicht ohne Wirkung. Es reicht, wenn ein einziger Nagel, der vom Zimmermann vergessen wurde, die Dachbahn des Dachdeckers an einem einzigen Punkt durchschnitten hat, um ein erhebliches Folgeproblem auszulösen. Es reicht aber auch, wenn an einer einzigen Stelle 2 Dachbahnen nicht optimal aufeinander geschweißt sind. Über die Jahre können selbst kleine Wassereinlasse zu großen Schäden führen. Diese Schäden müssen dann zunächst gesucht und schließlich saniert werden. Fast immer ist das mit einer Teil- oder Komplettöffnung des Flachdachs verbunden. Das ist meist aufwändig, denn der auf dem Flachdach liegende Kies beziehungsweise die Dachbegrünung kann nicht einfach auf einem Punkt des Daches gelagert werden; das könnte aus statischen Gründen zum Dachdurchbruch führen. Sondern meist muss das gesamte Material sehr aufwändig per Kran nach unten transportiert werden, bevor die Sanierungsarbeiten beginnen können. Dazu gehört das Abtragen aller Schichten, also der Kiesoberschicht, gegebenenfalls der extensiven oder intensiven Dachbegrünung samt Drainage, der Dachbahnen, gegebenenfalls auch Wurzelschutzbahnen, der Dämmlage (bei einem Warmdach), und der Dampfbremse. Ist dies alles geöffnet, kann man mit der eigentlichen Schadensbehebung beginnen.

Wann benötigt man eine Flachdachsanierung?

Schäden an Flachdächern müssen umgehend behoben werden. Eine zeitnahe Flachdachsanierung bei Schäden – auch kleinen Schäden – ist deshalb so wichtig, weil das Dach – neben den Fassaden – das elementar schützende Bauteil eines Gebäudes ist. Wenn das Dach undicht ist, führt das unweigerlich und meist relativ schnell zu Folgeschäden, deren Kosten rasch ein Vielfaches des Ursprungsschadens betragen können. Wenn man sich um Dachschäden nicht sofort kümmert, kann das verheerende Folgen haben. Das Problem bei Flachdächern ist, dass man viele Schäden von unten zunächst gar nicht sieht, sondern sie erst bemerkt, wenn sich Feuchtigkeit bereits durch die Decke des darunterliegenden Geschosses gearbeitet hat. Dann allerdings ist es allerhöchste Zeit, tätig zu werden.

Eine Flachdachsanierung kann auch notwendig werden, wenn das Flachdach aus energetischen Gründen gedämmt werden soll oder gemäß Gebäudeenergiegesetz (GEG) auch muss. Nach wie vor gibt es viele weitgehend ungedämmte Flachdächer in Deutschland. Soll eine Dämmung dann nicht von innen, sondern von außen erfolgen, müssen alle Schichten des bestehenden Daches abgetragen und neu aufgebracht werden.

Wie viel kostet eine Flachdachsanierung?

Die Kosten einer Flachdachsanierung bewegen sich meist im unteren bis mittleren fünfstelligen Bereich, also zwischen 15.000 und 30.000 Euro, je nach Größe des Schadens und des Daches. Bei sehr großen Gebäuden können die Kosten im sechsstelligen Bereich liegen, auch deshalb, weil dann meist aufwändige Kranstellungen für den Materialab- und -antransport notwendig sind.

Welche Alternativen gibt es?

Wenn die Wohnungseigentümergemeinschaft eine Flachdachsanierung rechtskräftig beschlossen hat, haben Sie kaum Möglichkeiten dagegen etwas zu unternehmen. Auch hier ist es wieder sehr wichtig, dass Sie vor dem Ankauf einer Wohnung die Beschlusssammlung und die Protokolle der Wohnungseigentümerversammlungen aus den letzten 5, besser 10 Jahren aufmerksam durchlesen und einen Einblick zur Höhe der von der Wohnungseigentümergemeinschaft gebildeten Rücklagen erhalten.

⋯⟶ Checkblatt
Außenanlagensanierung

Was ist eine Außenanlagensanierung?
Unter einer Außenanlagensanierung versteht man üblicherweise die Sanierung von Grünanlagen, Stellplätzen (Kfz, Mülltonnen, Räder), Spielplätzen und Zuwegen rund um das Haus.

Wann benötigt man eine Außenanlagensanierung?
Eine Sanierung ist eigentlich nur dann notwendig, wenn entweder der Grünbereich einer vollständigen „Wiederbelebung" unterzogen werden muss oder wenn bei baulichen Anlagen Unfallgefahr besteht (zum Beispiel lose Platten auf Wegen, Durchrostungen von Spielgeräten und anderes). Eine Außenanlagensanierung kann auch notwendig werden, wenn die Bewohner Barrierefreiheit oder zumindest eine Barrierereduktion des Hausumfeldes wünschen.

Wie viel kostet eine Außenanlagensanierung?
Die Kosten einer Außenanlagensanierung richten sich nach dem Umfang. Für eine vollständige „Wiederbelebung" einer Grünanlage eines durchschnittlichen Mehrfamilienhauses sollte man nicht unter 5.000 Euro für die Gesamtmaßnahme rechnen. Bei größeren Häusern können bis zu 10.000 Euro fällig werden. Eine etwas größere Summe, also etwa zwischen 7.000 und 12.000 Euro kommt hinzu, wenn einzelne Sanierungsmaßnahmen bei Wegen, Spielplätzen oder Stellplätzen notwendig werden. Soll jedoch ein Spielplatz mit allen Spielgeräten vollständig erneuert werden, kostet dies allein um die 15.000 bis 25.000 Euro. Ähnliches gilt bei der kompletten Erneuerung von Stellplätzen. Handelt es sich um einen größeren Parkplatz, kann dies noch deutlich teurer werden.

Welche Alternativen gibt es?
Eine ernstzunehmende Alternative ist es, diese Arbeiten (etwa unter fachlicher Anleitung) gemeinsam mit den Mitbewohnern umzusetzen. Dabei lässt sich tatsächlich viel Geld sparen. Vor allem bei den Arbeiten in den Grünanlagen.

Praxisbeispiel 3

Analyse der Kostenfallen beim Kauf eines gebrauchten Hauses

Familie Meier möchte ein gebrauchtes Haus kaufen. Sie hat eine Besichtigung vor Ort durchgeführt und sich den Fragebogen mit den Fragen zu den notwendigen Modernisierungen (--> Seite 102) von der Internetseite der Verbraucherzentrale heruntergeladen und ausgefüllt. Das Ergebnis ist, dass folgende Dinge am Haus auf alle Fälle zeitnah oder in absehbarer Zeit durchgeführt werden müssen:

- Wandoberflächenerneuerungen,
- Bodenbelagserneuerung,
- Innentürerneuerung,
- Küchenerneuerung,
- Badsanierung,
- Hauseingangserneuerung,
- Terrassen- und Balkonsanierung.

Familie Meier sieht dazu die Checkblätter in diesem Ratgeber durch und kommt zu dem Schluss, dass sie – so wie sie den gegenwärtigen Zustand des Hauses einschätzt – noch etwa 40.000 Euro zusätzlich wird investieren müssen.

Bei folgenden Dingen wird zusätzlich mittelfristig Handeln notwendig:

- Heizungssanierung,
- Wasserleistungssanierung,
- Fenster- und Rollladensanierung.

Auch hierzu sieht Familie Meier die Checkblätter in diesem Ratgeber durch und kommt zu dem Schluss, dass dafür nochmals 30.000 Euro fällig werden können.

Insgesamt hat Familie Meier damit einen zusätzlichen Finanzierungsbedarf von etwa 70.000 Euro. Das Haus selbst soll 260.000 Euro kosten. Dazu kämen etwa 26.000 Euro übliche Nebenkosten und nun noch die 70.000 Euro für Sanierungen. Macht alles zusammen satte 356.000 Euro. Das ist viel zu viel und nicht mehr das Schnäppchen, das Familie Meier entdeckt zu haben glaubte.

Familie Meier wird mit dieser Analyse nochmals das Gespräch mit den aktuellen Eigentümern suchen, um den Kaufpreis nach unten zu verhandeln. Sollte das nicht gelingen, müsste Familie Meier den Kauf der Immobilie noch einmal überdenken. Diese hohen zusätzlichen Kosten sprengen eindeutig ihren finanziellen Rahmen und machen den Hauskauf sogar unwirtschaftlich. Familie Meier würde den gezahlten Kaufpreis plus die Kosten der anstehenden Sanierungen bei einem Verkauf nicht wieder einspielen können. Wenn alles gut liefe, könnte sie für dieses Haus saniert vielleicht 320.000 Euro am örtlichen Immobilienmarkt verlangen, aber sicher nicht mehr.

Praxisbeispiel 4

Analyse der Kostenfallen beim Kauf einer gebrauchten Eigentumswohnung

Anne Schneider möchte eine gebrauchte Eigentumswohnung kaufen. Sie hat eine Besichtigung vor Ort durchgeführt. Sie hat sich dazu auch den Fragebogen zu notwendigen Modernisierungen (→ Seite 103) auf der Website der Verbraucherzentrale heruntergeladen, ausgedruckt und ausgefüllt. Außerdem hat sie die Beschlusssammlung der Wohnungseigentümergemeinschaft und die Protokolle der Wohnungseigentümerversammlungen der letzten 10 Jahre durchgesehen. Das Ergebnis ist, dass folgende Dinge an der Wohnung beziehungsweise am Gebäude in absehbarer Zeit gemacht werden müssen und sogar schon beschlossen sind:

- Sanierung des Tiefgaragendachs,
- Treppenhausmodernisierung,
- Außenfassaden- und Balkonsanierung.

Anne Schneider hat sich daraufhin den aktuellen Stand der Rücklagen der Wohnungseigentümergemeinschaft für Gebäudeinstandhaltungen vom Wohnungseigentumsverwalter auch schriftlich geben lassen, und zwar den aktuell tatsächlich auf dem Konto vorhandenen Betrag. Sie stellt fest, dass die Rücklagen nicht allzu hoch sind, umgelegt auf jede Partei gerade einmal 3.500 Euro. Angesichts der Kosten, die auf die Eigentümergemeinschaft zukommen werden, wird das nicht reichen. Der Verwalter hat in seiner Kostenschätzung veranschlagt, dass noch einmal mindestens 11.500 Euro Eigenmittel auf jeden Eigentümer zukommen werden.

Aber auch innerhalb ihrer neuen Wohnung möchte Anne Schneider einige Dinge tun. Mindestens Folgendes hat sie sich vorgenommen:

- Wandoberflächenerneuerungen,
- Bodenbelagserneuerung,
- Innentürerneuerung,
- Badsanierung.

Sie stellt dafür nochmals Kosten von etwa 25.000 Euro fest. Anne Schneider beschließt daraufhin, die Badsanierung aufzuschieben und vorerst nur WC-Brille und Deckel sowie zwei Wasserhähne und einen Duschkopf zu tauschen. Für diese Variante (Wandoberflächenerneuerung, Bodenbelagserneuerung, Innentürerneuerung plus Details Bad) rechnet sie mit etwa 12.000 Euro zusätzlicher Kosten, neben dem Kaufpreis der Wohnung und den üblichen Nebenkosten. Dabei hörte sich der Kaufpreis der Wohnung so gut an: 149.000 Euro für 2 Zimmer. Jetzt werden es mit Nebenkosten (10 Prozent), Modernisierungen in der Wohnung (12.000 Euro) und anstehenden Sanierungen des gemeinschaftlichen Eigentums (11.500 Euro) doch fast 190.000 Euro. Das kann sie sich zwar gerade noch leisten, aber ein neues Bad für noch einmal etwa 12.000 oder gar mehr Euro hätte ihr Budget glatt gesprengt. Ob sie die Wohnung nach dieser Analyse wirklich kaufen will, weiß sie noch nicht. Denn sie will sich sicher sein, dass sie die Wohnung ohne allzu hohe Wertverluste wieder verkaufen kann.

Fazit

Sie haben es bei den Beispielen gemerkt, dass Angebotspreise von Immobilien schon bei einfacher Hinterfragung sehr schnell ganz anders aussehen können, als man das zunächst glaubte. Aber natürlich kann das Problem schon viel früher beginnen, nämlich damit, dass schon der Immobilienpreis an sich viel zu hoch angesetzt ist. Ob die Immobilie ihren Preis wert ist, hängt ja nicht nur an ihrer Größe und ihrem Zustand, sondern insbesondere auch an ihrer Lage. Es gibt Immobilien, deren Grundstücke so gute Lagen haben, dass der Zustand der Immobilie nebensächlich ist. Manchmal werden alte Häuser dann sogar abgerissen und die Grundstücke neu bebaut. Sogar das kann sich dann lohnen. Aber auch die beste Lage nützt nichts, wenn der Preis für die Immobilie zu hoch ist und bei einem Wiederverkauf nur Verluste entstehen würden. Ob die Ihnen angebotene Immobilie grundsätzlich überhaupt ihren Preis wert ist, können Sie auch unter Zuhilfenahme der Dokumentationen von Gutachterausschüssen feststellen.

Gutachterausschüsse

Immobilienpreise werden in sehr vielen Kommunen in Deutschland durch sogenannte **Gutachterausschüsse** beobachtet. In ihnen sitzen Vertreter der Kommunen, aber auch Teilnehmer am Immobilienmarkt. Die Ausschüsse erhalten üblicherweise Kopien aller Immobilienkaufverträge der Kommune und werten diese aus. Sie stellen darauf aufbauend Dokumentationen zusammen, in denen sie die durchschnittlichen Immobilienpreise in den verschiedenen Lagen einer Kommune darlegen. Diese Dokumentationen kann man bei den Kommunen erhalten. Manchmal kosten sie etwas, manchmal sind sie kostenfrei. Sie geben einem durchaus einen Überblick darüber, welche Preise in der Vergangenheit für bestimmte Immobilien und bestimmte Lagen in der Region gezahlt wurden. Allerdings liegt die Betonung auf Vergangenheit. Selbst wenn die Dokumentation eines Gutachterausschusses erst 2 Jahre alt ist, kann die Gegenwart schon wieder ganz anders aussehen. In einigen Regionen, die von starker Abwanderung betroffen sind, stürzen die Immobilienpreise teilweise jährlich förmlich ab, während sie woanders im gleichen Zeitraum geradezu explodieren. Das heißt, auch die Aussage eines Gutachterausschusses muss man kritisch mit der vorgefundenen Realität abgleichen. Trotzdem sind sie eine gute Orientierung. Am Ende ist eine Immobilie aber natürlich immer nur das wert, was am Markt tatsächlich mit ihr zu erzielen ist.

Gutachterausschüsse in Ihrer Region finden Sie, wenn Sie einfach den Namen Ihrer Kommune bei einer Internetsuchmaschine eingeben, kombiniert mit dem Begriff Gutachterausschuss – oder aber mit einem Blick auf die Internetseite Ihrer Kommune oder durch Nachfragen im örtlichen Landratsamt oder Rathaus. Manchmal sind die Dokumentationen der Gutachterausschüsse nicht einfach zu lesen und zu verstehen. Dann machen Sie ganz einfach einen Termin oder Telefontermin mit der Geschäftsstelle des Gutachterausschusses oder einem Ausschussmitglied aus, und lassen sich die Dokumentation erläutern.

Liegt der Preis einer Immobilie deutlich über dem vom Gutachterausschuss für diese Immobiliengröße und -lage dokumentierten Rahmen, sollten Sie hellhörig werden. Wenn die Immobilie dann auch noch bereits eine ganze Weile zum Kauf angeboten wurde, ohne dass sie bislang einen Käufer fand, dann kann auch dies auf einen nicht angemessenen Preis hindeuten. Dann sollten Sie über die Investition noch einmal gründlich nachdenken.

§

Vertragsfallen – ein Überblick

Die meisten Verbraucher schließen nur einmal im Leben einen so umfangreichen Vertrag ab wie den zum Kauf oder Bau einer Immobilie. In fast allen Verträgen – und zwar ausdrücklich auch den von Notaren entworfenen – stecken aber teils große Risiken. Wer diese nicht sorgfältig prüft oder prüfen lässt, kann sehr schnell in rechtlich kaum mehr beherrschbaren Situationen landen.

Was sind Vertragsfallen und wie entstehen sie?

„Vertragsfalle" ist ein umgangssprachlicher Begriff für Regelungen, die möglicherweise rechtmäßig sind, aber Ihren Interessen zuwiderlaufen. Regelungen also, die Ihnen erhebliche Nachteile bringen oder für Sie sogar ernsthaft existenzgefährdend werden können. Genauso dazu gehören aber auch Regelungen, die bei der Vertragsgestaltung bewusst weggelassen werden und Ihnen so rechtliche Möglichkeiten nehmen. Das können beispielsweise Regelungen sein, die gesetzlich nicht geregelt sind, aber deren vertragliche Regelung nach der laufenden Rechtsprechung zulässig ist wie zum Beispiel ein Geldeinbehalt während der Dauer der Gewährleistungszeit. Für Laien sind solche Dinge oft nur schwer zu erkennen, da Bau- oder Kaufverträge von Immobilien nicht zum täglichen Handwerkszeug von Laien gehören. Hinzu kommt eine teils sehr verschlüsselte, juristische Sprache, die nicht immer einfach zu verstehen ist.

Vertragsfallen zu Ihren Ungunsten entstehen meist dann, wenn ein Immobilienbau- oder Immobilienkaufvertrag von der Gegenseite entworfen und Ihnen dann zur Unterschrift vorgelegt wird. Dies ist jedoch fast immer der Fall. Verträge, die Ihnen von einer Gegenseite vorgelegt werden, müssen daher grundsätzlich sorgfältig durchgelesen und überprüft werden.

Diejenigen Personen, die solche Verträge für Bauträger, Fertighausanbieter, Massivhausanbieter oder andere entwerfen, pflegen nicht selten eine langjährige Geschäftsbeziehung mit eben diesen. Viele Bauträger zum Beispiel arbeiten über lange Zeiträume mit den immer selben Notaren zusammen. Wenn ein Notar beispielsweise in jährlichen Wiederholungen 20 oder 30 Reihenhauskaufverträge beurkundet, ist das für ihn ein sehr einträgliches Geschäft. So wird sein Vertragsentwurf zunächst einmal die Wünsche des Bauträgers enthalten. Zwar ist der Notar nach § 17 des Beurkundungsgesetzes verpflichtet, auch Ihren Willen –

Zitat – *„zu erforschen"*. In der Praxis sieht das aber meist so aus, dass Ihnen ein Makler oder Bauträger einen Vertrag in die Hand drückt, der häufig noch nicht einmal als Entwurf gekennzeichnet ist, sondern einen sehr starken Abgeschlossenheitscharakter hat. Es gibt kaum einen Notar, der zu einem solchen Vertragsentwurf ein Aufklärungsschreiben legt, welches zu den Rechten und Pflichten beider Vertragsparteien aufklärt. Dies hat zwischenzeitlich schon zu einer Bundesratsinitiative des Landes Berlin geführt, die darauf dringt, dass Notare Ihre Entwürfe mittlerweile direkt an Verkäufer und Käufer senden müssen. Nicht berücksichtigt wurde in diesem Gesetzesentwurf leider, dass eine verpflichtende, schriftliche Aufklärung beider Seiten durch den Notar in einem Begleitschreiben erfolgen muss, in dem dieser Ihnen wichtige Rechte und Pflichten aus dem BGB darlegt und Auskunft darüber gibt, in welcher Weise diese Rechte und Pflichten durch den vorliegenden Vertrag eingeschränkt oder ergänzt werden.

Solange der Gesetzgeber dies nicht durch eine verbraucherfreundlichere Gesetzgebung regelt, müssen Sie sich um eine solche Überprüfung leider selbst kümmern.

Die Initiative des Landes Berlin mündete zwischenzeitlich in ein Gesetz. Der Notar muss Ihnen den Vertragsentwurf direkt zusenden und darf Ihnen diesen nicht mehr über irgendwelche Zwischenstationen, wie beispielsweise Makler oder Bauträger, zukommen lassen. Unter § 17 Absatz 2a) des Beurkundungsgesetzes heißt es mittlerweile:

„(...) bei Verbraucherverträgen, die der Beurkundungspflicht nach § 311b Absatz 1 Satz 1 und Absatz 3 des Bürgerlichen Gesetzbuchs unterliegen, soll dem Verbraucher der beabsichtigte Text des Rechtsgeschäfts vom beurkundenden Notar oder einem Notar, mit dem sich der beurkundende Notar zur gemeinsamen Berufsausübung verbunden hat, zur Verfügung gestellt werden."

Woran kann man Vertragsfallen erkennen?

Vertragsfallen kann man ohne Übung und Kenntnis der laufenden Rechtsprechung nur schwer erkennen. Trotzdem kann man sich durchaus auch als Laie einen ersten Überblick verschaffen, was ein ordentlicher Kauf- oder Werkvertrag enthalten sollte. Dies nämlich regelt der Gesetzgeber im Bürgerlichen Gesetzbuch (BGB). Vertragsregelungen, die vom BGB abweichen, muss man sich sehr genau ansehen, denn meist weichen sie dann zu Ihren Ungunsten ab. Nicht jede dieser Abweichung muss automatisch zulässig sein, denn die Rechtsprechung klärt fortlaufend neue Streitfälle, sodass nach wie vor Regelungen in Verträgen auftauchen, die zum Beispiel der Bundesgerichtshof (BGH) längst für unzulässig beziehungsweise unwirksam erklärt hat, dies teilweise sogar in großem Umfang und selbst dann, wenn die Verträge über Notartische gewandert sind, wie Sie noch sehen werden.

Damit Sie Vertragsfallen besser erkennen können, ist es sinnvoll, sich vor dem Kauf einer neuen Immobilie das Werkvertragsrecht des

BGB einmal genauer anzusehen. Sie finden dieses im Internet unter **www.gesetze-im-internet.de** und dort unter BGB. Die Paragrafen 631 bis 651 umfassen das sogenannte Werkvertragsrecht. Verträge zum Bau einer neuen Immobilie werden auf Basis dieses Vertragsrechts geschlossen. Darin enthalten ist auch das neue Verbraucherbauvertragsrecht, das seit Anfang 2018 gilt. Dieses ergänzt das übrige Werkvertragsrecht um die Paragrafen 650i bis 650n. Es gilt allerdings nur für Bauherren, die auf eigenem Grundstück bauen. Wer Haus oder Wohnung gemeinsam mit dem Grundstück vom Bauträger kauft, für den regelt § 650u, dass in diesem Falle folgende Paragrafen des BGB-Werkvertragsrechts **nicht** gelten:

§ 648
§ 648a
§ 650b
§ 650e
§ 650k Absatz 1
§ 650l
§ 650m Absatz 1

Hier greifen teils Regelungen der sogenannten Makler- und Bauträgerverordnung (MaBV). Es ist also rechtlich ein deutlicher Unterschied, ob Sie eine Immobilie auf eigenem Grundstück bauen oder samt Grundstück neu kaufen. Oder aber auch eine gebrauchte Immobilie kaufen. Verträge zum Kauf gebrauchter Immobilien werden auf Basis des Kaufvertragsrechts geschlossen. Hierbei handelt es sich um die Paragrafen 433 bis 453.

Damit Sie ein Gefühl für typische Vertragsfallen in Kaufverträgen gebrauchter und neuer Immobilien entwickeln, finden Sie in diesem Buch einen Überblick über die häufigsten Vertragsfallen, mit denen Verbraucher konfrontiert sind. Die hier beschriebenen Vertragsfallen können Sie mit Ihnen vorgelegten Verträgen und Vertragsformulierungen vergleichen. Sie werden dadurch problematische Punkte in Verträgen einfacher finden. Die meisten Vertragsfallen finden sich in Verträgen noch zu errichtender Immobilien, also Bauträger- oder Fertighauskaufverträgen; die wenigsten Vertragsfallen finden sich meist beim Verkauf eines gebrauchten Hauses von privat an privat ohne Makler.

Viele Menschen glauben noch immer, nette Verkäufer, die wahre Charmeure sind, zum Kaffee einladen und die Tür aufhalten, würden auch nette Verträge schließen. Diesen Irrtum haben schon viele Immobilieninteressenten teuer bezahlt. Ob ein Immobilienverkäufer wirklich fair und nett ist, zeigt sich erst beim Vertrag, den er von Ihnen unterzeichnet haben will.

Wie kann man Vertragsfallen wirksam entgegentreten?

Vertragsfallen kann man dann wirksam entgegentreten, wenn sie einem erstens bewusst sind und zweitens die Verhandlungsposition stimmt. Das heißt, es ist schon einmal ein grundlegender Unterschied, ob Sie auf eigenem Grund und Boden ein Fertighaus beziehungsweise ein schlüsselfertiges Massivhaus bauen wollen oder ob Sie Grundstück und Haus von einem Bauträger gemeinsam erwerben. In beliebten Ballungsräumen wie

Hamburg, Düsseldorf, Köln, Frankfurt, Stuttgart oder München werden Bauträger kaum auf Ihre Wünsche bei der Vertragsgestaltung eingehen. Trotzdem ist es natürlich auch dort so, dass Sie gewisse Verhandlungsspielräume haben. Denn nicht alles, was Ihnen vertraglich vorgelegt wird, muss so zwangsläufig überhaupt zulässig sein. Ferner stellen sich erhebliche Fragen, wenn ein Notar Sie einseitig stark benachteiligende Formulierungen in einen Kaufvertrag aufnimmt, bevor er Ihre Wünsche überhaupt gehört hat beziehungsweise wenn er seinen Vertragsentwurf nur von einem Makler oder Bauträger durchreichen lässt, ohne ihn auch nur einmal zu erläutern und Sie über Ihre Rechte aufzuklären. Das ist der Punkt, wo Sie durchaus Möglichkeiten haben einzuhaken und der Notar Ihnen auch nicht alles verwehren kann. Grundsätzlich hat der Bauträger natürlich die Freiheit der Wahl, welchen Käufer er wählt. Und natürlich kann er Sie auch ohne Angabe von Gründen ablehnen. Wenn er mit Ihnen aber sehr kurz vor dem Notartermin steht, wird er sich auch das gegebenenfalls gut überlegen. Denn dann wartet auch in beliebten Regionen trotzdem wieder Vertriebsarbeit auf ihn, bis er den nächsten Kunden beim Notar hat.

Grundstückseigentümer, die auf ihrem Grundstück bauen wollen, erleben ebenfalls häufig klare Ansagen der Anbieter und hören die Forderung, dass mit dem vorgelegten Vertrag gebaut werde oder eben gar nicht. Dann muss man im Zweifel sehr nüchtern darüber nachdenken, ob man sich solche Vorgehensweisen bieten lassen will oder in Ruhe sucht, bis man einen Anbieter hat, der andere Vertragskonditionen bietet. Gerade für „Häuslebauer" gibt es mittlerweile gute Alternativen, die man einsetzen kann. Dazu später mehr.

Man wird aber ganz sicher nicht ein Haus kaufen, wie man ein Auto kauft. Den bequemen Weg zur Immobilie gibt es nur selten. Stellen Sie sich zumindest besser auf Schweiß und Tränen ein. Sie werden gegebenenfalls durch harte Verhandlungen gehen, auch durch solche, bei denen Sie sich sehr ärgern und die schließlich sogar scheitern. Außer bisweilen aufgesetzter Höflichkeit ist Kundenkommunikation nicht gerade die Stärke von vielen Bauträgerunternehmen. Bei vielen hat man den Eindruck, der Kunde stehe nicht im Mittelpunkt, sondern schlicht im Weg. Der Grund ist ganz einfach: Wer das Grundstück hat, bestimmt, wer auf dem Grundstück baut. Aber selbst wenn Sie auf Ihrem eigenen Grundstück bauen, werden Sie sich häufig wundern, mit welcher Chuzpe man Ihnen begegnet. Darin liegt der zweite Grund: Ein Autoverkäufer hofft vielleicht, Sie einmal wiederzusehen, wenn Sie Ihr nächstes Auto kaufen wollen und ihn in guter Erinnerung haben. Ein Hausverkäufer weiß, dass er den Kunden mit hoher Wahrscheinlichkeit nur einmal und dann nie wieder sieht. Manchmal läuft es bis zum Vertragsabschluss sehr höflich, und kurz danach wird es sehr rüde.

Relativ harmonisch kann es laufen, wenn Privatpersonen eine gebrauchte Immobilie von einer Privatperson kaufen, ohne Makler oder andere Personen mit Eigeninteressen dazwischen. Dann kann man sich in Ruhe gemeinsam einen Notar wählen, ihm erläutern, was man will und auf dieser Basis einen Kaufvertrag entwerfen lassen.

In allen anderen Fällen hilft häufig nur, ein gesundes Selbstbewusstsein an den Tag zu legen und freundlich, aber bestimmt für seine Rechte auch nachdrücklich einzutreten. Wer das nicht will oder kann, sollte sich überlegen, unter Umständen professionelle Hilfe in Anspruch zu nehmen. Möglicherweise gibt es im eigenen, privaten Umfeld einen versierten Juristen, oder man sucht sich einen solchen (siehe rechte Spalte). Man kann ohne Weiteres auch mit einem Anwalt beim Notar auftauchen, um notwendige Klärungen herbeizuführen. Dann wird ein Gespräch beim Notar – auch mit der Gegenseite – sehr schnell fundierte Klärungen bringen. Denn ein guter Fachanwalt für Bau- und Architektenrecht oder Anwalt mit Tätigkeitsschwerpunkt im Immobilienrecht kennt sein Rechtsgebiet und lässt sich so leicht nicht abfertigen.

Interessant in diesem Zusammenhang ist, dass sich nur sehr wenige Immobilieninteressenten im Vorfeld eines Immobilienkaufs technisch und rechtlich unabhängig beraten lassen. Wer aber eine so weitreichende Entscheidung trifft, sollte darüber nachdenken, ob das nicht vielleicht doch sinnvoll ist. Mit dem Lesen dieses Buches beugen Sie bereits potenziellen Risiken vor. Möglicherweise müssen dem schließlich weitere Schritte folgen.

Übrigens: Typische Vertragsbeispiele für die unterschiedlichen Wege zu Eigentum (Fertighaus, Bauträgerhaus, gebrauchtes Haus) finden Sie in den jeweils entsprechenden Ratgebern der Verbraucherzentrale (⸺> Seite 271).

Außerdem erhalten Sie in diesem Buch auch einen Hinweis auf einen geeigneten Mustervertrag für Vorhaben zur Errichtung eines schlüsselfertigen Hauses auf eigenem Grundstück (⸺> Seite 158).

Anwalt

Es kann immer auch mal sein, dass Sie die Hilfe eines Anwaltes benötigen. Ein übersichtliches Portal, um Anwälte mit Tätigkeitsschwerpunkt Bau- und Architektenrecht oder auch Fachanwälte für Bau- und Architektenrecht zu finden, ist www.justico.de Es gibt aber auch viele weitere Suchportale. Wenn Sie sich von einem Anwalt beraten lassen wollen, ist es wichtig, sehr früh festzulegen wie abgerechnet wird. Anwälte arbeiten entweder nach gesetzlich festgelegten Gebühren auf Basis des Rechtsanwaltsvergütungsgesetzes (RVG) oder auf Basis von frei vereinbarten Stundensätzen, oft ab 200 oder 250 Euro netto pro Stunde. Nach aller Erfahrung ist eine Abrechnung nach Stundensätzen für Verbraucher viel zu riskant, wenn es sich nicht um eine von vornherein auch zeitlich klar und schriftlich fixierte Aufgabe handelt. Nicht selten werden Verbraucher überrascht von sehr hohen Rechnungen, die auch kaum transparent verifizierbar sind. Und selbst wenn alle vom Anwalt angesetzten Zeiten korrekt sind, stellt sich die Frage, ob wirklich jedes allzu ausführliche, nachträgliche Protokoll eines jeden Gesprächs, jeder Anruf, jede E-Mail, jeder Brief notwendig war. um die Angelegenheit effizient zu klären. Man kann solche Zeitbedarfe förmlich explosionsartig dehnen. Daher auf alle Fälle, für alle Aufgaben, die nicht auf wenige Stunden klar eingrenzbar sind, das RVG als Vergütungsbasis wählen, auch wenn man oft lange suchen muss, bis man einen Anwalt findet, der dazu bereit ist. Es lohnt sich.

Checkblätter:
Neubau – Haus oder Wohnung

Ob Ihnen ein Neubau vom Bauträger samt Grundstück verkauft wird oder ob es ein schlüsselfertiges Haus auf Ihrem Grundstück vom Massiv- oder Fertighausanbieter ist: Die Kauf- oder Bauverträge müssen sehr sorgfältig überprüft werden, damit Sie Risiken wirksam ausschalten können. Das weiße Paragrafenzeichen im blauen Feld und die weißen Backsteine im hellblauen Feld am Seitenrand sind Erkennungszeichen dieser Checkblätter.

Nehmen Sie sich den Vertragsentwurf, der Ihnen vorgelegt wurde, zur Hand und prüfen Sie, ob – und wenn wie – die Prüfpunkte der Checkblätter geregelt sind. Jedes Checkblatt enthält die Möglichkeit eines kurzen Ankreuzverfahrens, mit 3 Punkten:

☐ nicht geregelt
☐ unzureichend/benachteiligend geregelt
☐ unklare/unverständliche Formulierung

Außerdem gibt es einen vierten Punkt, nämlich für solche Dinge, die im Vertrag möglicherweise geregelt sind, aber besser ersatzlos entfallen sollten. Dieser ist dann grundsätzlich schon für Sie vorausgefüllt, weil unzweifelhaft ist, dass eine solche Vertragsregelung für Sie von großem Nachteil ist:

☑ falls geregelt, sollte eine ersatzlose Streichung erfolgen

Wenn Sie einen der 3 oberen Punkte ankreuzen müssen, dann ist es wichtig, dass Sie bei einem Kauf einer neuen Immobilie samt Grundstück (also Bauträgerkauf) den Notar vor Vertragsunterzeichnung um Erläuterung dieser vertraglichen Regelungen bitten. Kaufen Sie ein schlüsselfertiges Massivhaus oder ein Fertighaus, das Sie auf eigenem Grundstück errichten wollen, dann müssen diese fehlenden Punkte mit dem Anbieter geklärt werden, da in diesem Fall beim Kaufvorgang kein Notar eingeschaltet ist.

Es kann sein, dass ein Bauträger oder auch ein Fertighausanbieter nicht bereit ist, über Vertragsformulierungen zu verhandeln. Beim Bauträgerkauf bietet es sich allerdings ohnehin an, Ihre Vertragsänderungswünsche direkt mit dem Notar zu besprechen, vielleicht können diese auch gemeinsam beim Notar besprochen werden. Beim Fertighausanbieter oder Schlüsselfertiganbieter, der ja auf Ihrem Grundstück bauen will, müssen Sie direkt verhandeln.

Das kann auch scheitern. Die Suche nach dem richtigen Baupartner – und das ist derjenige, der Ihre Planungs-, Baubeschreibungs- und Vertragsvorstellungen mitträgt – kann lange dauern, aber sie lohnt sich fast immer.

Sehr wichtig ist, dass Sie immer ehrlich gegenüber sich selbst bleiben. Wenn Sie vertragliche Formulierungen nicht verstehen, kreuzen Sie dies auch an. Nur so können Sie eine Klärung erwirken. Haben Sie nach der Klärung Zweifel, muss der Punkt nötigenfalls durch einen unabhängigen Juristen geklärt werden. Je nachdem, welchen Vertrag Sie unterzeichnen sollen, ist das entweder ein Anwalt mit Tätigkeitsschwerpunkt Bau- und Architektenrecht (Neubau) oder mit entsprechendem Tätigkeitsschwerpunkt oder auch ein Anwalt mit Tätigkeitsschwerpunkt Immobilienrecht (beim Kauf gebrauchter Immobilien).

Juristen mit Tätigkeitsschwerpunkt Immobilienrecht oder Bau- und Architektenrecht finden Sie übersichtlich im Suchportal www.justico.de oder in anderen Suchportalen im Internet. Sie können auch nach Fachanwälten statt Anwälten mit entsprechendem Tätigkeitsschwerpunkt schauen. Ein Fachanwaltstitel muss aber nicht sein, wenn ein Anwalt einen entsprechenden Tätigkeitsschwerpunkt hat. Wichtig ist aber, dass Sie in Fällen mit unklarem oder höherem Zeitbedarf eine RVG-Vereinbarung mit dem Anwalt treffen (⟶ Seite 153).

Es wird Ihnen ohne juristische Hilfe kaum gelingen, bessere und vor allem rechtlich auch sichere Alternativformulierungen zu entwickeln. Beim notariellen Kaufvertragsentwurf haben Sie den Vorteil, dass auch ein Notar als neutrale Amtsperson mit im Spiel ist, der weder Sie noch die andere Vertragsseite einseitig bevorteilen oder benachteiligen darf. Das heißt, in diesen Fällen können Sie mit dem Notar über alternative Regelungen sprechen und haben so zumindest einen Juristen mit im Boot. Das geht beim Kauf eines Fertighauses oder schlüsselfertigen Massivhauses nicht. Denn für diese Verträge ist eine notarielle Beurkundung nicht erforderlich. Hier kann es sich aber zum Beispiel anbieten, als Grundlage auf den Mustervertrag des Zentralverbandes Deutsches Baugewerbe e.V. (ZDB) und von Haus und Grund e.V. zurückzugreifen. Beide Organisationen haben einen Mustervertrag auf Basis des BGB entwickelt, der eine ausgleichende Wirkung für Auftraggeber und Auftragnehmer hat. Die Schutzwirkung dieses Vertrages ist deutlich größer als bei praktisch allen anderen Verträgen, die Verbrauchern von Unternehmen üblicherweise vorgelegt werden. Der Hintergrund ist, dass mit dem ZDB und Haus und Grund die Auftragnehmerseite und die Auftraggeberseite zusammensaßen und dadurch ein ausgleichender Kompromiss gesucht werden musste. Der ZDB stellt diesen Vertrag im Internet kostenfrei zur Verfügung unter: **https://www.zdb.de/publikationen/verbraucher-bauvertraege**

In den nachfolgenden Vertrags-Checkblättern können keine Musterformulierungen vorgegeben werden. Denn diese könnten ja im Einzelfall sogar Ihren übrigen Vertragsregelungen zuwiderlaufen oder ungewollte Vertragswidersprüche verursachen oder Ihren individuellen Vertragsfall nicht voll erfassen. Das heißt, mit den Vertrags-Checkblättern können Sie vor allem Defizite in einem Ihnen vorgelegten Vertrag aufspüren und dann entweder mit dem Notar oder einem Anwalt besprechen und nach besseren Lösungen suchen. Alternativ können

Sie für Vorhaben mit Fertighausherstellern und Massivhausanbietern auch direkt zum Beispiel den Vertrag von ZDB und Haus und Grund zugrunde legen.

Grundsätzlich ist eine zusätzliche präventive Vertragsprüfung durch einen Fachanwalt für Bau-und Architektenrecht oder mit entsprechendem Tätigkeitsschwerpunkt oder einen Anwalt mit Tätigkeitsschwerpunkt Immobilienrecht immer zu empfehlen. Jeder Vertrag ist individuell und kann entsprechend individuelle Risiken enthalten. Die Beratungsqualität ist dabei durchaus unterschiedlich. Die Vertragsfallen, die Sie in diesem Buch finden, sollte ein aufmerksamer Jurist aber mindestens in einem Vertrag aufspüren, wenn sie in einem solchen enthalten sind.

⋯⋈ Checkblatt Vertragspartner

Betrifft:
☒ Fertighaus
☒ Schlüsselfertiges Massivhaus
☒ Bauträgerhaus
☒ Eigentumswohnung vom Bauträger

Typische Regelung:
In Ihnen vorgelegten Bau- oder Kaufverträgen von Immobilien müssen Sie sehr genau hinschauen, wer eigentlich tatsächlich Ihr dort eingetragener Vertragspartner ist. Möglicherweise haben Sie lange Verhandlungen mit einem vermeintlichen Anbieter geführt, dieser ist im Vertrag aber gar nicht als Ihr Vertragspartner benannt. Nicht selten ist das vor allem beim **schlüsselfertigen Massivbau** auf eigenem Grund der Fall. Sie können dort sowohl auf das anbietende Unternehmen selbst als auch auf Vertreter, Vermittler, Franchisenehmer und andere mehr stoßen. Wenn Sie über einige Wochen oder gar Monate bezüglich eines Hauses verhandelt haben und es dann zum Abschluss des Bau- oder Kaufvertrages kommen soll, kann es sein, dass Sie den Vertrag nicht mit der Person abschließen, mit der Sie verhandelt haben, sondern mit einer ganz anderen Person beziehungsweise einem ganz anderen Unternehmen. Es kann aber auch sein, dass Sie glauben, einen Vertrag mit einem bestimmten Unternehmen zu schließen, tatsächlich aber nur einen Vertrag mit einem Franchisenehmer dieses Unternehmens schließen (also einem selbstständigen Vertragspartner des Unternehmens). Es kann dann auch sein, dass dieser seinerseits das Haus auch nicht selbst baut, sondern wiederum Subunternehmer beauftragt, die aber vertraglich nicht festgelegt werden, sondern die der Franchisenehmer beliebig und frei wählen kann. Es ist mehr als zweifelhaft, mit solchen Vertragsmodellen an einen Hausbau zu gehen.

Aber auch bei **Fertighausanbietern** und selbst bei Bauträgern, deren Verträge notariell beurkundet werden, ist Verbrauchern nicht immer klar, wer denn eigentlich der Vertragspartner ist. Ist es tatsächlich das Unternehmen, mit dem man verhandelt und gesprochen hat und dessen Häuser man besichtigt hatte? Oder ist es beispielsweise eine Tochtergesellschaft, die rechtlich eigenständig agiert? Fertighausanbieter arbeiten manchmal auch mit freien Vertriebsfachleuten. Das heißt, die Person, die zu Ihnen kommt und mit Ihnen spricht, muss nicht ein fest angestellter Vertreter des Fertighausunternehmens sein. Häufig ist sie noch nicht einmal zeichnungsberechtigt. Dann heißt es im Vertrag zum Beispiel, dass Sie mit Ihrer Unterschrift dem Unternehmen nur das Angebot zur Zusammenarbeit antragen und dass das Unternehmen dann beispielsweise vier Wochen Zeit hat, dieses Angebot anzunehmen oder auch nicht. Zwar unterzeichnet der Vertreter manchmal bedeutungsvoll vor Ihren Augen den Vertrag gleich mit Ihnen und hat vielleicht auch gleich noch ein Fläschchen Sekt dabei, seine Unterschrift hat aber überhaupt keine Rechtswirkung. Der Vertrag kommt in solchen Fällen erst zustande, wenn das Unternehmen ihn auch unterzeichnet. Und dafür lässt es sich im Zweifel eben vielleicht auch 4 Wochen Zeit.

Bei Hauskäufen vom **Bauträger** wird der Kaufvertrag üblicherweise von einem Notar entworfen. Er prüft auch, ob die bei der Beurkundung anwesenden Personen tatsächlich Zeichnungsberechtigte sind. Aber auch das ist natürlich alles relativ, denn es kann ja sein, dass ein zeichnungsberechtigter Vertreter eines rechtlich eigenständigen Tochterunternehmens des Bauträgers vor Ihnen sitzt. Sie würden dann also den Vertrag nicht mit dem Bauträger schließen, mit dem Sie vielleicht über Wochen gesprochen haben, sondern mit einem rechtlich anderen Unternehmen. Unternehmensverschachtelungen sind nicht immer einfach zu erkennen. Daher muss man sich manchmal sehr genau ansehen, wer am Ende der tatsächliche Vertragspartner ist, gerade bei Namensähnlichkeiten von Mutter- und Tochtergesellschaften. Und auch bei einer möglichen, ersten Internetrecherche zu Erfahrungen Dritter mit dem Unternehmen müssen Sie natürlich genau wissen, welches Unternehmen exakt Ihr Vertragspartner sein wird.

Notwendige Regelung:
Sie müssen von Anfang an Klarheit darüber haben, wer Ihr Vertragspartner ist. Wollen Sie ein **Fertighaus** kaufen, sollte auch das herstellende Fertighausunternehmen Ihr direkter Vertragspartner sein, nach Möglichkeit kein Tochterunternehmen oder Ähnliches. Es sei denn, es handelt sich um ein ausländisches Unternehmen, das eine deutsche Tochter hat. Wenn das Unternehmen seinen Sitz im Ausland hat, muss geregelt werden, wie bei Konfliktfällen verfahren wird, zum Beispiel im Fall einer Firmeninsolvenz im Ausland. Dann ist es sinnvoll, dass Sie für einen solchen Fall auch ein Sonderkündigungsrecht haben – und zwar nicht erst zur Eröffnung eines Insolvenzverfahrens, sondern bereits mit Anmeldung der Insolvenz bei Gericht. Für die Bauausführung selbst werden deutsche Regelungen Anwendung finden, da sich das Vorhaben in Deutschland befindet. Eine Gerichtsstandvereinbarung im Ausland – und auch in Deutschland – ist in Verbraucherverträgen generell unzulässig.

Identisches gilt auch für Anbieter **schlüsselfertiger Massivhäuser**, die ihren Sitz nicht in Deutschland haben. Bei Anbietern schlüsselfertiger Massivhäuser muss generell besonders sorgfältig darauf geachtet werden, wer eigentlich als Vertragspartner im Vertrag benannt ist. Wenn es – wie oben dargelegt – am Ende nur ein Franchisenehmer ist und nicht das Unternehmen selbst, mit dessen Namen geworben wird, und dieser Franchisenehmer wiederum nicht selber tätig wird, sondern völlig frei und beliebig Handwerker wählen kann, die im Vertrag nicht benannt sind, dann sind das Vertragsmodelle, die man, wie erwähnt, nicht unterzeichnen sollte. Denn wenn beispielsweise der Franchisenehmer als kleiner Einzelunternehmer Insolvenz anmeldet, wird sehr fraglich, gegen wen Sie überhaupt noch Ansprüche anmelden können, sei es wegen Baumängeln, sei es wegen Gewährleistungsproblemen. Hinzu kommt, dass viele Franchisenehmer fachlich überhaupt nicht qualifiziert sind, um die korrekte Erstellung eines Bauvorhabens nach den Allgemein Anerkannten Regeln der Technik, vereinbarten Beschaffenheiten und gegebenenfalls DIN-Normen zu überwachen. Viele Franchisenehmer kommen auch überhaupt nicht aus Bauberufen, schon gar nicht aus Ingenieurberufen wie Architektur oder Bauingenieurwesen. Es ist aber sehr wichtig, dass Sie einen Hausbauvertrag mit einem für einen Hausbau auch fachlich qualifizierten Vertragspartner abschließen, der zugleich über qualifizierte Baustellenkontrolleure verfügt.

Sie würden wahrscheinlich nie auf die Idee kommen, Brezeln beim Schuster zu kaufen oder Schuhe beim Bäcker. In der Realität kaufen viele Menschen ganze Häuser bei Unternehmen oder auch Einzelpersonen, die dafür nur sehr bedingt qualifiziert sind. Das gilt vor allem für den Markt der schlüsselfertigen Massivhäuser ohne fachliche und regionale Verankerung sowie örtliche Referenzen.

Beim Hauskauf vom **Bauträger** muss man aufpassen, wer Vertragspartner ist. Zwar überwacht hier der Notar, dass nur zeichnungsberechtigte Personen den Kaufvertrag unterzeichnen. Aber auch dabei kann es Ihnen natürlich passieren, dass wie erwähnt eine zeichnungsberechtigte Person eines Tochterunternehmens des Bauträgers das Dokument unterzeichnet, obwohl Sie eigentlich den Bauträger als direkten Vertragspartner haben wollten. Dann sollten Sie darauf auch pochen.

Vertrags-Check:
☐ nicht geregelt
☐ unzureichend/benachteiligend geregelt
☐ unklare/unverständliche Formulierung

⋯⋗ Checkblatt Grundbuch

Betrifft:
☐ Fertighaus
☐ Schlüsselfertiges Massivhaus
☒ Bauträgerhaus
☒ Eigentumswohnung vom Bauträger

Typische Regelung:
Beim Kauf eines Hauses oder einer Wohnung vom Bauträger samt Grundstück ist es zwingend notwendig, dass der Notar das Grundbuch einsieht. Viele Notare verweisen in ihren Verträgen darauf, dass auf Einsichtnahme ins Grundbuch verzichtet wurde. Darauf sollte man nicht verzichten. Denn im Grundbuch sind sehr wichtige Einträge enthalten, die Auskunft darüber geben, ob das Geschäft wie geplant überhaupt umgesetzt werden kann. Das beginnt mit der korrekten Flurstücknummer und der Überprüfung des aktuell tatsächlich eingetragenen Eigentümers (in der sogenannten Abteilung I des Grundbuchs). Überprüft werden muss auch, ob im Grundbuch Grunddienstbarkeiten eingetragen sind (in der sogenannten Abteilung II des Grundbuchs) und ob Grundpfandrechte eingetragen sind (in der sogenannten Abteilung III). Häufig sind in Abteilung III Grundpfandrechte der Bank des Bauträgers eingetragen, um diese Bank, als projektfinanzierende Bank, abzusichern. Die Bank

des Bauträgers sichert dann üblicherweise zu, ihre Grundpfandrechte zu löschen, sobald der Kaufpreis gezahlt ist. Dies ist auch durch die Makler- und Bauträgerverordnung (MaBV) so vorgegeben.

Grunddienstbarkeiten sind zum Beispiel Verlegerechte der Stadtwerke für Wasser- oder Gasleitungen oder der Telekom für Telefonleitungen oder auch Wegerechte eines Nachbarn, der ein Grundstück in zweiter Reihe hat und nur über Ihr Grundstück die Straße erreichen kann.

Notwendige Regelung:
Das Grundbuch sollte in jedem Fall durch den Notar eingesehen werden, und Sie sollten eine beglaubigte Kopie des Grundbuchauszugs vom Notar erhalten. Bitten Sie den Notar, Ihnen die Einträge im Grundbuch darzulegen und die möglichen Konsequenzen dieser zu erläutern.

Die Bank des Bauträgers muss im Kaufvertrag zusichern, dass deren Grundschulden, die zu ihren Gunsten (also zugunsten der Bank des Bauträgers) im Grundbuch eingetragen sind, gelöscht werden, sobald der Kaufpreis gezahlt ist, auch wenn es Ihrerseits noch Geldeinbehalte aufgrund von Mängeln gibt. Die Grundschuld, die für die Bank eingetragen ist, darf sich auch nur auf die Absicherung Ihres Bauvorhabens beziehen, nicht auf andere Bauvorhaben. Kann das Bauvorhaben nicht zu Ende geführt werden, sollten Sie Wahlfreiheit haben, ob Sie gegen Erstattung der bislang gezahlten Raten Ihre Auflassungsvormerkung im Grundbuch löschen lassen oder ob Sie mit der Auflassungsvormerkung im Grundbuch verbleiben und die Bank des Bauträgers das Vorhaben fertigstellt oder aber ob die Bank des Bauträgers

ihre Grundpfandrechte im Grundbuch löschen lässt und Sie dann das Bauvorhaben auf dann eigenem Grund und Boden selber zu Ende führen können (⋯ᐳ **Checkblatt Abbruch des Bauvorhabens** Seite 219).

Grunddienstbarkeiten sollten Sie nur übernehmen, wenn diese auch tatsächlich notwendig und nicht willkürlich oder beliebig sind. Auch Vertragsregelungen zu beliebig noch einzutragenden Grunddienstbarkeiten sollten Sie ablehnen. Welche Grunddienstbarkeiten konkret noch eingetragen werden sollen, sollte man Ihnen vor Vertragsunterzeichnung darlegen (⋯ᐳ **Checkblatt Vollmachten** Seite 203).

Vertrags-Check:
☐ nicht geregelt
☐ unzureichend/benachteiligend geregelt
☐ unklare/unverständliche Formulierung

⋯ᐳ Checkblatt Baulast

Betrifft:
☒ Fertighaus
☒ Schlüsselfertiges Massivhaus
☒ Bauträgerhaus
☒ Eigentumswohnung vom Bauträger

Typische Regelung:
Baulasten sind, einfach übersetzt, öffentlich-rechtliche Einschränkungen der Bebaubarkeit eines Grundstücks. Sie können sehr unterschiedliche Gründe haben. So kann es zum Beispiel sein, dass ein Nachbar dichter an die Grundstücksgrenze gebaut hat als

eigentlich zulässig. Möglicherweise hat er sich mit dem Vorbesitzer Ihres Grundstücks darauf geeinigt, dass er näher an die Grundstückgrenze bauen darf und der Vorbesitzer Ihres Grundstücks dafür dauerhaft weiter von der Grundstücksgrenze entfernt bleibt. Das kann zum Beispiel mit einem entsprechenden finanziellen Ausgleich für den Vorbesitzer verbunden gewesen sein. Fertighausanbieter und Anbieter schlüsselfertiger Massivhäuser gehen grundsätzlich davon aus, dass das Grundstück nach Bebauungsplan oder nach § 34 des Baugesetzbuches bebaubar ist. Sie rechnen nicht mit Einschränkungen. Das heißt, in diesen Fällen sollten Sie so früh wie möglich das Baulastenverzeichnis einsehen und schauen, ob Ihr Grundstück Einschränkungen unterliegt. Das Baulastenverzeichnis wird üblicherweise bei der zuständigen kreisfreien Kommune oder dem Landkreis geführt, also nicht bei den Amtsgerichtsbezirken oder Grundbuchämtern, wo nur die Grundbücher geführt werden. In den Grundbüchern sind Baulasten nicht eingetragen, sondern neben den Grundschulden nur die Grunddienstbarkeiten. Das ist aber etwas anderes. Das kann beispielsweise die Führung einer öffentlichen Leitung auf Ihrem Grundstück betreffen oder auch die Zuwegung eines Hauses in zweiter Reihe über Ihr Grundstück (⇢ **Checkblatt Grundbuch** Seite 161).

Beim Haus- oder Wohnungskauf vom Bauträger kaufen Sie Haus beziehungsweise Wohnung und Grundstück gemeinsam. Daher muss dort im Bauträgerkaufvertrag sichergestellt sein, dass keine Baulasten vorliegen, die das Vorhaben einschränken. Häufig verweisen Notare in den Kaufverträgen darauf, dass sie das Baulastenverzeichnis nicht eingesehen haben. Das ist riskant.

Notwendige Regelung:
Das Baulastenverzeichnis sollte bei Bauträgerkaufverträgen entweder durch den Notar eingesehen werden, oder der Verkäufer legt eine aktuelle beglaubigte Kopie aus dem Baulastenverzeichnis vor. Wenn Baulasten eingetragen sind, sollte der Notar die Konsequenzen aus diesen vor Vertragsunterzeichnung klar erläutern.

Vertragliche Regelungen zur beliebigen Eintragung weiterer Baulasten sollten Sie klar ablehnen. Wenn die Eintragung weiterer Baulasten zwingend notwendig sein sollte, sollte vor Vertragsunterzeichnung klar und detailliert dargelegt werden, welche das sind (⇢ **Checkblatt Vollmachten** Seite 203).

Stehen Sie noch vor dem Erwerb eines Grundstücks, das Sie später bebauen wollen, sollten Sie ebenfalls das Baulastenverzeichnis unbedingt einsehen.

Vertrags-Check:
☐ nicht geregelt
☐ unzureichend/benachteiligend geregelt
☐ unklare/unverständliche Formulierung

⇢ Checkblatt Erschließungsbeiträge/Anschluss Grundstück

Betrifft:
☒ Fertighaus
☒ Schlüsselfertiges Massivhaus

☒ Bauträgerhaus
☒ Eigentumswohnung vom Bauträger

Typische Regelung:
Bei den Erschließungsbeiträgen kommt es sehr stark darauf an, ob Sie auf eigenem Grundstück bauen oder ob Sie ein Haus samt Grundstück kaufen. Bauen Sie auf eigenem Grundstück, sind die Erschließungsgebühren und die Anschlusskosten des Grundstücks fast nie im Kaufpreis enthalten. Darum müssen Sie sich fast immer selber kümmern (→ Kostenfallen-Teil dieses Buches). Kaufen Sie jedoch Haus mit Grundstück, wird häufig zugesagt, dass diese Kosten mit übernommen werden. Entscheidend ist aber, was im Vertrag als Leistungsumfang vereinbart wurde. In manchen Verträgen steht dann etwas wie: Der Umfang der Ersterschließung richtet sich nach dem BauGB. Beim BauGB handelt es sich um das Baugesetzbuch. Nach § 127 Absatz 2 des Baugesetzbuches umfassen die Erschließungsmaßnahmen folgende Punkte:

„1. die öffentlichen zum Anbau bestimmten Straßen, Wege und Plätze;
2. die öffentlichen aus rechtlichen oder tatsächlichen Gründen mit Kraftfahrzeugen nicht befahrbaren Verkehrsanlagen innerhalb der Baugebiete (z. B. Fußwege, Wohnwege);
3. Sammelstraßen innerhalb der Baugebiete; Sammelstraßen sind öffentliche Straßen, Wege und Plätze, die selbst nicht zum Anbau bestimmt, aber zur Erschließung der Baugebiete notwendig sind;
4. Parkflächen und Grünanlagen mit Ausnahme von Kinderspielplätzen, soweit sie Bestandteil der in den Nummern 1 bis 3 genannten Verkehrsanlagen oder nach städtebaulichen Grundsätzen innerhalb der Baugebiete zu deren Erschließung notwendig sind;
5. Anlagen zum Schutz von Baugebieten gegen schädliche Umwelteinwirkungen im Sinne des Bundes-Immissionsschutzgesetzes, auch wenn sie nicht Bestandteil der Erschließungsanlagen sind."

Nach § 128 des Baugesetzbuches umfasst das auch die Entwässerung und Beleuchtung der öffentlichen Straßenanlagen, nicht mehr und nicht weniger. Das heißt, die individuelle Anbindung Ihres Grundstücks zum Beispiel durch den örtlichen Energieversorger mit Strom oder den Wasseranbieter mit Trinkwasser ist darin nicht geregelt. Es lohnt sich daher, sehr genau zu regeln, was im Preis enthalten ist, damit es nachher nicht zu Kostenüberraschungen kommt (→ Kostenfallen-Teil dieses Buches). Selbst in vielen Bauträgerverträgen ist zur Erschließung und Anbindung des Grundstücks an die Erschließung nur wenig geregelt. Da Ihnen streng genommen nur das geschuldet ist, was vertraglich vereinbart wurde, liegt hier ein Risiko.

Notwendige Regelung:
Bei Verträgen mit Fertighausanbietern oder Herstellern schlüsselfertiger Massivhäuser sollte eindeutig geklärt werden, was der Anbieter im Zusammenhang mit der Anbindung des Grundstücks erbringt und was nicht. Dann können Sie frühzeitig mögliche Kostenrisiken erkennen. Bei Bauträgern sollte klar geregelt werden, dass der Bauträger alle Erschließungsmaßnahmen und damit Erschließungskosten der Kommune trägt und alle Maßnahmen zur Anbindung des Grundstücks an diese öffentliche Ver- und Entsorgung. Dazu gehören

Trinkwasseranschluss, Regen- und Abwasserentwässerungsanschluss (möglicherweise als getrennte Anschlüsse – je nach Auflage der Gemeinde), Stromanschluss, gegebenenfalls Gasanschluss, eventuell Fernwärmanschluss. Auch alle notwendigen Anschlüsse und Einleitungen auch auf dem privaten Grundstück, von der Grundstücksgrenze bis zum Baukörper und in ihn hinein sowie der Kontrollschacht auf dem privaten Grundstück, sollten dazugehören. Wenn Ihr Kauf- beziehungsweise Bauvertrag auch eine Regelung beinhaltet, dass der Hausanbieter die Erschließungsgebühren trägt, die die örtliche Kommune in Rechnung stellt, muss überprüft werden, ob die Kommune diese Erschließungsgebühren schon in Rechnung gestellt hat oder noch nicht. Ist das noch nicht der Fall, sollte der Hausanbieter eine finanzielle Sicherung stellen, so dass eine solche Rechnung auch bezahlt werden kann, wenn er nicht mehr existiert. Wenn die Kommune diese Rechnung zum Beispiel erst mit 2 Jahren Verspätung stellt und der Hausanbieter zu diesem Zeitpunkt nicht mehr existiert, nützt Ihnen die vertragliche Regelung nichts mehr, nach der er die Gebühren übernimmt. Denn dann müssen Sie den Betrag zahlen, der eigentlich schon mit dem Haus- oder Wohnungspreis abgegolten war.

Vertrags-Check:
☐ nicht geregelt
☐ unzureichend/benachteiligend geregelt
☐ unklare/unverständliche Formulierung

⤑ Checkblatt Baugrundrisiko

Betrifft:
☒ Fertighaus
☒ Schlüsselfertiges Massivhaus
☒ Bauträgerhaus
☒ Eigentumswohnung vom Bauträger

Typische Regelung:
Kaufen Sie eine neue Immobilie vom Bauträger trägt er das Baugrundrisiko. Die von ihm angebotene Immobilie muss auf dem von ihm mit angebotenen Grundstück auch errichtet werden können. Das betrifft vor allem 3 Punkte des Baugrunds:

1. Bodenklasse (also die Art des Bodens, zum Beispiel sandig, lehmig, Fels oder ähnlich – neuerdings auch als Homogenbereiche definiert),
2. Bodentragfähigkeit (oft angegeben in Kilonewton pro Quadratmeter – kn/m²),
3. Grundwasserstand (meist angegeben in Metern unterhalb der Bodenoberfläche).

Dabei lauert die Falle allerdings im Detail der Vertragsgestaltung. Manche Bauträger umgehen die Verantwortung für den Baugrund ganz einfach, indem sie sogenannte verdeckte Bauherrenmodelle vereinbaren. Durch einen Kunstgriff machen sie Sie nicht zum Käufer von Haus und Grundstück, sondern zunächst zum Käufer des Grundstücks und dann zum Bauherrn eines Hauses. Dazu wird, wie bereits erwähnt, der notarielle Kaufvertrag so gestaltet, dass dort 2 Dinge vereinbart werden: Sie erwerben ein Grundstück und werden dessen

Eigentümer. Gleichzeitig verpflichten Sie sich über einen Bauwerkvertrag, der inkludiert oder angehängt wird, zum Bau eines Hauses mit einem festgelegten Anbieter. Dadurch werden Sie zunächst einmal Eigentümer eines Grundstücks und tragen damit alle Pflichten und Lasten, die man als Bauherr hat. Viele Bauträger halten diese Pflichten dann im Bauwerkvertrag auch noch einmal fest. Man dachte, man kaufe ein fertiges Haus samt Grundstück. In Wahrheit hat man nur ein Grundstück erworben, für dessen Eignung zur Bebauung man nun vollständig allein verantwortlich ist, und verpflichtet sich zu allem Überdruss auch noch, mit dem im Vertrag benannten Unternehmen zu bauen.

Aber selbst bei einem klassischen Bauträgervertrag kann die verantwortliche Rolle des Bauträgers ganz schnell ins Leere laufen. Denn die Gewährleistung des Bauträgers beträgt maximal fünf Jahre nach dem BGB. Nehmen wir an, der Bauträger lässt kein Bodengutachten erstellen und errichtet einen einfachen Keller mit üblicher Abdichtung. Dann kann das ja durchaus fünf Jahre lang gutgehen – zum Beispiel wenn in dieser Zeit der Grundwasserstand niedrig bleibt. Steht das Grundwasser aber vielleicht zu Beginn der Bauzeit knapp unter der Bauwerksohle und im sechsten Jahr steigt das Grundwasser, dann zeigen sich die Grenzen der schönen Rechtstheorie sehr schnell: Ihr Keller steht dann zwar mit falscher Konstruktion im Wasser, das heißt aber noch lange nicht, dass der Bauträger dann auch haftet – so es ihn sechs Jahre nach Fertigstellung denn überhaupt noch gibt. Das ist das nächste Problem: Selbst wenn er haftet, zwischenzeitlich aber insolvent ist, nützt Ihnen auch das nichts.

Bauen Sie mit einem Fertighausanbieter oder einem Anbieter schlüsselfertiger Massivhäuser auf Ihrem eigenen Grundstück, liegt das Baugrundrisiko definitiv bei Ihnen. Dann ist es unerlässlich, dass Sie ein Bodengutachten in Auftrag geben oder aber ein solches von den Anbietern mit eingeholt wird, damit der Keller auf die Bodenverhältnisse abgestimmt werden kann. Wenn Sie keinen Keller bauen, müssen die Bodenplatte und deren Gründung auf die Bodenverhältnisse abgestimmt werden.

Notwendige Regelung:
Wenn Sie eine Immobilie von einem Bauträger kaufen, sollten Sie nachsehen, ob der Bauträger einen sogenannten WU-Beton-Keller bietet (⇢ Seite 55). Tut er dies nicht, sollte er sich klar zum aktuellen Grundwasserstand äußern und zu dessen Schwankungsbreite, damit wirklich ausgeschlossen werden kann, dass der Keller irgendwann einmal im Wasser steht.

Kaufen Sie ein Haus von einem Bauträger samt Grundstück, sollten Sie aufpassen, dass der Vertrag nicht nach dem verdeckten Bauherrenmodell aufgebaut ist. Nötigenfalls sollten Sie dann auf eine Vertragsänderung drängen, hin zu einem tatsächlichen Bauträgervertrag, bei dem Sie ein schlüsselfertiges Haus samt Grundstück gemäß Makler- und Bauträgerverordnung erwerben.

Bauen Sie auf eigenem Grundstück, muss vor Vertragsunterzeichnung mit dem Hausanbieter geklärt sein, mit welchem Baugrund, welchen Bodenverhältnissen und welchem Grundwasserstand man es zu tun hat. Denn nur dann kann der Anbieter ein darauf abgestimmtes Angebot machen. Wenn das Angebot nicht auf den Grund und Boden ausgerichtet ist, auf dem man bauen will, und nach Vertragsabschluss nachgebessert werden muss, kann das sehr schnell sehr teuer werden.

Vertrags-Check:
☐ nicht geregelt
☐ unzureichend/benachteiligend geregelt
☐ unklare/unverständliche Formulierung

⇢ Checkblatt Vorleistungen Bauherr/Leistungen Bauherr/Mitwirkungspflichten

Betrifft:
☒ Fertighaus
☒ Schlüsselfertiges Massivhaus
☒ Bauträgerhaus
☒ Eigentumswohnung vom Bauträger

Typische Regelung:
Vor allem dann, wenn Sie keine Immobilie samt Grundstück oder Grundstücksanteil vom Bauträger kaufen, sondern auf eigenem Grund bauen, werden häufig viele Vorleistungen und Mitwirkungspflichten von Ihnen verlangt. Aber auch, wenn Sie glauben, vom Bauträger zu kaufen, stattdessen tatsächlich aber nur ein Grundstück mit einem notariell beurkundeten Bauwerkvertrag (sogenanntes verdecktes Bauherrenmodell) erwerben, treffen oft weitgehende Pflichten schließlich Sie. Zunächst einmal betrifft das fast immer die Einholung der Baugenehmigung, die Freiräumung des Grundstücks, nicht selten sogar den Erdaushub oder die Vorbereitung des Untergrundes zur Aufnahme der Bodenplatte, die Vorhaltung von Kranstand- und Materiallagerplätzen, die rechtzeitige Verlegung der privaten Kanäle in Kanalgräben, ebenso alle weiteren Versorgungsanschlüsse (Strom, Wasser, Abwasser, gegebenenfalls Gas/Fernwärme und anderes mehr), die Sicherstellung der Anfahrbarkeit des Grundstücks auch mit sehr schweren LKW (häufig konkrete Tonnenforderung) und die Installation von Baustrom und Bauwasser. Manchmal wird Ihnen für die Erfüllung aller dieser Dinge nur ein bestimmtes Zeitfenster gesetzt. Wird dieses überschritten, können Kündigungsrechte Ihres Vertragspartners ebenso greifen wie das Auslaufen der Festpreisgarantie. Das sind oft absurde Bedingungen, auf die man sich nicht einlassen sollte. Sehr beliebt ist, alles das hier Genannte auch hinter dem gefährlichen Wörtchen „bauseits" zu kaschieren, das eigentlich „bauherrenseitig" heißen müsste.

Notwendige Regelung:
Wenn von Ihnen Vorleistungen, Leistungen oder Mitwirkungspflichten erwartet werden, sollten diese besprochen werden. Sie sollten dann überlegen, welche Sie realistisch leisten können und wollen und welche nicht. Ein typischer Punkt sind die Beantragung und Installation von Baustrom und Bauwasser. Wenn das in Ihrer Kommune kein größeres Problem ist und reibungslos funktioniert, ist das prima. Wenn es allerdings Probleme gibt und Sie schon gar nicht wissen, wo und wie Sie das beantragen sollen, kann man das natürlich auch mit in den Leistungskatalog des Unternehmens aufnehmen. Es kann dazu ein Angebot machen, und Sie können dieses preislich

vergleichen mit der Option, sich selbst darum zu kümmern. Auch die Anschlussarbeiten an die öffentliche Erschließung müssen gut abgestimmt werden. Denn wann wer welchen Kanal wie und wohin legt, ist dann allein Ihre Aufgabe, und dass das mit den Planungen Ihres Unternehmers zusammenpasst, steht dahin. Sie müssen sich um die gesamte Koordinierung höchstselbst kümmern. Tun Sie es nicht, haben Sie zunächst einmal ein nicht betriebsbereites Haus, ohne Wasser-, Abwasser- und Stromanschluss, vielleicht ohne gewünschten Gasanschluss oder Ähnliches. Manches muss auch unter die Bodenplatte und ist dann unter Umständen gar nicht mehr verlegbar. Alternativ ist der öffentliche Versorger rechtzeitig eingeschaltet worden, konnte zum Montagezeitpunkt auf dem Grundstück aber niemanden vorfinden und hat seine Rohrleitungen dann irgendwo durch die Kelleraußenwand in den Keller gelegt, vielleicht in einen Raum oder an einen Punkt, wo das gerade gar nicht geplant war.

Wesentliche bautechnische Schnittstellen in diesem Bereich haben Sie im ersten Teil des Buches kennengelernt – alle diese müssen koordiniert werden. Wenn Sie sich das nicht antun wollen, muss die Koordination dieser Schnittstellen im Vertrag mitgeregelt werden. Wenn Ihnen im Vertrag Vorleistungen oder Mitwirkungspflichten mit festen Zeitfenstern und Rechtsfolgen vorgegeben werden, ist sehr große Vorsicht geboten. Denn dann kann es Ihnen passieren, dass Sie eine rechtzeitige Installation von Bauwasser und Baustrom nicht erreichen und damit vielleicht sogar Ihr Festpreis gefährdet ist. Oder die Baugenehmigung wurde nicht im dafür vorgesehenen und zu eng bemessenen Zeitfenster erteilt, und Sie verlieren ebenfalls die Festpreisgarantie.

Mitwirkung kann sinnvoll sein, sie kann auch notwendig sein, aber sie sollte nicht an rigorose Vertragskonsequenzen gebunden sein, mit Auswirkungen sogar bis hinein in den eigentlich garantierten Festpreis.

Vertrags-Check:
☐ nicht geregelt
☐ unzureichend/benachteiligend geregelt
☐ unklare/unverständliche Formulierung

⋯⋗ Checkblatt Festpreisgarantie

Betrifft:
☒ Fertighaus
☒ Schlüsselfertiges Massivhaus
☒ Bauträgerhaus
☒ Eigentumswohnung vom Bauträger

Typische Regelung:
Für sogenannte „Festpreisgarantien" gibt es die teilweise abenteuerlichsten Regelungen. Man glaubt, man habe den Festpreis sicher, aber es reicht bereits eine kleinere nicht erbrachte Vorleistung des Bauherrn oder eine kleine Verzögerung bei der Baugenehmigung aus, und der Festpreis ist Makulatur.

Bei notariell beurkundeten Bauträgerverträgen ist der Festpreis in der Regel abgesichert. Allerdings gibt es auch dort Ausnahmen, nämlich dann, wenn der Grundstückskauf beurkundet wird, zusammen mit einem Bauwerkvertrag zur Errichtung eines Gebäudes. In einem ersten Schritt kaufen Sie also das Grundstück, in einem zweiten Schritt bauen Sie als Bauherr das Haus. Man macht aus Ihnen als Käufer eines Gesamtobjektes (Grundstück mit Haus), wie schon erwähnt, einen Käufer eines Grundstücks, dessen Eigentümer Sie zunächst werden und auf dem Sie dann als Bauherr bauen. Bei diesem Vertragsmodell sind die Festpreisvereinbarungen häufig sehr wacklig. Meist wird dies Vertragsmodell damit begründet, dass man dadurch Grunderwerbsteuer spare, weil diese dann nur auf den Kaufpreis des Grundstücks anfalle und nicht auch noch auf die Kosten für den Kauf des Gebäudes. Diese Argumentation hinkt allerdings, denn das Finanzamt kann hier mit einem verbundenen Geschäft argumentieren und dann durchaus auch für das später errichtete Gebäude, dessen Bauwerkvertrag beim Grundstückskauf ja mitbeurkundet wurde, Grunderwerbsteuer verlangen.

Bei den Festpreisregelungen, vor allem für Fertighäuser und schlüsselfertige Massivhäuser, gibt es auch sehr viele unverständliche und unklare Formulierungen. Etwa: „Der Festpreis wird bis 10 Monate nach Abschluss dieses Vertrages garantiert." Was heißt das aber konkret? Muss bis 10 Monate nach Vertragsunterzeichnung die Baugenehmigung vorliegen und mit dem Bauen begonnen worden sein? Oder muss das Bauvorhaben bis 10 Monate nach Abschluss des Vertrages fertiggestellt sein? Alles, was im Bauvorhaben zeitlich darüber hinausgeht, muss dann preislich neu verhandelt werden? Und was ist, wenn die Firma 10 Monate auf anderen Baustellen unterwegs ist und erst dann wiederkommt und mit dem Bauen beginnt? Das sind sehr unsichere und hoch missverständliche Formulierungen zu Festpreisgarantien, die in Bauverträgen schlicht nichts verloren haben.

Notwendige Regelung:
Wenn ein Festpreis garantiert wird, dann sollte er garantiert sein – und zwar bis zum Abschluss des Bauvorhabens. Ein solcher Punkt ist auch gar nicht verhandlungsfähig, weil sich Ihre Kostensicherheit sonst förmlich in Luft auflösen kann. Wenn das Bauvorhaben ein zugesichertes Baufertigstellungsdatum hat, ist das Risiko für den Unternehmer auch beherrschbar. Was für ihn evtl. nicht beherrschbar ist, ist eine mögliche Mehrwertsteuererhöhung während der Bauzeit. Aber hierzu finden sich in fast allen Verträgen Regelungen, dass eine Erhöhung der Mehrwertsteuer eine entsprechende Erhöhung der Raten nach sich zieht, die ab Eintreten der Mehrwertsteuererhöhung noch zu zahlen sind. Allerdings ist in Verträgen nie vom umgekehrten Fall die Rede. Aber auch den kann man vereinbaren: Die Reduzierung der Raten um eine mögliche Mehrwertsteuerreduzierung, auch wenn die Politik gerade diese Steuer kaum jemals reduzieren wird.

Vertrags-Check:
☐ nicht geregelt
☐ unzureichend/benachteiligend geregelt
☐ unklare/unverständliche Formulierung

⤑ Checkblatt Vertragsbestandteile

Betrifft:
☒ Fertighaus
☒ Schlüsselfertiges Massivhaus
☒ Bauträgerhaus
☒ Eigentumswohnung vom Bauträger

Typische Regelung:

Neben dem Vertrag selber werden beim Kauf oder Bau von Immobilien auch häufig weitere Unterlagen übergeben, zum Beispiel eine Baubeschreibung oder Pläne. Sind solche Unterlagen in Bau- oder Kaufvertrag nicht als Vertragsbestandteil explizit aufgeführt, sind sie auch kein Vertragsbestandteil. Das kann gravierende Auswirkungen haben. Zwar gibt es im BGB neu den § 650n, der den Unternehmer zur Herausgabe bestimmter Dokumente verpflichtet. Der Paragraph ist aber zu unklar, als dass er Ihnen wirksam genug hilft.

Notwendige Regelung:

Alle Dokumente und Unterlagen, die Sie im Zuge eines Hausbaus benötigen, sollten auch Vertragsbestandteil werden. Das sind beispielsweise folgende Unterlagen:

- Bodengutachten,
- Vollständiger Bauantrag inklusive aller Plananlagen (Maßstab 1:100),
- Wohnflächenberechnung nach der Wohnflächenverordnung (WoFlV),
- Gebäudestatik und gegebenenfalls Prüfstatik,
- Energiebedarfsberechnung und Energiebedarfsausweis nach Gebäudeenergiegesetz (GEG),
- Ausführungsplanung (auch Werkplanung genannt/Maßstab 1:50),
- Elektropläne,
- Sanitärpläne,
- Liste aller am Bau beteiligten Handwerksunternehmen samt Verträgen, Haftpflichtversicherungen und eventuell zusätzlichen Protokollen (einschließlich Abtretungserklärung zur Sicherung möglicher Ansprüche gegenüber diesen),
- Liste aller am Bau beteiligten Planer und Fachingenieure sowie deren Verträge und Haftpflichtversicherungen,
- Betriebsanleitungen für alle technischen Installationen wie Heizungs- und Lüftungsanlage.

Es ist auch sinnvoll, verbindlich zu regeln, wann die Unterlagen in welcher Form übergeben werden (⇢ **Checkblatt Unterlagen/Dokumentation** Seite 187). Tun Sie das nicht, haben Sie – bis auf gesetzliche Vorgaben (etwa Übergabe Energiebedarfsausweis) oder gerichtlich geregelte Vorgaben (einfache Baubeschreibung) – keinen Anspruch auf Übergabe solcher Dokumente, was auch bedeutet, Sie haben keine klare Kenntnis darüber welches Gebäude im Detail Ihnen überhaupt vertraglich versprochen, also auch geschuldet ist.

Vertrags-Check:
☐ nicht geregelt
☐ unzureichend/benachteiligend geregelt
☐ unklare/unverständliche Formulierung

⇢ Checkblatt Pauschale Ausführungs- und Baustoffvorbehalte

Betrifft:
☒ Fertighaus
☒ Schlüsselfertiges Massivhaus
☒ Bauträgerhaus
☒ Eigentumswohnung vom Bauträger

Typische Regelung:

Fast immer findet sich am Ende von Baubeschreibungen ein Vorbehalt bezüglich Ausführungen und Baustoffen. Solche Regelungen gehören eigentlich in den Kaufvertrag und nicht in die Baubeschreibung. Da Baubeschreibungen von Bauträgern häufig den Notaren zur Beurkundung als Vertragsanlage vorgelegt werden, ohne dass die Notare diese auf rechtliche Vereinbarungen überhaupt auch nur durchsehen, geschweige denn substanziell prüfen, landen dann solche Bestimmungen als Vertragsanlage in den notariell beurkundeten Dokumenten. Die Regelungen sind dabei häufig so pauschal, dass man sich fragt, welche Substanz angesichts solcher Regelungen eine Baubeschreibung überhaupt noch hat. Da finden sich dann so schöne Sätze wie: „Der Bauträger behält sich mögliche Plan- oder Baustoffänderungen aus technischen, wirtschaftlichen oder sonstigen Gründen vor." Dann ist die große Frage, was sind denn wirtschaftliche Gründe? Und wirtschaftliche Gründe für wen? Für den Bauträger? Also statt der teuren die billige Badewanne? Aus wirtschaftlichen Gründen für den Bauträger? Sie merken, welcher Unsinn in solchen Formulierungen steckt.

Auch in nicht notariell beurkundeten Verträgen finden Sie in den Baubeschreibungen als Vertragsanlage reihenweise solche Formulierungen. Fast an jeder Baubeschreibung hängt ein Vorbehaltsanhang.

Notwendige Regelung:

Ausführungsänderungen können immer notwendig sein. Das reicht von behördlichen Anordnungen über Lieferengpässe von Produkten bis hin zum kompletten Produktausfall. Dann muss man differenzieren. Bei einer Eigentumswohnung zum Beispiel ist es sinnvoll, zu regeln, dass dann zumindest alle Oberflächengewerke innerhalb der Wohnung nur mit ihrer schriftlichen Zustimmung geändert werden können. Bei Reihenhäusern kann man regeln, dass der komplette Innenausbau nur mit Ihrem schriftlichen Einverständnis geändert werden kann. Und bei allein stehenden Häusern kann man regeln, dass sämtliche Änderungen nur mit Ihrer schriftlichen Zustimmung erfolgen können. Sie werden im Eigeninteresse den Baufortschritt nicht blockieren, wenn es die von Ihnen gewünschten Fliesen vielleicht nicht mehr gibt. Sie möchten aber ganz sicher mitbestimmen, welche Fliese dann als Alternative verlegt wird. Gleiches gilt für Mauersteine, Dachziegel, Heizung, Fenster und Ähnliches Es ist nachvollziehbar, dass ein Bauträger eines relativ großen Vorhabens mit gemeinsamen Treppenhäusern, Balkonen und anderem eine gewisse Flexibilität braucht, um das Vorhaben tatsächlich zu realisieren. Für die Oberflächengewerke innerhalb einer Eigentumswohnung sieht das aber anders aus. Da kann er sich auch bei einem großen Vorhaben im Änderungsfall nach Ihnen richten, bei individuellen Häusern ohnehin.

Alternativ können Sie den Punkt komplett streichen lassen. Dann wird exakt das gebaut, was vereinbart ist, und man hat klare Beschaffenheitsmerkmale. Wird dann doch etwas anderes gebaut oder verbaut, zum Beispiel eine andere Fliese als festgelegt, liegt ein Mangel vor. Aber generelle und pauschale Ausführungs- und Baustoffvorbehalte sollte man nicht akzeptieren.

Vertrags-Check:
☑ falls geregelt, sollte eine ersatzlose Streichung erfolgen (und ggf. durch differenzierte Lösungen ersetzt werden)

⇢ Checkblatt Mängelbilder/Allgemein Anerkannte Regeln der Technik/ Beschaffenheiten/ DIN-Normen

Betrifft:
☒ Fertighaus
☒ Schlüsselfertiges Massivhaus
☒ Bauträgerhaus
☒ Eigentumswohnung vom Bauträger

Typische Regelung:
Das nächste große Problem bei Schlussbemerkungen von Baubeschreibungen ist, dass die technischen Ziele teils drastisch eingeschränkt werden. So gibt es Generalausschlüsse für bestimmte Mängelbilder (fast immer zum Beispiel Risse der Fliesenfugen zwischen Boden- und Wandfliesen, beliebt auch „Haarrisse", die angeblich nicht als Mangel gelten und anderes). Solche Regelungen – obwohl auch diese sehr häufig von Notaren mit beurkundet werden – sind mitunter in dieser allgemeinen Form rechtlich gar nicht zulässig und unwirksam. Hinzu kommt, dass sie teilweise den sogenannten Allgemein Anerkannten Regeln der Technik widersprechen. Außerdem verhalten sich Risse, Setzungen und Ähnliches natürlich nicht statisch, sondern dynamisch, und so kann aus einem kleinen Riss natürlich schnell auch einmal ein größerer werden.

Viele Notare schränken sogar die Vereinbarung einer Beschaffenheit ein. Beschaffenheit bedeutet, dass beispielsweise sehr konkrete Materialien, Produkte und Hersteller vereinbart werden. Wird dann das Produkt eines anderen Herstellers eingebaut, liegt ein Mangel vor. Eine solche klare Beschaffenheitsvereinbarung zumindest für einige Elemente des Gebäudes, wie zum Beispiel die Heizung, kann sehr sinnvoll sein. Es ist nicht in Ihrem Interesse, dass dies seitens des Haus- oder Wohnungsanbieters oder des Notars einfach pauschal eingeschränkt wird. Da darf man den Notar schon fragen, wie er darauf überhaupt ohne Rückfrage an Sie kommt.

Ein wieder anderes Überraschungspaket steckt in der festen Vereinbarung von DIN-Normen. Das kann, das muss Sie aber nicht immer schützen. DIN-Normen sind privatrechtliche Vereinbarungen und haben keinen Gesetzes- oder Verordnungscharakter. Sie werden von Ausschüssen im Deutschen Institut für Normung (DIN) erstellt, die sich unter anderem aus Vertretern von Gewerbe, Industrie und Verbänden zusammensetzen, in denen die Verbraucherseite aber häufig unterrepräsentiert ist. DIN-Normen werden dabei von den Ausschüssen im Konsensverfahren erarbeitet. Es kann durchaus sein, dass eine vereinbarte DIN-Norm längst in die Jahre gekommen ist. Es gibt sogar DIN-Normen, die in notariell beurkundeten Anlagen vereinbart, aber gar nicht mehr gültig sind. Auch das ist ein Punkt, an dem Sie sich natürlich fragen dürfen, warum eine Baubeschreibung ohne vorherige Prüfung durch einen Sachverständigen überhaupt durch einen Notar beurkundet werden darf. Und es gibt Baubeschreibungen, in denen DIN-Normen vereinbart werden, die teilweise schon so alt sind, dass sie sogar zu einer Schlechterstellung des Käufers führen würden. Das kommt daher, dass die Rechtsprechung immer wieder den aktuellen Stand der Allgemein Anerkannten Regeln der Technik abgleicht. Dabei werden DIN-Normen immer einmal wieder als nicht mehr zeitgemäß angesehen. Eine wichtige DIN-Norm dabei ist zum Beispiel die DIN 4109. Sie ist die DIN-Norm für Schallschutz und mittlerweile ergänzt worden durch ein sogenanntes „Beiblatt 2" mit Empfehlungen für erhöhten Schallschutz (⟶ Seite 80). Wird nun die DIN 4109 vereinbart (ohne dass zum Beispiel das „Beiblatt 2" ausdrücklich mit vereinbart ist), so die aktuelle Rechtsprechung, dann gilt exakt diese DIN 4109, obwohl sie den heute Allgemein Anerkannten Regeln der Technik nicht mehr entspricht, weil sie dafür keine ausreichenden Vorgaben hat, also „zu schlecht" ist. Da sie aber explizit vereinbart wurde, sieht man sie eben auch als explizite Vereinbarung. Ist hingegen gar kein Schallschutz vereinbart, sehen Gerichte einen erhöhten Schallschutz als angemessen und geschuldet an, da dieser dem heutigen Stand der Allgemein Anerkannten Regeln der Technik entspricht und vom Käufer heute erwartet werden darf. Sie glauben also, Sie haben eine DIN-Norm-Sicherheit im Vertrag, aber das Gegenteil ist unter Umständen der Fall. Das gilt auch für nicht notariell beurkundete Verträge, zum Beispiel Kaufverträge von Fertighäusern. Und es wird noch komplexer: Das DIN hat mittlerweile die Möglichkeit eröffnet, sogenannte DIN-SPECs

herauszugeben. Das sind keine DIN-Normen im Sinne konsensbasierter Lösungen, sondern „Spezifikationen", bei deren Erarbeitung nicht alle interessierten Kreise gehört werden müssen und bei deren Ergebnissen auch kein Konsens vorliegen muss. Zitat Deutsches Institut für Normung:

„In Ergänzung zur konsensbasierten Normung wird der Erarbeitungsprozess von Spezifikationen im Deutschen als Standardisierung bezeichnet. Dabei erfolgen die Arbeiten nicht zwingend unter Einbeziehung aller interessierten Kreise und daher wesentlich schneller als in der Normung."

Die DIN-SPECs dürfen sich sogar untereinander widersprechen. Das hilft alles eher wenig weiter. Und es ist natürlich ein riskantes Spiel. So hört sich zum Beispiel „Schallschutz nach DIN-SPEC" (eine solche ist unter der Projektnummer 61000329 und der geplanten Dokumentennummer 91314 tatsächlich in Vorbereitung) für einen Verbraucher, der nicht dahinterschauen kann, zunächst einmal gut an. Geplant ist, über diese DIN-SPEC erhöhte Anforderungen für den Schallschutz festzulegen. Aber ob dies wirklich der Fall sein wird und in welchem Umfang das der Fall sein wird und ob dieser Schutz am Ende wirklich empfehlenswert ist, das alles bleibt abzuwarten. DIN-SPECs können bestehende DIN-Normen sinnvoll ergänzen, sie können sie auch abschwächen, sie können ihnen sogar widersprechen. DIN-SPECs werden für Verbraucher daher wohl vor allem zusätzliche Unübersichtlichkeit bringen, weil Verbraucher sie nicht einordnen können. Ist eine vereinbarte DIN-SPEC eine zusätzliche Sicherheit oder ein zusätzliches Risiko? Das wird auch stark davon abhängen, welche Interessengruppen einer DIN-SPEC zugestimmt haben. Zwar werden die zustimmenden Institutionen im Rahmen der DIN-SPEC-Dokumentation genannt werden, aber kein Verbraucher kann sich ohne Kosten und Zeitaufwand ein tatsächlich wirksames Bild darüber verschaffen, aus welcher Richtung eine DIN-SPEC kommt. Das ist eine mehr als fragliche Angelegenheit, mit der das DIN auch an seiner eigenen Reputation und an seinen eigenen Wurzeln sägt. Das konsensorientierte Ergebnis unter Einbeziehung auch der Verbrauchersicht ist der Kern der Akzeptanz von DIN-Normen in der Breite der Gesellschaft, wobei heute bereits großer Unmut über die zu hohen Verkaufspreise von DIN-Normen zu verzeichnen ist. DIN-SPECs weichen dieses System bedenklich auf und dürften für Verbraucher deutlich mehr Gefahren als Chancen bergen. Denn nur wenn Verbrauchervertreter bei der Erarbeitung von DIN-SPECs dabei sind und ihnen auch zustimmen, kann man vernünftigerweise davon ausgehen, dass in ihnen auch Verbraucherinteressen hinreichend berücksichtigt wurden. Die Folgen dieses ganzen Systems und die Anwendung solcher Regeln gegenüber Verbrauchern in Kaufverträgen, Bauverträgen und Baubeschreibungen werden rechtlich erhebliche Auswirkungen haben, die für Verbraucher kaum mehr absehbar und beherrschbar sind.

Notwendige Regelung:
Die Rechtsprechung in der Bundesrepublik Deutschland sieht die sogenannten Allgemein Anerkannten Regeln der Technik als Orientierungslinie bei Bauausführungen. Das ist keine schlechte Orientierungslinie. Nach allgemein anerkannter Definition sind es, kurz gefasst, Regeln, die in der Wissenschaft als theoretisch richtig erkannt sind und feststehen, in der Praxis bei dem nach neuestem Erkenntnisstand vorgebildeten Techniker durchweg bekannt sind und sich aufgrund fortdauernder praktischer Erfahrung bewährt haben. Im Gegensatz zu DIN-Normen sind sie aber natürlich nicht bis ins Detail definiert und unstrittig. Auch Sachverständige sehen sie bisweilen unterschiedlich. DIN-Normen hingegen sind zwar oft inhaltlich eindeutig aber sie sind, anders als die Allgemein Anerkannten Regeln der Technik, keine Rechtsnormen. Nach der Rechtsprechung des Bundesgerichtshofs (BGH) sind sie nur private technische Regelungen mit Empfehlungscharakter. Sollen sie Gültigkeit erlangen, müssen sie vertraglich explizit vereinbart sein. DIN-Normen können die Allgemein Anerkannten Regeln der Technik wiedergeben, sie können aber auch hinter diesen zurückbleiben. Da DIN-Norm-Dokumentationen, wie dargelegt, nur zu sehr hohen Preisen zu erhalten sind, stellt sich eigentlich auch die Frage, inwieweit ihre Vereinbarung gegenüber Verbrauchern wirksam ist, ohne dass Verbraucher ihren Inhalt kennen beziehungsweise ohne erheblichen Kostenaufwand an ihre Inhalte gelangen können. Am sinnvollsten wäre es, dass man sich alle vereinbarten DIN-Normen auch schriftlich aushändigen lässt. Sie werden aber praktisch kein Unternehmen finden, dass dies macht, weil es seinerseits die hohen Kosten und den Aufwand scheuen wird.

Ein pauschaler Ausschluss von Beschaffenheitsvereinbarungen der Bauausführung sollte nicht vereinbart werden. Es muss sichergestellt sein, dass die Bauausführung in wesentlichen Teilen auch durch Beschaffenheitsmerkmale vereinbart ist und dies nicht durch irgendeine Klausel ausgeschlossen wird.

Der pauschale Ausschluss der Haftung für bestimmte Mängelbilder im Kauf- oder Bauvertrag ist in der Regel unwirksam und sollte dann auch gleich ganz aus dem Vertrag genommen werden, um einen Streit über die Wirksamkeit der Regelungen gar nicht erst aufkommen zu lassen.

Vertrags-Check:
☐ nicht geregelt
☐ unzureichend/benachteiligend geregelt
☐ unklare/unverständliche Formulierung

⋯▷ Checkblatt Barrierefreiheit

Betrifft:
☒ Fertighaus
☒ Schlüsselfertiges Massivhaus
☒ Bauträgerhaus
☒ Eigentumswohnung vom Bauträger

Typische Regelung:
Zunehmend tritt die Barrierefreiheit bei Immobilienangeboten in den Vordergrund. Doch was kaum jemand weiß, der Begriff der Barrierefreiheit ist rechtlich nicht klar definiert. Als angeblich barrierefrei wird mittlerweile alles Mögliche verkauft. Häufig wird unter barrierefrei nur eine gewisse physische Barrierefreiheit verstanden, was zum Beispiel weder auditive (akustische) noch visuelle (optische) Barrierefreiheit mit einschließt.

Notwendige Regelung:
Es gibt einen ganz einfachen Weg, um Barrierefreiheit wirksam zu regeln. Man kann in den Kaufvertrag einfach aufnehmen, dass die Immobilie barrierefrei nach DIN 18040 Teil 2 und Teil 3 ist. Diese DIN garantiert eine wirklich umfassende Barrierefreiheit für Neubauten. Damit ist eine vollständige, klare und nachprüfbare Barrierefreiheit garantiert, die diesen Namen auch verdient. Wenn sich der Haus- oder Wohnungsanbieter nicht darauf einlässt, kann er alternativ ja darlegen, in welchen Punkten und in welcher Form seine Barrierefreiheit von der DIN 18040 abweicht, sodass man überhaupt überprüfen kann, was man geboten bekommt. Denn es gibt Personenkreise, die zwingend auf eine wirklich funktionierende Barrierefreiheit angewiesen sind, möglicherweise sogar gerade deswegen umziehen.

Falls körperliche Einschränkungen vorhanden sind, die ganz spezielle bauliche Lösungen erfordern, muss dies früh angesprochen und verbindlich und detailliert im Kaufvertrag fixiert werden. Gegebenenfalls müssen zusätzliche Pläne angefertigt und zum Vertragsbestandteil gemacht werden. Auch bei der Planfreigabe von Vertragsplänen ist dann mit besonderer Sorgfalt darauf zu achten, dass alle besprochenen Punkte detailliert und maßgerecht eingearbeitet sind (⋯▷ **Checkblatt Planabnahme Vertragspläne** Seite 188).

Auch eine KfW-Förderung der Barrierefreiheit setzt zwingend bestimmte Kriterien voraus. Die Förderkriterien der KfW sind angelehnt an die DIN 18040. Ist die DIN 18040 vereinbart, kann man auch sicher sein, die Förderkriterien der KfW für barrierefreies Bauen einzuhalten.

Vertrags-Check:
☐ nicht geregelt
☐ unzureichend/benachteiligend geregelt
☐ unklare/unverständliche Formulierung

⋯⋗ Checkblatt Wohnflächen

Betrifft:
- ☒ Fertighaus
- ☒ Schlüsselfertiges Massivhaus
- ☒ Bauträgerhaus
- ☒ Eigentumswohnung vom Bauträger

Typische Regelung:

Die Wohnfläche ist bei Fertighäusern und schlüsselfertigen Massivhäusern in den Verträgen nur selten geregelt, häufiger geregelt ist sie bei notariell beurkundeten Verträgen von Bauträgerimmobilien, dort allerdings meist sehr ungenau. Das kann sich etwa durch eine Pauschalangabe im Kaufvertragsentwurf des Notars äußern, bei der gar nicht steht, auf welcher Grundlage sie ermittelt wurde – also auf welcher Berechnungsart. Da begegnet man allem Möglichen: Gar keiner Berechnungsgrundlage, Berechnung nach DIN 277, Berechnung „nach Plananlage" oder auch Berechnung nach Wohnflächenverordnung (WoFlV), häufig noch zusätzlich versehen mit einer „ca."-Angabe. Wenn man sich dann darüber informieren möchte, was denn wie in die Berechnung mit einbezogen wurde – ist also etwa die Terrasse oder der Balkon mit einbezogen worden, wenn ja, in welchem Umfang – wird es schnell sehr unklar. Undefinierte Berechnungsgrundlagen sollten gar nicht vereinbart werden, da sie überhaupt nicht sauber überprüft werden können. Damit bleiben letztlich Berechnungen nach DIN 277 und der Wohnflächenverordnung. Die DIN 277 dient zur Flächenermittlung, damit anhand dieser Flächen auch die Kosten von Bauvorhaben ermittelt werden können. Sie ist dementsprechend eine Schwesternorm der DIN 276 „Kosten im Hochbau". Wenn Sie ein Haus angeboten bekommen, dessen Grundfläche nach der DIN 277 berechnet wurde, ist das für die Planer, die auf dieser Basis die Kosten ermitteln, eine gegebenenfalls sinnvolle Grundlage. Für Sie allerdings, die Sie das Haus nutzen, eventuell auch einmal vermieten oder verkaufen wollen, ist eine Flächenberechnung nach DIN 277 nur eingeschränkt verwendbar. Die Wohnflächenverordnung hingegen wurde zwar vor allem für den geförderten Wohnungsbau geschaffen, ist aber eine Verordnung, die sich allgemein für Wohnflächen gut eignet. Daher sollte nur diese als Basis der Flächenberechnung dienen. Strittigster Punkt bei der Wohnflächenverordnung ist der Flächenansatz von Terrassen und Balkonen. Hier ist ein Ansatz von 25 bis 50 Prozent gestattet.

§ 4 Satz 4 Wohnflächenverordnung:

„Die Grundflächen von Balkonen, Loggien, Dachgärten und Terrassen sind in der Regel zu einem Viertel, höchstens jedoch zur Hälfte anzurechnen."

Das heißt aber, dass im Normalfall nur 25 Prozent angesetzt sein sollten. Nur bei sehr besonderen Eigenschaften kann hier also maximal die Hälfte angerechnet werden; das wäre zum Beispiel ein erheblich erhöhter Nutzwert, etwa durch Zuschnitt, Orientierung, Lage und Aussicht. Ist das nicht der Fall, muss man den Notar fragen, warum 50 Prozent angesetzt sind. Bei einem kleinen Balkon von 4 Quadratmetern ist es nicht weiter relevant, ob die Wohnung nun 1 oder 2 Quadratmeter mehr hat. Bei einer Dachterrasse von 40 Quadratmetern ist es schon eine ganz andere Frage, ob die Wohnung 10 oder 20 Quadratmeter mehr Wohnfläche hat. Der Bauträger möchte natürlich so viel Wohnfläche wie möglich in sein Angebot bringen, weil das großzügiger klingt. Realistisch muss das aber nicht sein.

Wohnflächen unter Dachschrägen werden von einer Raumhöhe bis zu 1 Meter gar nicht angerechnet und von einer Raumhöhe von 1 bis 2 Metern nur zur Hälfte. Erst ab 2 Metern wird die volle Grundfläche als Wohnfläche angerechnet.

Nicht zur Wohnfläche gehören nach der Wohnflächenverordnung: Kellerräume, Abstellräume und Kellerersatzräume außerhalb der Wohnung, Waschküchen, Bodenräume, Trockenräume, Heizungsräume und Garagen.

Notwendige Regelung:
Die Berechnungsgrundlage der Wohnfläche muss klar festgelegt werden, vor allem bei Bauträgerimmobilien. Hier bietet sich die Wohnflächenverordnung an. Balkone und Terrassen sollten dabei mit nicht mehr als 25 Prozent angesetzt werden. „Ca."-Angaben sollten nicht toleriert werden. Konsequenz-Regelungen bei Nichteinhaltung der versprochenen Wohnfläche kann ganz einfach eine entsprechend anteilige Preisreduzierung sein. Manche Notare regeln hier auch eine Fehlertoleranz von „bis zu". Nicht selten werden satte 3 Prozent als Fehlertoleranz geregelt. Das ist deutlich zu viel und entspricht bei einer 100 Quadratmeter-Wohnung bereits 3 Quadratmeter, also der Fläche eines kleinen Duschbades. 1,5 Prozent als Fehlertoleranz sind der maximale Wert. Weiter regeln viele Notare, dass bei Unterschreitung der Wohnfläche nur der Fehlbetrag rückerstattet

wird, der oberhalb der Quadratmeter-Fehlertoleranz liegt. Auch das ist eine nicht sinnvolle Lösung. Sondern es gilt: Man ist möglicherweise bereit, eine Fehlertoleranz bis hin zu 1,5 Prozent hinzunehmen. Geht der Flächenverlust aber darüber hinaus, sollte eine anteilige Rückerstattung in der gesamten Höhe der Fehlfläche erfolgen. Beispiel: Eine 100 Quadratmeter große Wohnung kostet 200.000 Euro. Zugestanden ist eine Fehlertoleranz von 1,5 Prozent, in diesem Fall also 1,5 Quadratmeter. Nach Fertigstellung stellt sich heraus, dass die Wohnung nur eine Wohnfläche von 97,5 Quadratmetern nach Wohnflächenverordnung hat. Damit ist die vereinbarte Wohnfläche um 2,5 Prozent unterschritten. Dem würde – bei einem Kaufpreis von 2.000 Euro pro Quadratmeter – eine Minderverrgütung des Bauträgers von 5.000 Euro gegenüberstehen. Käme die Regelung eines Notars zustande, nachdem nur die Fehlfläche angerechnet würde, die oberhalb von der Fehlertoleranz von 1,5 Prozent liegt, bekäme der Bauträger nur 2.000 Euro weniger, 3.000 Euro seiner Fehlleistung gingen zu Ihren Lasten. Das ist nicht einzusehen, wenn Sie ohnehin zur Hinnahme einer generellen Toleranz von 1,5 Prozent bereit sind.

Das Beispiel zeigt Ihnen, um welche Summen es bei Wohnflächenabweichungen schnell geht und warum eine exakte Definition wichtig ist.

Vertrags-Check:
☐ nicht geregelt
☐ unzureichend/benachteiligend geregelt
☐ unklare/unverständliche Formulierung

⇢ Checkblatt Grundstücksgröße

Betrifft:
☒ Fertighaus
☒ Schlüsselfertiges Massivhaus
☒ Bauträgerhaus
☒ Eigentumswohnung vom Bauträger

Typische Regelung:
Wenn Sie auf Ihrem eigenen Grundstück bauen, dann kennen Sie die Größe des Grundstücks sehr wahrscheinlich. Kaufen Sie Haus und Grundstück zusammen, sieht das anders aus. Auch wenn Sie eine Eigentumswohnung mit Anteil am Grundstück kaufen oder ein Reihenhaus auf einem gemeinsamen Grundstück mit anderen Reihenhäusern, kennen Sie die exakte Größe des Grundstücks nicht. In vielen Verträgen werden die Grundstücksgrößen auch in keiner Weise geregelt und nicht einmal eine bestimmte Größe zugesichert. Es kann sein, dass die Grundstücke noch nicht erschlossen sind und Erschließungsflächen noch berücksichtigt werden müssen, es kann auch sein, dass ein größeres Grundstück noch in kleinere aufgeteilt werden muss, und anderes mehr, sodass ein Bauträger argumentiert, genaue Aussagen zu den Grundstücksgrößen könne er noch nicht machen. Das sind aber alles keine überzeugenden Gründe, warum Vereinbarungen zur Grundstücksgröße fast immer unterbleiben.

Notwendige Regelung:
So, wie es sinnvoll ist, die Wohnfläche zu regeln, ist es auch sinnvoll, die Grundstücksgröße zu regeln. Am sinnvollsten ist es, wenn ein Auszug aus einem Katasterplan mit vermaßtem Grundstück Vertragsbestandteil ist. Gibt es einen solchen Auszug noch nicht, kann ein Grundstücksplan auf Basis des Baugesuchs angefertigt werden, der zugleich aufzeigt, mit welchen Abständen zu den Grundstücksgrenzen das Haus errichtet werden soll. Ohne vermaßten Grundstücksplan kennen Sie sonst diesen Standort nicht genau. Auch bei der Grundstücksgröße können Toleranzgrenzen vereinbart werden, mit Konsequenzwirkung analog zu den Wohnflächen.

Vertrags-Check:
☐ nicht geregelt
☐ unzureichend/benachteiligend geregelt
☐ unklare/unverständliche Formulierung

⇢ Checkblatt Grundstücksbeschaffenheit

Betrifft:
☒ Fertighaus
☒ Schlüsselfertiges Massivhaus
☐ Bauträgerhaus
☐ Eigentumswohnung vom Bauträger

Typische Regelung:
In Verträgen vor allem von Fertighäusern und schlüsselfertigen Massivhäusern, die auf dem Grundstück der Käufer errichtet werden sollen, werden häufig Grundstücksbeschaffenheiten vorausgesetzt, die das Grundstück möglicherweise gar nicht hat. Das reicht von der Tatsache, dass im Kaufvertrag ein ebenes, geräumtes und anfahrbares Grundstück mit Bau-

strom- und Bauwasseranschluss vorausgesetzt wird, bis hin zu Kranstell- und Lagerplätzen (⇢ Seite 44 ff.). Das kann so weit gehen, dass offen ist, ob bestimmte Bäume überhaupt gefällt werden können, während ein Haus gekauft wird, in dem das geräumte Grundstück Vertragsbedingung ist.

Notwendige Regelung:
Regelungen zu den Beschaffenheiten des Grundstücks müssen sich am vorhandenen Grundstück orientieren und nicht an den Idealvorstellungen eines Hausanbieters. Das heißt, es ist wichtig, dass der Hausanbieter das Grundstück sieht, bevor ein Haus gekauft wird. Er kann sich dann äußern, welche Voraussetzungen noch geschaffen werden müssen, damit das Haus gemäß Kaufvertragsentwurf realisierbar ist beziehungsweise welche Pro bleme einem Hausbau gemäß Kaufvertragsentwurf noch im Weg stehen. Blind einen generellen und pauschalen Passus zum Grundstück zu akzeptieren sollte man tunlichst vermeiden.

Vertrags-Check:
☐ nicht geregelt
☐ unzureichend/benachteiligend geregelt
☐ unklare/unverständliche Formulierung

⇢ Checkblatt Energieeffizienz

Betrifft:
☒ Fertighaus
☒ Schlüsselfertiges Massivhaus
☒ Bauträgerhaus
☒ Eigentumswohnung vom Bauträger

Typische Regelung:
Der energetische Mindeststandard für Neubauten in Deutschland wird insbesondere über das sogenannte Gebäudeenergiegesetz (GEG) geregelt, die von Zeit zu Zeit überarbeitet wird. Das jeweils zum Zeitpunkt der Baueingabe gültige GEG gilt. Wenn Sie eine höhere energetische Qualität wollen, dann müssen Sie im Vertrag auch höhere energetische Standards vereinbaren. Das kann in der Baubeschreibung erfolgt sein, muss es aber nicht. Dann muss es im Kaufvertrag geregelt werden, wird es häufig aber auch nicht. Dann ist es gar nicht geregelt, und der Anbieter schuldet Ihnen nur den GEG-Standard. Bei Verträgen, die notariell beurkundet werden, regeln Notare im Kaufvertrag sogar etwas anderes als das, was in der Baubeschreibung geregelt ist. Dann gibt es nicht selten einen glatten Vertragswiderspruch.

Manchmal ist auch ein Blower-Door-Test geregelt, zur Messung der Luftdichtheit der Gebäudehülle. Fast immer aber ist weder ein klarer Zielwert vereinbart noch eine Konsequenz-Regelung für den Fall, dass der vereinbarte Zielwert nicht erreicht wird.

Notwendige Regelung:
Energetische Ziele werden in Kauf- oder Bauverträgen häufig geregelt, weil daran auch eine Finanzierung hängt, zum Beispiel von Landeskreditbanken auf Länderebene oder von der KfW (Kreditanstalt für Wiederaufbau) auf Bundesebene. Die Fördermöglichkeiten und Kredite dieser Banken hängen bei vielen Programmen direkt mit dem geplanten energetischen Standard des Gebäudes zusammen. Daher muss dieser auch sehr klar und abgestimmt auf die gewünschte Finanzierung geregelt werden. Möchten Sie beispielsweise einen

bestimmten KfW-Standard erreichen, weil dieser bei Ihrer Finanzierungsplanung berücksichtigt ist, dann muss genau dieser Standard schriftlich vereinbart werden. Die KfW ändert von Zeit zu Zeit ihre Programme. Es gibt immer wieder Verträge, in denen solche veralteten Regelungen auftauchen, darunter auch immer wieder notariell beurkundete. Das Problem ist, dass eine solche Vereinbarung dann rechtswirksam, aber schlicht veraltet ist. Daher sollte man immer überprüfen, wie die aktuellen Programme der KfW heißen und wie sie definiert sind (www.kfw.de). Es ist nicht gesagt, dass Immobilienanbieter und/oder Notare hier jeweils auf dem aktuellen Stand sind.

Wenn Sie zusätzlich einen Blower-Door-Test vereinbaren wollen, dann muss auch geregelt werden, was passiert, wenn der Zielwert nicht eingehalten wird. Ein sinnvoller Zielwert liegt bei einer maximalen Luftwechselrate des 1,5-Fachen des Gebäudevolumens pro Stunde (⸺⊳ Ratgeber „Kauf und Bau eines Fertighauses oder Massivhauses"). Muss dann nachgebessert werden oder passiert gar nichts? Allein die Vereinbarung eines Blower-Door-Tests an sich bringt Sie nur bedingt weiter.

Bei Passivhäusern sollte zusätzlich vereinbart werden, welcher energetische Zielwert – also welcher maximale Energieverbrauch pro Quadratmeter und Jahr – erreicht werden muss. Als obere Grenze für Passivhäuser werden 15 Kilowattstunden pro Quadratmeter und Jahr angesehen.

Vertrags-Check:
☐ nicht geregelt
☐ unzureichend/benachteiligend geregelt
☐ unklare/unverständliche Formulierung

⸺⊳ Checkblatt Energieabnahme-/ Energieliefervertrag

Betrifft:
☐ Fertighaus
☐ Schlüsselfertiges Massivhaus
☒ Bauträgerhaus
☒ Eigentumswohnung vom Bauträger

Typische Regelung:
Manchmal enthalten Bauträgerkaufverträge auch Regelungen zur verbindlichen Energieabnahme. Das betrifft meist Bauvorhaben mit einem Fernwärmeanschluss. Der Fernwärmeanbieter möchte seine Fernwärme natürlich langfristig absetzen, da er ja in die Infrastruktur investiert. Wenn solche Verträge bindend mit dem Haus- oder Wohnungskauf einhergehen, sollte unbedingt auch der Energieabnahmevertrag/Energieliefervertrag vor dem Notartermin geprüft werden. Entscheidend ist dabei natürlich vor allem der dauerhaft zu zahlende Preis für die Energielieferung beziehungsweise dessen Koppelung an gegebenenfalls externe Parameter. Es gibt hier teilweise sehr intransparente Regelungen, deren Wirkungen offengelegt und verstanden werden müssen, bevor man sie unterzeichnet. Ein Problem der Regelungen ist darüber hinaus häufig die sehr lange Vertragslaufzeit. Es gibt tatsächlich Verträge, die für eine Laufzeit von 20 Jahren abgeschlossen werden sollen. Mehr als 10 Jahre ist aber nicht zulässig.

Wenn Sie ein Fertighaus oder ein schlüsselfertiges Massivhaus bauen, ist im Hauskaufvertrag selber praktisch nie eine solche Regelung enthalten, sondern solche Regelungen zur Fernwärmeabnahme treffen Sie dann meist bereits im Grundstückskaufvertrag an.

Notwendige Regelung:

Wichtige Regelungen im Zusammenhang mit einem Energieabnahme- beziehungsweise Energieliefervertrag sind: Laufzeit, laufende Kosten und technische Voraussetzungen der Energieabnahme.

Laufzeit: Ein Energieabnahmevertrag sollte keinesfalls länger laufen als 10 Jahre. 20 Jahre sind schlicht nicht beherrschbar, zumal der gesamte Energiemarkt massiv im Umbruch ist. Dazu kommen auch neue, technologische Entwicklungen. Niemand kann heute absehen, wie die Energieversorgung in 20 Jahren aussehen wird. Dann kann es sein, dass Sie in einem teuren Vertrag stecken und nicht aus ihm herauskommen.

Laufende Kosten: Ein Energieabnahmevertrag sollte außer der eigentlichen Energieabnahme möglichst keine weiteren einmaligen oder laufenden Kosten nach sich ziehen. Die Höhe der Energiekosten sollte klar, transparent und nachvollziehbar benannt sein. Sinnvoll ist auch, wenn der Energielieferant einmal Verbräuche und Kosten vergleichbarer Häuser/Wohnungen als Orientierung offenlegt, damit man besser einschätzen kann, auf welche Kostenkonsequenzen man sich einlässt.

Technische Voraussetzungen: Sehr wichtig sind klare Regelungen zur Anbindung des Grundstücks und des Gebäudes an die Fernwärme und zur Übergabestation der Fernwärme. Bei der Übergabestation handelt es sich um die technische Einheit, die in Ihrem Keller dafür sorgt, dass die Fernwärme der externen Leitungen übergeben wird an die internen Leitungen in Ihrem Haus. Es sollte klar sein, dass diese Übergabestation im Hauspreis (beim Kauf vom Bauträger) oder im Fernwärmeliefervertrag (beim Kauf und Bau eines Fertighauses oder schlüsselfertigen Massivhauses) enthalten ist und nicht gesondert hinzugekauft oder hinzugemietet werden muss. Manche Energieanbieter lassen sich das fürstlich entlohnen, was dann für Sie erhebliche Zusatzbelastungen bedeuten kann. Auch die Gebäudeanbindung an das Fernwärmenetz sollte im Hauspreis oder Fernwärmeliefervertrag enthalten sein.

Ob Gebäudeanbindung und Übergabestation enthalten sind, können Sie auch mit einem Blick in die Baubeschreibung gegenprüfen. Fehlen beide dort, besteht das Risiko, dass man Ihnen auch beide noch zusätzlich in Rechnung stellen wird. Dann muss das als zu erbringende Leistung mit in die Baubeschreibung aufgenommen werden.

Soweit die Übergabestation in Ihr Eigentum fällt, sollte deren Wartung (Intervalle und Kosten) zumindest für die Gewährleistungszeit geregelt sein. Die Gewährleistungszeit für die Übergabestation sollte nicht von 5 auf 2 Jahre heruntergekürzt werden. Dafür gibt es weder einen rechtlichen noch einen technischen Anlass.

Wenn Sie den Energieliefervertrag oder Teile davon nicht verstehen, ist es unbedingt notwendig, sich diese Passagen und deren Konsequenzen vom Notar erläutern zu lassen, bevor ein solcher Vertag beurkundet wird. Liegt der Vertrag zum Zeitpunkt der Beurkundung des Kaufvorhabens gar nicht vor, sollten Sie darauf bestehen, dass er vor Beurkundung vorgelegt wird.

Vertrags-Check:
☐ nicht geregelt
☐ unzureichend/benachteiligend geregelt
☐ unklare/unverständliche Formulierung

⇢ Checkblatt Eigenleistungen

Betrifft:
☒ Fertighaus
☒ Schlüsselfertiges Massivhaus
☒ Bauträgerhaus
☒ Eigentumswohnung vom Bauträger

Typische Regelung:
Die Möglichkeit von Eigenleistungen wird sehr unterschiedlich geregelt. Hauptsächlich hängt das davon ab, mit wem man ein Haus baut: Fertighausanbieter, Schlüsselfertig-Massivhaus-Anbieter oder Bauträger. Am flexibelsten kann ein Anbieter schlüsselfertiger Massivhäuser agieren. Ob er es macht, steht auf einem anderen Blatt und richtet sich ausschließlich nach dem, was im Vertrag steht. Bei Fertighausanbietern gibt es manchmal sogar sogenannte Ausbauhäuser fest im Programm. Um ein Haus allerdings als Ausbauhaus zu erwerben und dann tatsächlich den gesamten Innenausbau selbst zu übernehmen, muss man nicht nur über erhebliche Fachkenntnisse verfügen, sondern auch über die notwendige Zeit. Einen solchen Innenausbau sollte man nicht unterschätzen. Das kann extrem arbeits- und zeitintensiv werden, und der Ersparnisfaktor kann sehr gering sein. Denn die Preisminderungen, die manche Anbieter für Eigenleistungen gewähren, bewegen sich nicht selten gerade einmal in Höhe der Materialkosten. Diese zahlen Sie dann bei Eigenleistung selbst und haben zusätzlich die Arbeit, die Ihnen aber niemand vergütet. Die Preisminderung für Eigenleistungen sollte sich auch lohnen, sonst werden Eigenleistungen fragwürdig.

Ob Eigenleistungen zugelassen werden oder nicht und wenn, in welchem Umfang und unter welchen Bedingungen, wird in vielen Verträgen zwar geregelt, oft aber sehr restriktiv, sodass alles unter dem Vorbehalt der Zustimmung des Anbieters steht. Wenn Sie hier Freiräume schaffen wollen, dann muss das vor Unterzeichnung des Vertrages erfolgen.

Notwendige Regelung:
Es gibt 2 Wege, Eigenleistungen zu regeln: Entweder weiß man bereits im Vorhinein, was man alles machen möchte, dann kann man die Eigenleistungen konkret im Vertrag regeln, oder man weiß es noch nicht, dann muss eine Regelung her, die Ihnen die Option gibt, bestimmte Gewerke auch als Eigenleistung durchzuführen, beispielsweise Tapezieren und Streichen, Verlegen der Bodenbeläge und anderes mehr. Dann muss allerdings auch geregelt werden, welche Erstattung Sie erhalten, wenn Sie ein Gewerk selber ausführen. Falls Sie Gewerke übernehmen wollen, die zwischen den Leistungen des Vertragspartners liegen, muss sehr genau geregelt werden, wann und wie die Übergabe der Vorleistung des Vertragspartners erfolgt und Ihre beginnen kann. Und der Anbieter wird dann auch regeln wollen, wann er wie-

derum an Ihre Arbeiten anschließen kann. Der Anbieter wird außerdem keine Gewährleistung für von Ihnen erbrachte Leistungen übernehmen wollen. Das ist nachvollziehbar, das Problem ist nur, dass das nicht immer so einfach voneinander abzugrenzen ist; denn viele Gewerke greifen ineinander. Das schon erwähnte Beispiel dazu: Wenn der Vertragspartner die Fußbodenheizung verlegt und Sie den Estrich verlegen, und nachher ist zum Beispiel eine Heizleitung im Fußboden undicht, kommt die Frage auf, wer schuld ist: Sie oder der Anbieter. Ein weiteres Problem kann auftauchen: Der Unternehmer ist zwar verpflichtet, Leistungen von Vorunternehmern zu prüfen, bevor er seine Bauleistungen fortsetzt. Die Frage ist allerdings, ob Sie rechtlich ein Vorunternehmer sind oder schlicht Käufer beziehungsweise Bauherr. Daher ist es sicherer, in den Vertrag aufzunehmen, dass Ihre Eigenleistungen vom Unternehmer zu prüfen sind, bevor er nach Vorleistungen von Ihnen mit seinen Leistungen fortfährt. Die noch bessere Alternative ist, man wählt für Eigenleistungen nur solche Gewerke, die am Schluss des Bauvorhabens stehen und die einigermaßen klar vom Vorgewerk abgrenzbar sind.

Ferner sollte man sich überlegen, Regelungen für den Fall zu treffen, dass man Eigenleistungen doch nicht schafft, sei es fachlich, sei es zeitlich. Hat man solche Regelungen nicht getroffen und muss sie dann plötzlich und unter Druck nachträglich doch noch vom Vertragspartner einkaufen, kann man schnell auch mit stark überhöhten Preisen konfrontiert sein. Besser, es ist im Vorhinein geklärt, unter welchen Bedingungen Eigenleistungen auch in Leistungen des Vertragspartners gewandelt werden können.

Vertrags-Check:
☐ nicht geregelt
☐ unzureichend/benachteiligend geregelt
☐ unklare/unverständliche Formulierung

⇢ Checkblatt Sonderwünsche

Betrifft:
☒ Fertighaus
☒ Schlüsselfertiges Massivhaus
☒ Bauträgerhaus
☒ Eigentumswohnung vom Bauträger

Typische Regelung:
Sonderwünsche werden in Verträgen sehr unterschiedlich behandelt. Bei notariell beurkundeten Bauträgerverträgen werden sie häufig unter den schriftlichen Zustimmungsvorbehalt des Bauträgers gestellt. Sie sind dann vollständig von dessen späterer Entscheidung abhängig, ob Sie Sonderwünsche erfüllt bekommen oder nicht. Manche Bauträger lassen sich auch sogenannte „Regiekosten" zusätzlich vergüten für die Koordination dieser Sonderwünsche. Und nicht selten verlangen Bauträger sogar, dass Sie diese Sonderwünsche direkt und unmittelbar bei den beteiligten Handwerkern beauftragen und mit diesen abrechnen.

Fertighausanbieter machen es sich in der Regel ganz einfach: Zunächst wird der Kaufvertrag für das Fertighaus unterschrieben, und dann folgt irgendwann die sogenannte „Bemusterung", ein Termin – oft direkt beim Fertighausanbieter –, bei dem die Ausstattung des gesamten Hauses von der Heizung bis zur Tapete festgelegt wird.

Das heißt übersetzt, Sie unterzeichnen beim Konditor erst einmal den Kaufvertrag für eine Torte, und dann wird festgelegt, was alles in die Torte hineinkommt und wie teuer der Spaß wird. Das ist natürlich wenig sinnvoll, aber tatsächlich der Standard beim Fertighausverkauf.

Bei Anbietern von schlüsselfertigen Massivhäusern läuft es häufig ähnlich wie bei Bauträgern, dass sie sich einen Vorbehalt der schriftlichen Zustimmung zu Sonderwünschen in den Vertrag setzen lassen. Und auch diese Anbieter lassen sich bisweilen sogenannte „Regiekosten" bezahlen und verweisen für die Beauftragung und Abrechnung direkt an die Handwerker. Kann also heißen: Ihr Haus wird vom Anbieter A gebaut, aber Ihr Bad hat Sonderwünsche vom Handwerker B. Mit allen Konsequenzen: Ihre Badausstattung hat dann unter Umständen einen anderen Vertrag als der Rest des Hauses mit auch anderen Vertragspartnern, Abnahmen, Zahlungswegen und Gewährleistungsfristen.

Notwendige Regelung:
Sonderwünsche bei einem Immobilienkauf vom Bauträger oder vom Anbieter schlüsselfertiger Massivhäuser sollten entweder von vornherein detailliert vertraglich festgelegt oder aber klare Optionen dafür offengehalten werden. So kann zum Beispiel geregelt werden, dass man bestimmte Bauprodukte (beispielsweise Fliesen, Böden, Sanitärgegenstände) bei einem Händler seiner Wahl aussuchen darf und der Bauträger die Produkte dort abholt und auf der Baustelle einbaut. Der Bauträger sollte die Ausstattungskosten des von ihm geplanten Bades offenlegen. Damit haben viele Bauträger gar kein Problem und listen die Preise der von ihnen angebotenen Fliesen-,

Sanitär- und Armaturenausstattung auf, sodass Sie dann ganz einfach die Zusatzkosten von dieser Basisausstattung zu Ihrer Wunschausstattung errechnen und zahlen können.

Nicht in den Vertrag gehören Regelungen, nach denen Sie mit den Handwerksunternehmen im Fall von Sonderwünschen direkte Verträge schließen müssen und direkt an diese zahlen müssen. Sie bauen ja möglicherweise gerade deswegen schlüsselfertig, weil Sie nur einen Vertragspartner haben wollen, daher sollten Sie das dann auch konsequent so halten.

Sogenannte Regiekosten (Koordinierungskosten) kann man am besten vor Vertragsabschluss verhandeln. Sind allen Beteiligten die Sonderwünsche früh bekannt, müssen Regiekosten eigentlich auch gar nicht angesetzt werden, weil eine frühzeitige Planung kaum zusätzlichen Koordinierungsaufwand erfordert.

Ein Ausnahmefall kann sein, wenn Sie ein bestimmtes Gewerk unbedingt durch einen Handwerker Ihres Vertrauens umsetzen lassen wollen, der aber ansonsten am Bau nicht beteiligt ist und dessen Gewerk auch zwischen 2 Gewerken des Hausanbieters liegt, also etwa einen Heizungsbauer, der eine Fußbodenheizung einbringen soll. Dann sollte das frühzeitig vertraglich geregelt werden, inklusive des Zutrittsrechts für den Handwerker auf die Baustelle, wenn es sich nicht um ein Bauvorhaben auf Ihrem eigenen Grundstück handelt.

Beim Fertighausanbieter sollte die sogenannte Bemusterung erfolgen, bevor man einen Vertrag unterzeichnet. Viele Fertighausanbieter möchten das nicht zulassen, da sie argumentieren, dass dann die Vorkosten des Herstellers unverhältnismäßig hoch sind, da er Häuser bemustert, bei denen es möglicherweise nie zum Kaufvertrag kommt. Dieser Argumentation kann man sehr einfach den Wind aus den Segeln nehmen, indem man anbietet, dass die Bemusterung separat verrechnet wird. Die Bemusterung in den Bemusterungszentren dauert in der Regel etwa einen Tag. Dieser Tagessatz, der für das Personal des Fertighausherstellers anfällt (also etwa 60 bis 70 Euro brutto pro Stunde, das sind bei 8 Stunden 480 bis 560 Euro) kann separat gezahlt werden, wenn es doch nicht zum Fertighauskauf kommt. Kommt es hingegen dazu, kann der Tagessatz oder Stundensatz mit dem Hauspreis verrechnet werden.

Sicherstellen müssen Sie vor allem bei Bauträgern und Anbietern schlüsselfertiger Massivhäuser auf Ihrem Grundstück, dass Ihre Sonderwünsche an die ausführenden Handwerker weitergegeben werden. Sonst kann es Ihnen passieren, dass die Sonderwünsche nicht ausgeführt werden. Das wäre zunächst kein Problem, weil dann ein Mangel vorliegt, der nachgebessert werden müsste. Allein das kann allerdings schon aufwändig genug werden. Vor allem aber kann es passieren, dass der Bauträger oder Massivhausanbieter insolvent wird und Ihre Sonderwünsche nicht ausgeführt sind. Wenn Sie sich dann an die Handwerker wenden wollen, kann es Ihnen passieren, dass diese mitteilen, eine Sonderwunschbeauftragung gar nicht erhalten zu haben.

Sonderwünsche sind klar zu definieren und auch ihren Kosten nach klar zu benennen (⸺⟶ Kostenfallen-Teil dieses Ratgebers). Hat man sich darüber verständigt, sind sie in den Vertrag aufzunehmen oder als Vertragsbestandteil klar definiert zu vereinbaren. Wollen Sie in einem Raum ein zusätzliches Fenster haben, reicht es nicht zu schreiben: „Zusätzliches Fenster im Wohnzimmer." Sondern dann muss sehr klar beschrieben werden, an welcher Wand es sitzen, welche Maße es haben, wie weit es von den Wandkanten entfernt sein, welchen Rahmen und welches Glas es haben, über welchen Schall-, Wärme- und Einbruchschutz es verfügen, ob es einen Rollladen erhalten (elektrisch oder handbetrieben, mit Gurt oder Kurbelstange) und ob außen und innen eine Fensterbank montiert werden soll oder ein Trittblech und anderes mehr. Wenn Sie sich darum nicht sehr sorgfältig kümmern, werden Sie das Fenster bekommen, was man Ihnen im Zweifel am billigsten unterschieben kann. Das **„Handbuch Baubeschreibung"** der Verbraucherzentrale kann hier dezidierte Hilfe geben, wie man Bau- und Gebäudeteile umfassend beschreibt (⸺⟶ Seite 271).

Vertrags-Check:
☐ nicht geregelt
☐ unzureichend/benachteiligend geregelt
☐ unklare/unverständliche Formulierung

⸺⟶ Checkblatt Tiefgarage/Garage/ Carport/Stellplatz

Betrifft:
☐ Fertighaus
☐ Schlüsselfertiges Massivhaus
☒ Bauträgerhaus
☒ Eigentumswohnung vom Bauträger

Typische Regelung:

Vor allem bei Eigentumswohnungen gibt es fast immer Regelungen zu Stellplatz und Tiefgarage. Bei Reihenhäusern wird manchmal die Erstellung von Carport oder Garagen mit vereinbart. Meist wird das in wenigen Sätzen am Ende der Baubeschreibung abgehandelt. Dann fehlen sehr häufig Klärungen darüber, welchen Platz konkret man erhält, ob dort eine separate Beleuchtung vorhanden ist oder Stromanschlussmöglichkeit besteht, ob ein barrierefreier Zugang möglich ist und anderes mehr.

Notwendige Regelung:

Bei Tiefgaragen ist es wichtig, dass die Einfahrtrampe breit genug ist und in der Neigung flach genug, damit man sie vernünftig befahren kann. Eine leichte Fahrbahnriffelung für mehr Griff für die Räder und eine breite Entwässerungsrinne vor der Einfahrt sind sinnvoll. Am besten ist es, man sieht sich eine oder mehrere Referenzgaragen des Bauträgers an. Geklärt werden sollten die konkrete Lage des Stellplatzes (etwa mit Nummerierung) und die Frage, ob er einen separaten Licht- und Stromanschluss hat. Die zunehmende Elektromobilität macht auch die Installation sogenannter Wallboxen notwendig, über die die Fahrzeuge aufgeladen werden. Falls solche nicht gleich montiert werden können, sollte zumindest die Verlegung ausreichend dimensionierter Leerrohre vereinbart sein.

Soweit Sie den Kauf einer barrierefreien Immobilie anstreben (⸺ **Checkblatt Barrierefreiheit** Seite 175), muss natürlich auch die barrierefreie Zugänglichkeit der Tiefgarage nach DIN 18040 gegeben sein.

Nicht vergessen werden sollte, dass das Tiefgaragentor auch per Hand-Entriegelung geöffnet werden können sollte, falls die Elektrik versagt. Bei Einzelgaragen von Reihenhäusern sollte ebenfalls geregelt werden, ob die Garagen über einen Stromanschluss verfügen – auch für eine Wallbox. Wenn es Wünsche für Tiefe und Breite der Garage gibt oder zum Beispiel einen separaten Türzugang oder einen Türzugang mit torintegrierter Tür oder Ähnliches, muss das rechtzeitig besprochen werden, damit es berücksichtigt werden kann.

Vertrags-Check:
☐ nicht geregelt
☐ unzureichend/benachteiligend geregelt
☐ unklare/unverständliche Formulierung

⸺ Checkblatt Grünanlage/ Anpflege

Betrifft:
☐ Fertighaus
☐ Schlüsselfertiges Massivhaus
☐ Bauträgerhaus
☒ Eigentumswohnung vom Bauträger

Typische Regelung:

Grünanlagen werden meist nur angeboten beim Verkauf von Eigentumswohnungen durch einen Bauträger (⸺ **Checkblatt Außenanlagen Eigentumswohnung** Seite 96). Das entscheidende Problem dabei ist, dass zum Zeitpunkt der Übergabe dieser Grünanlage bei Weitem noch nicht alle Wohnungen verkauft sein müssen. Vielleicht ist auch noch keine WEG mit WEG-Verwalter offiziell konstituiert. Dann kann es passieren, dass in einer Wohnanlage, in der eigentlich 20 oder 30 Parteien leben sollen, zunächst nur 8 oder 12 Parteien einziehen und die Grünpflege nicht koordiniert ist. Es reichen dann relativ kurze Zeiträume ohne Regen, um frisch gepflanzte Sträucher und Bäume eingehen zu lassen. Bei größeren Grünanlagen kann das erhebliche Wiederherstellungskosten im vier- und fünfstelligen Bereich nach sich ziehen, die dann anteilsmäßig auch Sie tragen.

Notwendige Regelung:
Es ist sinnvoll, im Kaufvertrag mit dem Bauträger auch die sogenannte Anpflege der Grünanlagen zu regeln, das heißt, dass eine geordnete Pflegeübergabe der Grünanlagen vom Bauträger auf die WEG erfolgt und keine Pflegelücke eintritt. Sinnvoll ist auch, wenn ein Grünanlagenplan mit übergeben wird, der in Übereinstimmung steht mit den Begrünungsvorgaben aus dem Bebauungsplan oder einer anderen Satzungsfestlegung der Kommune.

Vertrags-Check:
☐ nicht geregelt
☐ unzureichend/benachteiligend geregelt
☐ unklare/unverständliche Formulierung

⸭ Checkblatt Unterlagen/ Dokumentation

Betrifft:
☒ Fertighaus
☒ Schlüsselfertiges Massivhaus
☒ Bauträgerhaus
☒ Eigentumswohnung vom Bauträger

Typische Regelung:
Zu den zu übergebenden Unterlagen wird meist gar nichts geregelt. Ob in notariell beurkundeten Bauwerkverträgen oder Kaufverträgen – meist ist der gesamte Dokumentationsstand nichts weiter als der Vertrag mit seinen Anlagen. Das sind üblicherweise der Bauwerkvertrag oder Kaufvertrag selbst, dann die Baubeschreibung in meist sehr zweifelhafter Qualität und gegebenenfalls Pläne in ebenfalls meist sehr zweifelhafter Qualität. Bei Reihenhäusern nach WEG oder Eigentumswohnungen kommt meist zusätzlich noch die Teilungserklärung dazu. Das war es dann in aller Regel aber auch schon mit den Dokumenten.

Notwendige Regelung:
Dokumente zu einem Gebäude sind sehr wichtig. Es sollte von Anfang an geregelt werden, dass folgende Unterlagen Vertragsbestandteil sind oder spätestens bei jeweiliger Fertigstellung automatisch übergeben werden:

- Bodengutachten,
- vollständiger Bauantrag inklusive aller Plananlagen (Maßstab 1:100),
- Wohnflächenberechnung nach der Wohnflächenverordnung (WoFlV),
- Gebäudestatik und gegebenenfalls Prüfstatik,
- Energiebedarfsberechnung und Energiebedarfsausweis nach Gebäudeenergiegesetz (GEG),
- Ausführungsplanung (auch Werkplanung genannt/Maßstab 1:50),
- Elektropläne,
- Sanitärpläne,
- Liste aller am Bau beteiligten Handwerksunternehmen samt Verträgen, Haftpflichtversicherungen und eventuell zusätzlichen Protokollen (einschließlich Abtretungser-

klärung zur Sicherung möglicher Ansprüche gegenüber diesen),
- Liste aller am Bau beteiligten Planer und Fachingenieure sowie deren Verträge und Haftpflichtversicherungen,
- Betriebsanleitungen für alle technischen Installationen, wie Heizungs- und Lüftungsanlage.

Es gibt zwar mit dem § 650n im BGB die neue Regelung, dass wichtige Dokumente übergeben werden müssen. Die Formulierungen sind aber zu unklar, als dass Sie Ihnen wirksam helfen. Wenn man das nicht von Anfang an festlegt, kann es später ein sehr zähes Ringen um die Herausgabe solcher wichtiger Dokumente geben (⇢ **Checkblatt Vertragsbestandteile** Seite 169).

Vertrags-Check:
☐ nicht geregelt
☐ unzureichend/benachteiligend geregelt
☐ unklare/unverständliche Formulierung

⇢ Checkblatt Planabnahme Vertragspläne

Betrifft:
☒ Fertighaus
☒ Schlüsselfertiges Massivhaus
☒ Bauträgerhaus
☒ Eigentumswohnung vom Bauträger

Typische Regelung:
Es kann sein, dass man von Ihnen eine separate Unterschrift unter die Pläne haben will, zur expliziten Abnahme der Planung. Das gilt vor allem für Fertighaushersteller und Anbieter schlüsselfertiger Massivhäuser. Es ist verständlich, dass ein Unternehmen irgendwann einen verbindlich abgestimmten Planstand haben will und daher eine solche Unterschrift auf Pläne fordert, die zur Vertragsanlage gemacht werden. Wenn das so ist, kann das für Sie aber weitreichende Konsequenzen haben. Stimmen dann in den Plänen Planmaße nicht mit dem überein, was möglicherweise mündlich abgesprochen oder sachlich erforderlich war, ist das Ihr Problem. Denn Sie haben mit Ihrer Unterschrift diese Pläne abgenommen und freigegeben.

Notwendige Regelung:
Pläne, die Sie unterzeichnen sollen, müssen umfassend und nötigenfalls Maß für Maß erläutert und geprüft werden. Das gilt insbesondere auch für Hausschnittpläne und Raumhöhenmaße, aber genauso detailliert für Bäder, Türbreiten, Fensterbreiten, Fensterhöhen, Brüstungshöhen, Treppensteigungen und anderes mehr. Nötigenfalls muss ein neutraler, erfahrener Planer über die Pläne schauen und diese mit Ihnen Punkt für Punkt besprechen, bevor Sie diese unterzeichnen und abnehmen. Falls Sie Barrierefreiheit nach DIN 18040 vereinbart hatten (siehe Seite 175), sollten Sie bei der Planabnahme schriftlich ausdrücklich darauf hinweisen, dass Sie die Pläne nicht auf Übereinstimmung mit der DIN 18040 durchgesehen und abgenommen haben, sondern die DIN 18040 grundsätzlich und in jedem Fall zu erbringen ist, unabhängig von der Planabnahme.

Vertrags-Check:
☐ nicht geregelt
☐ unzureichend/benachteiligend geregelt
☐ unklare/unverständliche Formulierung

⇢ Checkblatt Realteilung und WEG-Eigentum

Betrifft:
☐ Fertighaus
☐ Schlüsselfertiges Massivhaus
☒ Bauträgerhaus
☒ Eigentumswohnung vom Bauträger

Typische Regelung:

Nicht immer wird Käufern aus Vertragsunterlagen klar, ob sie ein Haus auf eigenem Grundstück kaufen oder ob sie nur Miteigentümer innerhalb einer größeren Eigentümergemeinschaft werden. Denn nicht nur Eigentumswohnungen, sondern auch Reihenhäuser können nach dem sogenannten WEG-Recht errichtet werden. Streng genommen erwerben Sie dann kein eigenes Haus, sondern eher eine gestapelte Wohnung innerhalb eines Wohnblocks – auch wenn das Ganze von außen aussehen mag wie ein Reihenhaus. Bauträger machen dies häufig, um zum Beispiel die Kosten für die Aufteilung großer Grundstücke in kleinere Parzellen zu sparen.

Bei Bauträgerobjekten, die in Form von Wohnungseigentumsgemeinschaften erstellt werden, muss diese Aufteilung auch schriftlich dokumentiert werden. Das erfolgt üblicherweise über die sogenannte Teilungserklärung, die auch Vertragsbestandteil ist. Hier kann sehr viel in sehr unterschiedlicher Weise, auch in nachteiliger Weise, geregelt sein. Daher sollte man eine Teilungserklärung vor einem Immobilienkauf sorgsam durchlesen. So kann es beispielsweise sein, dass die Grünfläche hinter einem Reihenhaus, das sie kaufen möchten, gar nicht Ihr eigener Garten ist, sondern nur eine Grünfläche mit Sondernutzungsrecht. Das heißt, der Garten gehört nicht Ihnen, sondern der Gemeinschaft der Hauseigentümer. Sie haben nur ein Nutzungsrecht für diese Grünfläche. Wollen Sie dann darauf vielleicht eine fest installierte Kinderschaukel aufstellen, kann es sein, dass Sie dafür die Zustimmung der anderen Eigentümer benötigen.

Bevor Sie ein Haus kaufen, sollten Sie sich daher informieren, ob es sich um sogenannte „Realteilung" handelt und jedes Haus ein eigenes Grundstück mit Grundbuchblatt hat oder ob es sich um Teileigentum innerhalb einer Wohnungseigentümergemeinschaft handelt.

Manchmal gibt es auch Mischformen. Das Haus hat dann beispielsweise ein eigenes Grundbuchblatt, aber die Garagenanlage ist gemeinschaftliches Eigentum einer Eigentümergemeinschaft. Dann sollte es aber auch für dieses Teileigentum eine Teilungserklärung geben. Einfaches Beispiel: Wie ist geregelt, wer im Winter vor den Garagen Schnee räumt? Was ist, wenn die Garagen saniert werden müssen und etwa ein gemeinsames Dach haben? Gibt es eine eigene Instandhaltungsrücklage dafür? Wie wird das beschlossen, und wer zahlt dann wieviel? Und braucht man dafür einen Verwalter, oder will man das selbst verwalten?

Manchmal erwirbt man auch ein Haus in Realteilung, tatsächlich gebaut wird aber zumindest in Teilen WEG-Eigentum, zum Beispiel weil mehrere Reihenhäuser eine gemeinsame Bodenplatte oder ein gemeinsames Dach haben. Ob das zulässig ist, ist bislang höchstrichterlich noch nicht geklärt.

Zweifelhaft sind Regelungen im Kaufvertrag, dass auch nach Kaufvertragsunterzeichnung die Teilungserklärung beliebig geändert werden kann und von Ihnen dazu eine unwiderrufliche Vollmacht abgegeben wird. Eine solche Änderungsbefugnis kann sich übrigens auch in der Teilungserklärung selbst verstecken.

Notwendige Regelung:
Teilungserklärungen sind zu vielfältig und unterschiedlich als dass man für alle Detailregelungen Informationen geben könnte. Sie sind aber – im Gegensatz zu Kaufverträgen – für Laien meist viel besser zu verstehen. Eine Eigentümergemeinschaft kann sie außerdem später auch revidieren. Entscheidend ist, zu erkennen, ob man ein Haus mit oder ohne Realteilung kauft. Bei einem Wohnungskauf hat man es grundsätzlich mit einer Teilungserklärung zu tun. Dann muss der Inhalt der Teilungserklärung daraufhin überprüft werden, ob man alles verstanden hat und ob man mit den Regelungen einverstanden ist. Falls nicht, sollte man sich Unverstandenes erläutern lassen und Probleme klar anmerken. Nicht aufgenommen werden sollten in den Kaufvertrag Regelungen, nach denen eine Teilungserklärung, die Vertragsbestandteil ist, auch im Nachhinein durch den Verkäufer oder Notar noch beliebig geändert werden kann. Wenn Sie solche Vollmachten abgeben, können sie sich die Prüfung einer Teilungserklärung eigentlich ja gleich ganz sparen.

Wenn ein Verkäufer darauf besteht, sollte man die möglichen Änderungen zumindest inhaltlich und zeitlich stark eingrenzen, damit man die Konsequenzen daraus einschätzen kann.

Wenn in der Baubeschreibung von einer gemeinsamen Bodenplatte und einem durchlaufenden Dach die Rede ist, sollten Sie den Notar fragen, wie sich das mit einer im Kaufvertrag eventuell behaupteten Realteilung verträgt.

Vertrags-Check:
☐ nicht geregelt
☐ unzureichend/benachteiligend geregelt
☐ unklare/unverständliche Formulierung

⸭ Checkblatt WEG-Verwalter/ Verwaltervertrag

Betrifft:
☐ Fertighaus
☐ Schlüsselfertiges Massivhaus
☒ Bauträgerhaus
☒ Eigentumswohnung vom Bauträger

Typische Regelung:
Wenn Sie sich mit einem Haus- oder Wohnungskauf in eine neue Wohnungseigentümergemeinschaft einkaufen, kann es entweder sein, dass noch kein WEG-Verwalter bestellt ist, oder es ist bereits ein Verwalter bestellt. In diesem Fall kaufen Sie sozusagen den WEG-Verwalter dann mit ein. Das kann Vor- und Nachteile haben. Ist es ein guter Verwalter, müssen Sie keinen Verwalter mehr suchen. Ist

es ein schlechter Verwalter, kriegen Sie ihn zunächst einmal für üblicherweise 3 Jahre nicht mehr los und haben bei einem Neubau vor allem das Problem, dass parallel die Gewährleistungsphase läuft. Es gibt Bauträger, die von Anbeginn an einen Verwalter einsetzen, der Ihnen genehm ist. Und der Verwalter hat möglicherweise ein Interesse an einer weiteren Zusammenarbeit mit dem Bauträger und wird bei Mängeln nicht so klar und unabhängig auftreten, wie dies vielleicht notwendig wäre. Es gibt sogar Bauträger, die gleich eine eigene Hausverwaltung betreiben und diese auch von Anfang an für die Verwaltung einsetzen. Dann kann die Bearbeitung eines möglichen Gewährleistungsfalls durchaus auch im Interessenkonflikt landen.

Wenn ein Verwalter bereits bestellt ist, gehört auch ein Verwaltervertrag zu den Unterlagen, die man braucht. Entscheidend ist dabei dann auch, wie lange die Vertragslaufzeit ist und was der Verwalter an Gebühren für die Wohnungsverwaltung verlangt.

Notwendige Regelung:

Falls noch kein Verwalter bestellt ist, können Sie diese Bestellung gemeinsam mit Ihrer Eigentümergemeinschaft selber in die Hand nehmen. Dann müssen Sie im Rahmen des Kaufvertrags selber zunächst noch keinen Verwaltervertrag prüfen. Wenn aber bereits ein Verwalter bestellt ist, ist es sinnvoll, einmal nachzusehen, wie lange die Vertragslaufzeit mit dem Verwalter ist. Nach § 26 Absatz 2 des Wohnungseigentumsgesetzes (WEG) darf ein Verwalter nicht länger als fünf Jahre bestellt werden. Sein Vertrag kann nur auf Beschluss der Wohnungseigentümergemeinschaft verlängert werden. Bei einer Erstbestellung nach Begründung von Wohneigentum darf ein Verwalter aber nur für maximal 3 Jahre bestellt werden. Das hat für Sie den ganz wichtigen Vorteil, dass bei einem Streit während der Gewährleistungsphase mit einem Verwalter, den der Bauträger bestellt hat, nach Ende von dessen Verwaltertätigkeit immer noch 2 Jahre Zeit bleibt, um mögliche Gewährleistungsrechte geltend zu machen. Denn nach dem BGB beträgt die Gewährleistungszeit 5 Jahre. Schwierig würde es dann nur, wenn der Bauträger mehrere Einheiten behalten würde, um auch nach 3 Jahren noch mitreden zu können, wer der nächste Verwalter wird. Selbst diese Fälle gibt es, zum Beispiel wenn sich das für den Bauträger aus irgendeinem Grund steuerlich lohnt oder das Objekt nicht zum veranschlagten Preis zu veräußern war und er mit einer Veräußerung noch warten will. Das ist allerdings eher selten. Vorrangiges Ziel fast aller Bauträger ist der schnelle Verkauf.

Die monatlichen/jährlichen Gebühren für die Verwaltung einer Wohneinheit sind in der Regel nicht allzu hoch, aber auch diese sollten Sie im Voraus kennen, wenn der Bauträger bereits einen Verwalter bestellt hat. Diese Gebühren sind üblicherweise im Verwaltervertrag fixiert, der Ihnen als Vertragsanlage mit vorgelegt werden sollte. Denn auch diesen Vertrag sollten Sie vor einem Kauf natürlich gesehen haben und genau lesen. Es kann nämlich auch sein, dass Sie über einen solchen Vertrag weitgehende Vollmachten an den WEG-Verwalter geben. Er kann dann möglicherweise nach Belieben einen Sachverständigen wählen, der das gemeinschaftliche Wohnungseigentum für die Eigentümergemeinschaft abnimmt und einiges mehr. Das kann durchaus sehr ärgerlich sein, denn Sie wollten ja eigentlich Immobilieneigentümer werden und nicht Bittsteller eines WEG-Verwalters. Nicht selten ist der Verwaltervertrag aber fester Bestandteil des Kaufvertrages. Daher werden Sie als ein Käufer von vielen dort keine Änderungen durchsetzen. Ob sie diese später im Rahmen der Verwaltung durchsetzen, bleibt fraglich. Denn dafür brauchen Sie Mehrheiten, um zum Beispiel einen anderen Verwalter mit einem anderen Vertrag zu erhalten. Das muss nicht zwingend klappen. Es gibt viele Wohnungseigentümer, die über viele Jahre mit einem Verwalter zurechtkommen müssen, dessen Vertrag sie gerne schon längst gekündigt beziehungsweise nicht mehr verlängert hätten.

Vertrags-Check:
☐ nicht geregelt
☐ unzureichend/benachteiligend geregelt
☐ unklare/unverständliche Formulierung

⋯▷ Checkblatt Zahlungsplan

Betrifft:
☒ Fertighaus
☒ Schlüsselfertiges Massivhaus
☒ Bauträgerhaus
☒ Eigentumswohnung vom Bauträger

Typische Regelung:
Beim Zahlungsplan kann man grundsätzlich unterscheiden zwischen Bauträgerverträgen, bei denen Grundstücks- und Hauskauf über einen notariell beurkundeten Vertrag abgewickelt werden, und Verträgen, bei denen entweder zunächst ein notariell beurkundeter Grundstückskauf mit Bauwerkvertrag als Anlage geschlossen wird oder direkt nur ein Bauwerkvertrag. Wenn Sie ein Haus oder eine Wohnung samt Grundstück beziehungsweise Grundstücksanteil erwerben und das notariell beurkundet wird, sind die Makler- und Bauträgerverordnung (MaBV) und deren Sicherungsregelung zwingend zu berücksichtigen. Alle Details hierzu finden Sie in dem Ratgeber **„Kauf und Bau eines Fertighauses oder Massivhauses"** der Verbraucherzentrale (⋯▷ Seite 271). Die MaBV gibt bestimmte Ratenzahlungen vor, die der Höhe nach eingehalten werden müssen. Es handelt sich hierbei um 13 Ratenvorgaben, die jedoch in maximal 7 Teilrechnungen gestellt werden dürfen. Das heißt, aus den 13 Raten macht ein Bauträger tatsächlich 7 Abschlagrechnungen. Die MaBV ist dabei allerdings nicht sehr exakt. Und Sie können Ihren Notar schon mit einfachen Fragen dazu erheblich ins Nachdenken bringen. Folgende Raten sieht die MaBV nach § 3 Absatz 2 vor:

*„1.
30 vom Hundert der Vertragssumme in den Fällen, in denen Eigentum an einem Grundstück übertragen werden soll, oder 20 vom Hundert der Vertragssumme in den Fällen, in denen ein Erbbaurecht bestellt oder übertragen werden soll, nach Beginn der Erdarbeiten,
2.
von der restlichen Vertragssumme
40 vom Hundert nach Rohbaufertigstellung, einschließlich Zimmererarbeiten,
8 vom Hundert für die Herstellung der Dachflächen und Dachrinnen,
3 vom Hundert für die Rohinstallation der Heizungsanlagen,
3 vom Hundert für die Rohinstallation der Sanitäranlagen,*

*3 vom Hundert für die Rohinstallation
der Elektroanlagen,
10 vom Hundert für den Fenstereinbau,
einschließlich der Verglasung,
6 vom Hundert für den Innenputz,
ausgenommen Beiputzarbeiten,
3 vom Hundert für den Estrich,
4 vom Hundert für die Fliesenarbeiten
im Sanitärbereich,
12 vom Hundert nach Bezugsfertigkeit und Zug
um Zug gegen Besitzübergabe,
3 vom Hundert für die Fassadenarbeiten,
5 vom Hundert nach vollständiger Fertigstellung."*

Die Regelung ist unnötig kompliziert und bietet auch nur bedingt Sicherheit, wie Sie noch feststellen werden; denn ganze Bauteile, die sehr teuer sind, sind gar nicht einbezogen. Die MaBV setzt zunächst die Gesamtsumme des Kaufpreises zu 100 Prozent. Dann zieht sie 30 Prozent der Summe für das Grundstück ab und setzt die dann verbleibenden 70 Prozent nochmals zu 100 Prozent, anstatt gleich alles auf einheitliche 100 Prozent hochzurechnen. Viele Bauträger machen genau das und in deren Verträgen sehen die Raten dann so aus:

30 vom Hundert nach Beginn der Erdarbeiten,
28 vom Hundert nach Rohbaufertigstellung,
einschließlich Zimmererarbeiten,
5,6 vom Hundert für die Herstellung
der Dachflächen und Dachrinnen,
2,1 vom Hundert für die Rohinstallation
der Heizungsanlagen,
2,1 vom Hundert für die Rohinstallation
der Sanitäranlagen,
2,1 vom Hundert für die Rohinstallation
der Elektroanlagen,
7,0 vom Hundert für den Fenstereinbau,
einschließlich der Verglasung,
4,2 vom Hundert für den Innenputz,
ausgenommen Beiputzarbeiten,
2,1 vom Hundert für den Estrich,
2,8 vom Hundert für die Fliesenarbeiten
im Sanitärbereich,
8,4 vom Hundert nach Bezugsfertigkeit und
Zug um Zug gegen Besitzübergabe,
2,1 vom Hundert für die Fassadenarbeiten,
3,5 vom Hundert nach vollständiger Fertigstellung.

Aus diesen 13 Raten werden gemäß MaBV dann 7 Raten gebildet, die abgerechnet werden können, zum Beispiel wie folgt:

30 vom Hundert nach Beginn der Erdarbeiten,
28 vom Hundert nach Rohbaufertigstellung,
einschließlich Zimmererarbeiten,
11,9 vom Hundert für die Herstellung der Dachflächen und Dachrinnen, für die Rohinstallation der Heizungsanlagen, für die Rohinstallation der Sanitäranlagen und für die Rohinstallation der Elektroanlagen,
11,2 vom Hundert für den Fenstereinbau,
einschließlich der Verglasung,
4,9 vom Hundert für den Estrich,
für die Fliesenarbeiten im Sanitärbereich,
8,4 vom Hundert nach Bezugsfertigkeit
und Zug um Zug gegen Besitzübergabe,
5,6 vom Hundert für die Fassadenarbeiten
und nach vollständiger Fertigstellung.

Wenn Sie Ihren Notar jetzt fragen, wann Sie eigentlich die Treppe zahlen, wenn es keine Rohbaubetontreppe ist, sondern eine Holztreppe oder die Rollläden oder bei Wohnungen gar den kompletten Aufzug, kann er Ihnen dies ebenso wenig sagen wie, ob denn bei der zu zahlenden Rate für die Dachdeckung auch die Dachdämmung enthalten ist. Der Grund dafür ist sehr einfach: Die Ratendefinitionen der MaBV wurden von verwaltungsrechtlicher Seite verfasst, nicht von ingenieurtechnischer. Das heißt, gerade bei den Ratenzahlungen auf Basis der bautechnischen Teilleistungen weist sie ganz schlicht erhebliche Lücken auf. Es gibt allerdings weder in der Politik noch bei Notaren ein gesteigertes Interesse daran, diese Lücke zu schließen, obwohl sowohl der Gesetzgeber als auch Notare es relativ einfach hätten, diese Fehler zu korrigieren. Der Gesetzgeber müsste nur die Raten exakter definieren. Und Notare könnten individuell formulieren, was die einzelnen Raten denn auch im Detail gemäß der individuellen Baubeschreibung beinhalten. Dann wüsste man zum Beispiel, mit welcher Rate man die Dachdämmung oder die Treppe oder auch den Aufzug zahlt.

Ein weiteres Problem der MaBV: Sie lässt zu, dass die letzte Rate gerade einmal 3,5 Prozent beträgt. Im obigen Beispiel sind es zumindest 5,6 Prozent. Das ist aber häufig die Rate, die wichtig ist, wenn bei der Abnahme Mängel auftauchen und Mangeleinbehalte gemacht werden sollen. Da Sie gemäß § 641 Absatz 3 BGB zum Einbehalt des Doppelten des zur Beseitigung eines Mangels notwendigen Betrages berechtigt sind, kann es sein, dass ein von Ihnen berechtigterweise einzubehaltender Betrag gar nicht mehr einbehalten werden kann, weil Sie schon zu viel Geld ausgezahlt haben. Bei freien Bauverträgen außerhalb der MaBV hat der Gesetzgeber in § 650m Absatz 1 neu geregelt, dass alle Abschlagszahlungen zusammen 90 Prozent der Vertragssumme nicht übersteigen dürfen. Bei der MaBV lässt derselbe Gesetzgeber bis zu 96,5 Prozent zu. Absurd.

Das Problem könnte jedoch durch jeden Notar sehr einfach gelöst werden, indem er ganz einfach eine höhere letzte Rate vorschlägt. Sie werden bei der Bekanntschaft mit notariell entworfenen Kaufverträgen aber sehr schnell feststellen, dass fast alle Notare die letzte Rate reduzieren bis auf die nach MaBV gerade noch zulässigen 3,5 Prozent. Ob der Notar da tatsächlich auch Ihren Willen erforscht hat, wie er das nach § 17 des Beurkundungsgesetzes tun soll? Wohl kaum. Er wird zwar behaupten, das getan zu haben, Sie aber würden unter „erforschen" etwas anderes verstehen als eine bloße Nachfrage, ob beide Seiten mit dem Vertragsentwurf einverstanden sind.

Soweit Sie bei Ihrem Bauvorhaben keinen notariell beurkundeten Kaufvertrag schließen, sondern einen Bauwerkvertrag, zum Beispiel zur Errichtung eines Fertighauses oder eines schlüsselfertigen Massivhauses, sind Sie in der Gestaltung der Raten frei. Das heißt, es steht Ihnen und Ihrem Vertragspartner frei, auf welche Ratenzahlungen Sie sich einigen. Und das merkt man den Verträgen dann auch sofort an: Die Verträge fordern fast immer hohe Vorauszahlungen bei gar keiner oder nur sehr geringer Gegenleistung. Und an diesem Punkt müssen Sie tatsächlich sehr aufpassen. Denn Sie gefährden sich dadurch erheblich selbst. Es reicht bereits, wenn das Unternehmen in die Insolvenz rutscht. Daran muss es noch nicht einmal selber schuld sein, aber Ihr vorausbezahltes Geld ist dann weg.

Manchmal finden sich beispielsweise solche lapidaren Zahlungspläne:

Fertighaus:
Anzahlung: 10 Prozent
Nach Baueingabe: 20 Prozent
Bei Produktionsbeginn: 30 Prozent
Am Tag der Aufstellung: 40 Prozent

Schlüsselfertiges Massivhaus:
Anzahlung: 10 Prozent
Nach Baueingabe: 15 Prozent
Bei Baubeginn: 10 Prozent
Nach Fertigstellung Keller: 25 Prozent
Nach Fertigstellung Rohbau: 30 Prozent
Bei Innenausbau: 10 Prozent

Solche Regelungen sind sehr gefährlich. Denn was heißt das? Die Ratendefinitionen sind ähnlich unklar wie bei den MaBV-Raten. Viele Leistungen zahlen Sie nach diesem Zahlungsplan sogar, während sie erbracht werden. Vor allem aber überzahlen Sie sehr schnell. Denn bis zur Fertigstellung des Rohbaus sollten maximal 60 Prozent der Vertragssumme geflossen sein. Beim obigen Beispiel des Fertighausanbieters sind Sie bereits am Tag der Aufstellung des Fertighauses das gesamte Geld los, obwohl noch der gesamte Innenausbau folgt. Beim Beispiel des schlüsselfertigen Massivhausanbieters sind Sie bei Fertigstellung des Rohbaus 90 Prozent der Bausumme los. Das ist viel zu riskant; denn dann stehen viel zu hohe Zahlungen viel zu geringen Leistungen auf der Baustelle gegenüber. Wenn man Ihnen zu solchen Ratenzahlungsplänen keine Alternative lässt, ist es an Ihnen, darüber nachzudenken, ob Sie mit einem solchen Vertragspartner, der völlig unnötig und unbegründet solche Risiken in das Vorhaben bringt, tatsächlich ein Haus bauen wollen.

Der Gesetzgeber regelt in § 650m Absatz 1, dass maximal 90 Prozent der Vertragssumme als Abschlagszahlungen verlangt werden dürfen und in Absatz 2, dass, dass Sie zusätzlich von Anfang an 5 Prozent Sicherheit einbehalten können. Aber selbst diese Festlegungen des Gesetzgebers schützen Sie kaum. Daher benötigen Sie einen detaillierten Zahlungsplan.

Notwendige Regelung:

Der Zahlungsplan ist ein Herzstück eines jeden Vertrages und muss entsprechend sorgfältig gearbeitet sein. Bei MaBV-Verträgen bietet sich eine Spezifizierung an. So kann zum Beispiel eine Zahlungsplantabelle aufgestellt werden, die die Ratenvorgaben der MaBV so ergänzt, dass sie klar und unzweifelhaft definiert sind. Grundfrage: Was gehört in welchem Umfang genau zu welcher Rate?

Ein einfaches Beispiel: Nehmen wir an, Ihr Bauträger hat Ihnen eine Baubeschreibung gegeben. Sie haben diese gemeinsam mit ihm besprochen, auch unter Berücksichtigung der in diesem Buch beschriebenen Kostenfallen und gegebenenfalls des **„Handbuchs Baubeschreibung"** der Verbraucherzentrale. Möglicherweise war er nicht bereit, auch nur irgendetwas zu ändern. Dann stellt sich die Frage, ob Sie auf einem solchen Weg wirklich zu einer Immobilie kommen wollen oder lieber verzichten. Wenn der Bauträger bereit war, einige Dinge anzupassen und die Baubeschreibung geändert wurde, dann hat sie möglicherweise auch fortlaufende Nummern für einzelne Teilleistungen oder Zwischenüberschriften, oder Sie setzen einfach nachträglich Nummerierungen für alle beschriebenen Teilleistungen oder Zwischenüberschriften ein. Dann kann der

Notar eine einfache kleine Tabelle aufsetzen, die sowohl die Vorgaben der MaBV berücksichtigt, als auch Ihre spezielle Baubeschreibung und die danach zu erbringenden Leistungen.

Mit einer solchen Festlegung ist deutlich klarer, mit welcher Rate Sie eigentlich was genau zahlen, vor allem das, was die MaBV alles gar nicht erfasst, wie Rollläden, Sanitärgegenstände, Armaturen und anderes mehr. Wenn die Baubeschreibung vollständig ist und durchnummeriert wird, können Sie auf diese Weise sehr einfach Sicherheit schaffen. Da Sie mit einer solchen Tabelle keine Rechtsnachteile für Ihren Vertragspartner schaffen und die MaBV nicht aushebeln, sondern nur unklar definierte Raten klarer definieren, kann einer entsprechenden Vertragsanpassung eigentlich

Beispiel

Ratenzahlungen nach MaBV	Im Rahmen der jeweiligen Rate zu erbringende Leistung gemäß Baubeschreibung
1. Rate nach Beginn der Erdarbeiten 30 Prozent	In dieser Rate enthalten sind folgende Punkte der Baubeschreibung: Punkte 1 bis 3. Mindestens Punkte 1 und 2 müssen vor Auszahlung vollständig erbracht sein.
2. Rate nach Rohbaufertigstellung inklusive Zimmererarbeiten 28 Prozent	In dieser Rate enthalten sind folgende Punkte der Baubeschreibung, die alle vor Auszahlung vollständig erbracht sein müssen: Punkte 4 bis 7.
3. Rate nach Herstellung der Dachflächen und Dachrinne, nach Rohinstallation der Heizungsanlage, nach Rohinstallation der Sanitäranlage, nach Rohinstallation der Elektroanlage 11,9 Prozent	In dieser Rate enthalten sind folgende Punkte der Baubeschreibung, die alle vor Auszahlung vollständig erbracht sein müssen: Punkte 8 bis 13.
4. Rate nach Fenstereinbau einschließlich Verglasung und Innenputz außer Beiputzarbeiten 11,2 Prozent	In dieser Rate enthalten sind folgende Punkte der Baubeschreibung, die alle vor Auszahlung vollständig erbracht sein müssen: Punkte 14 bis 15.
5. Rate nach Estrichverlegung und Fliesenarbeiten im Sanitärbereich 4,9 Prozent	In dieser Rate enthalten sind folgende Punkte aus der Baubeschreibung, die alle vor Auszahlung vollständig erbracht sein müssen: Punkte 15 bis 19.
6. Rate nach Bezugsfertigkeit gegen Besitzübergabe 8,4 Prozent	In dieser Rate enthalten sind folgende Punkte aus der Baubeschreibung, die alle vor Auszahlung vollständig erbracht sein müssen: Alle einschließlich Punkt 19.
7. Rate nach Fertigstellung der Fassadenarbeiten und nach vollständiger Fertigstellung 5,6 Prozent	In dieser Rate enthalten sind folgende Punkte aus der Baubeschreibung, die alle vor Auszahlung vollständig erbracht sein müssen: Punkte 20 bis 22. Ferner muss die Gebäudeabnahme erfolgt sein.

auch nichts entgegenstehen. Wenn Notar oder Bauträger hingegen auf unklare Ratenregelungen pochen, stellen sich ganz andere Fragen.

Wenn Sie keinen notariellen Kaufvertrag für Grundstück und Wohnung oder Haus vereinbaren, sondern ein schlüsselfertiges Haus auf Ihrem eigenen Grundstück erstellen, muss man differenzieren zwischen schlüsselfertigen Massivhäusern und Fertighäusern. Bei schlüsselfertigen Massivhäusern spricht nichts gegen die Ratenzahlungen, die Haus und Grund und der ZDB in Ihrem Mustervertrag für schlüsselfertige Massivhäuser vorschlagen. Auch hier kann man allerdings die Raten noch genauer definieren, unter Umständen auch tabellarisch angelehnt an die eigene Baubeschreibung, wie im obigen Beispiel dargestellt.

Den Verbraucherbauvertrag von Haus und Grund und ZDB zum schlüsselfertigen Bauen finden Sie – wie schon erwähnt – kostenfrei im Internet unter: **https://www.zdb.de/ publikationen/verbraucher-bauvertraege**

Bei Fertighäusern gibt es manchmal ein spezielles Problem: Für ein Fertighaus muss zunächst relativ viel Material vorbestellt werden, das beim Hersteller vormontiert wird, bis dann die vorgefertigten Teile irgendwann auf der Baustelle fertig montiert werden. Dieser Prozess kann unterschiedlich lange dauern. Große Hersteller produzieren ein Haus in der Montagelinie in kürzester Zeit, bei kleinen Herstellern kann das durchaus einige Wochen in Anspruch nehmen. Möglicherweise will der Unternehmer eine Zahlung bereits zum Montagezeitpunkt des Hauses. Hier kann man sich gegebenenfalls mit einer Bürgschaftslösung helfen. Denn wenn Sie zum Beispiel Holz bezahlen, welches

zunächst beim Hersteller liegt und verbaut wird, kann es natürlich theoretisch passieren, dass der Unternehmer ausgerechnet während der Montage Ihres Hauses in die Insolvenz gerät. Dann wäre Ihre unter Umständen hohe Vorauszahlung für das Holz schlicht weg – samt bis dahin vorgefertigtem Haus. Wenn also bei einem Fertighaushersteller solche Vorauszahlungen geleistet werden sollen, dann muss das in jedem Fall mit einer Bürgschaft abgesichert werden – und zwar mit einer unwiderruflichen, unbefristeten, unbedingten und selbstschuldnerischen Bürgschaft auf erstes Anfordern und unter Verzicht auf die Einrede der Vorausklage (⟶ **Checkblatt Bürgschaften** Seite 200). Die Kosten der Bürgschaft sollte der Unternehmer tragen, denn er will ja die Vorauszahlung. Er kann damit das benötigte Holz finanzieren, ohne selbst in Vorleistung treten zu müssen. Der Sicherungszweck der Bürgschaft sollte nicht mit der Absicherung der Vorauszahlung definiert werden, sondern mit einer wesentlich genaueren Definition der Leistung, die der Bürgschaft gegenübersteht, nämlich der Absicherung des Holzeinkaufs und dessen vollständiger Verarbeitung sowie der vollständigen fix und fertigen Vorbereitung zur Aufstellung des bestellten Holzhauses. Ist dieses alles – aufgrund eines Zwischenfalls – nicht mehr möglich, müssen Sie dann umgehend Ihr Geld zurückerhalten können von der bürgenden Bank.

Vertrags-Check:
☐ nicht geregelt
☐ unzureichend/benachteiligend geregelt
☐ unklare/unverständliche Formulierung

⇢ Checkblatt
Abtretung von Auszahlungsansprüchen

Betrifft:
- ☒ Fertighaus
- ☒ Schlüsselfertiges Massivhaus
- ☒ Bauträgerhaus
- ☒ Eigentumswohnung vom Bauträger

Typische Regelung:
Viele Verträge – auch von Notaren entworfene – enthalten Abtretungserklärungen von Auszahlungsansprüchen. Was heißt das? Das heißt, dass Ihr Vertragspartner, wahlweise dessen Bank, einen direkten Anspruch auf Auszahlung von Geldern hat, die Sie sich bei Ihrer Bank über einen Kredit leihen. Hat der Verkäufer der Immobilie seine Ansprüche ebenfalls an seine Bank abgetreten, fließt am Ende Geld von Bank A zu Bank B, ohne dass die eigentlichen Vertragspartner hierauf noch allzu großen Einfluss haben. Solche Regelungen sind schlicht absurd und gehören nicht in Immobilienkaufverträge oder Bauverträge, die von Verbrauchern geschlossen werden. Für jeden Bauträger, Bauunternehmer oder Hausanbieter gibt es hier ausreichend sichere alternative Lösungen. Sehr häufig ist gerade bei Bauträgerverträgen ohnehin geregelt, dass Sie eine Finanzierungsbestätigung Ihrer Bank vorlegen müssen. Außerdem ist sehr häufig geregelt, dass der Bauträger dem Kunden kündigen kann, wenn eine Ratenzahlung nicht pünktlich eintrifft. Dann kann der Bauträger das ja tun. Aber es gibt schlicht keinen Grund, dass Sie Ansprüche, die Sie gegenüber der Sie finanzierenden Bank haben, ohne Not abtreten. Sie müssen die Hand auf den Auszahlungen haben und behalten. Denn möglicherweise müssen Sie ja beispielsweise Geldeinbehalte aufgrund von Baumängeln vornehmen. Dann wäre die Frage, inwieweit dem Auszahlungsansprüche Ihres Vertragspartners oder dessen Bank entgegenstehen und mit wem Sie sich dann im Zweifel juristisch herumschlagen müssten. Am Ende mit der Rechtsabteilung der Bank Ihres Vertragspartners?

Notwendige Regelung:
Gerade bei Auszahlungen sollten Sie die Kontrolle auf gar keinen Fall aus der Hand geben. Die Abtretung von Auszahlungsansprüchen hat in Kaufverträgen von Bauträgern oder Bauwerkverträgen von Hausbau-Unternehmen nichts verloren.

Vertrags-Check:
- ☑ falls geregelt, sollte eine ersatzlose Streichung erfolgen

⇢ Checkblatt
Sicherheits- und Gewährleistungseinbehalt

Betrifft:
- ☒ Fertighaus
- ☒ Schlüsselfertiges Massivhaus
- ☒ Bauträgerhaus
- ☒ Eigentumswohnung vom Bauträger

Typische Regelung:
Sicherheitseinbehalt und Gewährleistungseinbehalt als Erfüllungssicherheit beziehungsweise Gewährleistungssicherheit werden sehr unterschiedlich behandelt. In den notariell beurkundeten Bauträgerverträgen regeln praktisch alle Notare mittlerweile ein Einbehaltrecht nach § 650m Absatz 2 BGB. Das heißt, fünf Prozent der Bausumme werden üblicherweise schon mit der ersten Rate durch Sie einbehalten, bis der Werkerfolg erbracht ist, also das Gebäude ohne wesentliche Mängel nach den Vorgaben des Vertrages und der Vertragsanlagen erstellt ist. Praktisch kein Notar weist in diesem Zusammenhang allerdings darauf hin, dass diese 5 Prozent Sicherheitseinbehalt oft schon vor der Abnahme des Gebäudes ausgezahlt werden müssen. Der Gesetzgeber spricht im § 650 m Absatz 2 nämlich nur von der Sicherstellung bis zur rechtzeitigen Fertigstellung ohne wesentliche Mängel. Er spricht nicht davon, dass das Gebäude auch abgenommen sein muss, bevor dieser Sicherheitseinbehalt ausgezahlt wird. Nach dem Gesetz genügt die „Abnahmereife". Ob Ihr Gebäude wesentliche Mängel hat oder nicht, können Sie im Fall eines Kaufs vom Bauträger unter Umständen aber vor der Abnahme gar nicht beurteilen, zum Beispiel dann nicht, wenn Sie die Baustelle nicht ohne Weiteres betreten dürfen. Leider hat der Gesetzgeber hier sehr theoretische Regelungen getroffen, anstatt einfach und klar sicherzustellen, dass die 5 Prozent Sicherheitseinbehalt nicht vor der Abnahme angefordert werden dürfen, sondern ausdrücklich erst danach. Sie können diesen Punkt im Notarvertrag allerdings ergänzend zum § 650m Absatz 2 BGB so regeln lassen, dass eine Auszahlung dieses Sicherheitseinbehaltes erst nach Abnahme erfolgt.

Kaum ein Notar weist in seinem Vertragsentwurf Käufer auch darauf hin, dass es neben dem gesetzlich festgeschriebenen Sicherheitseinbehalt auch einen durch die Rechtsprechung gewährten Gewährleistungseinbehalt gibt. Dabei handelt es sich um die Möglichkeit, für die Dauer der Gewährleistung (nach dem BGB 5 Jahre) eine Teilsumme von üblicherweise maximal 5 Prozent der Bausumme einzubehalten, um im Fall von Mängeln während der Gewährleistungszeit eine gewisse Gewährleistungssicherung zu haben. So kann es ja beispielsweise sein, dass ein Bauträger oder Bauunternehmer während der Gewährleistungszeit insolvent wird und seinen Gewährleistungspflichten gar nicht mehr nachkommen kann. Dann haben Sie zumindest noch eine Teilsumme, mit der Sie mögliche Mängel beheben lassen können. Es kann auch sein, dass ein Bauträger oder Bauleiter sich einfach weigert, Mängel zu beseitigen, und möglicherweise auf Ihr Schreiben mit der Aufforderung zur Mängelbeseitigung gar nicht reagiert. Auch dann haben Sie die Möglichkeit, nach korrekter Einhaltung rechtlicher Schritte solche Gelder einzusetzen.

In Verträgen von Fertighausunternehmen oder von Anbietern schlüsselfertiger Massivhäuser wird mitunter weder der Sicherheitseinbehalt von fünf Prozent nach § 632 a BGB geregelt noch ein Gewährleistungseinbehalt von 5 Prozent für die Dauer der Gewährleistungszeit nach der laufenden Rechtsprechung. Letzteres lehnen viele Firmen sogar rigoros ab.

Notwendige Regelung:
Der Sicherheitseinbehalt und auch der Gewährleistungseinbehalt sind 2 ganz wichtige Werkzeuge zur wirksamen Steuerung eines

Bauvorhabens. Da der Sicherheitseinbehalt über das BGB gesetzlich geregelt ist, können Sie zu diesem Punkt relativ einfach Ihre Ansprüche anmelden und durchsetzen. Sinnvoll ist es allerdings, zu ergänzen, dass der Sicherheitseinbehalt erst nach Abnahme und Übergabe einer Immobilie ausbezahlt wird.

Der Gewährleistungseinbehalt hingegen ist nicht gesetzlich geregelt. Hier wehren sich die Unternehmen häufig mit Zähnen und Klauen gegen vertragliche Regelungen. Wie Sie dem Mustervertrag des ZDB und von Haus und Grund entnehmen können, enthält dieser aber auch Regelungen zu einem solchen Gewährleistungseinbehalt. Daher können die dortigen Regelungen durchaus Vorbild sein für den eigenen Vertrag. Gut ist auch, dass in dem Mustervertrag von ZDB und Haus und Grund weder für den Sicherheitseinbehalt noch für den Gewährleistungseinbehalt komplizierte Bürgschaftsregelungen gewählt werden, sondern nach diesen Regelungen bleibt das Geld einfach bei Ihnen und wird erst nach Fertigstellung beziehungsweise nach Ende der Gewährleistung an den Unternehmer ausbezahlt. Viele Unternehmer wollen allerdings die Auszahlung sofort und gewähren im Gegenzug Bürgschaften. In einem solchen Fall muss aber geregelt werden, dass dann das Unternehmen die Kosten der Bürgschaften trägt und dass es auf jeden Fall um eine unwiderrufliche, unbefristete, unbedingte und selbstschuldnerische Bürgschaft auf erstes Anfordern und unter Verzicht auf die Einrede der Vorausklage handelt. (···▶ **Checkblatt Bürgschaften** Seite 200).

Vertrags-Check:
☐ nicht geregelt
☐ unzureichend/benachteiligend geregelt
☐ unklare/unverständliche Formulierung

···▶ Checkblatt Bürgschaften

Betrifft:
☒ Fertighaus
☒ Schlüsselfertiges Massivhaus
☒ Bauträgerhaus
☒ Eigentumswohnung vom Bauträger

Typische Regelung:
Bürgschaften sind grundsätzlich eine Konstruktion, die darauf hinweist, dass es Unsicherheiten gibt und für diese Unsicherheiten eine Sicherheit gestellt werden muss, meist durch einen Dritten, sehr häufig eine Bank. Es ist also immer die Frage zu stellen, welche Unsicherheit eigentlich hinter welcher Bürgschaft steckt? Man muss unterscheiden zwischen Bürgschaften, mit denen ein Vertragspartner gegenüber Ihnen bürgt, oder Bürgschaften, mit denen Sie bürgen. Eine klassische Bürgschaft bei Bauträgerverträgen ist die auch gesetzlich zulässige Regelung, nach der ein Bauträger gegen Stellung einer Bürgschaft die Auszahlung von 5 Prozent der Kaufsumme schon bei Beginn des Bauvorhabens von Ihnen verlangen kann, die Sie eigentlich einbehalten dürfen bis zur vollständigen mangelfreien und termingerechten Fertigstellung. Aber auch hier gilt: Vorsicht mit der Bürgschaft, denn es kann sonst für Sie sehr schnell gefährlich werden. Denn wäre die Bürgschaft zum Beispiel widerruflich

oder befristet, wäre die gestellte Sicherheit für die von Ihnen gezahlte Summe natürlich nur sehr relativ, schon ganz einfach deshalb, weil sie zeitlich begrenzt wäre.

Sie sollten eine Bürgschaft auch grundsätzlich „auf erstes Anfordern" ziehen können, weil es Ihnen wenig hilft, wenn Sie eine unbefristete und unwiderrufliche Bürgschaft als Sicherheit haben, auf die Sie unter Umständen aber erst nach einem gewonnenen Gerichtsprozess gegen den Bauträger zugreifen können.

Umgekehrt kann es sein, dass Sie eine Bürgschaft für irgendetwas stellen sollen. In einigen Verträgen wird zum Beispiel von Ihnen erwartet, dass Sie Sicherheiten stellen. Dann ist es der Bauträger, der von Ihnen Sicherheit dafür haben will, dass er am Ende sein Geld tatsächlich erhält. In einem solchen Fall haben Sie zwei Möglichkeiten: Sie können das komplett ablehnen und dann schauen, wie der Bauträger reagiert, oder aber Sie gewähren eine solche Sicherheit und müssen sich dann aber sehr genau überlegen, unter welchen Umständen eine solche Bürgschaft durch die bürgende Bank überhaupt nur freigegeben wird und in welchen Fällen diese Bürgschaft auch widerrufen werden kann. Sonst wird es für Sie ebenfalls sehr gefährlich, und eine Bürgschaft wird möglicherweise unter fadenscheinigen Argumenten in Anspruch genommen, ohne dass Sie wirksam eingreifen könnten. Bürgschaften und ihre Formulierungen überfordern Verbraucher sehr schnell, daher ist hier absolute Vorsicht geboten. Nötigenfalls muss ein Bürgschaftsentwurf gemacht werden, über den der Notar dann umfassend aufklärt, oder es muss zusätzlich unabhängiger anwaltlicher Rat eingeholt werden, wenn Sie den Eindruck haben, dass Sie die Bürgschaftsbedingungen nicht verstehen und die Bankmitarbeiter diese nicht umfassend und verständlich erklären können.

Notwendige Regelung:

Bürgschaften sollten überhaupt nur dann ins Spiel gebracht werden, wenn sie wirklich notwendig sind. Unnötige Bürgschaften sind und bleiben unnötige Bürgschaften. Wenn beispielsweise Ihr Bauträger 5 Prozent der Kaufsumme gleich zu Beginn haben will, obwohl dieser Betrag Ihrer Sicherheit dient, dann ist das nach dem Gesetz zwar zulässig, aber es fragt sich, ob das deswegen notwendigerweise gleich über eine Bürgschaft geregelt werden muss. Und wenn das so ist, dann muss vom Notar erwartet werden, dass er die für diesen Betrag ausgereichte Bürgschaftsurkunde sorgfältig auf Gesetzeskonformität überprüft. Ein Bauträger sollte eine Summe von 5 Prozent der Kaufkosten über den Zeitraum der Bauzeit vorfinanzieren können. Das sind bei 250.000 Euro 12.500 Euro. Etwas anders kann es sich mit einem möglicherweise vereinbarten Gewährleistungseinbehalt für die Dauer von 5 Jahren ab Fertigstellung verhalten. Hier wollen Bauträger oder Bauunternehmer häufiger eine Bürgschaftslösung. Aber gerade dieser Einbehalt wird in fast keinem notariellen Bauvertrag von Notaren überhaupt geregelt.
(⸱⸱⸱> **Checkblatt Sicherheits- und Gewährleistungseinbehalt** Seite 199).

Wenn man um Bürgschaften, die Ihnen als Sicherheit gestellt werden sollen, gar nicht herumkommt, dann müssen diese sehr sorgfältig formuliert sein. Grundsätzlich sollten Bürgschaften auf erstes Anfordern und auf Verzicht der Einrede der Vorausklage gezogen werden können. Ferner sollten sie unwiderruflich, unbefristet, unbedingt und selbstschuldnerisch sein. Was heißt das alles?

Bürgschaft auf erstes Anfordern:
Eine Bürgschaft auf erstes Anfordern heißt, dass Sie den Geldbetrag, der zum Beispiel von der Bank des Bauträgers als Sicherheit für Sie gestellt wird, bei Bedarf sofort von der bürgenden Bank des Bauträgers anfordern können. Die bürgende Bank verzichtet dann auf alle Einwendungen und Einreden und kann sich nur mit einem sogenannten Rückforderungsprozess wehren, muss aber zunächst zahlen.

Verzicht auf die Einrede der Vorausklage:
Normalerweise müssen Sie zunächst versuchen, auf dem Weg der Zwangsvollstreckung gegenüber Ihrem Schuldner an Ihr Geld zu kommen. Erst wenn dieser Versuch scheitert, muss üblicherweise der Bürge einstehen und bürgen. Wenn Sie diese Vorausklage gegen den Schuldner nicht erheben und direkt an den Bürgen herantreten, wird er dagegen „einreden" und Sie auffordern, zunächst die Vorausklage gegen den eigentlichen Schuldner, auch Hauptschuldner genannt, zu erheben. Verzichtet der Bürge auf diese „Einrede der Vorausklage", heißt dies, dass Sie nicht zunächst einen gescheiterten Zwangsvollstreckungsversuch gegenüber dem Hauptschuldner, also zum Beispiel einem Bauträger, nachweisen müssen, sondern direkt auf dessen Bürgen, also vermutlich dessen Bank, zugehen können, um an Ihr Geld zu kommen.

Unwiderruflich:
Eine unwiderrufliche ausgestellte Bürgschaft ist durch den Bürgen nicht widerrufbar, was entscheidend ist für Bürgschaften, die zu Ihrer Sicherheit ausgestellt werden.

Unbefristet:
Eine unbefristet ausgestellte Bürgschaft besteht ohne Befristung, das heißt, die mit Ihr gegebene Sicherheit kann nicht irgendwann einfach ablaufen. Auch das ist sehr wichtig für Sie.

Unbedingt:
Eine unbedingt ausgestellte Bürgschaft ist eine Bürgschaft, die ohne jede Bedingungen ausgestellt wurde, was ebenfalls sehr wichtig ist.

Selbstschuldnerisch:
Selbstschuldnerisch heißt, dass der Bürge, also zum Beispiel die Bank des Bauträgers, direkt vom Gläubiger, also von Ihnen, in Anspruch genommen werden kann. Sie müssen zum Beispiel nicht erst die Zahlungsunfähigkeit des Hauptschuldners, also zum Beispiel des Bauträgers, nachweisen. Die bürgende Bank ist dann nicht nur Gläubiger, sondern auch selbst Schuldner. Sie können in diesem Fall beide Schuldner gleichzeitig in Anspruch nehmen.

Das Bürgschaftsrecht ist in den Paragraphen 765 bis 778 des BGB geregelt. Zusätzliche Regelungsmöglichkeiten sind durch die laufende Rechtsprechung des Bundesgerichtshofs (BGH) hinzugekommen.

Sehr wichtig bei Bürgschaften ist auch, den **Sicherungszweck** klar zu definieren. Der Sicherungszweck der Bürgschaft sollte zum Beispiel nicht nur einfach als Absicherung einer geleisteten Vorauszahlung definiert werden, sondern der Sicherungszweck sollte auch an die dahinterstehende Bauleistung geknüpft werden. Das heißt, der Bürge bürgt dafür, dass die beschriebene Bauleistung oder Gewährleistung gemäß Baubeschreibung auch in vollem

Umfang mangelfrei und ohne Verzug erbracht wird, oder er hat umgehend die Bürgschaft auszuzahlen.

Grundsätzlich gilt: Bürgschaftsvereinbarungen müssen schriftlich erfolgen. Wenn Sie eine Bürgschaftsurkunde nicht verstehen, sollten Sie sich diese detailliert durch eine sachkundige, unabhängige Person erläutern lassen, beispielsweise durch einen unabhängigen Anwalt mit Tätigkeitsschwerpunkt Bau- und Architektenrecht oder einem entsprechenden Fachanwalt, der sich die geplante Bürgschaft genau ansieht. Keinesfalls sollten Sie Ihnen vorgelegte Bürgschaften akzeptieren, ohne sie inhaltlich genau zu überprüfen. Und: Bürgschaften kosten Geld. Wenn Ihr Bauträger oder Bauunternehmer Bürgschaften stellen will, um früher an Geld zu kommen, oder gestellt haben will, um Sicherheiten zu haben, dann sollte er auch die damit verbundenen Kosten tragen.

Vertrags-Check:
☐ nicht geregelt
☐ unzureichend/benachteiligend geregelt
☐ unklare/unverständliche Formulierung

⇢ Checkblatt Vollmachten

Betrifft:
☒ Fertighaus
☒ Schlüsselfertiges Massivhaus
☒ Bauträgerhaus
☒ Eigentumswohnung vom Bauträger

Typische Regelung:
In einigen Kauf- und Bauverträgen gibt es sehr umfangreiche Vollmachtregelungen. Da können Bauträger auch noch lange nach dem notariellen Kauf im Namen der Käufer gegenüber zahlreichen Dritten jedwede Erklärung oder Zustimmung abgeben, zum Beispiel hinsichtlich Erschließung, Fernwärmelieferverträgen und Ähnlichem. Selbst ganze Teilungserklärungen können im Nachhinein geändert werden. Viele Vollmachten gehen viel zu weit und sind im Zuge eines Immobilienkaufs in dem Umfang auch gar nicht notwendig. Sie dienen meist nur der nachträglichen Flexibilität des Verkäufers.

Auch die Vollmachten für den Notar gehen nicht selten viel zu weit. Vollmachten benötigt ein Notar im engeren Sinne meist nur für eine mögliche Beantragung der Umschreibung des Eigentums im Grundbuch. Alle Vollmachten, die darüber hinausgehen, sollten hinterfragt und besprochen werden.

Bei mehreren Käufern einer Immobilie wird häufig auch verlangt, dass sie sich wechselseitig Vollmacht erteilen, also bei einem Ehepaar beide Ehepartner. Für ein Unternehmen hat das große Vorteile, weil es so sehr schnell Entscheidungen bekommt. Das kann aber zu sehr misslichen Situationen führen, wenn eine Entscheidung ansteht, die der eine Partner vielleicht anders getroffen hätte als der andere. Auch das muss man sich also überlegen.

In notariellen Immobilienkaufverträgen werden Sie häufig auf folgende Formulierung stoßen:

„Mehrere Käufer bevollmächtigen sich hiermit gegenseitig, unter Befreiung von den Beschränkungen des § 181 BGB, durch den Tod

nicht erlöschend, alle Erklärungen abzugeben, die erforderlich sind, um Grundpfandrechte zu Lasten des Kaufobjektes zu bestellen. Insbesondere ist jeder Käufer berechtigt, für den anderen ein abstraktes Schuldanerkenntnis abzugeben und den anderen der sofortigen Zwangsvollstreckung in sein gesamtes Vermögen und dinglich hinsichtlich des Kaufobjektes zu unterwerfen. Auf die Bedeutung der Unterwerfung unter die sofortige Zwangsvollstreckung hat der Notar hingewiesen."

Wenn der Notar schreibt, er habe auf etwas hingewiesen, dann sollte er es auch tun, nach Möglichkeit auch deutlich vor dem eigentlichen Beurkundungstermin, damit Sie auch ausreichend Zeit haben, sich mit solchen Regelungen und deren Konsequenzen zu befassen. Denn diese sind oftmals weitreichend. Nicht selten wird behauptet, Banken forderten eine entsprechende Regelung im Kaufvertrag, aber nur in den seltensten Fällen sieht eine Bank überhaupt einen Kaufvertragsentwurf. Die Banken sichern sich üblicherweise ihrerseits in ihren Darlehensverträgen gegenüber den Kunden ab und können dadurch beispielsweise problemlos auch Zwangsvollstreckungsverfahren einleiten. Es ist dazu üblicherweise nicht notwendig, dass sich Käufer bereits im Kaufvertrag einer Immobilie wechselseitig Vollmachten ausstellen für Schuldanerkenntnisse oder Zwangsvollstreckungsunterwerfungen. Wenn mehrere Käufer – zum Beispiel ein Paar – gemeinsam eine Immobilie kaufen, dann kann es sehr sinnvoll sein, wenn sie auch in Zukunft nur gemeinsam Erklärungen abgeben und Grundpfandrechte zulasten des Kaufobjektes bestellen können. Vollmachten zur Abgabe von Unterwerfungserklärungen zulasten einer anderen Person sollte man sich sehr gut

überlegen. Solche Regelungen hängen – wenn überhaupt – davon ab, ob Ihre Bank darauf pocht. Die Bank kann schließlich erklären, warum sie denn überhaupt eine Regelung in dieser Form im Kaufvertrag haben möchte. Wenn die Bank als Sicherheit für gestellte Grundpfandrechte Möglichkeiten der Zwangsvollstreckung (was dann in der Praxis meist die Zwangsversteigerung bedeutet) haben will, dann ist auch das machbar, ohne dass solche Regelungen im Kaufvertrag getroffen werden und ohne dass sich Käufer ihrerseits wechselseitig in Vollmachten zur Zwangsvollstreckungsunterwerfung begeben müssen.
§ 181 BGB lautet übrigens:

„Ein Vertreter kann, soweit nicht ein anderes ihm gestattet ist, im Namen des Vertretenen mit sich im eigenen Namen oder als Vertreter eines Dritten ein Rechtsgeschäft nicht vornehmen, es sei denn, dass das Rechtsgeschäft ausschließlich in der Erfüllung einer Verbindlichkeit besteht."

Das ist also eine Schutzwirkung des BGB, von der der Kaufvertrag im obigen Formulierungsbeispiel befreit werden soll. Solche Befreiungen von § 181 des BGB sind vollkommen unnötig und viel zu riskant.

Notwendige Regelung:
Vollmachten sollten nur dort erteilt werden, wo sie wirklich notwendig sind. Bei einem notariellen Kaufvertrag benötigt der Notar sie eigentlich nur, um die Auflassungsvormerkung im Grundbuch eintragen und später wieder löschen zu lassen, wenn die Auflassung erklärt wird. Ihm reicht üblicherweise also eine Vollmacht zur Eigentumsumschreibung im Grundbuch. Außerdem benötigt der Notar

eine Vollmacht, um die Grundpfandrechte des Käufers eintragen und die Grundpfandrechte des Verkäufers im Grundbuch löschen lassen zu können. Diese Vollmachten benötigt der Notar nur zeitlich begrenzt, und zwar für den Zeitraum, bis die jeweilige Handlung vollzogen ist. Eine längerfristige Vollmacht für Grundbucheintragungen oder anderes sollte der Notar nicht erhalten. Auch keine, die bis sechs Monate nach Eigentumsumschreibung reicht oder Ähnliches. Vollmachten zur Eintragung von Grunddienstbarkeiten, Änderungen der Teilungserklärung oder auch von Baulasten ins Baulastenverzeichnis und andere mehr gehen in der Regel viel zu weit. Wenn hier Regelungen anstehen, beispielsweise zu Grunddienstbarkeiten, dann muss darüber gesprochen werden, um welche Grunddienstbarkeiten es sich denn konkret handelt und welche Konsequenzen diese haben. Dann kann man gegebenenfalls sehr konkret eine Vollmacht zur Eintragung einer klar definierten Grunddienstbarkeit oder auch eine Änderung der WEG-Teilungserklärung aufnehmen. Häufig wird argumentiert, das sei alles noch nicht klar und entwickle sich noch. Dann muss eben geklärt werden, um welche optionalen Grunddienstbarkeiten es denn insgesamt geht. Möglicherweise will man ja einzelne gerade nicht haben und würde dann auch nicht in eine solche Immobilie investieren (⇢ **Checkblatt Grundbuch** Seite 161).

Bei Bauwerkverträgen ohne notarielle Beurkundung sollten Sie grundsätzlich gar keine Vollmachten erteilen, sondern im Zweifel später im Bauverlauf ganz einfach Einzelvollmachten für Einzelhandlungen. So kann es etwa sein, dass der Bauunternehmer auch Baustrom und Bauwasser für Sie beantragen soll. Dann kann das individuell über eine Einzelvollmacht geregelt werden.

Vertrags-Check:
☐ nicht geregelt
☐ unzureichend/benachteiligend geregelt
☐ unklare/unverständliche Formulierung

⇢ Checkblatt
Unterwerfung unter die Zwangsvollstreckung

Betrifft:
☒ Fertighaus
☒ Schlüsselfertiges Massivhaus
☒ Bauträgerhaus
☒ Eigentumswohnung vom Bauträger

Typische Regelung:
Die Unterwerfung eines Käufers unter die Zwangsvollstreckung in sein gesamtes Vermögen wird bei Immobilienkaufverträgen in vielfältiger Weise vereinbart, obwohl es häufig überhaupt nicht notwendig ist, egal ob bei Bauwerkverträgen mit Fertighausanbietern und Massivhausanbietern oder Bauträgerkaufverträgen. Denn die Frage ist ja, was überhaupt der auslösende Grund für eine Zwangsvollstreckung ist. Dies kann eigentlich nur eine ausstehende Schuld gegenüber dem Unternehmer sein. Gibt es aber einen sehr detaillierten Zahlungsplan (⇢ **Checkblatt Zahlungsplan** Seite 192) und klare Kündigungsregelungen, sind Zwangsvollstreckungsmaßnahmen völlig über-

flüssig. Würden Sie berechtigten Zahlungsforderungen des Unternehmers nicht nachkommen, hätte er damit ja Möglichkeiten, aus dem Vertrag auszusteigen und auf dem Rechtsweg eventuell ausstehende Beträge einzuklagen. Wenn Sie nicht zahlen, kann das im Übrigen berechtigte Gründe haben. Zwangsvollstreckungsunterwerfungen Ihrerseits gegenüber einem Bauträger, Bauunternehmer oder Fertighausanbieter sind jedenfalls immer abzulehnen. Manchmal tauchen solche Regelungen auch im Zusammenhang mit Absicherungen für Bauunternehmer auf, die dann sogar eine Absicherung ihrer Leistungen über das Grundbuch fordern. Alles das sollten Sie grundsätzlich und kategorisch ablehnen.

Fälligkeitsvoraussetzungen für die Einleitung von Zwangsvollstreckungsmaßnahmen und deren Nachweis sind in Verträgen ohnehin fast nie zweifelsfrei geklärt, was zusätzliche erhebliche Risiken bringt.

Notwendige Regelung:
Unterwerfungen unter die Zwangsvollstreckung in Ihr gesamtes Vermögen sind grundsätzlich abzulehnen, egal gegenüber wem, vom Fertighausanbieter bis zum Bauträger. Es haben sich selbst schon Makler Zwangsvollstreckungsrechte in Verträge setzen lassen, nur um damit im Zweifel später sehr einfach an ihre Courtage zu kommen.

Unterwerfungen unter die Zwangsvollstreckung – außer gegenüber der Sie finanzierenden Bank, die ohne eine solche Regelung kaum einen Kredit vergeben wird – gehören nicht in Kauf- oder Bauverträge von Immobilien.

Es gibt auch keine Notwendigkeit für Regelungen mit wechselseitigen Vollmachten mehrerer Käufer zur Unterwerfung in die Zwangsvollstreckung.

Wichtig ist vielmehr, dass der Verkäufer der Eintragung von Grundpfandrechten Ihrer Bank noch vor Eigentumsübergang zustimmt. Das ist aber ohnehin in praktisch jedem Immobilienkaufvertrag geregelt.

Vertrags-Check:
☑ falls geregelt, sollte eine ersatzlose Streichung erfolgen

⇢ Checkblatt VOB/B-Regelungen

Betrifft:
☒ Fertighaus
☒ Schlüsselfertiges Massivhaus
☒ Bauträgerhaus
☒ Eigentumswohnung vom Bauträger

Typische Regelung:
Nach wie vor wird die VOB/B Verbrauchern als Vertragsgrundlage vorgelegt. Es handelt sich hierbei um die sogenannte „Vergabe- und Vertragsordnung / Teil B". Das ist eine Allgemeine Geschäftsbedingung, auf die sich öffentliche Auftraggeber und Bauwirtschaft geeinigt haben. Diese ist für private Bauverträge mit Verbrauchern nicht ohne Weiteres zulässig. Bis 2008 war das zwar noch so, dann allerdings entschied der Bundesgerichtshof (BGH) dass auch die VOB/B bei Anwendung gegenüber Verbrauchern der Inhaltskontrolle nach dem

BGB unterliegt. Das heißt, einzelne Regelungen aus der VOB/B, die den Regelungen zu Allgemeinen Geschäftsbedingungen des BGB widersprechen, sind gegenüber Verbrauchern nicht zulässig. Auch das BGB wurde 2009 entsprechend angepasst. Denn grundsätzlich gilt für Allgemeine Geschäftsbedingungen BGB-Recht. Die zulässige Ausnahme für VOB/B-Verträge gibt es so im BGB für Verträge mit Verbrauchern nicht mehr. Mehr dazu im Ratgeber der Verbraucherzentrale **„Kauf und Bau eines Fertighauses oder Massivhauses"** (⇢ Seite 271).

In notariellen Kaufverträgen findet man die VOB/B kaum noch. Allerdings findet man sie nach wie vor sehr häufig in den Anlagen dieser Kaufverträge. Die Schlussbemerkungen von Baubeschreibungen enthalten nach wie vor nicht selten VOB/B-Regelungen, die dann prompt auch von den Regelungen des notariellen Kaufvertrages abweichen. Woran liegt das? Das liegt daran, dass sich kaum ein Notar die Mühe macht, die Unterlagen auch durchzusehen, die er zur Vertragsanlage macht. Dass er sie auf technische Zusammenhänge hin nicht durchsehen kann und muss, ist klar. Das gehört nicht zu seinen Aufgaben, ein Notar ist schließlich kein Ingenieur. Natürlich können Sie sich fragen, warum technische Anlagen überhaupt zu notariell beurkundeten Vertragsanlagen gemacht werden dürfen, ohne dass ein unabhängiger Sachverständiger diese zuvor überprüft hat. Aber das ist eine Frage an den Gesetzgeber, nicht an die Notare. Das Problem ist nur, dass viele Bauträger in ihre Baubeschreibungen Schlussbemerkungen einfügen, oft mit rechtlichen Regelungen, die teilweise im kompletten Widerspruch zu den Regelungen im notariellen Kaufvertrag stehen. Es gibt notariell beurkundete Verträge, bei denen

im Kaufvertrag auf das Werkvertragsrecht des BGB verwiesen wird und in deren Baubeschreibungsanlage VOB/B-Bestimmungen aufgeführt sind. Es wäre natürlich hilfreich, Notare würden diesbezüglich die Vertragsanlagen zumindest rechtlich aufräumen. Ein Problem ist dabei allerdings sicher auch, dass Notare, die Immobilienkaufverträge von noch zu bauenden Immobilien beurkunden, keine speziellen baurechtlichen Kenntnisse haben müssen, also etwa einen ähnlichen Qualifikationsnachweis wie Fachanwälte für Bau- und Architektenrecht. Das ist eigentlich wenig nachvollziehbar, wenn man bedenkt, um welches komplexe Rechtsgebiet es geht und um welche hohen Summen. Fachnotare, analog zu den Fachanwälten, gibt es aber leider noch nicht.

Die VOB/B besteht aus 18 Paragrafen, die relativ detailliert vertragliche Rechte und Pflichten der Vertragspartner regeln. Daher wird sie von vielen Anwälten mit Tätigkeitsschwerpunkt Bau- und Architektenrecht und entsprechenden Fachanwälten durchaus geschätzt. Sie beinhaltet aber auch gefährliche Fallstricke für Verbraucher. Ein ganz einfaches Beispiel ist die Abnahme. Die VOB/B verlangt, dass die Abnahme explizit verlangt und vereinbart wird, während nach dem BGB-Werkvertragsrecht grundsätzlich eine Abnahme stattzufinden hat. Bei einem VOB/B-Vertrag, in dem keine Abnahme explizit geregelt ist, gilt die Leistung zwölf Werktage nach Mitteilung, dass die Leistung fertiggestellt ist, als abgenommen. Nach BGB-Recht muss Ihnen der Unternehmer grundsätzlich eine Abnahme gewähren und auch eine angemessene Frist hierzu. Ein anderes Beispiel: Die VOB/B sieht üblicherweise Gewährleistungszeiten von 4 Jahren vor, das BGB von 5 Jahren. Aber: Bei der VOB/B wird die

Gewährleistungszeit üblicherweise bereits mit dem Mangelschreiben an den Unternehmer unterbrochen, beim BGB geschieht dies erst mit der Mangelanerkenntnis durch den Unternehmer oder durch Einleitung eines selbstständigen Beweisverfahrens (früher Beweissicherungsverfahren).

Um die VOB/B sicher anwenden zu können, muss man sie allerdings gut kennen und verstehen. Was ein Anwalt mit Tätigkeitsschwerpunkt Bau- und Architektenrecht oder ein entsprechender Fachanwalt natürlich kann, kann ein Verbraucher nicht ohne Weiteres. Die Verbraucherzentrale rät daher dazu, Verträge nach dem BGB abzuschließen, manche Fachanwälte tendieren zur VOB/B. Wer sich von Beginn an von einem Anwalt mit Tätigkeitsschwerpunkt Bau- und Architektenrecht oder einen entsprechenden Fachanwalt durch das Bauvorhaben begleiten lässt, kann sich von diesem beraten und helfen lassen und dessen Empfehlungen folgen. Wer das nicht macht und keine fortlaufende juristische Beratung hat, kann den Empfehlungen der Verbraucherzentrale folgen.

Bei nicht notariell beurkundeten Kauf- beziehungsweise Bauwerkverträgen zum Beispiel eines Fertighauses oder schlüsselfertigen Massivhauses werden häufig noch VOB/B-Verträge vorgelegt. Erst sehr langsam setzt sich die Erkenntnis durch, dass der BGH hier eine Änderung der Rechtsprechung herbeigeführt hat und auch das BGB in diesem Punkt längst geändert wurde.

Mittlerweile tauchen auf dem Markt auch VOB/B-Verträge auf, die mit den verschiedensten Änderungen versehen sind, um der Inhaltskontrolle nach dem BGB gerecht zu werden. Teilweise werden sie der Bauwirtschaft sogar fertig formuliert von Verlagen angeboten. Ein VOB/B-Vertrag kann allerdings sogar schon dadurch unwirksam werden, wenn die VOB/B nicht als Ganzes vereinbart wird, sondern nur in Teilen, kombiniert mit neuen Formulierungen, selbst wenn diese BGB-konform sind. Bei solchen VOB/B-Verträgen ist sehr große Vorsicht geboten. Zur rechtlichen Einschätzung empfiehlt sich dann eine präventive Prüfung durch einen Fachanwalt für Bau- und Architektenrecht.

Notwendige Regelung:
Wenn Sie in einem notariell zu beurkundenden Kaufvertrag oder in dessen Anlagen irgendwo die Buchstabenkombination VOB/B sehen, sprechen Sie den Notar einfach an, warum VOB/B-Regeln in den Kaufvertrag oder dessen Anlagen aufgenommen wurden. VOB/B-Regelungen können dann ersatzlos gestrichen werden.

Gleiches gilt für einen Bauwerkvertrag nach VOB/B. Hier ist kein Notar tätig, aber Sie können den Unternehmer ansprechen. Auch hier ist ein Werkvertrag nach dem BGB die sinnvollere Alternative. Auch der Mustervertrag von Haus und Grund und ZDB baut übrigens auf BGB-Regelungen auf. Er ist auch in dieser Hinsicht eine vernünftige Lösung.

Nur wenn Sie einen Fachanwalt für Bau- und Architektenrecht eingeschaltet haben und er explizit die Anwendung der VOB/B in Ihrem speziellen Fall empfiehlt, wäre das eine Alternative.

Vertrags-Check:
☑ falls geregelt, sollte eine ersatzlose Streichung erfolgen

⇢ Checkblatt Versicherungen

Betrifft:
☒ Fertighaus
☒ Schlüsselfertiges Massivhaus
☒ Bauträgerhaus
☒ Eigentumswohnung vom Bauträger

Typische Regelung:
Die Versicherungspflichten in den Verträgen sind unterschiedlich geregelt, je nachdem, um welches Vorhaben es sich handelt. Wenn Sie Haus und Grundstück in einem notariellen Kaufvertrag gemeinsam kaufen, dann sind und bleiben Sie nur Käufer einer irgendwann fertigen Immobilie. Haftungen aus Baustellengefahren (Bauherrenhaftpflichtversicherung), aus Schäden an der Baustelle (Bauleistungsversicherung) oder Feuer (Feuerrohbauversicherung) sind dann ebenso wenig Ihr Problem wie beispielsweise Haftungen aus der Verkehrssicherungspflicht des Grundstücks. Es reicht aber schon, wenn Sie es mit dem sogenannten verdeckten Bauherrenmodell zu tun haben und der Bauträger Ihnen zunächst nur das Grundstück notariell verkauft mit der Verpflichtung, später mit ihm darauf ein Haus mit einem Bauwerkvertrag zu errichten. Dann sind Sie kein Käufer mehr, sondern Bauherr, und alle oben genannten Haftungsrisiken treffen Sie, und Sie müssen sich gegen diese absichern beziehungsweise vertraglich regeln, wer welche Versicherung trägt. Bauen Sie auf eigenem Grundstück ein Fertighaus oder ein schlüsselfertiges Massivhaus, sind die Versicherungen und die Frage, wer sie trägt, in jedem Fall zu regeln.

Fatal sind auch besondere Versicherungsregelungen für den Fall, dass eine Abnahme und eine Hausübergabe zeitlich getrennt werden. In manchen Bauträger-Kaufverträgen heißt es dann, dass die Immobilie bis zur Abnahme durch den Bauträger versichert ist. Liegen dann zwischen Abnahme und Übergabe vielleicht vier Wochen, müssten Sie die Immobilie theoretisch bereits versichern, während Sie sie noch gar nicht betreten können. Wenn dann Ihre Versicherung von Ihnen bestimmte Sorgfaltspflichten verlangt, die Sie aber nur erfüllen können, wenn Sie die Immobilie auch betreten können, haben Sie ein großes Problem. Daher müssen Sie bei solchen Details aufpassen und in jedem Fall anderslautende Regelungen vereinbaren.

Notwendige Regelung:
Wenn Sie ein Haus auf eigenem Grundstück bauen, muss zumindest die Frage geklärt werden, wer die Bauherrenhaftpflichtversicherung, die Bauleistungsversicherung und die Feuerrohbauversicherung abschließt und bezahlt. Man kann das auch aufteilen. Sie als Bauherr können die Bauherrenhaftpflichtversicherung übernehmen und die Feuerrohbauversicherung, der Anbieter kann die Bauleistungsversicherung übernehmen, die zum Beispiel bereits gelieferte oder eingebaute beschädigte Elemente zahlt. Im Fall von Eigenleistungen durch Freunde muss für diese eine Unfallversicherung abgeschlossen werden. Dies ist gesetzlich vorgeschrieben und muss über die Bauberufsgenossenschaft erfolgen. Auch für sich selbst sollten Sie dann eine Unfallversicherung abschließen.

Ist im Vertrag gar nichts geregelt und Sie übersehen die Versicherungsnotwendigkeit, kann das verheerende Folgen haben.

Unabhängig davon, ob Sie auf eigenem Grundstück bauen oder nicht, sollten Sie auch Ihren Kredit absichern, für den Fall dass der Hauptverdiener ausfällt (Risikolebensversicherung). Siehe dazu auch den Ratgeber „Richtig versichert" der Verbraucherzentrale.

Bei der Gebäudeversicherung muss darauf geachtet werden, dass bei Bauträgerverträgen der Wechsel von der Gebäudeversicherung durch den Bauträger zur Gebäudeversicherung durch Sie reibungslos erfolgt, aber erst dann eintritt, wenn Sie auch das Gebäude beziehen können.

Falls Sie zusätzlich eine Elementarschadensversicherung benötigen, die auch Schäden beispielsweise aus Haussetzungen, Erdbeben oder Überflutungen bieten kann, muss diese zusätzlich zur Gebäudeversicherung abgeschlossen werden, weil die klassische Gebäudeversicherung in der Regel nur Schäden aus Leitungswasser, Feuer, Hagel und Sturm abdeckt.

Soweit eine Ölheizung geplant ist, ist zusätzlich auch eine Gewässerschadensversicherung empfehlenswert.

Vertrags-Check:
☐ nicht geregelt
☐ unzureichend/benachteiligend geregelt
☐ unklare/unverständliche Formulierung

⇢ Checkblatt Maklerprovision

Betrifft:
☒ Fertighaus
☒ Schlüsselfertiges Massivhaus
☒ Bauträgerhaus
☒ Eigentumswohnung vom Bauträger

Typische Regelung:
Es gibt Makler, die sich in notariell beurkundete Kaufverträge von Grundstücken und Immobilien (ob nun Grundstück allein oder Grundstück samt Haus vom Bauträger) einen Passus zu ihrer Maklerprovision aufnehmen lassen. Das passiert häufig dann, wenn der Makler sich beispielsweise anbietet, mit dem Notar gemeinsam den Kaufvertragsentwurf zu fertigen. Da gibt es dann schöne Formulierungen, in denen die Höhe der Maklerprovision festgelegt ist, bis wann sie zu zahlen ist und dass Sie sich bezüglich der Maklerprovision der direkten Zwangsvollstreckung in ihr gesamtes Vermögen unterwerfen und Ähnliches. Wie Notare darauf kommen, von einem nicht am Kaufvertrag beteiligten Dritten überhaupt Vertragswünsche entgegenzunehmen, ist deren Geheimnis. Wenn der Makler als nicht am Kaufvertrag Beteiligter spezielle Wünsche für den Kaufvertrag hat, kann man ja darüber nachdenken, ob nicht der Makler ganz einfach den Notar bezahlt, wenn er ihn schon mit speziellen Wünschen beauftragt. Wünsche eines Maklers haben in keinem Kaufvertrag etwas verloren. Wenn der Makler Probleme bekommen sollte, an seine Provision zu kommen, kann das Ihrerseits oder seitens des Verkäufers gewichtige Gründe haben. Und dem

Makler steht es ja frei, seine Ansprüche vor Zivilgerichten einzuklagen.

Ähnliches gilt übrigens für Vermittler, die Fertighäuser oder schlüsselfertige Häuser vermitteln. Deren Ansprüche gehören nicht in Bauwerkverträge. Meist erhalten sie ihre Provision aber ohnehin vom Fertighaushersteller oder Massivhausanbieter.

Notwendige Regelung:
Regelungen zu einer Maklerprovision haben in notariellen Kaufverträgen nichts verloren. Ebenso wenig haben Vermittleransprüche etwas in Bauwerkverträgen verloren.

Ganz unabhängig vom Kaufvertrag: Eine Maklerprovision sollte nicht gleich nach Kaufvertragsabschluss fällig werden, sondern bei Neubauvorhaben frühestens nach erfolgter Auflassungserklärung im Grundbuch. Und gesetzlich geregelt ist, dass Käufer maximal die Hälfte der Provision zahlen müssen, die der Verkäufer mit dem Makler vereinbart hat – und auch erst dann, wenn der Verkäufer die Zahlung seines Anteils an der Provision an den Makler nachgewiesen hat.

Vertrags-Check:
☑ falls geregelt, sollte eine ersatzlose Streichung erfolgen

⇢ Checkblatt Baustellenbetretung/Jour Fixe/Bauleiter/Hausrecht

Betrifft:
☒ Fertighaus
☒ Schlüsselfertiges Massivhaus
☒ Bauträgerhaus
☒ Eigentumswohnung vom Bauträger

Typische Regelung:
In vielen Bauträgerverträgen wird das Betreten des Grundstücks während der Bauphase ausgeschlossen. Es wird häufig einschränkend nur gestattet in Begleitung eines Bauleiters, damit man sich gegebenenfalls vor Ratenzahlung einen Eindruck vom Baufortschritt verschaffen kann. Solche Regelungen sind völlig inakzeptabel. Sie sollten die Baustelle zu jedem Zeitpunkt betreten können, auch in Begleitung nach Ihrer freien Wahl, zum Beispiel durch einen unabhängigen Sachverständigen. Ärgerlich ist oft auch das Thema Terminvereinbarungen. So kann es schon einmal Ewigkeiten dauern, bis einem ein Bauleiter des Unternehmens einen Termin gibt. Daher kann es sogar notwendig werden, sogenannte optionale Jour-Fixe-Termine zu vereinbaren. Das heißt, für einen festgelegten Wochentag sind zu einer bestimmten Uhrzeit Besprechungstermine auf der Baustelle angesetzt, die nicht wahrgenommen werden müssen, aber wahrgenommen werden können, wenn dies gewünscht ist. Das heißt, Sie informieren dann nur noch rechtzeitig, dass

Sie Ihren Termin wahrnehmen wollen, und fangen nicht an, um solche Termine zu betteln.

Sehr häufig kennen Sie vor Baubeginn den Bauleiter nicht. Das ist ein Problem. Denn in ein und demselben Unternehmen können natürlich sehr unterschiedlich engagierte Bauleiter tätig sein. In professionellen Verträgen werden manchmal sogar die Namen der zuständigen Bauleiter festgeschrieben. Soweit werden Sie nicht gehen können, aber man kann überlegen, ob man gegebenenfalls Anrecht auf zumindest einen Wechsel des Ansprechpartners hat, wenn das Verhältnis zum bisherigen Ansprechpartner stark belastet sein sollte.

Selbst wenn das Grundstück, auf dem Sie bauen, Ihnen gehört, kann es sein, dass sich beispielsweise ein Fertighausanbieter in seinem Vertrag das Hausrecht an Ihrem Grundstück für die Bauzeit sichern lässt. Das Hausrecht ist ein ganz wichtiges Recht, das Sie auf gar keinen Fall aus der Hand geben sollten. Sonst kann zum Beispiel der Fertighausanbieter Sie von Ihrem eigenen Grundstück verweisen. Man kann darüber nachdenken, ob man das Hausrecht für die Zeit der Bauphase gemeinsam mit dem Unternehmer ausübt. Aber selbst das sollte nach Möglichkeit klar zeitlich (also mit Datum) eingeschränkt werden.

Wenn Sie die Baustelle unabhängig betreten wollen, eventuell auch mit eigenen Handwerkern, müssen möglicherweise Versicherungsfragen geklärt werden. Wer ist schuld, wenn wertvolles Material oder Werkzeug über Nacht plötzlich verschwindet? Denn sehr schnell wird man dann möglicherweise Ihnen vorwerfen, dass dies Ihre Handwerker verschuldet haben.

Notwendige Regelung:

In Kauf- oder Bauverträgen muss klar geregelt sein, dass Sie das Grundstück betreten können – auch in Begleitung Ihrer Wahl. Ferner kann es sinnvoll sein, eine Regelung mit Jour-Fixe-Optionen aufzunehmen, also zumindest einen wöchentlichen Termin, zu dem sich der Bauleiter mit Ihnen auf der Baustelle trifft, wenn Sie Gesprächsbedarf haben. Hilfreich wäre es, Sie könnten Ihren Bauleiter vor Vertragsunterzeichnung zumindest einmal sehen und sprechen. Eine Regelung für einen optionalen Bauleiterwechsel oder einen Wechsel des Ansprechpartners kann hilfreich sein. Grundsätzlich haben Sie aber ohnehin die Möglichkeit, im Notfall direkt über die Geschäftsführung zu kommunizieren, wenn die Probleme mit dem Bauleiter zu groß werden sollten.

Und schließlich sollten Sie das Hausrecht nie aus der Hand geben, wenn Sie auf eigenem Grundstück bauen. Sie müssen – wenn Sie auf eigenem Grund bauen – immer Herr/Herrin der Lage und damit des Grundstücks bleiben.

Sie werden bei Bauvorhaben auf fremdem Grundstück einige dieser Optionen leider nicht durchsetzen können, aber freies Betretungsrecht, eine Jour-Fixe-Option und das Kennenlernen des Bauleiters vielleicht schon.

Vertrags-Check:
☐ nicht geregelt
☐ unzureichend/benachteiligend geregelt
☐ unklare/unverständliche Formulierung

⇢ Checkblatt Subunternehmer/ Nachunternehmer

Betrifft:
- ☒ Fertighaus
- ☒ Schlüsselfertiges Massivhaus
- ☒ Bauträgerhaus
- ☒ Eigentumswohnung vom Bauträger

Typische Regelung:
In vielen Verträgen bedingt sich der Unternehmer das Recht aus, auch Subunternehmen oder Nachunternehmer einsetzen zu dürfen. Eigentlich wäre gegen eine solche Regelung nichts einzuwenden, wenn man wüsste, wer die Subunternehmer sind und in welchem Umfang sie eingesetzt werden sollen. Ein Anbieter eines schlüsselfertigen Massivhauses, der selber vielleicht vorwiegend den Rohbau erstellt und für weitere Arbeiten wie beispielsweise die Elektroinstallation einen guten, regionalen Elektrobetrieb engagiert, handelt ja vernünftig. Das Problem ist nur, dass mit Subunternehmen immer mehr zweifelhafte Geschäfte betrieben werden. Manchmal werden sehr billige, nicht gute Subunternehmen eingesetzt, und es kommt dann in der Ausführung zu Qualitätsproblemen. Nicht selten setzen Subunternehmer ihrerseits wiederum Subunternehmer ein, und so entsteht förmlich eine Subunternehmerkette.

Ein weiteres Problem ist die Sicherstellung der Zahlung der Subunternehmer. Leider ist es manchmal so, dass nicht alles Geld, das Sie für den Einsatz solcher Subunternehmer zahlen, auch bei diesen ankommt. Geht dann bei einem schlüsselfertigen Haus, das auf Ihrem Grundstück gebaut wurde, der Massivhausanbieter zum Beispiel in die Insolvenz und hat er noch nicht alle Beträge an die Subunternehmer durchgereicht, werden diese kaum Bereitschaft zeigen, an einem Weiterbau mitzuwirken, wenn zuvor nicht ihre offenen Rechnungen beglichen sind.

Notwendige Regelung:
Ein **Bauträger** wird sich bei einem größeren Bauprojekt kaum in den Einsatz von Subunternehmern hineinreden lassen. Wenn das so ist, dann sollte aber vertraglich zumindest geregelt werden, dass der Bauträger Zahlungsansprüche der Subunternehmer zeitnah nach Ihren Zahlungen zu begleichen hat, damit im Insolvenzfall des Bauträgers nicht plötzlich offene Forderungen für geleistete, aber noch nicht bezahlte Arbeiten zurückbleiben. Denn das würde auch Ihr Verhältnis zu den Subunternehmern zerstören. Es sollte Ihnen nicht zuletzt deswegen vor Baubeginn eine Liste der Subunternehmer mit Ansprechpartnern vorgelegt werden.

Wenn Sie ein **Massivhaus** eines regionalen Anbieters erwerben und auf eigenem Grundstück bauen wollen, dann wäre die Frage, ob man die pauschale Regelung, dass Subunternehmer eingesetzt werden dürfen, nicht einfach von vornherein klar definiert, welche Subunternehmen für welche Gewerke eingesetzt werden sollen. In diesem Zusammenhang sollte zugleich geregelt werden, dass Subunternehmer ihrerseits nicht wiederum Subunternehmer für die Arbeiten einsetzen können.

Bei weitgehend vorgefertigten Häusern wie **Fertighäusern** muss der Einsatz von Subunternehmen stark eingegrenzt werden auf sehr wenige Gewerke. Denn schon ein externer Elektrobetrieb kann unter Umständen gar nicht extern engagiert werden, weil eventuell winddichte Steckdosen sehr frühzeitig im Produktionsprozess in die Außenwandelemente montiert werden müssen.

Der Einsatz externer Subunternehmer ist bei der Errichtung von Fertighäusern aber deutlich seltener als beim Bau schlüsselfertiger Massivhäuser. Trotzdem sollten auch hier klare Regelungen greifen und ein Subunternehmereinsatz durch Subunternehmer ausgeschlossen werden.

Vertrags-Check:
☐ nicht geregelt
☐ unzureichend/benachteiligend geregelt
☐ unklare/unverständliche Formulierung

⇢ Checkblatt Baustart/Bauzeit/ Bezugsfertigkeit/ Fertigstellung

Betrifft:
☒ Fertighaus
☒ Schlüsselfertiges Massivhaus
☒ Bauträgerhaus
☒ Eigentumswohnung vom Bauträger

Typische Regelung:
Regelungen zum Baustart sind oft sehr unklar getroffen. Da gibt es meist nur unverbindliche Regelungen. Die Regelung des Baustarts an sich ist auch nicht so entscheidend wie die Regelung des Bauendes; denn das zählt natürlich. Ganz gefährlich wird es aber, wenn der Baustart sehr unverbindlich geregelt ist und das Bauende gar nicht. Eine spezielle, sehr riskante Regelung in manchen Bauträgerverträgen zum Baustart von ganzen Wohnanlagen ist die, dass mit dem Bau begonnen wird, sobald 50 oder 75 Prozent der Häuser oder Wohnungen tatsächlich veräußert sind. Dann wird der Baustart endgültig zum Roulettespiel. Theoretisch kann es in einem solchen Fall dann Jahre dauern, bis überhaupt mit dem Bau begonnen wird.

Auch die Bauzeit und damit vor allem die sehr wichtige und klare Definition des Bauendes sind häufig überhaupt nicht geregelt, auch in den allermeisten Notarverträgen nicht. Das heißt, es bleibt völlig offen, wann das Bauvorhaben überhaupt abgeschlossen ist. In einem Jahr, in zwei Jahren, in fünf Jahren? Manchmal ist die Bauzeit geregelt, dann allerdings meist mit zweifelhaften Relativierungen wie „voraussichtlich" oder „ca.". Das ist natürlich viel zu vage und reicht keinesfalls. Es ist dann auch oft nicht von Baufertigstellung die Rede, sondern von Begriffen wie „Bezugsfertigkeit" oder Ähnlichem. Der Gesetzgeber hat in § 650k Absatz 3 des BGB neu geregelt, dass in den Vertrag Angaben zum Fertigstellungszeitpunkt aufgenommen werden müssen. Ist dieser noch nicht klar benennbar, muss zumindest die Dauer des Bauvorhabens benannt werden. Ist auch diese nicht angegeben, gilt die vorvertraglich in der Baubeschreibung zwingend zu benennende Angabe. Ersparen Sie sich solche

Kettenvorgaben und vereinbaren Sie von vornherein ganz klare Angaben.

Notwendige Regelung:
Regelungen, die bereits den Baustart zum Roulettespiel werden lassen, gehören nicht in Verträge. Neben dem Baustart muss vor allem die Bauzeit, genauer: das Ende der Bauzeit klar geregelt sein. Hier reicht auch nicht ein Gummibegriff wie „Bezugsfertigkeit" oder Ähnliches. Denn das ist der Zeitpunkt, zu dem Ihnen der Bezug zugemutet werden kann. Das heißt: Unverputztes Haus, zugänglich über Bretterlage im Matschbett und anderes mehr. Es kann für Sie zwar interessant sein, wenn Sie das neue Heim frühzeitig beziehen können, um zum Beispiel Miete zu sparen, trotzdem müssen Sie natürlich regeln, wann das Vorhaben insgesamt fertiggestellt ist, neben der „Bezugsfertigkeit" muss also auch der Termin der vollständigen „Fertigstellung" definiert werden. Hier sollte die Kalenderwoche, zumindest aber der Monat festgelegt werden – und zwar ohne „ca."-Angabe. Außerdem muss natürlich bestimmt werden, was passiert, wenn der Termin nicht gehalten wird. Hier bietet sich an, eine Regelung zu treffen, die Ihren Vertragspartner zur Zahlung eines monatlichen Ausgleichs zumindest in Höhe Ihrer Kaltmiete verpflichtet, wenn er die Verzögerung zu verschulden hat. Denn es sind exakt diese Kosten, die Sie dann zusätzlich belasten, weil Sie bei einer Bauzeitenüberschreitung neben Ihren monatlichen Zins- und Kredittilgungen auch noch die Miete zahlen, die Sie ja gerade pünktlich loswerden wollten, um keine finanzielle Doppelbelastung zu haben. Sie können eine Bauzeitkulanz von 14 Tagen oder auch 4 Wochen einräumen, aber dann sollte eine Entschädigungsleistungsregelung wirksam greifen.

Vertrags-Check:
☐ nicht geregelt
☐ unzureichend/benachteiligend geregelt
☐ unklare/unverständliche Formulierung

⋯⋗ Checkblatt Kündigung

Betrifft:
☒ Fertighaus
☒ Schlüsselfertiges Massivhaus
☒ Bauträgerhaus
☒ Eigentumswohnung vom Bauträger

Typische Regelung:
In vielen Verträgen werden Kündigungsmöglichkeiten entweder gar nicht oder einseitig nur für Ihren Vertragspartner geregelt. Unterschiede gibt es hierbei allerdings zwischen Bauträgerverträgen, die notariell beurkundet werden, und Bauwerkverträgen mit Fertighausfirmen oder Anbietern schlüsselfertiger Massivhäuser. Während in den notariell beurkundeten Verträgen manchmal einfach auf die Kündigungsregelungen nach dem BGB verwiesen wird, sind in fast allen Bauwerkverträgen, die man mit Fertighausanbietern oder Baufirmen schließt, sehr zweifelhafte Kündigungsregelungen enthalten. In der Regel werden hier nur die Rechte des kündigenden Unternehmens festgehalten. Die Rechte des Auftraggebers, also Ihre Rechte, werden fast nie fixiert. Kündigen kann das beauftragte Unternehmen meist schon aus einfachen Anlässen, zum Beispiel wenn Sie Ihren Mitwirkungspflichten nicht rechtzeitig nachkommen, wenn Sie eine Ratenzahlung nicht pünktlich anweisen und Ähnliches. In

der Regel werden dann auch gleich hohe Entschädigungssummen fällig. Unter Umständen gleich 20 Prozent des kompletten Bauvorhabens oder aber vielleicht 20 Prozent der Restsumme, die noch zu zahlen wäre. Das Recht auf Klage für entgangenen Gewinn behalten sich viele Unternehmen zusätzlich vor. Diese Regelungen gehen bisweilen so weit, dass man meinen könnte, einige Unternehmen hätten es gar nicht auf das Bauen abgesehen, sondern nur auf das Kündigen. Und tatsächlich gab es solche Fälle schon in der Beratungspraxis der Verbraucherzentrale.

Notwendige Regelung:

In vielen notariell beurkundeten Verträgen richtet sich das Kündigungsrecht nach dem BGB. Dieses ist für Werkverträge in § 643, 648 und 648a festgehalten. Wenn der Notar davon abweichen will, muss er sich Ihnen gegenüber erklären, warum er das tut. Denn meist werden in einem solchen Fall Ihre Rechte eingeschränkt.

Soweit von BGB-Regelungen abgewichen wird, sind für die Kündigung Regelungen notwendig, die beiden Seiten die Kündigung erlauben, wenn gemeinsam abgestimmte Kriterien dauerhaft nicht erfüllt werden, wenn sich also abzeichnet, dass ein gemeinsamer Werkerfolg nicht mehr erreicht werden kann. Es kann immer einmal sein, dass Sie einer Mitwirkungspflicht nicht auf den Tag genau nachkommen können oder auch eine Zahlungsrate einige Tage später beim Unternehmen eintrifft; so etwas sollte den Unternehmer nicht gleich zur Kündigung ermächtigen und schon gar nicht Ansprüche auf Entschädigungszahlungen begründen. Die Frage einer Entschädigungszahlung setzt ja die Frage nach einem konkret eingetretenen Schaden voraus. Dem Unternehmen kann ein Schaden entstanden sein, muss es aber nicht. Eine Entschädigungszahlung kann ferner immer nur den Teil der Bausumme betreffen, der noch aussteht. Und ein solcher Anspruch auf Entschädigung bewegt sich ganz sicher nicht bei 20 Prozent. Nehmen Sie eine Bausumme von 250.000 Euro, 20 Prozent davon sind 50.000 Euro. Selbst aber wenn die 20 Prozent Entschädigung nur an einer noch ausstehenden Reststumme orientiert wären und beispielsweise noch 120.000 Euro an Zahlungen ausständen, dann wären im Kündigungsfall immer noch pauschal 24.000 Euro Entschädigung zu zahlen. Solchen Zahlenspielen sollten Sie nicht zustimmen. Dem Unternehmen stände es ja gegebenenfalls frei, auf BGB-Grundlage zu kündigen und auf entgangenen Gewinn zu klagen. Ob das Unternehmen dabei erfolgreich ist, käme dann unter anderem sehr auf den Grund seiner Kündigung an. Aber nachteilige Kündigungsregelungen ohne Notwendigkeit zu vereinbaren ist nicht sinnvoll.

Es muss klar geregelt werden, wer unter welchen Umständen wie kündigen darf und dass im Fall von Entschädigungszahlungen – die generell eher zweifelhaft sind und wovon klar abzuraten ist – weitere Rechtsansprüche ausgeschlossen sind. Ferner müssen neben den Kündigungsrechten des Unternehmens auch Ihre Kündigungsrechte aufgelistet werden. Dann wäre zum Beispiel die Frage, ob ein Jour Fixe, der zwei Mal hintereinander vom Bauleiter nicht eingehalten wird, umgekehrt Sie zur Kündigung berechtigt. Sie werden versteinerte Mienen beim Unternehmen erleben, wenn Sie Ihrerseits solche Forderungen erheben, und können mit einem solchen Hinweis dem Unternehmen das Problem ausgeglichener Regelungen klarmachen.

Sinnvoll ist immer auch, ein Sonderkündigungsrecht für den Fall der Insolvenz des Unternehmens zu vereinbaren, wobei diese Kündigungsrecht explizit bereits bei Antrag auf Eröffnung des Insolvenzverfahrens ausgesprochen können werden sollte, und nicht erst bei dessen tatsächlicher Eröffnung. Ein solches Recht konkurriert zwar mit den Rechten eines Insolvenzverwalters, es ist zwischenzeitlich aber höchstrichterlich geklärt, dass in diesem Fall Ihr Sonderkündigungsrecht vorgeht, wenn es im Vertrag explizit vereinbart ist (⋯⋗ **Checkblatt Insolvenzfall des Unternehmens** Seite 221).

Und noch etwas: Bevor Sie einen Vertrag kündigen, sollten Sie immer und grundsätzlich Rücksprache mit einem Anwalt mit Tätigkeitsschwerpunkt im Bau- und Architektenrecht oder einem entsprechenden Fachanwalt halten. Eine unbedachte Kündigung durch Sie, vielleicht aus einer emotionalen Situation heraus erfolgt, kann Ihnen nämlich auch erhebliche Rechtsnachteile bringen. Daher ist die präventive Rücksprache mit einem Fachanwalt vor eventueller Vertragskündigung immer sinnvoll.

Vertrags-Check:
☐ nicht geregelt
☐ unzureichend/benachteiligend geregelt
☐ unklare/unverständliche Formulierung

⋯⋗ Checkblatt Leistungseinstellung

Betrifft:
☒ Fertighaus
☒ Schlüsselfertiges Massivhaus
☒ Bauträgerhaus
☒ Eigentumswohnung vom Bauträger

Typische Regelung:
Allzu häufig finden sich vor allem in Bauwerkverträgen, aber auch in vielen notariell beurkundeten Bauträger-Kaufverträgen mehr als zweifelhafte Regelungen zur Leistungseinstellung des Unternehmers. Da heißt es dann etwa, dass das Unternehmen berechtigt sei, die Leistung einzustellen, wenn Zahlungen nicht oder nicht vollständig geleistet würden. Grundsätzlich steht einem Unternehmen zu, Leistungen einzustellen, wenn es von Ihnen kein Geld für seine Leistungen erhält (§ 273 BGB), demgegenüber steht aber die Pflicht des Unternehmens zum Werkerfolg. Hinzu kommt, dass Sie nach dem BGB ein Zurückbehaltungsrecht haben, das Ihnen auch niemand streitig machen kann (BGB § 641 Absatz 3). Das heißt, es kommt schon wesentlich darauf an, ob Sie einfach willkürlich Geld zurückbehalten oder gute Gründe dafür haben. Nehmen wir an, Sie sehen einen Mangel, und das Unternehmen behauptet, es handele sich nicht um einen Mangel, dann ist das Problem bereits da. Denn die Frage steht im Raum, ob Ihr Geldzurückbehalt berechtigt ist oder nicht. Zwar muss vor der Abnahme das Unternehmen nachweisen, dass kein Mangel vorliegt, aber ob es dem ausreichend nachkommt, steht dahin. Tut es das nicht und stellt seine Behauptung relativ

stur und unbegründet in den Raum, werden Sie möglicherweise einen Teilbetrag der Ratenzahlung einbehalten (nach dem BGB üblicherweise das Doppelte des zur Beseitigung des Mangels notwendigen Betrags). Es kann Ihnen folglich passieren, dass das Unternehmen daraufhin seine Bauleistungen einstellt. Bei einem größeren Bauträgervorhaben mit vielen Reihenhäusern oder Wohnungen, die gleichzeitig fertiggestellt werden müssen, wird ein klassischer Bauträger das allerdings eher nicht tun. Er könnte dann aber unter Umständen andere Druckmittel aufbauen, zum Beispiel den Innenausbau in Ihrer Wohnung oder Ihrem Reihenhaus ruhen lassen. Ein Anbieter von **schlüsselfertigen Massivhäusern,** der individuell auf Ihrem Grundstück baut, wird schon eher den gesamten Bau einstellen. Selbst wenn Sie dann recht haben, das Unternehmen sich aber nicht bewegt, müssten Sie eventuell den Gang an die Gerichte antreten, um es zum Weiterbauen zu bewegen. Es gibt viele Unternehmen die es darauf ankommen lassen. Und Bauprozesse sind teuer und können sich sehr lange hinziehen. Inzwischen steht Ihre Baustelle still, und Sie kümmern sich um einen Prozess statt um Ihr Haus. Daher gilt gerade bei Regelungen zur Leistungseinstellung: Solche Regelungen haben in Kauf- oder Bauverträgen nichts verloren, soweit sie über die gesetzlichen Regelungen dazu (§ 273 BGB) hinausgehen.

Notwendige Regelung:
Wenn es so große Probleme gibt, dass es seitens des Unternehmers zu einer Leistungseinstellung kommen müsste, ist es besser, es greifen vernünftige Kündigungsregelungen. Das Recht auf Leistungseinstellung durch den Unternehmer, sollte grundsätzlich begleitet werden von einer Regelung, nach der Sie in einem solchen Fall den Vertrag kündigen können, ohne dass Forderungen auf Schadenersatz oder entgangenen Gewinn auf Sie zukommen. Denn sonst kann eine Leistungseinstellung des Unternehmens Ihr Bauvorhaben auf Monate hinaus, sogar auf Jahre hinaus in den Stillstand zwingen und Sie völlig blockieren. Selbstverständlich kann man dem Unternehmen nicht das Recht nehmen, auf seiner Meinung nach ausstehende Zahlungsraten zu klagen. Denn die verweigerten Zahlungen des Kunden führten aus seiner Sicht ja überhaupt erst zu seiner Leistungseinstellung. Aber die beiden häufig teuren Positionen Schadenersatz und entgangener Gewinn kann man sehr wohl vertraglich ausschließen. Und das sollte man auch tun.

Wenn es zu unüberbrückbaren Meinungsverschiedenheiten kommt, ist es besser, man trennt sich und es gibt Kündigungsoptionen. Dann gehen Sie entweder aus einem Bauträgervertrag geordnet wieder heraus (Zug um Zug Rückerstattung der Raten an Sie gegen Streichung Ihrer Auflassungsvormerkung im Grundbuch), oder – im Fall, dass Sie schlüsselfertig auf eigenem Grundstück bauen – Sie sprechen eine ordnungsgemäße Kündigung aus und bauen Ihr Vorhaben mit einem anderen Unternehmen fertig. Beides ist unschön und mit viel Aufwand verbunden, aber es ist wesentlich besser, als das Risiko einzugehen, dass Ihr Bauvorhaben monatelang, möglicherweise jahrelang stillsteht und kein Ende absehbar ist.

Vertrags-Check:
☐ nicht geregelt
☐ unzureichend/benachteiligend geregelt
☐ unklare/unverständliche Formulierung

⇢ Checkblatt
Abbruch des Bauvorhabens

Betrifft:
☒ Fertighaus
☒ Schlüsselfertiges Massivhaus
☒ Bauträgerhaus
☒ Eigentumswohnung vom Bauträger

Typische Regelung:
Zum Abbruch von Bauvorhaben finden sich in vielen Verträgen keine Regelungen. Das liegt daran, dass Bauträger, Fertighausanbieter oder Anbieter schlüsselfertiger Massivhäuser nicht gern über die unschönen Seiten des Bauens reden. Ein Abbruch eines Bauvorhabens kann aus den unterschiedlichsten Gründen passieren. Das kann beispielsweise ganz einfach der Insolvenzfall des Bauträgers sein, es können aber auch andere Umstände sein, die einen solchen Abbruch notwendig machen. Sogar ganz einfach ein Unglücksfall in der Geschäftsführung eines Unternehmens kann dazu führen, dass es sich daraufhin nicht in der Lage sieht, das Vorhaben zu beenden. Wenn Sie mit einem Bauwerkvertrag auf eigenem Grundstück ein **Fertighaus** oder ein schlüsselfertiges **Massivhaus** errichten, ist die Sache relativ klar: Sie haben bis zum Zeitpunkt XY bestimmte Leistungen erhalten und Zahlungen dafür geleistet. Wenn Sie einen guten Ratenzahlungsplan haben, können Sie auch noch nicht zu viel gezahlt haben (⇢ Seite 190), nur wenn Sie eine schlechten hatten, kann Sie das Risiko der Überzahlung treffen. Für den Fall, dass das Bauvorhaben nicht fertiggestellt werden kann, kann man vereinbaren, dass dann der örtliche Sachstand aufgenommen wird und auf dieser Basis eine abschließende Abrechnung erfolgt. Bei einem **Bauträgervorhaben** hingegen sieht das ganz anders aus. Da sind Sie ja nur Käufer und weder das Grundstück noch das begonnene Bauvorhaben sind in ihrer Verfügungsgewalt. Stattdessen sieht die Situation so aus, dass Sie bestimmte Ratenzahlungen geleistet haben, dass auf der Baustelle ein begonnenes Bauvorhaben steht und im Grundbuch noch keine Umschreibung auf Ihren Namen erfolgt ist, sondern höchstens eine Auflassungsvormerkung für Sie eingetragen ist. Eigentümer des Grundstücks ist zu diesem Zeitpunkt entweder der Bauträger oder auch dessen Bank. Wie jetzt weiter in dieser Situation? In vielen Verträgen gibt es für diesen Fall schlicht gar keine Regelung. Die MaBV regelt hierzu unter § 3 Absatz 1 nur, Zitat:

„(...)Für den Fall, dass das Bauvorhaben nicht vollendet wird, kann sich der Kreditgeber vorbehalten, an Stelle der Freistellung alle vom Auftraggeber vertragsgemäß im Rahmen des Absatzes 2 bereits geleisteten Zahlungen bis zum anteiligen Wert des Vertragsobjekts zurückzuzahlen. (...)"

Das heißt, die Bank des Bauträgers kann sich aussuchen, ob sie ihrer Verpflichtung zur Freigabe ihrer Rechte im Grundbuch nachkommt oder Ihnen Ihre bislang geleisteten Zahlungen zurückerstattet. Das hört sich gut an, läuft aber schon dann ins Leere, wenn gar keine Bankfinanzierung des Bauträgers vorliegt. Wenn der Grund des nicht möglichen Weiterbaus die Insolvenz des Bauträgers ist, wird insbesondere der Insolvenzverwalter in Übereinstimmung mit dem Insolvenzrecht das weitere Vorgehen bestimmen. Es ist aber nicht immer nur der Insolvenzfall, der einen Baustellenstillstand hervorruft. Es kann alles Mögliche dazwischenkommen. Es können nachträglich Schadstoffe im Boden gefunden worden sein, es kann zu einer Setzung des Rohbaus gekommen sein, es kann Probleme mit Behörden geben, es kann einen Ausfall in der Geschäftsführung des Bauträgers gegeben haben, ohne dass es eine vernünftige Vertretungsregelung gibt. Daher benötigen Sie nicht nur eine Regelung für den Fall, dass das Gebäude gar nicht mehr fertiggestellt werden kann, sondern auch eine Regelung für den Fall, dass die Fertigstellung in einem angemessen Zeitrahmen nicht realistisch ist. Denn Ihre Bankverbindlichkeiten und ihre Miete laufen parallel weiter, und das kann man nicht beliebig lange durchhalten.

Notwendige Regelung:

Sie haben im Insolvenzfall des Hausanbieters kein Sonderkündigungsrecht. Hier gilt: Wenn Sie einen guten Zahlungsplan hatten, können Sie zu jedem beliebigen Zeitpunkt – also auch dem der Insolvenz – keine Überzahlung geleistet haben (⟶ Seite 192). Das ist nur der Fall, wenn Sie einen schlechten Zahlungsplan hatten. Das heißt, wenn Sie vorsichtig waren, haben Sie zu diesem Zeitpunkt jedenfalls noch keinen Verlust, es verbleibt nur das Problem der Fertigstellung.

Bauen Sie auf eigenem Grund, können Sie das Haus dann mit einem anderen Vertragspartner fertig bauen, wenn das Ende des Vertragsverhältnisses mit Ihrem bisherigen Vertragspartner geklärt ist. Das Finden eines neuen Vertragspartners kann aber sehr schwierig werden, denn je nach Baufortschritt wird nicht jeder einfach in das Vorhaben einsteigen wollen oder können. Es kann sogar sein, dass Sie das Bauvorhaben mit Einzelhandwerkern zu Ende führen müssen. Dann wird es sehr aufwändig mit vielen Verträgen und vielen Haftungsschnittpunkten. Aber immerhin können Sie vorankommen.

Bei **Fertighausvorhaben** ist ein ungünstiger Moment des Baustellenabbruchs der kurz vor der Aufstellung des Fertighauses. Denn selbst wenn das Haus in der Halle fertig produziert ist, wird kein anderes Unternehmen das Haus noch aufstellen. Es sei denn, ein Insolvenzverwalter findet einen Käufer für das gesamte Fertighausunternehmen. Trotzdem ist es auch in diesem Fall so, dass Sie mit einem guten Zahlungsplan zu diesem Zeitpunkt keine Überzahlung geleistet haben. Das heißt, Sie haben auch das vorproduzierte Haus in der Fertigungshalle noch nicht bezahlt, denn gezahlt würde bei einem guten Zahlungsplan jede Leistung immer erst, nachdem sie vollbracht ist, ein Fertighaus also erst, wenn es auch vor Ort wirklich fertig aufgestellt ist. Sie müssten dann im schlimmsten Fall nur von der Bodenplatte ab noch einmal nach einem neuen Anbieter schauen. Die Errichtung des Fertighauses geht glücklicherweise schnell. Wenn es ganz ungünstig käme, wäre es zur Hälfte aufgebaut, und ein Zwischenfall träte ein. Das kann passieren, aber auch hier gilt: Der richtige Zahlungsplan schützt Sie selbst dann, wenn klar vereinbart ist, dass Zahlungen für die Hausaufstellung erst nach vollständiger Erstellung erfolgen. Das Problem in diesem Fall ist nur, dass ein solches spezielles Typenhaus ein anderer Hersteller kaum fertigstellen kann und will. Den reinen Innenausbau wiederum mit Heizung, Estrich, Sanitäranlagen und anderem mehr können Sie eventuell mit Einzelhandwerkern fortsetzen, wenn vielleicht auch nur mit großen Mühen. Um sich vor den Mehrkosten in solchen Fällen zu schützen, können Sie überlegen, vom beauftragten Unternehmen eine sogenannte Fertigstellungsbürgschaft zu verlangen. Diese wird bei der Bank des Unternehmens eingerichtet und deckt die Mehrkosten ab, falls das Bauvorhaben vom ursprünglichen Unternehmer nicht fertiggestellt werden kann.

Für **Bauträgervorhaben**, bei denen 10 oder 20 Käufer gemeinsam eine Fertigstellung voranbringen müssten, ist das aber nur bedingt möglich. Für solche Vorhaben ist es sinnvoller, vertragliche Regelungen zu treffen, dass für den Fall, in dem das Bauvorhaben nicht fertiggestellt werden kann oder aber zum Beispiel länger als sechs Monate unterbrochen werden muss, Sie bestimmen können, wie Sie verfahren möchten, sodass also zum Beispiel entweder eine Rückerstattung der bereits von Ihnen gezahlten Beträge an Sie gegen die Streichung Ihrer Auflassungsvormerkung im Grundbuch erfolgt. Oder aber der letzte Bausachstand, der gegebenenfalls von Ihnen noch nicht bezahlt ist, wird gezahlt, und im Gegenzug wird der Bauträger beziehungsweise dessen Bank als Eigentümer im Grundbuch ausgetragen, und Sie werden eingetragen. Dann sollte aber gleichzeitig auch geregelt sein, dass Sie das Vorhaben unter Nutzung sämtlicher Pläne weiter vorantreiben dürfen, selbst wenn die eigentliche Umschreibung im Grundbuch erst beantragt, aber noch nicht vollzogen ist. Denn auch das kann Monate dauern.

Klare Regelungen für den Fall des Abbruchs des Bauvorhabens gehören zu den wichtigsten Vertragsregelungen überhaupt, weil sie direkt Finanzrisiken betreffen. Ein detaillierter und sehr klarer Zahlungsplan (⤑ **Checkblatt Zahlungsplan** Seite 192), ein Sicherheitseinbehalt bis zur mangelfreien Fertigstellung und Abnahme (⤑ **Checkblatt Sicherheits- und Gewährleistungseinbehalt** Seite 199), ein Gewährleistungseinbehalt für den Zeitraum der Gewährleistung nach Fertigstellung (⤑ **Checkblatt Sicherheits- und Gewährleistungseinbehalt** Seite 199) und eine klare und sichere Regelung für den Fall, dass ein Fertighaus-, Massivhaus- oder Bauträgervorhaben nicht fertiggestellt werden kann, gehören zu den zwingenden Regelungen, die Sie treffen müssen, um sich vor finanziellen Risiken und Schäden zu schützen.

Vertrags-Check:
☐ nicht geregelt
☐ unzureichend/benachteiligend geregelt
☐ unklare/unverständliche Formulierung

⤑ Checkblatt Insolvenzfall des Unternehmens

Betrifft:
☒ Fertighaus
☒ Schlüsselfertiges Massivhaus
☒ Bauträgerhaus
☒ Eigentumswohnung vom Bauträger

Typische Regelung:
Regelungen für den Insolvenzfall des von Ihnen gewählten Hausanbieters werden Sie in keinem Vertrag finden; denn kein Unternehmen möchte das Thema überhaupt ansprechen. Dabei wären gerade Regelungen hierzu

sehr wichtig. Klar ist nur, dass Sie im Fall der Insolvenz eines Anbieters kein automatisches Kündigungsrecht haben und so aus dem Vertrag herauskommen, sondern der Insolvenzverwalter wird dann gemeinsam mit den Gläubigern den weiteren Gang der Dinge bestimmen. Wie das Ganze für Sie ausgeht, wird sehr stark davon abhängen, ob Sie ein einzelnes Massivhaus oder Fertighaus auf eigenem Grundstück gebaut haben oder aber ein Reihenhaus oder auch eine Eigentumswohnung mit dem Bauträger und in welcher Bauphase die Insolvenz eintritt. Bauen Sie ein individuelles Haus auf eigenem Grundstück und zur Fertigstellung fehlen nur noch einige Dachziegel, dann kann es sein, dass Sie sich mit dem Insolvenzverwalter über eventuell noch ausstehende Zahlungen und Zurückbehalte zügig einigen und das Haus selbstständig fertigstellen können. Kaufen Sie hingegen eine neue Immobilie im größeren Zusammenhang einer Reihenhaussiedlung oder Eigentumswohnungsanlage auf fremdem Grundstück und das Bauvorhaben ist zum Insolvenzzeitpunkt noch nicht abgeschlossen, können Sie nicht so einfach selber weiterbauen. Denn das müssten Sie mit dem Insolvenzverwalter, den Gläubigern des Bauträgers und Ihren Nachbarn abstimmen, und das kann sich sehr lange hinziehen. In einem solchen Fall können Sie relativ schnell in einer Falle sitzen, die verhindert, dass Ihre Immobilie fertig wird, während Sie die finanzielle Doppelbelastung aus Miete und Kredit tragen müssen. So etwas kann existenzgefährdend werden.

Notwendige Regelung:

Ein gerichtliches Insolvenzverfahren setzt einen Antrag des betroffenen Unternehmens oder eines Gläubigers des Unternehmens beim zuständigen Insolvenzgericht voraus. Das Gericht befindet dann über die Eröffnung oder Nichteröffnung eines Insolvenzverfahrens. Das allein dauert seine Zeit und das Insolvenzverfahren selbst natürlich auch nochmal. Je nachdem, welcher Bautenstand erreicht ist und was entsprechend an Zahlungen bereits geleistet wurde oder noch nicht geleistet wurde, wird der Insolvenzverwalter dann auf Sie zukommen. Er entscheidet darüber, ob er in den Vertrag „eintritt"; denn er hat das Wahlrecht, ob er das Bauvorhaben weiterführt oder nicht. Die Eröffnung des Insolvenzverfahrens ist für Sie kein Kündigungsgrund, wenn Sie nicht ein explizites Sonderkündigungsrecht für diesen Fall vertraglich vereinbart haben. Wenn der Insolvenzverwalter das Bauvorhaben nicht weiterführt, wird er von Ihnen gegebenenfalls noch ausstehende Zahlungen einfordern und Sie danach aus dem Vertrag entlassen. Je genauer der Zahlungsplan ist, umso genauer kann man feststellen, ob alle Bauleistungen, für die eventuell Zahlungen gefordert werden, auch wirklich erbracht sind.

Im Bauvertrag für ein **Massiv- oder Fertighaus** können Sie sich vor allem durch drei Maßnahmen schützen: Das eine ist ebenfalls ein Sonderkündigungsrecht für den Insolvenzfall, das zweite ist die Vereinbarung einer Vertragserfüllungsbürgschaft durch den Hausanbieter, und das dritte ist eine Abtretungserklärung des Hausanbieters über seine Gewährleistungsrechte gegenüber den am Bau beteiligten Betrieben, für den Fall der Vertragskündigung durch Sie. Betrieben. Dann hätten Sie auch die Möglichkeit, von diesen Mangelbeseitigungen einzufordern, soweit solche vorhanden sind.

Wenn Sie nicht auf eigenem Grundstück bauen, sondern vom **Bauträger** eine Immobilie erwerben, die auf seinem Grundstück errichtet wird, wird es deutlich komplizierter. Denn dann treffen zwei Sachverhalte zusammen: Der Kauf eines Grundstücks sowie das Bauvorhaben auf diesem Grundstück. Es geht also um einen kaufrechtlichen und einen werkrechtlichen Teil. Und genau dies führt im Fall der Eröffnung eines Insolvenzverfahrens zur Aufspaltung des Vertrages in diese beiden Teile. Was den kaufrechtlichen Teil angeht, hat der Insolvenzverwalter kein Wahlrecht, ob er das Grundstück Ihnen überträgt oder zum Beispiel einfach meistbietend weiterverkauft. Denn im Grundbuch ist ja Ihre Auflassungsvormerkung eingetragen. Haben Sie den gemäß Makler- und Bauträgerverordnung (MaBV) auf das Grundstück entfallenden Kaufpreisteil bezahlt und wurde die Auflassungsvormerkung im Grundbuch eingetragen, haben Sie gegenüber dem Insolvenzverwalter einen gesicherten und durchsetzbaren Anspruch auf Grundstücksübereignung. Dieser Anspruch auf Befriedigung aus der Insolvenzmasse im Falle von Grundbuchvormerkungen ist in § 106 der Insolvenzordnung geregelt und insolvenzfest. Allerdings haben Sie keinen Anspruch auf lastenfreie Übereignung. Ist im Grundbuch beispielsweise eine Grundschuld der Gläubigerbank des Bauträgers eingetragen, wird diese nicht gelöscht, sondern sie verbleibt im Grundbuch und geht auf den neuen Eigentümer über, also Sie. Sie sind dann mit dieser Grundschuld konfrontiert. Die Gläubigerbank des Bauträgers darf von Ihnen allerdings nicht einfach die gesamte, mit der Grundschuld abgesicherte Summe einfordern, sondern nur den Teil, der als Leistung vom Bauträger auch tatsächlich erbracht ist. Sind Sie den Zahlungsverpflichtungen bis zum tatsächlich erbrachten Bautenstand nachgekommen, kann die Bank keine darüberhinausgehenden Forderungen stellen, wenn das Bauvorhaben nicht fertiggestellt wird. Dies ist geregelt in § 3 der Makler- und Bauträgerverordnung (MaBV). Die Gläubigerbank hat allerdings ein Wahlrecht. Sie kann nach § 3 der Makler- und Bauträgerverordnung auch wählen, dass sie Ihnen alle bis zum aktuellen Bautenstand geleisteten Zahlungen zurückerstattet und Sie dann mit Ihrer Auflassungsvormerkung aus dem Grundbuch gehen. Dann hätten Sie zwar wesentliche Teile Ihres Geldes zurück, aber das Vorhaben wäre für Sie beendet. Dieses Wahlrecht der Bank kann sehr ärgerlich sein, und es ist sinnvoll, zu überlegen, ob man das so akzeptiert oder bereits im Kaufvertrag mit Zustimmung der Bank des Bauträgers abweichend regelt, dass Ihnen dieses Wahlrecht zusteht.

Hinsichtlich des werkrechtlichen Teils des Bauträgerkaufvertrages kann der Insolvenzverwalter entscheiden, wie er vorgeht, ob er den Vertrag erfüllt und das Bauvorhaben fertig stellt oder nicht. Stellt er es fertig, müssen Sie dem Insolvenzverwalter die dafür tatsächlich entstandenen Baukosten bezahlen. Haben Sie schon vor der Insolvenz – gemessen am Bautenstand – zu viel an den Bauträger gezahlt, erhalten Sie dieses Geld nicht vom Insolvenzverwalter zurück, sondern es wird den Insolvenzforderungen zugerechnet. Sie können diese Forderungen dann nur zur sogenannten Insolvenztabelle anmelden, also versuchen, über den Insolvenzverwalter von ihrem Geld etwas zurückzubekommen.

Stellt der Insolvenzverwalter Ihr Bauvorhaben nicht fertig, kommt es zu einer Abrechnung zwischen Ihnen und dem Insolvenzverwalter. Sie haben möglicherweise Ansprüche aus Unvollständigkeiten oder Mängeln des Bauvorhabens gegenüber dem Insolvenzverwalter, und er hat gegebenenfalls Ansprüche auf noch ausstehende Zahlungen Ihnen gegenüber. Ansprüche gegen den Insolvenzverwalter – also gegen das insolvente Unternehmen – sind in der Regel normale Insolvenzforderungen und müssen zur Insolvenztabelle angemeldet werden.

Somit gilt auch für Bauträgervorhaben: Sie sollten sich zumindest schützen durch die Vereinbarung einer Vertragserfüllungsbürgschaft durch den Bauträger und durch eine Abtretungserklärung des Bauträgers über seine Gewährleistungsrechte gegenüber den am Bau beteiligten Betrieben. Außerdem ist es sinnvoll, das Wahlrecht bei nicht möglicher Fertigstellung des Bauvorhabens zu erhalten, ob man sich von der Gläubigerbank des Bauträgers dann auszahlen lässt und aus dem Vorhaben aussteigt oder ob man umgekehrt die Gläubigerbank auszahlt und im Vorhaben bleibt und selber fertigstellt.

Aber auch die genannten Punkte werden Sie im Insolvenzfall nur sehr relativ schützen, ebenso wenig die Makler- und Bauträgerverordnung (MaVB), deren Sicherungsregelungen eher Schönwetterregelungen darstellen, aber bei wirklichem Sturm nur sehr bedingt weiterhelfen. Ist dann auch das Wahlrecht zur Auszahlung im Fall einer nicht möglichen Fertigstellung auf Seiten der Gläubigerbank des Bauträgers verblieben, wird es für Sie sehr schwierig. Ein Beispiel soll Ihnen das verdeutlichen:

Sie kaufen von einem Bauträger eine Eigentumswohnung, so wie 19 andere Parteien auch. Nachdem Sie die Rate für den Rohbau einschließlich Zimmererarbeiten überwiesen haben, stockt der Bau, wird schließlich ganz eingestellt und Sie erfahren, dass der Bauträger Insolvenz angemeldet hat. Ihre Auflassungsvormerkung ist gemäß der gesetzlichen Regelungen ordnungsgemäß im Grundbuch eingetragen. Das Insolvenzverfahren wird nach einiger Zeit, in der auf der Baustelle natürlich nichts passierte, eröffnet. Der bestellte Insolvenzverwalter entscheidet nach weiterer Zeit, in der auf der Baustelle ebenfalls nichts passierte, das Bauvorhaben nicht weiterzuführen und mit den Eigentümern abzurechnen. Nach der Abrechnung werden Sie als Eigentümer im Grundbuch eingetragen und stehen mit den anderen 19 Käufern mit einem Rohbau da. Die Gläubigerbank des Bauträgers ist mit ihren Grundpfandrechten noch im Grundbuch eingetragen. Obwohl Sie alle Leistungen bis zum aktuellen Bautenstand bezahlt haben, können Sie nun trotzdem nicht wählen, ob Sie aus dem Bauvorhaben aussteigen wollen oder es mit den anderen Eigentümern in Eigenregie fertigbauen. Denn die Gläubigerbank des Bauträgers hat nun das Wahlrecht, ob sie mit ihrer Grundschuld aus dem Grundbuch herausgeht, nachdem Sie alle Zahlungen des aktuellen Bautenstandes geleistet haben, oder ob umgekehrt die Bank mit ihrer Grundschuld im Grundbuch verbleibt und Ihnen alle bis dahin geleisteten Zahlungen zurückerstattet. Das ist eine banken-, aber keine verbraucherfreundliche Regelung. Denn es kann ja sein, dass Sie gern mit den anderen Eigentümern das Bauvorhaben zu Ende führen würden, nachdem Sie mit dem Insolvenzverwalter abgerechnet haben. Die Bank des Bauträgers könnte diese Absicht dann aber durch ihr Wahlrecht noch durchkreuzen. Sie haben dann zwar wesentliche Teile Ihres Geldes zurück, aber verlorengegangen sind Notargebühren, Grunderwerbsteuer und anderes mehr. Das sind erhebliche Beträge. Außerdem haben Sie einen Kreditvertrag mit Ihrer Bank, aus dem Sie auch nicht ohne Weiteres herauskommen. Sie stehen dann ohne Immobilie da, aber mit einem zu bedienenden Kreditvertrag und parallel laufenden Mietzahlungen.

Vielleicht ist es aber auch so, dass die Bank mit ihrer Grundschuld aus dem Grundbuch tatsächlich weicht. Dann könnten die 20 Käufer das Gebäude theoretisch fertigbauen. Die Betonung liegt aber auf „theoretisch". Denn alle 20 Parteien würden dann von Käufern zu Bauherren und müssten damit beginnen, Kontakt zum planenden Architekten aufzunehmen, Pläne zu erhalten, Verträge mit ihm und den Fachingenieuren sowie sämtlichen Handwerkern abzuschließen und anderes mehr. Vielleicht war der Architekt aber auch ein angestellter Architekt des Bauträgers und wurde im Zuge des Insolvenzverfahrens entlassen Dann beginnen Sie mit 19 wildfremden Menschen ein Gebäude fertig zu bauen, ohne dass der ursprünglich planende Architekt noch zur Verfügung steht. Sie merken es längst: Eine Doppelhaushälfte mag man mit seinem Nachbarn noch fertigstellen, vielleicht sogar eine kleine Reihenhauszeile mit mehreren Nachbarn. Aber ein großes Wohngebäude mit vielen Eigentumswohnungen von einem frühen Bautenstand aus fertigzustellen, ist eine sehr große Herausforderung.

Sie werden sich fragen, was nutzt mir dann die Makler- und Bauträgerverordnung (MaBV), wenn sie mich im Insolvenzfall des Bauträgers nicht wirkungsvoll schützt? Das haben sich schon viele Verbraucher gefragt. Sie nutzt Ihnen, wie Sie gesehen haben, leider nur sehr wenig. Daher ist das der Punkt, an dem der Notar ins Spiel kommt und Sie den Notar um vollständige Aufklärung darüber bitten sollten, welche Konsequenzen eine Bauträgerinsolvenz auf ihren Vertrag haben kann, den er entworfen hat, und was von diesen Konsequenzen in welcher Weise wie verhindert beziehungsweise abgemildert werden kann. Zumindest werden das folgende Punkte sein:

1. Sonderkündigungsrecht für Sie im Insolvenzfall des Bauträgers (und zwar bereits zum Zeitpunkt des Antrags auf Eröffnung eines Insolvenzverfahrens).

2. Vertragserfüllungsbürgschaft des Bauträgers.

3. Abtretungserklärung des Bauträgers zu seinen Gewährleistungsrechten gegenüber Dritten am Bau Beteiligten.

4. Wahlfreiheit gegenüber der Gläubigerbank des Bauträgers für den Fall, dass der Bauträger das Vorhaben nicht fertigstellen kann (sodass Sie entscheiden können, ob Sie sich in diesem Fall von der Gläubigerbank auszahlen lassen wollen und aus dem Grundbuch gehen oder ob Sie die Gläubigerbank auszahlen und diese aus dem Grundbuch geht).

Vertrags-Check:
☐ nicht geregelt
☐ unzureichend/benachteiligend geregelt
☐ unklare/unverständliche Formulierung

⇢ Checkblatt Aufrechnungsverbot

Betrifft:
☒ Fertighaus
☒ Schlüsselfertiges Massivhaus
☒ Bauträgerhaus
☒ Eigentumswohnung vom Bauträger

Typische Regelung:
In fast allen Kauf- oder Bauverträgen neuer Immobilien wird irgendwo das Verbot der Aufrechnung verankert. Kaum ein Verbraucher weiß aber, was es damit auf sich hat. Aufrechnungsverbot heißt, dass Sie Forderungen des Unternehmers Ihnen gegenüber nicht mit Forderungen von Ihnen dem Unternehmer gegenüber einfach gegeneinander aufrechnen können, ohne dass Ihre Forderungen unstreitig sind (was wegen der widerstreitenden Interessen kaum denkbar ist) oder rechtskräftig festgestellt wurden. Nehmen wir an, der Unternehmer möchte von Ihnen noch einige Tausend Euro wegen zusätzlich ausgeführter Leistungen haben, Sie wollen diese aber nicht zahlen, weil der Unternehmer Ihnen an anderer Stelle noch eine Leistung schuldet, zum Beispiel auch die Behebung eines Schadens, den er verursacht hat. Das ist dann nicht möglich, sondern Sie haben zunächst alle Leistungen, die der Unternehmer fristgerecht und mangelfrei erbracht hat, zu zahlen. Selbst wenn der Unternehmer parallel zum Beispiel einen Schaden auf Ihrem Grundstück hinterlassen hat, können Sie das eine nicht einfach mit dem anderen verrechnen.

Notwendige Regelung:
Da ein Aufrechnungsverbot fast immer zu Lasten von Verbrauchern geht, ist es sinnvoller, eine solche Regelung nicht in den Vertrag aufzunehmen. Ist sie schon im Vertragsentwurf drin, sollte sie nach Möglichkeit ersatzlos herausgenommen werden.

Vertrags-Check:
☑ falls geregelt, sollte eine ersatzlose Streichung erfolgen

⇢ Checkblatt Abnahme/Schlüsselübergabe/Besitzübergang/Eigentumsübergang

Betrifft:
☒ Fertighaus
☒ Schlüsselfertiges Massivhaus
☒ Bauträgerhaus
☒ Eigentumswohnung vom Bauträger

Typische Regelung:
Bei den Regelungen zu Abnahme, Schlüsselübergabe, Besitzübergang und Eigentumsübergang ist, wie bei vielen anderen Vertragspunkten auch, zu unterscheiden zwischen notariell beurkundeten Kaufverträgen und nicht notariell beurkundeten Kauf- oder Bauwerkverträgen. Bei einem notariell beurkundeten Vertrag muss das Eigentum an einer Immobilie auch im Grundbuch umgeschrieben werden, da Sie in einem

solchen Fall neben dem reinen Bauwerk auch Grund und Boden oder Teileigentum an Grund und Boden erwerben. Bei einem Fertighaus oder schlüsselfertigen Massivhaus hingegen, das auf Ihrem Grundstück erstellt wird, ist eine Grundbuchumschreibung nicht mehr notwendig.

Es sind die unterschiedlichsten Regelungen in **notariell beurkundeten Verträgen** zu finden, sehr häufig solche, die eine Eigentumsumschreibung bei vorliegendem Geldeinbehalt blockieren. Solche Regelungen sind gefährlich. Sie können auch unzulässig sein, denn nach dem BGB haben Sie ein Anrecht auf einen Geldeinbehalt, und ein solcher kann berechtigt sein. Etwas anderes ist es mit ausstehenden Ratenzahlungen, aber auch hier kann es sein, dass ein Teil einer Rate einbehalten wurde, weil eine Bauausführung mangelhaft ist. Dieser Einbehalt sollte nicht zur Blockade der Umschreibung des Eigentums im Grundbuch führen. Soweit ein Gewährleistungseinbehalt vereinbart ist, darf natürlich auch dessen Einbehalt keine Auswirkungen auf eine Eigentumsumschreibung haben. Das Problem von Theorie und Praxis kann sehr schnell an Bedeutung gewinnen, wenn Sie behaupten, ein Mangel liege vor, während der Bauträger sagt, es liege kein Mangel vor, und dem Notar darlegt, dass er, der Bauträger, den Nachweis der Mangelfreiheit vollumfassend erbracht hat und auf volle Auszahlung des Kaufpreises besteht, ohne die er keiner Grundbuchumschreibung zustimmt. Dann ergibt sich die Frage: Wer hat recht? Und: Wie geht der Notar mit der Eigentumsumschreibung um? Beantragt er sie, oder kann sie durch den Bauträger wirksam blockiert werden? Denn es hört sich zwar schön an, dass vor der Abnahme der Bauträger die Nachweispflicht für Mangelfreiheit hat, aber wer überprüft die Stichhaltigkeit des Nachweises? Das kann so weit gehen, dass Sie nach einer Mangelnachbesserung eine Auszahlung vornehmen müssen, obwohl Sie gar nicht wissen, ob der Mangel wirklich fachgerecht beseitigt wurde. Denn möglicherweise ist der ursprüngliche Mangel durch weitere Ausführungen mittlerweile verdeckt, oder Sie haben gar kein freies Zutrittsrecht zur Baustelle. Dann steht die Frage im Raum, ob ein Einbehalt gerechtfertigt ist. Handelt es sich um die letzte Rate und es entbrennt ein Streit darüber, ob ein Einbehalt berechtigt oder unberechtigt ist, muss vertraglich sichergestellt sein, dass auch im Streitfall über einen solchen Punkt eine Eigentumsumschreibung vom Bauträger nicht blockiert werden kann. Gemäß Rechtsprechung des Bundesgerichtshofes (BGH) müssen Sie vor Auszahlung der letzten Rate nach Makler- und Bauträgerverordnung (MaBV) von mindestens 3,5 Prozent der Gesamtsumme das Haus beziehen können, und die Grundbuchumschreibung muss veranlasst werden können. Nur sind die 3,5 Prozent als letzte Rate eben zu niedrig angesetzt, wenn größere Mängel am Haus vorhanden sind.

Auch bei **nicht notariell beurkundeten Kauf- oder Bauwerkverträgen**, sollten Sie das Recht haben, das errichtete Gebäude zu beziehen, auch wenn Geldeinbehalte vorgenommen wurden und es Streit darüber gibt, ob ein Mangel vorliegt oder nicht. Haben Sie das Hausrecht an Ihrem Grundstück abgegeben und hat sich der Bauunternehmer in den Vertrag Regelungen setzen lassen, dass zum Beispiel eine Schlüsselübergabe nur bei vollständiger Zahlung sämtlicher Raten erfolgt, dann kann der Bezug eines Hauses auch auf Ihrem eigenen Grundstück zur Herausforderung werden. Eng kann es werden, wenn Sie beispielsweise

Ihren Mietvertrag exakt so gekündigt haben, dass Sie pünktlich und sehr früh von der Mietwohnung in die neue, eigene Immobilie ziehen können. Möglicherweise ist aber ein Baumangel aufgetreten, und Sie behalten nun die doppelte Summe des zur Beseitigung des Mangels Notwendigen ein. Der Unternehmer weigert sich daraufhin, den Bezug der Immobilie freizugeben, weil er den Bezug nur bei bis zum Bezugszeitpunkt vollständiger Ratenzahlung gestattet. Dann hätten Sie das beschriebene Problem: Auf Ihrem eigenen Grundstück könnte ein Haus stehen, das Sie nicht beziehen dürfen, wenn Sie nicht zahlen, so paradox das klingt. Umzusetzen ist das ganz einfach, indem man Ihnen den Schlüssel nicht gibt. Beziehen Sie dann das Haus entgegen der Vorgabe des Unternehmers (etwa durch Türaufbruch mit Schlüsseldienst), kann eine andere Vertragsklausel Sie überraschen, nach der ein Bezug der Immobilie ohne Abnahme die mangelfreie Abnahme bedeutet. Dann sitzen Sie in dem Haus, von dem Sie behaupten, es habe noch Mängel, haben aber mit Ihrem Bezug unter Umständen Mangelfreiheit anerkannt.

Auch zur Abnahme selbst findet man in Verträgen alle möglichen Regelungen. Abnahme heißt kurz gefasst, dass Sie die erbrachte Bauleistung als vertragsgemäß und ohne wesentliche Mängel erbracht entgegennehmen und anerkennen. Die Abnahme hat erhebliche rechtliche Auswirkungen, vom Beginn der Gewährleistungszeit bis zur Beweislastumkehr oder auch dem Gefahrübergang. Eine Abnahme wird üblicherweise als förmliche Abnahme durchgeführt, das heißt, der Auftraggeber und der Auftragnehmer treffen sich auf der Baustelle und gehen durch das Bauwerk. Alle Mängel, die der Auftraggeber kennt oder die sichtbar sind, muss er dabei in das Protokoll als Vorbehalt aufnehmen lassen. Nur für die so festgehaltenen Mängel hat er Anspruch auf Nachbesserung. Auf unbekannte und nicht sichtbare Mängel (etwa ein gebrochenes Rohr innerhalb einer Wand) bleiben die fünfjährigen Gewährleistungsrechte bei BGB-Verträgen bestehen. Vor der Abnahme muss das Unternehmen Ihnen nachweisen, dass kein Mangel besteht, nach der Abnahme müssen Sie dem Unternehmen beweisen, dass ein Mangel besteht (Beweislastumkehr). Wenn es bei der Abnahme zum Streit kommt, ob ein Mangel besteht oder nicht, und Sie Geld einbehalten wollen zur Beseitigung des Mangels, dann müssen das und die Höhe des Einbehalts im Abnahmeprotokoll vermerkt sein. Hohe Anforderungen also für Verbraucher. Bei allen diesen Punkten geraten Sie sehr schnell auf dünnes Eis, wenn die Dinge nicht schon im Vertrag sehr sorgfältig geregelt sind. Das beginnt schon damit, wie Ihnen die Abnahme angekündigt wird. Beliebt sind bei Notaren Formulierungen wie: „Der Auftraggeber zeigt dem Auftragnehmer die Abnahme rechtzeitig an." Was aber ist rechtzeitig? Und was heißt „zeigt die Abnahme an"? Sehr oft findet man auch absurde Konsequenzregelungen, falls die Abnahme nicht wahrgenommen wird. Da heißt es dann zum Beispiel, dass das Gebäude als mangelfrei abgenommen gilt, wenn der Verbraucher zum Abnahmetermin nicht erscheint. Da reicht schon eine einfache Motorpanne Ihres Autos, um solche schwerwiegenden Konsequenzen auszulösen.

Notwendige Regelung:
Für das ganze Thema Abnahme, Schlüsselübergabe, Besitzübergang oder Eigentumsumschreibung sind im Kauf- oder Bauvertrag sehr

exakte Formulierungen notwendig, weil hierin große Risiken liegen. Das fängt damit an, dass exakt geregelt werden muss, wie und wann die Abnahme angekündigt werden muss, also beispielsweise schriftlich durch den Unternehmer mindestens 14 Werktage im Voraus. Selbst aber das kann zu knapp sein, sodass man sich eventuell auf drei Wochen im Voraus einigen muss. Vielleicht gibt es bei Ihnen auch Wochentage, an denen Sie partout nicht können, weil Sie unter Umständen beruflich verhindert sind. Dann kann man auch einen bestimmten Wochentag ausklammern. Gleiches gilt für absehbaren Urlaub. Wenn Sie länger im Voraus wissen, dass Sie zu einem bestimmten Termin, vielleicht der ersten Julihälfte, nicht im Land sind, können Sie einen Termin in diesem Zeitraum ausklammern. Dann muss geklärt werden, was passiert, wenn Ihnen doch etwas dazwischenkommt und Sie einen Abnahmetermin nicht wahrnehmen können. Sinnvoll ist hier die Optionsregelung für einen zu vereinbarenden Ersatztermin. Und wenn auch dieser nicht gehalten werden kann, kann sehr einfach zusätzlich vereinbart werden, dass dann der Bezug des Hauses auch ohne Abnahmetermin möglich ist, aber innerhalb einer kurzen Frist, beispielsweise 5 bis 7 Tage ab Schlüsselübergabe, alle Mängel, die man noch sieht, dem Unternehmen gemeldet werden müssen. Es gibt Verträge, in denen dies so geregelt wird; das ist eine sinnvolle und ausgleichende Regelung für beide Seiten.

Wichtig ist schließlich, dass einem Bezug und auch einer Eigentumsumschreibung Mängeleinbehalte nach dem BGB vertraglich nicht entgegenstehen sollten. Auch ein Gewährleistungseinbehalt darf einer Eigentumsumschreibung nicht entgegenstehen. Die Eigentumsumschreibung spielt nur bei notariell beurkundeten Käufen eine Rolle. Der Besitzübergang, manchmal auch als Bezugsfreigabe und Ähnliches definiert, hingegen zum Beispiel auch bei einem Fertighauskauf. Wichtig ist also, dass Sie die Schlüssel erhalten und das Haus beziehen können, auch wenn es noch Streit um Mängel und Einbehalte gibt.

Die Regelungen des Gesetzgebers sind hier gerade beim Immobilienkauf vom Bauträger leider nicht eindeutig. Inwiefern Sie einen Geldeinbehalt fortsetzen dürfen, obwohl der Bauträger die Beseitigung des Mangels zwar angezeigt, die Mangelbeseitigung aber Ihnen gegenüber nicht ausreichend dokumentiert hat, ist umstritten. Daher ist es sinnvoll, dass in einen Bauträgerkaufvertrag ergänzende Regelungen dazu aufgenommen werden, dass also vor Auszahlung eines Mangeleinbehalts eine nachvollziehbare Dokumentation der Mangelbeseitigung vorliegt und eine Vor-Ort-Besichtigung durch Ihren Bausachverständigen stattgefunden haben muss.

Auch der gesetzlich geregelte 5-Prozent-Sicherheitseinbehalt nach § 632a BGB sollte im Vertrag so geregelt werden, dass seine Auszahlung erst nach Abnahme der Immobilie erfolgt, egal ob es sich um einen notariellen Kaufvertrag eines Bauträgerkaufs oder einen Bauwerkvertrag zur Errichtung eines Gebäudes auf eigenem Grundstück handelt.

Auf vertragliche Regelungen, die die Abnahme und die Übergabe einer Immobilie zeitlich trennen, sollten Sie nicht eingehen. Denn dann kann es sein, dass zunächst einmal nur eine Abnahme angesetzt wird. Nach der Abnahme wird die Immobilie dann wieder verschlossen, und der Hausanbieter oder Bauunternehmer kann in der Folgezeit dann Mängel beseitigen. Während er das tut, fordert er von Ihnen unter Umständen bereits die letzte Rate an und ist zur Übergabe der Immobilie möglicherweise erst bereit, wenn die letzte Rate auch bezahlt ist. Dann können Sie aber wieder nicht überprüfen, ob er die Mängel beseitigt hat. Daher sollte die letzte Rate – egal ob notarieller Kaufvertrag einer Bauträgerimmobilie oder Bauwerkvertrag einer auf eigenem Grundstück errichteten Immobilie zugrunde liegt – tatsächlich erst nach Übergabe der Immobilie gezahlt werden. Wie Sie eine Abnahme durchführen und unter welchen Voraussetzungen Sie eine Abnahme auch verweigern können, erfahren Sie im Ratgeber **„Kauf und Bau eines Fertighauses oder Massivhauses"** (→ Seite 271).

Vertrags-Check:
☐ nicht geregelt
☐ unzureichend/benachteiligend geregelt
☐ unklare/unverständliche Formulierung

→ Checkblatt Mediation/ Schlichtung/Güteverhandlungen

Betrifft:
☒ Fertighaus
☒ Schlüsselfertiges Massivhaus
☒ Bauträgerhaus
☒ Eigentumswohnung vom Bauträger

Typische Regelung:
Manche Verträge enthalten Regelungen zu Mediation, Güteverhandlungen und Schlichtung. Manchmal sind diese Klauseln Optionsklauseln, die von beiden Seiten gezogen werden können, manchmal sind sie Optionsklauseln, die nur vom Unternehmer gezogen werden können, und manchmal sind sie zwingende Klauseln, die den ordentlichen Rechtsweg ausschließen und mit denen Sie sich unwiderruflich einer rechtsverbindlichen Schlichtung unterwerfen. In letzterem Fall ist Vorsicht geboten. Denn Sie lassen sich dadurch natürlich auch den ordentlichen Rechtsweg nehmen. Die zentrale Frage ist: Wer führt diese Mediation, Schlichtung oder Güteverhandlung durch? Das ist in der Regel eine Person, die möglicherweise noch ausgewählt wird (zum Beispiel ein öffentlich bestellter und vereidigter Sachverständiger einer Handwerkskammer oder einer Industrie- und Handelskammer), die Sie aber noch nie persönlich getroffen haben und deren Einschätzung bautechnischer Sachverhalte Sie auch nicht kennen. Das ist sehr ungünstig. Daher können solche Regelungen höchstens als Option in Verträge aufgenommen werden, mit der Möglichkeit, unabhängig davon noch den ordentlichen Rechtsweg einschlagen zu können.

Notwendige Regelung:
Regelungen zu Mediation, Schlichtung oder Güteverhandlungen können in der Regel unter zwei Bedingungen in Verträge aufgenommen werden:

1. Beide Vertragspartner sollten den Mediator oder Schlichter gemeinsam auswählen können und von ihm, dessen Neutralität und Integrität überzeugt sein.

2. Die Schlichtungsvereinbarung sollte den ordentlichen Rechtsweg als Option offenlassen. Das mindert zwar den Druck, sich außergerichtlich einigen zu müssen, aber eine außergerichtliche Einigung ist ohnehin nur möglich, wenn beide Seiten die innere Haltung dazu mitbringen. Sonst wird auch dies schwierig bis unmöglich.

Vertrags-Check:
☐ nicht geregelt
☐ unzureichend/benachteiligend geregelt
☐ unklare/unverständliche Formulierung

Vertragsverhandlungen

Wenn Sie nach der Auswertung Ihrer Vertragsunterlagen feststellen, dass noch eine ganze Reihe von Punkten nicht so geregelt ist, wie das vielleicht sein sollte, kommen sehr wahrscheinlich Gespräche mit dem Immobilienanbieter auf Sie zu. Nach den Erfahrungen der Verbraucherzentrale können solche Gespräche schnell sehr ruppig verlaufen. Im günstigsten Fall wird man Ihnen nur mitteilen, dass Sie offensichtlich zu viel lesen. Im ungünstigsten Fall wird man Ihnen mitteilen, dass offensichtlich nicht das notwendige Vertrauen vorliege, um gemeinsam eine Bauaufgabe anzugehen, und man wird sich vielleicht von Ihnen verabschieden. Wie diese Gespräche verlaufen, hängt meist von drei Dingen ab:

1. Der gesprächsführenden Person des Unternehmens und deren Befugnissen,
2. dem lokalen Immobilienmarkt,
3. der Abhängigkeit oder Unabhängigkeit des Unternehmens vom lokalen Markt.

Es gibt entgegenkommende Verhandler, die dafür auch Vollmacht haben. Und es gibt das Gegenteil. Der lokale Immobilienmarkt kann ein „Verkäufermarkt" sein, und der Verkäufer, der eine Immobilie samt Grundstück anbietet, kann sich dann die Kundschaft sozusagen aussuchen. Ein Kunde in München und Umland hat daher üblicherweise eine schwierigere Verhandlungsposition als ein Kunde in Gera, wo der Markt für Käufer einfacher ist. Bringt der Immobilienanbieter das Grundstück allerdings nicht mit, sondern Sie, entscheiden natürlich auch Sie, wer auf Ihrem Grundstück baut. Dadurch bessert sich Ihre Verhandlungsposition. Aber: Ein überregionaler Fertighausanbieter muss auch in einem hart umkämpften Immobilienmarkt nicht unbedingt Zugeständnisse machen, denn er kann mit seinem Produkt ja auch in andere Regionen ausweichen.

Machen Sie sich aber generell darauf gefasst, dass man Sie eher ruppig anfassen wird und schon allein Ihre kritische Vertragsdurchsicht nur auf sehr wenig Verständnis stoßen dürfte. Man wird Sie mitunter auch als Einzelfall darstellen und behaupten, dass man so etwas noch nie gehabt habe. Die Überprüfung des Vertrages wird manchmal sogar als glatte Unternehmensbeleidigung aufgefasst.

Die Immobilienbranche ist eher wenig kritikfähig. Das führt dazu, dass sich dort viele Verkäufer tummeln, die zunächst sehr höflich und freundlich sind, solange die Dinge in ihrem Sinn laufen. Äußern Sie hingegen erste gerechtfertigte und sachliche Kritik, dreht der Wind mitunter sehr schnell, und es wird ruppiger und manchmal auch emotional. Gerne wird ein Vertrauensmanko des Kunden moniert nach dem Motto: „Ja, wenn Sie uns jetzt schon nicht vertrauen, wie soll das denn dann erst später werden?" Ein Immobilienkauf hat aber schlicht überhaupt nichts mit Vertrauen zu tun, sondern mit klaren Grundlagen, Verträgen, Vertragsanlagen und Sicherheiten. Weder machen Sie Ihren Immobilienanbieter zum besten Freund, noch wollen Sie ihn als Trauzeugen engagieren. Sie machen mit ihm ein Geschäft: Leistung gegen Leistung. Nicht mehr und nicht weniger. Da Sie bislang mit ihm noch keine Geschäfte gemacht haben – und damit noch keine Erfahrungen – , ist Vertrauen auch überhaupt nicht gerechtfertigt, zumal nicht bei so hohen Summen. Wenn ein Immobilienanbieter damit ein Problem hat, verkennt er schlicht die Wirklichkeit.

Wenn man selbst nicht hartnäckig verhandeln kann oder will und darin keine Übung hat, kann man darüber nachdenken, sich einen versierten Verhandler mit ins Boot zu holen und mit ihm durch den gesamten Verhandlungsprozess zu gehen. Auf Seite 267 finden Sie hierzu einige Adresshinweise. Aber auch jedes andere Team aus einem erfahrenen Architekten oder Bauingenieur und Anwalt mit Tätigkeitsschwerpunkt Bau- und Architektenrecht oder entsprechender Fachanwalt kann dergleichen leisten.

Übersicht

Vertrags-Checkliste Neubau	nicht geregelt	unzureichend/ benachteiligend geregelt	unklare/unverständliche Formulierung	ersatzlos streichen
Vertragspartner	☐	☐	☐	
Grundbuch	☐	☐	☐	
Baulast	☐	☐	☐	
Erschließungsbeiträge / Anschluss Grundstück	☐	☐	☐	
Baugrundrisiko	☐	☐	☐	
Vorleistungen Bauherr / Leistungen Bauherr / Mitwirkungspflichten	☐	☐	☐	
Festpreisgarantie	☐	☐	☐	
Vertragsbestandteile	☐	☐	☐	
Pauschale Ausführungs- und Baustoffvorbehalte				☑
Mängelbilder / Allgemein anerkannte Regeln der Technik / Beschaffenheiten / DIN-Normen	☐	☐	☐	
Barrierefreiheit	☐	☐	☐	
Wohnflächen	☐	☐	☐	
Grundstücksgröße	☐	☐	☐	
Grundstücksbeschaffenheit	☐	☐	☐	
Energieeffizienz	☐	☐	☐	

Fortsetzung Vertrags-Checkliste Neubau	nicht geregelt	unzureichend/ benachteiligend geregelt	unklare/unverständliche Formulierung	ersatzlos streichen
Energieabnahme- / Energieliefervertrag	☐	☐	☐	
Eigenleistungen	☐	☐	☐	
Sonderwünsche	☐	☐	☐	
Tiefgarage / Garage / Carport / Stellplatz	☐	☐	☐	
Grünanlage / Anpflege	☐	☐	☐	
Unterlagen / Dokumentation	☐	☐	☐	
Planabnahme Vertragspläne	☐	☐	☐	
Realeigentum und WEG-Eigentum	☐	☐	☐	
WEG-Verwalter / Verwaltervertrag	☐	☐	☐	
Zahlungsplan	☐	☐	☐	
Abtretung von Auszahlungsansprüchen				☑
Sicherheits- und Gewährleistungseinbehalt	☐	☐	☐	
Bürgschaften	☐	☐	☐	
Vollmachten	☐	☐	☐	
Unterwerfung unter die Zwangsvollstreckung				☑
VOB/B-Regelungen				☑
Versicherungen	☐	☐	☐	
Maklerprovision				☑
Baustellenbetreuung / Jour Fixe / Bauleiter / Hausrecht	☐	☐	☐	
Subunternehmer / Nachunternehmer	☐	☐	☐	
Baustart / Bauzeit / Bezugsfertigkeit / Fertigstellung	☐	☐	☐	
Kündigung	☐	☐	☐	
Leistungseinstellung	☐	☐	☐	
Abbruch des Bauvorhabens	☐	☐	☐	
Insolvenz des Unternehmers	☐	☐	☐	
Aufrechnungsverbot				☑
Abnahme / Schlüsselübergabe / Besitzübergang / Eigentumsübergang	☐	☐	☐	
Mediation / Schlichtung / Güteverhandlungen	☐	☐	☐	

Checkblätter: Bestandsimmobilien – Haus oder Wohnung

Ob Sie eine Bestandsimmobilie über einen Makler oder direkt vom Eigentümer erwerben: Solange nicht Sie es sind, der den Kaufvertragsentwurf bei einem Notar seines Vertrauens in Auftrag gibt, muss der Vertragsentwurf sehr sorgfältig überprüft werden. Aber selbst wenn er vom Notar Ihres Vertrauens kommt, kann das eine oder andere übersehen worden sein. Das weiße Paragrafenzeichen im blauen Feld und das weiße Häuschen im hellblauen Feld am Seitenrand sind Erkennungszeichen dieser Checkblätter.

Um zu überprüfen, ob im Kaufvertrag einer gebrauchten Immobilie Vertragsfallen enthalten sind, benötigen Sie natürlich den Vertragsentwurf. Bei vielen Bestandsimmobilien, die von privat an privat verkauft werden, wird ein Notar zum Entwurf eines solchen Vertrages aber erst beauftragt, wenn sich der Verkäufer entschieden hat, an wen er verkauft. Das macht aber nichts, dann warten Sie einfach ab, bis Ihnen ein Vertrag vorgelegt wird und prüfen ihn dann. Makler, die mit dem Verkauf einer gebrauchten Immobilie beauftragt sind, haben manchmal Vertragsentwürfe durch einen Notar schon vorbereiten lassen. Dann können Sie früh in die Vertragsprüfung einsteigen. Nehmen Sie sich den Vertragsentwurf, der Ihnen vorgelegt wird, zur Hand und prüfen Sie, ob – und wenn wie – die Prüfpunkte der nachfolgenden Checkblätter geregelt sind. Jedes Checkblatt enthält, wie im vorigen Kapitel auch, die Möglichkeit eines kurzen Ankreuzverfahrens mit drei Punkten:

☐ nicht geregelt
☐ unzureichend / benachteiligend geregelt
☐ unklare / unverständliche Formulierung

Außerdem gibt es auch in diesem Kapitel einen vierten Punkt, für Dinge, die im Vertrag möglicherweise geregelt sind, aber besser ersatzlos entfallen sollten. Dieser ist dann grundsätzlich schon für Sie vorausgefüllt, weil unzweifelhaft ist, dass eine solche Vertragsregelung für Sie von Nachteil ist:

☑ falls geregelt, sollte eine ersatzlose Streichung erfolgen

Wenn Sie einen der drei oberen Punkte ankreuzen müssen, dann ist es wichtig, dass Sie bei einem Kauf einer gebrauchten Immobilie den Notar vor Vertragsunterzeichnung um Erläuterung bitten.

Bei gebrauchten Immobilien ist vorrangig zwischen Häusern und Wohnungen zu unterscheiden. Am Beginn der Checklisten sehen Sie jeweils, für welchen Fall die Checkliste gilt: Haus oder Wohnung. Zunehmend zu einem Thema werden gebrauchte Reihenhäuser. Diese können durchaus Merkmale aufweisen, die ansonsten nur bei Eigentumswohnungen zu finden sind, wie zum Beispiel eine gemeinsame Tiefgarage oder auch eine gemeinsame Heizungsanlage bis hin zu einem gemeinsamen Gebäude, das nur aussieht, als handele es sich um einzelne Reihenhäuser, rechtlich aber ein einziges zusammenhängendes Gebäude ist, welches nach dem Wohnungseigentumsgesetz (WEG) aufgeteilt ist. Das ist vor allem bei jüngeren Reihenhausanlagen seit den 1990er-Jahren der Fall. Bis in die 1980er-Jahre hinein waren Reihenhausanlagen häufig noch als Realeigentum konzipiert. Jedes Haus stand auf einem eigenen Grundstück mit eigenem Grundbuchblatt. In den 1990er-Jahren gingen Bauträger vielfach dazu über, Grundstücke nicht mehr real zu teilen, sondern Reihenhäuser auf Basis des Wohnungseigentumsgesetzes (WEG) zu konzipieren so wie Eigentumswohnungen. Am Beginn der Checklisten sehen Sie daher auch den Punkt „Bestandsreihenhaus nach WEG" mit einem Kreuz versehen, wenn die Checkliste auch auf diesen Fall zutrifft.

⇢ Checkblatt Grundbuch

Betrifft:
☒ Bestandshaus
☒ Bestandsreihenhaus nach WEG
☒ Bestandseigentumswohnung

Typische Regelung:
Immer wieder verzichten Notare auf Grundbucheinsicht und verweisen stattdessen im Kaufvertrag auf die damit verbundenen Risiken. Nach dem Beurkundungsgesetz soll der Notar das Grundbuch aber einsehen, und das ist grundsätzlich auch dringend anzuraten. Denn das Grundbuch ist das grundlegende Verzeichnis, in dem die Eigentumsverhältnisse von Immobilien im jeweiligen Amtsgerichtsbezirk oder Grundbuchamtsbezirk dokumentiert sind.

Das Grundbuch besteht aus drei sogenannten Abteilungen, wobei diese Abteilungen faktisch einzelne Seiten sind, in die unterschiedliche Sachverhalte eingetragen werden. In Abteilung I sind die Namen und Daten der aktuellen Eigentümer eingetragen. In Abteilung II sind die sogenannten Grundpfandrechte eingetragen; das sind beispielsweise Grundpfandrechte der finanzierenden Bank des aktuellen Eigentümers. Aber auch zum Beispiel Nacherbenvermerke können hier eingetragen sein, ebenso Nießbrauchrechte. Was Nießbrauchrechte sind und wie Sie im Falle eines solchen Eintrags im Grundbuch vorgehen, erfahren Sie im **Checkblatt Nießbrauchrecht** Seite 241. In Abteilung III eines Grundbuchs werden sogenannte Grunddienstbarkeiten eingetragen. Das können Gas- oder Wasserleitungen des örtlichen

Versorgers sein oder Rechte eines Nachbarn zum Überfahren Ihres Grundstücks, damit er seines erreichen kann. Dort nicht eingetragen sind hingegen Baulasten. Diese werden in einem eigenen Baulastenverzeichnis geführt (⇢ **Checkblatt Baulasten** Seite 241).

Notwendige Regelung:
Beim Kauf eines gebrauchten Hauses oder einer gebrauchten Wohnung ist es zwingend notwendig, dass der Notar das Grundbuch einsieht. Die Verkäufer der Immobilie müssen auch als Eigentümer der Immobilie eingetragen sein. Sind weitere Eigentümer oder Miteigentümer eingetragen und haben diese Mitwirkungsrechte bei einem Verkauf, muss deren Einwilligung zum Verkauf mit in den Kaufvertrag aufgenommen werden. Sind rechtliche Einschränkungen eingetragen, beispielsweise erbrechtliche Absicherungen von Nacherben, sogenannte Nacherbenvermerke in Abteilung II des Grundbuchs, muss auch dies geklärt werden, und die Erben müssen einer Löschung der Eintragungen und einem Verkauf zustimmen.

Auch alle in Abteilung II eingetragenen Grundpfandrechte sollte Ihnen der Notar erläutern. Wichtig ist, dass diese Rechte nicht durch Sie übernommen werden, sondern dass die Inhaber dieser Grundpfandrechte – meist die finanzierende Bank des Voreigentümers – alle Eintragungen löschen lässt beziehungsweise deren Löschung Zug um Zug gegen Ihre Zahlung des vereinbarten Kaufpreises zusichert. Sollen Grundpfandrechte übernommen werden, sollte der Notar dies umfassend rechtlich erläutern und mögliche Risiken darlegen.

Soweit Nießbrauchrechte im Grundbuch eingetragen sind, muss dieser Sachverhalt sehr sorgfältig geprüft werden (⇢ **Checkblatt Nießbrauchrecht** Seite 241).

Soweit Grunddienstbarkeiten im Grundbuch eingetragen sind, die übernommen werden müssen oder sollen, sollte auch bezüglich dieser sehr klar sein, um welche Grunddienstbarkeiten es sich handelt und welche Konsequenzen damit verbunden sind.

Vertrags-Check:
☐ nicht geregelt
☐ unzureichend/benachteiligend geregelt
☐ unklare/unverständliche Formulierung

⇢ Checkblatt Pauschaler Haftungsausschluss für alle Rechtsmängel

Betrifft:
☒ Bestandshaus
☒ Bestandsreihenhaus nach WEG
☒ Bestandseigentumswohnung

Typische Regelungen:
In fast allen Immobilienkaufverträgen von gebrauchten Immobilien wird die Haftung für Rechtsmängel ausgeschlossen. Was sind Rechtsmängel? Rechtsmängel sind Mängel, die nicht baulicher Natur sind, sondern beispielsweise Eintragungen im Grundbuch oder im Baulastenverzeichnis betreffen, welche den Gebrauchs- und / oder Verkehrswert der Immobilie einschränken oder sogar ganz ausfallen

lassen können. So kann es etwa sein, dass im Grundbuch eine Grunddienstbarkeit für die Stadtwerke eingetragen ist, die quer über Ihr Grundstück eine Gasleitung oder eine Fernwärmeleitung führen dürfen, oder ein Nachbar in zweiter Reihe darf sein Fahrzeug über Ihr Grundstück bewegen. Diese „Mängel" haben Sie dann zu tragen. Im Baulastenverzeichnis wiederum kann unter Umständen vermerkt sein, dass Sie nur sehr eingeschränkt Gebäudeerweiterungen vornehmen dürfen, weil Ihr Verkäufer oder ein anderer Vorbesitzer dem Nachbarn möglicherweise Zugeständnisse bei notwendigen Abstandsflächen gemacht hat. Vielleicht ist er dafür vom Nachbarn entschädigt worden und stimmte dann einem entsprechendem Eintrag ins Baulastenverzeichnis zu.

Es ist auf der andere Seite nachvollziehbar, dass der Verkäufer einer Immobilie irgendwann auch einmal seine Ruhe haben will bezüglich der ehemaligen Immobilie und nicht zeitlich und finanziell unbegrenzt für sämtliche Rechtsmängel haften will. Auf der anderen Seite benötigen auch Sie eine gewisse Begrenzung von Risiken.

Übrigens: Auch bestehende Mietverträge stellen einen Rechtsmangel dar (···≻ **Checkblatt Mietvertrag** Spalte rechts).

Notwendige Regelungen:
Der pauschale Haftungsausschluss für sämtliche Rechtsmängel ist kritisch. Es ist sinnvoll, sich zumindest die gefährlichsten potenziellen Rechtsmängel genauer anzusehen und zu beurteilen, ob aus diesen noch rechtliche oder finanzielle Risiken erwachsen können. Dabei helfen ihnen auch die nachfolgenden Checkblätter. Regelungen zu den einzelnen Punkten können dann in einen Kaufvertrag aufgenommen werden, sodass man nicht pauschal jeden Rechtsmangel ausschließen muss, sondern individuelle Regelungen zu einzelnen Risiken treffen beziehungsweise diese Risiken rechtlich wirksam ausschließen kann.

Vertrags-Check:
☒ falls geregelt, sollte eine ersatzlose Streichung erfolgen (und eine differenzierte Lösung gefunden werden)

···≻ Checkblatt Mietvertrag

Betrifft:
☒ Bestandshaus
☒ Bestandsreihenhaus nach WEG
☒ Bestandseigentumswohnung

Typische Regelungen:
Auch ein bestehender Mietvertrag einer zu verkaufenden Immobilie ist ein Rechtsmangel. Da ihm besondere Bedeutung zukommt, wird er hier als gesonderter Checkpunkt behandelt.

Wenn Bestandswohnungen oder Häuser verkauft werden, die zum Zeitpunkt des Verkaufs ganz oder teilweise vermietet sind, bleiben die Mietverträge vom Verkauf unberührt; denn „Kauf bricht nicht Miete". Das heißt, Sie können nach einem Hauskauf nicht einfach hergehen und einem Mieter einen anderen Mietvertrag geben oder die Räumung verlangen, sondern der zwischen Vorbesitzer und Mieter geschlossene Mietvertrag bleibt vollumfänglich gültig.

Kaufen Sie aber zum Beispiel eine vermietete Eigentumswohnung oder ein vermietetes Haus und wollen dies nach dem Erwerb selber beziehen, ist dies natürlich möglich. Dann erfolgt eine sogenannte Eigenbedarfskündigung. Eine Eigenbedarfskündigung ist allerdings nur bei Eigennutzung durch sehr enge Familienangehörige möglich. Schon der weitere Familienkreis gehört nicht dazu.

Notwendige Regelungen:
Wenn Sie ein vermietetes Haus oder eine vermietete Wohnung zwar kaufen, aber nicht selbst beziehen wollen, ist es wichtig, dass Sie sich den Mietvertrag ganz genau ansehen und im Fall des Kaufs der Immobilie im Original herausgeben lassen. Auch der gesamte Schriftverkehr mit dem Mieter, über mögliche Mängelrügen, Mietkürzungen und anderes mehr, sollte im Falle des Kaufs der Immobilie mit übergeben werden. Er sollte nach Möglichkeit auch vorher eingesehen werden. Denn eine bestehende, berechtigte Mietkürzung zum Beispiel kann Ihre gesamte Finanzierung gefährden. Das gilt ebenso für den Fall, dass Sie zum Beispiel ein Haus mit einer zweiten Wohnung oder einer Einliegerwohnung kaufen wollen und diese Wohnung nach Ihrem Bezug weitervermieten wollen. Denn im Mietvertrag können Dinge geregelt sein, die Ihre gesamte Kaufentscheidung infrage stellen. Das dürfte zwar eher der Ausnahmefall sein, trotzdem brauchen Sie Einblick in den Mietvertrag. Auch für den Fall, dass Sie die noch vermieteten Räume selbst beziehen möchten, sollten Sie sich den Mietvertrag gründlich ansehen. Denn im Mietvertrag können durchaus Regelungen enthalten sein, die Ihre Eigennutzung zwar nicht verhindern, aber zeitlich doch erheblich verzögern können. Generell gilt übrigens eine gestaffelte Kündigungsfrist von Mietraum. Wer beispielsweise bereits zehn Jahre denselben Wohnraum mietet, hat eine gesetzliche Kündigungsfrist von neun Monaten. Diese können Sie nicht gegen den Mieterwillen einseitig verkürzen. Und bei Eigenbedarfskündigungen muss ein Bezug durch engste Familienangehörige nachgewiesen werden, also entweder beziehen Sie die Wohnung selbst, oder Ihre Kinder beziehen diese. Wollen Sie aber beispielsweise einem Ihrer Kinder eine Vier-Zimmer-Wohnung kaufen und einer Familie, die gerade darin mit zwei Kindern wohnt, wegen Eigenbedarfs eben eines Ihrer Kinder kündigen, wird die Frage auftauchen, ob Ihr Kind tatsächlich einen Bedarf an vier Zimmern hat und dafür eine komplette Familie weichen muss. Daher sollten Sie sich vorab sehr sorgfältig informieren und notfalls anwaltlich beraten lassen (Anwälte mit Tätigkeitsschwerpunkt Miet- und Wohneigentumsrecht oder entsprechende Fachanwälte), wenn Sie eine vermietete Eigentumswohnung kaufen wollen und eine Kündigung aufgrund von Eigenbedarf anstreben.

Vertrags-Check:
☐ nicht geregelt
☐ unzureichend/benachteiligend geregelt
☐ unklare/unverständliche Formulierung

⋯⋗ Checkblatt Wohnrecht

Betrifft:
☒ Bestandshaus
☒ Bestandsreihenhaus nach WEG
☒ Bestandseigentumswohnung

Typische Regelungen:
Falls im Kauvertrag irgendwo geregelt ist, dass Sie ein Wohnrecht übernehmen sollen, muss ein solcher Sachverhalt vor Kaufvertragsunterzeichnung sehr sorgfältig geprüft werden. Ein Wohnrecht kann auch im Grundbuch abgesichert sein. Selbst wenn Sie dann Eigentümer einer Immobilie werden, heißt das dann noch lange nicht, dass Sie sie auch beziehen und nutzen können. Denn es kann ein Wohnrecht für eine dritte Person für diese Immobilie bestehen, das es Ihnen nicht möglich macht, Teile oder die gesamte Immobilie zu beziehen. Das Wohnrecht kann für einen sehr langen Zeitraum vereinbart sein, auch lebenslang.

Ob seitens des Wohnrechteinhabers eine Nutzungsentschädigung gezahlt werden muss, liegt an der Vereinbarung, die getroffen wurde.

Wohnrechte, die im Grundbuch festgeschrieben sind, können Sie nicht einfach aufkündigen, sondern diese gelten auch beim Verkauf einer Immobilie weiter. Sind Wohnrechte nicht grundbuchrechtlich abgesichert, wird ihre Übernahme häufig im Kaufvertrag vereinbart.

Notwendige Regelungen:
Soweit Sie bestehende Wohnrechte nicht übernehmen wollen, muss dies im Kauvertrag ausdrücklich geregelt werden. Bei Wohnrechten, die im Grundbuch eingetragen sind, muss deren Löschung im Kaufvertrag vereinbart werden oder vor dem Kauf erfolgen.

Vertrags-Check:
☑ Falls geregelt, sollte sollten Wohnrechte, die nicht übernommen werden sollen, vertraglich ausgeschlossen und – soweit ein Grundbucheintrag besteht – auch aus dem Grundbuch gelöscht werden. Ist das nicht möglich und gilt das Wohnrecht umfassend, ist der gesamte Kauf neu zu bewerten und zu überdenken.

⁝⁚⁝ Checkblatt Nießbrauchrecht

Betrifft:
☒ Bestandshaus
☒ Bestandsreihenhaus nach WEG
☒ Bestandseigentumswohnung

Typische Regelung:
Auch ein Nießbrauchrecht ist ein Rechtsmangel. Deshalb wird es aufgrund seiner großen Bedeutung hier gesondert behandelt. Selten, aber manchmal eben doch ist in Kaufverträgen gebrauchter Immobilien ein sogenanntes Nießbrauchrecht geregelt. Was heißt das? Das heißt, dass zum Beispiel eine dritte Person ein meist lebenslanges Recht an Nutzung und Ertrag (etwa Mietertrag) von Haus und Wohnung oder von Teilen davon hat. Solche Rechte schränken Ihre Möglichkeiten der Hausnutzung erheblich ein beziehungsweise schließen deren Wahrnehmung sogar vollkommen aus – und dies auf nicht absehbare Zeit.

Notwendige Regelung:
Wenn irgendwelche Nießbrauchrechte in einem Kaufvertrag einer Immobilie auftauchen, muss vor einer notariellen Beurkundung sehr sorgfältig geklärt werden, was es damit auf sich hat. Sie sollten den Notar zu umfassender Darlegung auffordern. Denn ein Nießbrauchrecht kann sehr schnell dazu führen, dass Sie

die Immobilie überhaupt nicht selbst werden nutzen können, oder auch nur Teile davon. Immobilien, auf denen ein Nießbrauchrecht liegt, werden üblicherweise von Banken zudem wesentlich weniger hoch beliehen als üblich. Manchmal wird eine Beleihung auch ganz abgelehnt. Eine Immobilie, auf der ein Nießbrauch liegt, kann Ihre gesamte Investition gefährden. Nießbrauchrechte sollten Sie beim Kauf einer Immobilie nicht akzeptieren. Solche Rechte müssen dann vorab von der Verkäuferseite aus dem Grundbuch genommen werden. Das ist ohne den Inhaber des Nießbrauchrechts aber nicht möglich.

Vertrags-Check:
☑ Falls geregelt, sollte das Nießbrauchrecht vorab aus dem Grundbuch genommen werden. Ist dies nicht möglich und gilt das Nießbrauchrecht umfassend, ist der gesamte Kauf neu zu bewerten und zu überdenken.

⟶ Checkblatt Baulasten

Betrifft:
☒ Bestandshaus
☒ Bestandsreihenhaus nach WEG
☒ Bestandseigentumswohnung

Typische Regelungen:
Baulasten sind eigentlich auch ein Rechtsmangel, sollen aufgrund ihrer Bedeutung hier aber noch einmal separat behandelt werden. In den meisten Kaufverträgen werden Baulasten entweder gar nicht erwähnt, oder aber es wird formuliert, dass sämtliche Baulasten durch den Käufer übernommen werden. Baulasten werden im Baulastenverzeichnis der kreisfreien Stadt oder des Landkreises eingetragen. Sie dokumentieren mögliche bauliche Einschränkungen auf dem betreffenden Grundstück. Diese können unter Umständen daher rühren, dass ein Vorbesitzer einem Nachbarn zugestanden hat, er dürfe mit seinem Haus näher an die Grundstücksgrenze rücken als eigentlich erlaubt. Dafür musste der Vorbesitzer im Gegenzug weiter von seiner Grundstücksgrenze entfernt bleiben als eigentlich zulässig, und hat dafür möglicherweise einen finanziellen Ausgleich von seinem Nachbarn erhalten. Auch wenn Sie von diesem finanziellen Ausgleich durch den Nachbarn nichts mehr haben, müssen Sie diese Baulast dennoch fortdauernd beachten. So etwas kann eventuell dann zum ernsten Problem werden, wenn Sie einen Anbau geplant hatten und dessen Durchführung gemäß Bebauungsplan auch problemlos möglich gewesen wäre, nun aber die Baulast das Ende der Pläne bedeuten.

Notwendige Regelungen:
Baulasten können harmlos, sie können aber auch gravierend sein. Daher sollten diese nicht ungeprüft bleiben, sondern man sollte im Detail schon genauer schauen, um was es sich dabei überhaupt handelt. Das heißt, der Vorbesitzer sollte beglaubigte Auszüge aus dem Baulastenverzeichnis vorlegen, damit man sich einen Überblick verschaffen kann, ob überhaupt Baulasten vorliegen und wenn ja, um welche Lasten es geht. Sind darunter Baulasten, die man auf gar keinen Fall übernehmen kann oder will, muss man schauen, ob diese unter Mitwirkung aller Beteiligten gelöscht werden können. Ist dies nicht der Fall, kann

man entweder über eine mögliche Reduzierung des Kaufpreises nachdenken, oder aber man muss vom Kauf ganz Abstand nehmen, weil beispielsweise ein ins Auge gefasster Umbau oder Anbau schlicht nicht möglich ist.

Vertrags-Check:
☐ nicht geregelt
☐ unzureichend/benachteiligend geregelt
☐ unklare/unverständliche Formulierung

⇢ Checkblatt
Pauschaler Haftungsausschluss für alle Sachmängel

Betrifft:
☒ Bestandshaus
☒ Bestandsreihenhaus nach WEG
☒ Bestandseigentumswohnung

Typische Regelungen:
Neben Rechtsmängeln werden häufig auch alle Sachmängel am Kaufobjekt ausgeschlossen. Sachmängel sind Mängel am Gebäude oder am Grundstück, die den Gebrauchswert oder den Verkehrswert einschränken oder ganz gefährden können. Ist ein Grundstück beispielsweise stark mit giftigen Substanzen kontaminiert, können das Abtragen des Erdreichs und die Dekontamination teurer sein, als die gesamte Liegenschaft wert ist. Der Verkäufer kann für solche Sachverhalte immer nur dann haftbar gemacht werden, wenn er sie nachweislich kannte, aber dazu beim Verkauf schwieg; hat er sie nicht gekannt, ist er dafür auch nicht haftbar. Die Beweispflicht dafür, dass der Vorbesitzer den Mangel kannte, liegt beim Käufer, also bei Ihnen. Makler, die einen solchen Sachverhalt kennen, ihn aber nicht erwähnen, sind ebenfalls nicht haftbar zu machen. Makler werden seit vielen Jahren vom Bundesgerichtshof (BGH) in vielen Haftungsfragen rund um Auskünfte zu Gebäuden weitgehend freigestellt. Auf eine Maklerauskunft sollten Sie schon deswegen nichts geben, sie ist schlicht vollkommen wertlos. Entscheidend ist, welche Auskünfte Sie vom tatsächlich im Grundbuch eingetragenen Eigentümer erhalten.

Eine Immobilie kaufen Sie grundsätzlich „wie gesehen". Das ist für Sie als Laie ein großes Problem: Denn wie wollen Sie einschätzen, ob das, was Sie sehen, mangelfrei ist? Wenn Sie ehrlich sind, können Sie das gar nicht einschätzen, wenn Sie nicht vom Fach sind. Daher kann es sinnvoll sein, zu einer kaufentscheidenden Gebäudebesichtigung einen Fachmann mitzunehmen, allein schon, um sich vor Fehleinschätzungen zu schützen. Denn ein Fachmann, beispielsweise ein öffentlich bestellter und vereidigter Sachverständiger für Schäden an Gebäuden, haftet für seine Aussagen. Ein Sachverständiger sollte immer schriftlich, mit kurzer Definition des Ziels seines Auftrages, beauftragt werden, zum Beispiel mit der Bitte um Prüfung, ob das zu besichtigende Objekt Mängel oder Schäden hat oder Mängel oder Schäden eintreten können, die den Wert der Immobilie mindern können. Taucht später dann ein Mangel oder Schaden auf, kann man sich auch rechtlich beraten lassen, ob der Sachverständige diesen Mangel nicht hätte erkennen müssen und ob er dafür haftet. Im Idealfall erkennt der Sachverständige aber Mängel und Schäden direkt bei der Besichtigung.

Einige potenzielle Sachmängel können Sie direkt hinterfragen und mit dem Eigentümer besprechen (⇢ Seite 101 ff.); denn diese können möglicherweise ja sogar zu Preisnachlässen für die Immobilie führen. Ein klassischer Sachmangel kann zum Beispiel eine nicht erfolgte technische Nachrüstung nach Vorgabe des Gebäudeenergiegesetzes (GEG) sein (⇢ **Checkblatt Rückständige GEG-Pflichtmodernisierungen** Seite 250).

Notwendige Regelungen:
Ein pauschaler Haftungsausschluss für den Verkäufer für alle Sachmängel ist nicht sinnvoll. Zumindest die typischen und wichtigsten Sachmängel sollten Sie mit dem Vorbesitzer durchgehen und Informationen dazu einholen; denn deren Sanierung kann teuer werden. Handelt es sich hierbei um eine größere Anzahl von Sachmängeln und sind diese nicht substanzgefährdend, können Sie diese zwar übernehmen, aber man muss dann möglicherweise doch noch einmal über den Kaufpreis der Immobilie reden; denn die Sachmängel müssen Sie nach dem Kauf in aller Regel ja kostenintensiv sanieren.

Grundsätzlich aber bleibt es dabei: Ein Vorbesitzer wird kaum eine Haftung für Sachmängel tragen wollen, wenn die Immobilie verkauft wird.

Umso wichtiger ist für Sie die sehr sorgfältige Besichtigung der Immobilie.

Umfangreiche Checklisten zur Aufdeckung potentieller Sachmängel finden Sie auch in dem Titel **„Kauf eines gebrauchten Hauses"** der Verbraucherzentrale (⇢ Seite 271).

Vertrags-Check:
☒ falls geregelt, sollte eine ersatzlose Streichung erfolgen (und eine differenzierte Lösung gefunden werden)

⇢ Checkblatt Erschließungsbeiträge/Ausbaubeiträge

Betrifft:
☒ Bestandshaus
☒ Bestandsreihenhaus nach WEG
☒ Bestandseigentumswohnung

Typische Regelungen:
Je nach Alter des Hauses wird das Thema Erschließungsbeiträge und Ausbaubeiträge in den meisten Kaufverträgen gar nicht aufgeführt. Dabei kann es selbst nach zehn Jahren so sein, dass noch nicht alle Erschließungsbeiträge der Kommune abgerechnet oder aber sogar noch nicht alle Erschließungsmaßnahmen umgesetzt sind. Hat man daran Zweifel, ist es sinnvoll, wenn der Verkäufer eine Bestätigung der Kommune beibringt, dass alle Ersterschließungsmaßnahmen erfolgt und auch abgerechnet sind (⇢ **Checkblatt Erschließungsbeiträge / Anschluss Grundstück** Seite 163).

Es kann auch sein, dass eine größere Ausbaumaßnahme für die nahe Zukunft geplant ist, zum Beispiel eine Straßenerneuerung, und der Verkäufer dazu und zu möglichen Kosten auch schon von der Kommune informiert wurde. Da solche Maßnahmen sehr teuer sind, ist es wichtig, dass Sie darüber im Zuge eines Kaufvertrages informiert sind. Es ist klar, dass Sie eine zukünftige Maßnahme nicht einfach auf Ihren Verkäufer abwälzen können. Aber erstens kann das bei den Preisverhandlungen eine Rolle spielen, und zweitens können Sie sich dann frühzeitig auf eine solche Kostenbelastung einstellen. Die Erhebung von Ausbaubeiträgen können Kommunen selber festsetzen (manche verzichten sogar ganz darauf). da hier Kommunal- bzw. Landesrecht gilt. Die Erschließungsbeiträge hingegen beruhen auf Bundesrecht, hier haben die Kommunen keine Handhabe.

Notwendige Regelungen:
Wenn gar keine Regelung vorliegt, ist es sinnvoll, in den Kaufvertrag die Zusicherung des Verkäufers aufzunehmen, dass aktuell weder Erschließungsbeiträge offen sind noch Informationen seitens der Kommune vorliegen, dass neue Erschließungsmaßnahmen erfolgen sollen und neue Gebühren erhoben werden.

Vertrags-Check:
☐ nicht geregelt
☐ unzureichend/benachteiligend geregelt
☐ unklare/unverständliche Formulierung

⸭ Checkblatt Wohn- und Grundstücksflächen

Betrifft:
☒ Bestandshaus
☒ Bestandsreihenhaus nach WEG
☒ Bestandseigentumswohnung

Typische Regelungen:
Beim Verkauf gebrauchter Immobilien wird häufig auf eine exakte Angabe der Wohnfläche und der Grundstücksfläche verzichtet. Es ist aber sinnvoll, beide Flächen mit in den Kaufvertrag aufzunehmen. Denn wenn sie sich später als deutlich kleiner herausstellen als im Kaufvertrag zugesichert, begründet dies Rechtsansprüche von Ihnen gegenüber dem Verkäufer.

Auch im Fall einer Vermietung der Immobilie ist es gut, wenn sie exakte Flächenangaben haben.

Notwendige Regelungen:
Flächenangaben von Bestandsimmobilien beruhen auf den unterschiedlichsten Flächenberechnungsarten:

■ Gar keinen,
■ DIN 283,
■ DIN 277,
■ Zweite Berechnungsverordnung (II. BV),
■ Wohnflächenverordnung (WoFlV).

Gar keine
Vor allem ältere Häuser haben häufig gar keine Grundlage für die Flächenberechnungen. In

alten Plänen sind dann möglicherweise zwar die Quadratmeter der einzelnen Räume eingetragen, aber man weiß nicht, auf welcher Grundlage diese berechnet wurden. So kann man beispielsweise bei einem Raum unter eine Dachschräge nicht die gesamte Grundfläche als vollwertige Fläche ansetzen. Auch die Frage, in welchem Umfang Terrasse und Balkon in die Fläche mit einbezogen wurden, oder der Platz, an dem sich die Treppe befindet, sind häufig unklar.

DIN 283
Diese DIN ist schon im Oktober 1983 vom Deutschen Institut für Normung zurückgezogen worden. Das heißt, sie ist als Grundlage der Flächenberechnung nicht mehr zulässig. Sie war es zum Zeitpunkt des Hausbaus aber möglicherweise schon. Wenn Sie noch auf eine solche Flächenberechnungsgrundlage stoßen, wissen Sie zumindest auf welcher Grundlage die Fläche berechnet wurde.

DIN 277
Die DIN 277 ist die aktuelle Norm zur Wohnflächenberechnung. Sie ist die Schwesternorm zur DIN 276 „Kosten im Hochbau". Das heißt, mit der DIN 277 erfassen Planer alle zu bauenden Flächen und berechnen auf dieser Grundlage dann die potenziellen Baukosten. Diese Norm ist damit vor allem eine Norm zur Kostenberechnung der zu bauenden Flächen. Sie ist keine Norm, die beispielsweise nur die tatsächlich zum Wohnen nutzbaren Flächen erfasst.

Zweite Berechnungsverordnung (II. BV)
Die Zweite Berechnungsverordnung war eine Verordnung zur Ermittlung der Wohnflächen im öffentlich geförderten Wohnungsbau und galt bis Ende 2003. Sie fand aber auch außerhalb dieses Rahmens breite Anwendung, um Wohnflächen einheitlich zu berechnen. Es kann durchaus sein, dass Sie in alten Unterlagen von Bestandsimmobilien auf eine Wohnflächenberechnung nach II. BV stoßen.

Wohnflächenverordnung (WoFlV)
Die Wohnflächenverordnung ist die aktuelle Verordnung zur Berechnung von Wohnflächen im öffentlich geförderten Wohnungsbau. Sie findet aber auch allgemein im Wohnungsbau breite Anwendung, da so eine einheitliche und rechtssichere Berechnung von Wohnraum erfolgen kann. Sie gilt seit Anfang 2004.

Wenn Ihnen ein Haus gut gefällt und Sie es ausgiebig besichtigen konnten, kann es sein, dass Ihnen die tatsächliche Wohnfläche relativ egal ist. Für einen Preisvergleich kann die Wohnfläche hingegen sehr interessant sein. Wenn Sie die exakte Größe des Grundstücks und die exakte Größe der Wohnfläche sowie den Kaufpreis kennen, dann können Sie über eine Anfrage beim örtlichen Gutachterausschuss der Kommune bzw. des Landkreises, der sämtliche Kaufpreise der zurückliegenden Jahre beobachtet, erfragen, wie hoch der durchschnittliche Bodenpreis in der Lage ist, in welcher Sie Boden erwerben wollen. Diesen Quadratmeterpreis multiplizieren Sie mit der Größe des Grundstücks, das Sie erwerben wollen. Den Betrag ziehen Sie dann vom verlangten Preis ab, den Sie für Haus und Grundstück zahlen sollen. Den Restbetrag können Sie durch die Anzahl der Quadratmeter Wohnfläche des angebotenen Hauses teilen und haben dann den Preis, den Sie pro Quadratmeter für das Gebäude zahlen sollen. Diesen Betrag können Sie wiederum mit Neubaukosten vergleichen und schauen, ob Sie noch im Rahmen oder deutlich darüber liegen.

Beispiel: Ihnen wird ein gebrauchtes Haus samt Garten für 310.000 Euro angeboten. Das Grundstück hat eine Grundfläche von 400 Quadratmetern. Der durchschnittliche Quadratmeterpreis für Grundstücke in dieser Lage ist laut örtlichem Gutachterausschuss 250 Euro. Das heißt, das Grundstück hat einen Wert von 100.000 Euro, für das Gebäude an sich werden also 210.000 Euro verlangt. Das Gebäude hat eine Wohnfläche nach WoFlV von 120 Quadratmetern. Das heißt wiederum, es werden 1.750 Euro pro Quadratmeter verlangt. Das ist noch im Rahmen. Denn einfache Neubauten haben Baukosten bis etwa 1.700 Euro pro Quadratmeter, höherwertige etwa 1.700 bis 2.200 Euro, und ab 2.200 Euro beginnt hochwertiges Bauen. Die Preise gelten aber nur für Häuser, nicht für Eigentumswohnungen. Deren Quadratmeterkosten beim Neubau liegen meist über denen von Häusern, da der Geschosswohnungsbau aufwändiger zu erstellen ist (⸺⸽ hierzu und zu Vergleichsberechnungen auch „Kauf eines gebrauchten Hauses" der Verbraucherzentrale – Seite 270).

Fazit: Sie können auf Quadratmeterangaben zu Grundstück und Hausgröße zwar verzichten, Sie tun sich damit aber keinen Gefallen und nehmen sich auch Vergleichsmöglichkeiten und zugesicherte Eigenschaften der zu kaufenden Immobilie ohne Not selbst.

Vertrags-Check:
☐ nicht geregelt
☐ unzureichend/benachteiligend geregelt
☐ unklare/unverständliche Formulierung

⸺⸽ Checkblatt Gebäudezubehör

Betrifft:
☒ Bestandshaus
☒ Bestandsreihenhaus nach WEG
☒ Bestandseigentumswohnung

Typische Regelungen:
Inwieweit auch Gebäudezubehör im Kaufpreis mit enthalten ist, wird häufig gar nicht oder nur völlig unzureichend im notariellen Kaufvertrag geklärt. Gemäß § 311 c BGB wird beim Kauf einer Sache Zubehör im Zweifel zwar mitverkauft. Es kann aber trotzdem zu Diskussionen kommen. Denn dabei kann es sich um Dinge im Wert von einigen 1.000 Euro handeln: Markisen, Einbauküche, Einbauschränke, Gartenhäuschen, Pergola, Gartenbeleuchtung, Außengrill, Radständer, Garagenregale und anderes mehr.

Notwendige Regelungen:
Sind solche Dinge am besichtigten Haus vorhanden, sollte man vertraglich vereinbaren, was übernommen wird und was nicht. Das muss nicht im notariell beurkundeten Kaufvertrag geschehen, da sie sonst auch auf alle diese Gegenstände gegebenenfalls Grunderwerbsteuer zahlen. Selbst für eine Markise mit einem Zeitwert von vielleicht noch 1.500 Euro wären bei fünf Prozent Grunderwerbsteuer dann noch 75 Euro an Steuern zu entrichten, falls die 1.500 Euro für die Markise im notariellen Kaufvertrag dem Hauskaufpreis zugeschlagen würden. Wird die Markise hingegen außerhalb des notariellen Kaufvertrages als nicht baulich fest mit dem Haus verbundenes

Ausstattungselement gekauft, unterliegt sie nicht der Grunderwerbsteuer.

Im notariellen Kaufvertrag kann man hingegen natürlich regeln, welches Zubehör kostenfrei mit übergeben wird, zum Beispiel die Anzahl der Schlüssel, Briefkastenschlüssel, Garagenschlüssel, Handsender für das Garagentor, Schlüssel für den Öl- oder Pelletseinfüllstutzen an der Fassade (bei Öl- oder Pelletsheizung), die Stange zur Öffnung der Dachbodeneinschubtreppe und Ähnliches.

Vertrags-Check:
☐ nicht geregelt
☐ unzureichend/benachteiligend geregelt
☐ unklare/unverständliche Formulierung

⇢ Checkblatt Wartungsverträge

Betrifft:
☒ Bestandshaus
☒ Bestandsreihenhaus nach WEG
☒ Bestandseigentumswohnung

Typische Regelungen:
Übersehen wird beim Kauf gebrauchter Immobilien häufig das Thema Wartungsverträge. Wenn Sie eine Eigentumswohnung oder ein Reihenhaus nach WEG-Recht kaufen, dann steigen Sie durch Ihre Mitgliedschaft in der Gemeinschaft der Eigentümer üblicherweise in alle bestehenden Vertragsverhältnisse ein. Das gilt auch für die Wartungsverträge mit Handwerkern. Bei Eigentumswohnungen betrifft das häufig die Verträge der Aufzugs- und Heizungswartung. Bei Reihenhäusern nach dem WEG-Recht kann es ebenfalls die Heizung betreffen, beispielsweise wenn eine Gesamtanlage für mehrere Reihenhäuser installiert ist. Aber auch Eigentümer freistehender Einfamilienhäuser können Wartungsverträge haben, eventuell ebenfalls für die Heizung oder aber auch ganz einfach mit einem Gärtner. Die Überraschung ist groß, wenn man 14 Tage in den Urlaub fährt und zurückkommt und der gesamte Garten ist auf Vordermann gebracht, inklusive Rechnung im Briefkasten. Wenn ein Gärtner dies seit Jahren jeweils im Frühjahr und Herbst gemacht hat und über den Hausverkauf nicht informiert wurde, kann so etwas schon einmal passieren. Rechtlich gesehen müssten Sie diese Rechnung dann zwar nicht zahlen; denn es ist Sache des Voreigentümers, den Vertrag zu kündigen, aber zu Ärger kann so etwas trotzdem führen, da Sie ja Nutznießer der Leistung waren, was Sie vielleicht gar nicht sein wollten.

Notwendige Regelungen:
Man muss mit dem Vorbesitzer der Immobilie klären, welche Wartungs- und eventuell Dienstleistungsverträge abgeschlossen wurden. Vielleicht will man den einen oder anderen übernehmen, vielleicht ist das sogar ratsam, zum Beispiel weil die Heizung gerade erst neu montiert wurde und die Gewährleistung, die gegeben wurde, auch davon abhängt, dass man eine regelmäßige Wartung durchführen lässt (⇢ **Checkblatt Übertragung von Gewährleistungsrechten und Garantien** Seite 250). Aber die abgeschlossenen Wartungsverträge und die damit verbundenen Kosten sollten vor dem Kauf transparent auf den Tisch gelegt beziehungsweise benannt werden.

Vertrags-Check:
☐ nicht geregelt
☐ unzureichend/benachteiligend geregelt
☐ unklare/unverständliche Formulierung

⤳ Checkblatt Energieliefervertrag

Betrifft:
☒ Bestandshaus
☒ Bestandsreihenhaus nach WEG
☒ Bestandseigentumswohnung

Typische Regelungen:
Vor allem bei größeren Wohnanlagen mit Eigentumswohnungen und Reihenhäusern, aber durchaus auch bei Einzelhäusern kann es sein, dass alle Wohneinheiten über einen einzigen Energielieferanten versorgt werden, beispielsweise mit Fernwärme oder mit einem zentralen Blockheizkraftwerk. Manche Kommunen legen solche Energieversorgungen für bestimmte Baugebiete verpflichtend fest, um einen ausreichend hohen Abnehmerkreis zu schaffen, damit sich Investitionen in solche Energieerzeugungs- und -verteileranlagen auch lohnen. Als Ihr Vorbesitzer das Haus gekauft oder gebaut hat, hat er dann möglicherweise auch einen – meist recht langfristigen – Energieliefervertrag abgeschlossen. In diesem sind die Zahlungsbedingungen und die zu entrichtenden Preise benannt, häufig übrigens extrem kompliziert dargelegt mit Formeln, die nicht immer logisch und schlüssig sind, von Transparenz ganz zu schweigen. Es ist daher sinnvoll, den Vorbesitzer nach den jährlich tatsächlich abgerechneten Kosten zu fragen, damit Sie zumindest wissen, was in etwa zu zahlen ist. Außerdem ist es wichtig, Einblick in die Laufzeit und in die Kündigungsoptionen des Vertrages zu nehmen.

Notwendige Regelungen:
Aus einem Energieliefervertrag können Sie beim Kauf einer Immobilie nicht unbedingt ohne Weiteres aussteigen, wenn der Vorbesitzer über seinen Kaufvertrag verpflichtet wurde, bei Veräußerung der Immobilie den Energieliefervertrag zwingend und verpflichtend an den Nachfolger weiterzureichen. Ob dies der Fall ist oder nicht, können Sie eigentlich nur mit einem Blick in den damaligen Kaufvertrag und Energieliefervertrag des Verkäufers erkennen. Ein solcher Blick kann sich allerdings lohnen, denn vielleicht müssen Sie den Vertrag gar nicht übernehmen. Betrifft ein Energieliefervertrag allerdings größere WEG-Einheiten wie eine ganze Reihenhaussiedlung oder einen ganzen Wohnblock, dann sind Sie natürlich in eine technische Infrastruktur mit eingebunden, über deren Stilllegung Sie nicht allein entscheiden können. Handelt es sich bei dem Objekt aber um ein freistehendes Einfamilienhaus oder eine Doppelhaushälfte oder ein Reihenhaus in Realteilung mit eigenem Grundbuchblatt, haben Sie Entscheidungsfreiheit, wenn der Vorbesitzer nicht verpflichtet ist, den Energieliefervertrag im Verkaufsfall der Immobilie weiterzureichen. Ist der Vorbesitzer dazu verpflichtet, bleibt Ihnen nicht viel anderes übrig, als diesen Vertrag mit zu übernehmen. Sie sollten ihn allerdings zuvor aufmerksam gelesen haben. Die Laufzeit des Vertrages sollte insgesamt 10 Jahre nicht übersteigen, und der Vertrag sollte Ihnen vollständig ausgehändigt werden – und zwar im Original mit allen Anlagen, soweit es solche gibt.

Vertrags-Check:
☐ nicht geregelt
☐ unzureichend/benachteiligend geregelt
☐ unklare/unverständliche Formulierung

⤳ Checkblatt Übergabe von Heizölbeständen

Betrifft:
☒ Bestandshaus
☒ Bestandsreihenhaus nach WEG
☒ Bestandseigentumswohnung

Typische Regelungen:
Interessanterweise praktisch nie wird bei Immobilien mit Ölheizung das Thema Heizöl in notariellen Kaufverträgen mit der gebotenen Sorgfalt geregelt. Sehr oft kommt es zum Zeitpunkt der Übergabe des Hauses dann zu Diskussionen darüber, ob das noch im Tank verbliebene Heizöl nun im Hauspreis inbegriffen war oder nicht. Das ist verständlich, denn wenn ein Heizöltank mit einem Fassungsvermögen von beispielsweise 3.000 Litern bei Hausübergabe noch zu einem Drittel voll ist, sind das immerhin noch 1.000 Liter und damit knapp 1.000 Euro an Wert, um die es geht. Bei Eigentumswohnungen sieht dies anders aus. Hier gehört das Heizöl der Eigentümergemeinschaft. Es ist nicht im Alleineigentum des Vorbesitzers und er kann daher auch nicht frei darüber verfügen. Möchte der Vorbesitzer der Wohnung dann bei deren Übergabe für seinen Heizölanteil einen Ausgleich haben, kann man darauf verweisen, dass das im notariellen Kaufvertrag hätte geregelt werden müssen. Gleiches gilt für Reihenhäuser nach dem WEG-Recht, die an einer gemeinsamen Heizölversorgung hängen. Denn wenn Sie in WEG-Immobilien Heizölanteile kaufen wollten, ist das weder rechtlich möglich noch technisch wirklich umsetzbar. Das Heizöl gehört der WEG, in die Sie eintreten. Sie können rechtlich aus diesem gemeinschaftlichen Eigentum nicht einzelne Anteile herauskaufen, und Sie könnten über solche Anteile auch nicht frei verfügen, da das Heizöl technisch in einer gemeinschaftlichen Tankanlage deponiert ist.

Notwendige Regelungen:
Beim Erwerb von freistehenden Einfamilienhäusern oder Reihenhäusern oder Doppelhaushälften mit Realteilung, die mit einer Ölheizung ausgestattet sind, sollte man den Ölstand beachten und mit dem Vorbesitzer darüber sprechen, wie man verfährt. Möglicherweise hat der Vorbesitzer das Öl zu einem Zeitpunkt eingekauft, als es sehr teuer war, und möchte diesen Preis nun gerne erstattet haben, obwohl das Öl aktuell viel preiswerter ist. Oder es ist umgekehrt, und er hat das Öl sehr günstig eingekauft, möchte aber nun den aktuellen Marktpreis dafür bekommen. Man kann sich frühzeitig darauf einigen, dass man das Restöl übernimmt und auch zu welchem Preis pro Liter man es übernimmt, soweit eine genaue Litererfassung – also eine Tankuhr – am Tank angebracht ist. Sonst wird es sehr schwierig, und man muss sich anderweitig einigen, beispielsweise über eine Schätzung und eine Pauschale. Regeln Sie dies außerhalb des notariellen Kaufvertrags, fällt auch keine Grunderwerbsteuer auf den Betrag an.

Vertrags-Check:
☐ nicht geregelt
☐ unzureichend/benachteiligend geregelt
☐ unklare/unverständliche Formulierung

⇢ Checkblatt Rückständige GEG-Pflichtmodernisierungen

Betrifft:
☒ Bestandshaus
☒ Bestandsreihenhaus nach WEG
☒ Bestandseigentumswohnung

Typische Regelungen:

Das Gebäudeenergiegesetz (GEG) verlangt von Immobilieneigentümern gewisse Nachrüstungen unter bestimmten Voraussetzungen. Die entscheidenden Kriterien des GEG sind dabei, wie groß die Immobilie ist, ob der Vorbesitzer die Immobilie selber bewohnt hat und wenn, seit wann er sie bewohnt hat. Konkret verlangt das GEG Folgendes:

Der Vorbesitzer musste keine Pflichtmodernisierungen vornehmen, wenn die Immobilie über nicht mehr als zwei Wohneinheiten verfügt und der Vorbesitzer mindestens eine davon vor dem 01.02.2002 bewohnt hat.

Der Vorbesitzer musste Pflichtmodernisierungen vornehmen: in allen anderen Fällen, also entweder wenn die Immobile mehr als zwei Wohneinheiten hat oder er sie nicht schon vor dem 01.02.2002 bewohnt hat oder wenn der Vorbesitzer sie erst nach dem 01.02.2002 erworben hat.

Zum GEG und den Pflichtmodernisierungen wird in Kaufverträgen gebrauchter Immobilien aber bis heute fast nie etwas geregelt. Zwar müssen in Immobilieninseraten zwischenzeitlich Pflichtangaben zur Energieeffizienz gemacht werden, aber auch das erfolgt aktuell nur teilweise, und man kann daraus auch nicht erkennen, ob GEG-Pflichtmodernisierungen durchgeführt worden sind oder nicht.

Kauft man eine Immobilie „wie gesehen" und GEG-Pflichtmodernisierungen durch den Vorbesitzer nicht erfolgt sind, kann das sehr ärgerlich sein. Denn dann müssen Sie an die Dinge heran, und das kann teuer werden (⇢ **Checkblatt GEG-Pflichtmodernisierung** Seite 106). So kann Ihnen zum Beispiel eine sofortige Austauschpflicht des Heizungsbrenners blühen. Auch Notare achten fast nie auf die sorgfältige Regelung der GEG-Pflichten, meist schon deshalb, weil sie sie gar nicht kennen und die Auswirkungen nicht verstehen. Ist im Vertrag nichts geregelt, können Sie zwar versuchen, vom Vorbesitzer Schadenersatz zu verlangen, weil er sich nicht an gesetzliche Nachrüstpflichten hielt und eine unzureichend nachgerüstete Immobilie veräußerte. Aber der Vorbesitzer wird sich im Zweifel darauf berufen können, dass Sie ausreichend Gelegenheit hatten, die Immobilie zu besichtigen und sich ein Bild von deren Zustand zu machen. Daher ist es sinnvoll, Sie kümmern sich von Anfang selbst sehr sorgfältig um diese Dinge.

Notwendige Regelungen:
Das GEG sieht aktuell folgende verpflichtende Nachrüstungen vor:

Eigentümer von Immobilien mit mehr als 2 Wohneinheiten: Egal wann die Immobilie errichtet oder durch den Eigentümer bezogen wurde: In diesen Fällen muss der Heizungsbrenner spätestens 30 Jahre nach Inbetriebnahme ausgetauscht werden, wenn er kein Brennwert- oder Niedertemperaturkessel ist. Außerdem müssen alle zugänglichen Heizungs- und Warmwasserrohre gedämmt werden, die durch unbeheizte Räume laufen. Die oberste Geschossdecke muss gedämmt werden. Und schließlich muss sowohl die Steuerung der Wärmeleistung der zentralen Heizungsanlage in Abhängigkeit von der Außentemperatur automatisch erfolgen, als auch die raumweise Regulierungen der Temperatur in jedem Raum.

Eigentümer, die eine Immobilie mit bis zu 2 Wohneinheiten nach dem 01.02.2002 gekauft oder bezogen haben: Diese Eigentümer unterliegen allen Forderungen, denen auch Eigentümer von Wohnanlagen mit mehr als 2 Wohneinheiten unterliegen.

Eigentümer von Immobilien mit bis zu 2 Wohneinheiten, von denen der Eigentümer mindestens eine bereits vor dem 01.02.2002 bewohnt hat: Eigentümer von Immobilien mit bis zu 2 Wohneinheiten, die zu diesem Zeitpunkt in mindestens einer Wohneinheit selbst wohnten, müssen die Anforderungen des GEG nicht erfüllen. Ausnahme sind nur die Pflicht zur Nachrüstung der automatischen Steuerung der Heizungsanlage in Abhängigkeit zur Außentemperatur und die Pflicht zur raumweisen, automatischen Steuerung der Wärmeabgabe in Abhängigkeit zur Raumtemperatur. Denn diese Regelungen galten schon vor dem 01.02.2002 und waren in der alten Heizungsanlagenverordnung erfasst.

Es ist also ein großer Unterschied, welche Immobilie Sie von wem kaufen. Hat die Immobilie mehr als 2 Wohneinheiten, musste sie in jedem Fall nachgerüstet werden. Hat sie maximal 2 Wohneinheiten, von denen eine der Voreigentümer bewohnt, ergibt sich die Frage, seit wann er in der Immobilie wohnt. Ist er erst nach dem 01.02.2002 in die Immobilie eingezogen, stellt sich die Frage, ob er alle verpflichtenden Nachrüstungen auch durchgeführt hat. Hat er das nicht, bleiben diese an Ihnen hängen. Wenn Sie unsicher sind und diese Kosten absichern wollen, können Sie sich im notariellen Kaufvertrag bestätigen lassen, dass alle Pflichtnachrüstungen an Gebäude und Heizung aus dem aktuell gültigen GEG durch den Vorbesitzer durchgeführt wurden. Sind sie dies dann doch nicht, könnten Sie Rechtsansprüche gegen den Vorbesitzer geltend machen. Denn dann hätte er Sie gegebenenfalls sogar getäuscht.

Wenn der Vorbesitzer offen sagt, dass er noch nicht alle Nachrüstpflichten aus dem aktuell gültigen GEG erfüllt hat, könnte man sich dann gemeinsam ansehen, was noch gemacht werden muss und eventuell über einen entsprechenden Preisnachlass für das Gebäude reden.

Vertrags-Check:
☐ nicht geregelt
☐ unzureichend/benachteiligend geregelt
☐ unklare/unverständliche Formulierung

⇢ Checkblatt Protokollsammlung/Rücklagenbildung/Wohngeld

Betrifft:
☐ Bestandshaus
☒ Bestandsreihenhaus nach WEG
☒ Bestandseigentumswohnung

Typische Regelungen:
Wenn Bestandswohnungen oder Bestandsreihenhäuser nach dem WEG-Recht gekauft werden sollen, wird im Vertrag üblicherweise nicht auf die aktuelle Finanzsituation der Wohnungseigentümergemeinschaft eingegangen. Wie Sie bereits dem Kostenfallen-Teil dieses Buches entnehmen konnten, schlummern darin aber durchaus Finanzrisiken, zum Beispiel dann, wenn größere Modernsierungen durch die Wohnungseigentümergemeinschaft beschlossen, aber keine ausreichenden Rücklagen vorhanden sind. Dann wird möglicherweise zeitnah ein weiterer, höherer Betrag auf Sie zukommen.

Fast nie geregelt in Kaufverträgen von Immobilien nach dem WEG-Recht sind Auskünfte zur Höhe des monatlich zu zahlenden Wohngelds. Mit ihm werden üblicherweise anfallende Reparaturen bezahlt und auch Rücklagen für größere Maßnahmen angespart.

Notwendige Regelungen:
Zum Sachverhalt anstehender Investitionen gibt es üblicherweise keine vertraglichen Regelungen. Er kann aber so gravierend sein, dass man im Vorfeld eines Kaufs die Protokollsammlung aller Beschlüsse der Wohnungseigentümergemeinschaft aus den letzten mindestens 5 Jahren durchgesehen haben sollte. Außerdem sollte man die Höhe der Gesamtrücklage der Eigentümergemeinschaft kennen. Denn wenn eine Modernisierung unmittelbar bevorsteht und größere Rücklagen nicht gebildet wurden, gibt es vielleicht die Möglichkeit, mit dem Verkäufer noch einmal über den Kaufpreis zu sprechen. Die vom aktuellen Eigentümer bereits eingezahlten Rücklagen kann er im Zuge des Immobilienverkaufs übrigens nicht wieder zurückverlangen, sondern diese verbleiben bei der Wohnungseigen-tümergemeinschaft.

Sinnvoll ist, sich den tatsächlichen Ist-Bestand der Instandhaltungsrücklage nicht nur durch die Buchführung des WEG-Verwalters, sondern auch durch Vorlage eines tatsächlichen Bankkontoauszugs nachweisen zu lassen. Bei einem solchen Abgleich gibt es immer einmal wieder große Überraschungen, wenn Buchführungsbetrag des WEG-Verwalters und Bankkontobetrag nicht übereinstimmen. Alternativ kann man eine Verkäuferhaftung für den Fall von Abweichungen zu Ungunsten des Käufers vereinbaren, denkbar wäre etwa ein getrennter Kauf des Anteils an der Instandhaltungsrücklage als Rechtskauf. Stellt sich dann heraus, dass die angegebene Höhe nicht zutrifft, könnte der in diesem Zusammenhang getrennt versprochene Kaufpreisanteil gemindert werden, da insoweit ein Rechtsmangel vorläge.

Vor einem Kauf sollten Sie die Höhe des monatlich zu entrichtenden Wohngelds kennen. Denn das ist eine zusätzliche, konstante Kostenbelastung, die neben der Darlehenszahlung und den Wohnnebenkosten auf Sie zukommt.

Vertrags-Check:
☐ nicht geregelt
☐ unzureichend/benachteiligend geregelt
☐ unklare/unverständliche Formulierung

⇢ Checkblatt Übertragung von Gewährleistungsrechten und Garantien

Betrifft:
☒ Bestandshaus
☒ Bestandsreihenhaus nach WEG
☒ Bestandseigentumswohnung

Typische Regelungen:
Bei Gebäuden, die noch keine 5 Jahre alt sind, wenn sie verkauft werden, gibt es fast immer noch Gewährleistungsrechte des erstellenden Generalunternehmens beziehungsweise der erstellenden Einzelhandwerker oder des Bauträgers oder Fertighausanbieters. Es kann auch sein, dass zusätzlich zu den Gewährleistungen länger laufende Garantien ausgesprochen wurden, oder das Haus ist schon älter, hat aber vielleicht eine neue Heizung erhalten oder eine Modernisierung der Fenster oder der Fassade. Für alle diese Arbeiten bestehen Gewährleistungsfristen, nach dem BGB zwischen 2 und 5 Jahren, je nach Art der erbrachten Leistung. Solche Gewährleistungsrechte bestehen aber nur für den bestellenden Vertragspartner, also beispielsweise den Vorbesitzer der Immobilie gegenüber einem Handwerker oder Bauträger. Werden diese Gewährleistungsrechte und auch die Garantien dann nicht vom Vorbesitzer auf Sie übertragen, gehen sie verloren.

Notwendige Regelungen:
Ist das Haus oder sind einzelne Teile des Hauses jünger als 5 Jahre, sollten Sie sofort hellhörig werden und nach den Gewährleistungsrechten fragen. Diese sollten auf alle Fälle explizit übertragen werden, falls notwendig auch sehr differenziert, Gewerk für Gewerk und Handwerker für Handwerker. Auch alle Dokumente und die Adressen und Ansprechpartner sämtlicher Firmen sollten Ihnen übergeben werden.

Auch wenn das Haus älter als 5 Jahre ist, sollten Sie genau hinschauen. Einige Fertighaushersteller zum Beispiel geben Garantien auf einige Bauteile von bis zu 30 Jahren. Dann sollte man sich auch solche Garantien im notariellen Kaufvertrag mit übertragen lassen, damit sie nicht verloren gehen.

Vertrags-Check:
☐ nicht geregelt
☐ unzureichend/benachteiligend geregelt
☐ unklare/unverständliche Formulierung

⇢ Checkblatt Versicherungen

Betrifft:
☒ Bestandshaus
☒ Bestandsreihenhaus nach WEG
☒ Bestandseigentumswohnung

Typische Regelungen:

In Kaufverträgen von Bestandsimmobilien wird auch nur sehr selten etwas zu den Versicherungen und dem Übergang von einer zur anderen Versicherung geregelt. Das liegt auch daran, dass Sie als neuer Eigentümer grundsätzlich ein Sonderkündigungsrecht haben. Dieses gilt einen Monat ab Erwerb, das ist in aller Regel das Datum der notariellen Beurkundung des Kaufvertrags. Wenn dann auf das Gebäude noch die Versicherung des Vorbesitzers läuft und dessen Versicherung nicht über die Veräußerung informiert wurde, ist sie nicht verpflichtet, Schäden, die ab einem Monat nach der Veräußerung eintreten, zu regulieren. Nach dem Versicherungsvertragsgesetz (VVG) muss der Verkäufer den Verkauf der Immobilie seiner Versicherung sofort anzeigen, im Idealfall also noch am Tag der notariellen Kaufvertragsbeurkundung. Denn auch die Versicherung hat dann das Recht den Vertrag binnen eines Monats zu kündigen.

Sie können auch auf eine Situation treffen, in der eine Immobilie gar nicht versichert ist oder unterversichert, etwa, weil sie nicht über eine Elementarschadenversicherung verfügt. In praktisch keinem Kaufvertragsentwurf eines Notars finden Sie aber ein einziges Wort dazu.

Das ist auch deswegen hochproblematisch, weil zwischenzeitlich höchstrichterlich entschieden wurde, dass ein Immobilienverkäufer nicht verpflichtet ist, dem Käufer mitzuteilen, wenn er seine Gebäudeversicherung im Zuge des Immobilienverkaufs kündigt. Das heißt, selbst wenn der Verkäufer zum Zeitpunkt des Verkaufs noch eine Versicherung hatte, wissen Sie nie, ob er diese nicht nach dem Verkauf kündigt – Sie dazu aber nicht informiert.

Notwendige Regelungen:

Es ist zwingend notwendig, dass in den notariellen Kaufvertrag auch Regelungen zur Gebäudeversicherung aufgenommen werden. Zunächst einmal sollte der Verkäufer erklären, welche Versicherung er wo abgeschlossen hat. Dann sollte er zusichern, dass er diese von sich aus nicht kündigt. Ferner sollte er zusichern, dass er seinen Versicherer umgehend über den Verkauf informiert und den Käufer dann auch dazu informiert, ob der Versicherer ihm, dem Verkäufer, gekündigt hat oder nicht. Denn nur so kommen Sie als Käufer in das Wissen, ob es zu der Immobilie überhaupt noch eine Versicherung gibt oder nicht mehr. Ferner sollte schon im Kaufvertrag festgelegt werden, dass Sie eine beglaubigte Kopie des Versicherungsvertrags und des Versicherungsscheins umgehend vom Verkäufer erhalten. Nur mit all' diesen Handlungen ist sichergestellt, dass die Immobilie versichert vom Verkäufer auf den Käufer übergeht. Kündigt der Versicherer dem Verkäufer die Versicherung, können Sie sich dann eine neue suchen. Kündigt der Versicherer nicht, können Sie sich den Versicherungsvertrag und die Versicherungsbeiträge ansehen und überlegen, ob Sie von Ihrem Sonderkündigungsrecht binnen eines Monats nach Erwerb Gebrauch machen wollen und Ihrerseits kündigen. Das sollten Sie aber nur tun, wenn Sie zeitgleich ein besseres Angebot einer anderen Versicherung unterschriftsreif vorliegen haben. Sie benötigen üblicherweise folgende Versicherungen zur Absicherung einer privaten Wohnimmobilie:

- Wohngebäudeversicherung,
- Elementarschadenversicherung,
- Gewässerschadenversicherung.

Wohngebäudeversicherung
Eine Wohngebäudeversicherung sollte mindestens Schäden aus Feuer, Leitungswasser, Sturm und Hagel absichern.

Elementarschadenversicherung
Eine Elementarschadenversicherung sollte – je nach Lage des Hauses – zusätzliche Risiken absichern, dazu gehören zum Beispiel Haussetzungen, Erdbeben oder auch Hochwasser. Haussetzungen gibt es unter anderem im Ruhrgebiet durch den unterirdischen Kohleabbau über Jahrzehnte, Erdbeben gibt es beispielsweise auf der Schwäbischen Alb und im Oberrheingraben zwischen Karlsruhe und Basel, Hochwasser betrifft immer wieder Gebiete rund um Donau, Elbe, Oder und deren Zu- und Nebenflüsse. Aufgrund der gehäuft aufgetretenen Hochwasserschäden in zurückliegenden Jahren bekommt man hier für viele Lagen mittlerweile aber keinen Versicherungsschutz mehr. Das ist ein sehr großes Problem, weshalb vor einem Immobilienkauf in solchen Lagen grundsätzlich die Frage nach zurückliegenden Hochwassern und möglichem Versicherungsschutz gestellt werden muss.

Gewässerschadenversicherung
Die Gewässerschadenversicherung ist vor allem bei Ölheizungen wichtig. Tritt aus dem Öllager Öl aus und verunreinigt das Grundwasser, kann das sehr teuer werden.

Vertrags-Check:
☐ nicht geregelt
☐ unzureichend/benachteiligend geregelt
☐ unklare/unverständliche Formulierung

⇢ Checkblatt
WEG-Verwalter/ Verwaltervertrag

Betrifft:
☐ Bestandshaus
☒ Bestandsreihenhaus nach WEG
☒ Bestandseigentumswohnung

Typische Regelungen:
Verwalter von Immobilien werden meist dann benötigt, wenn eine sogenannte Eigentümergemeinschaft eine Immobilie gemeinsam besitzt und gemeinsam verwalten muss. Theoretisch könnte das auch einer der Eigentümer tun, das geschieht bei kleinen Eigentümergemeinschaften mitunter auch, aber bei größeren wird dafür üblicherweise ein Verwalter eingesetzt. Der Verwalter erhält für seine Tätigkeit Geld, das kann eine pauschale oder aber eine anderweitig angesetzte Vergütung sein. Wie hoch sie ist, in welcher Form sie vergütet wird, was der Verwalter dafür erbringen muss, alles das wissen Sie nicht, solange Sie den Verwaltervertrag nicht kennen. Diesen müssen Sie vor einem Kauf in jedem Fall kennen. Lassen Sie sich diese Vertrag daher vom Vorbesitzer vor dem Kauf vorlegen und sehen Sie ihn sorgfältig durch. Sie können mit dem Kauf einer Wohnung oder eines Reihenhauses nach WEG natürlich nicht beliebig den Verwaltervertrag ändern. Das könnten Sie erst, wenn unter Einhaltung aller Kündigungsmodalitäten die Eigentümergemeinschaft dem Verwalter ordnungsgemäß kündigen würde beziehungsweise seinen Vertrag nicht verlängern würde. Verwalterverträge sind per Gesetz nur befristet

auf maximal 5 Jahre abzuschließen (Erstverträge nur auf 3 Jahre). In der Praxis zeigt sich aber, dass es unter Umständen sehr schwer sein kann, einen Verwalter auch wieder loszuwerden. Die Trägheitsmomente einer Eigentümergemeinschaft können so hoch sein, dass sich Verwalter jahrelang in ihrer Position halten, obwohl viele Eigentümer seit Langem eine Ablösung wünschen.

Viele Eigentumswohnungen werden verkauft, ohne dass die Käufer den Verwalter zuvor ein einziges Mal gesehen haben, geschweige denn wissen, wer der Verwalter überhaupt ist, auf welcher Vertragsgrundlage er arbeitet und was er dafür erhält.

Es gibt auch Eigentümergemeinschaften, in deren Teilungserklärungen geregelt ist, dass der Verkauf einer Wohnung der Zustimmung des Verwalters bedarf. Das kann so weit gehen, dass der Verwalter bestimmte Interessenten zurückweisen kann, wenn dafür hinreichende Gründe vorliegen. Daher ist es notwendig, dass Sie sich auch die Teilungserklärung sehr sorgfältig durchsehen und schauen, ob es entsprechende Regelungen gibt.

Notwendige Regelungen:
Soweit in einer Teilungserklärung Bestimmungen enthalten sind, nach denen der Verwalter oder die Eigentümergemeinschaft Mitspracherechte beim Verkauf einer Wohnung oder eines Reihenhauses nach WEG haben, muss dies vor dem Verkauf durch den Verkäufer geklärt sein. Er sollte dies dann gegenüber dem Notar und im Kaufvertrag auch verbindlich erklären. Nötigenfalls sind hier zusätzlich auch schriftliche Zustimmungen einzuholen.

Außerdem müssen Sie vor dem Kauf in jedem Fall den Verwaltervertrag eingesehen haben und wissen, auf welcher Vertragsbasis – also welche Kosten für welche Leistung – der Verwalter arbeitet. Es ist außerdem anzuraten, sich vor einem Eigentumswohnungskauf auch einen Termin beim Verwalter geben zu lassen, um ihn überhaupt einmal kennenzulernen und so zu wissen, mit wem Sie es in den nächsten Jahren bei sämtlichen Versammlungen und Abrechnungen zu tun haben werden.

Vertrags-Check:
☐ nicht geregelt
☐ unzureichend/benachteiligend geregelt
☐ unklare/unverständliche Formulierung

⇢ Checkblatt Übergabe von Dokumenten

Betrifft:
☒ Bestandshaus
☒ Bestandsreihenhaus nach WEG
☒ Bestandseigentumswohnung

Typische Regelungen:
In den meisten Kaufverträgen zu Bestandsimmobilien wird überhaupt nicht geregelt, ob Unterlagen und Dokumente zum Haus übergeben werden sollen und wenn, welche. Gerade bei Eigentumswohnungen und auch Reihenhäusern nach WEG ist es natürlich nicht nur sehr wichtig, zu wissen, wie die Teilungserklärung aussieht, die meist Vertragsbestandteil des notariellen Kaufvertrages ist, sondern man muss

natürlich auch den Vertrag des Verwalters kennen und haben und auch wissen, wie der zurückliegende Schriftverkehr mit dem Verwalter aussah. Man sollte auch Kenntnis darüber haben, welche finanziellen Rückstellungen für Modernisierungen oder Sanierungen gebildet wurden (⇢ **Checkblatt Protokollsammlung/ Rücklagenbildung/Wohngeld** Seite 252).

Notwendige Regelungen:
Pläne, Baubeschreibungen, Abnahmeprotokolle (Sondereigentum und gemeinschaftliches Eigentum), WEG-Versammlungsprotokolle, Handwerkerrechnungen, Schornsteinfegerprotokolle, Wartungsverträge und dergleichen sollten Sie vom Vorbesitzer übereicht bekommen. Und damit das auch sicher erfolgt, sollte deren Aushändigung schon im notariellen Kaufvertrag vereinbart werden. Im Idealfall werden diese Dokumente spätestens mit der Übergabe der Immobilie verpflichtend an Sie ausgehändigt. Das verhindert, dass Sie diesen Dokumenten ansonsten mühsam hinterherrennen müssen oder diese Papiere gar im Zuge des Auszugs des Vorbesitzers im Altpapier landen.

Vertrags-Check:
☐ nicht geregelt
☐ unzureichend/benachteiligend geregelt
☐ unklare/unverständliche Formulierung

⇢ Checkblatt Immobilienzustand/ Immobilienzubehör

Betrifft:
☒ Bestandshaus
☒ Bestandsreihenhaus nach WEG
☒ Bestandseigentumswohnung

Typische Regelung:
In kaum einem Kaufvertrag einer gebrauchten Immobilie ist geregelt, in welchem Zustand die Immobilie übergeben wird. Das liegt rechtstheoretisch daran, dass man „kauft wie gesehen". Gesehen hat man die Immobilie aber üblicherweise letztmals beim Besichtigungstermin. Zwischen Besichtigungstermin und Einzug liegt jedoch üblicherweise auch noch der Auszug des Vorbesitzers. Ein zum Zeitpunkt der Besichtigung sehr schöner Parkettboden kann durch einen recht grob gehandhabten Auszug ganz schnell erheblich leiden. Generell gilt, dass Sie alle Wand- und Bodenflächen, an beziehungsweise auf denen Möbel standen oder auf denen Teppiche lagen, bei der Besichtigung nicht sehen konnten. Dahinter kann alles Mögliche auftauchen: von guter Bausubstanz über Farbabweichungen bis hin zu massivem Mängeln.

Notwendige Regelung:
Wenn man bei einer Gebäudebesichtigung Dinge sieht, die man für besonders schön und erhaltenswert hält, kann man davon, unter Umständen auch bei einer zweiten Besichtigung, durchaus Bilder machen. Gerade bei Böden, Türen, aber auch Kachelöfen oder Ähnlichem kann man so den Zustand sehr gut festhalten.

Man kann das eventuell auch kurz filmen. Dann hat man zumindest ein Dokument, mit dem man nachweisen kann, in welchem Zustand erhaltenswerte Details der Immobilie waren. Falls Sie ganz skeptisch sind, können Sie natürlich solche Dokumente als Anlage in Form einer Bestandsdokumentation mit in den notariellen Kaufvertrag aufnehmen. Das kann vor allem auch dann sinnvoll sein, wenn man es mit teils wirklich sehr wertvoller Bausubstanz (beispielsweise Denkmalschutz) zu tun hat.

Möglicherweise sollen außerhalb des Immobilienkaufvertrags auch Möbel übernommen werden. Man macht das meist deswegen außerhalb des Immobilienkaufvertrags, da zum Verkauf von Möbeln kein Notar notwendig ist und Sie so zudem die Grunderwerbsteuer für den Möbelkostenanteil sparen. Übernehmen Sie zum Beispiel eine gebrauchte Einbauküche für 10.000 Euro, sparen Sie bei einer Grunderwerbsteuer von fünf Prozent immerhin 500 Euro. Wenn Sie Möbel übernehmen, ist es gerade bei Küchen sinnvoll, festzulegen, dass alle technischen Einbaugeräte zumindest zum Zeitpunkt ihrer Übergabe voll funktionsfähig sind. Eine Garantie auf dauerhafte Funktionsfähigkeit wird und kann Ihnen der Vorbesitzer nicht geben. Das ist nachvollziehbar. Aber Sie sollten nicht gleich einen defekten Herd einkaufen. Wird zwischen Auszug und Übergabe der Strom abgestellt, sollte unbedingt festgelegt werden, dass der Vorbesitzer dann den Kühlschrank ausgeräumt offen stehen lässt, damit sich kein Schimmel bildet.

Auch falls anderes Hauszubehör übernommen werden soll, sollte dies klar geregelt werden, beispielsweise Markisen, Gartenhäuser oder Ähnliches.

Vertrags-Check:
☐ nicht geregelt
☐ unzureichend/benachteiligend geregelt
☐ unklare/unverständliche Formulierung

⋯▸ Checkblatt Übergabedatum und Übergabeabwicklung

Betrifft:
☒ Bestandshaus
☒ Bestandsreihenhaus nach WEG
☒ Bestandseigentumswohnung

Typische Regelung:
In vielen Verträgen gebrauchter Immobilien ist nicht oder nicht klar geregelt, wann und wie der Auszug der Vorbesitzer und die Hausübergabe an die Nachfolger erfolgen sollen. Manchmal regiert der Zufall, und die Hausübergabe erfolgt zeitgleich mit der Eigentumsumschreibung im Grundbuch. Sie können aber natürlich abweichend davon einen Auszug der Vorbesitzer vereinbaren, unter Umständen auch einen frühen Auszug, unabhängig vom meist noch nicht bekannten Datum der Grundbuchumschreibung. Das ist vor allem dann hilfreich, wenn man möglicherweise noch umfangreiche Modernisierungsarbeiten machen will, bevor man selbst einzieht.

Auch wie das Haus im Detail übergeben wird, ist meist völlig unklar und nicht vertraglich geregelt. Häufig läuft das dann informell, indem man sich irgendwann vor Ort trifft und eine einfache Schlüsselübergabe macht. Wenn Sie klare Regelungen haben wollen, wie die Übergabe im Detail ablaufen soll, zum Beispiel mit einem Protokoll, um nichts zu vergessen, dann sollten Sie das im notariellen Kaufvertrag regeln.

Notwendige Regelung:
Möglichst exakt beschrieben sein sollte der Zustand, in dem die Immobilie übergeben wird. Üblicherweise ist sie geräumt, auch der Keller oder Nebengebäude. Sie kann einfach besenrein oder auch in komplett geputztem Zustand übergeben werden. Manche Dinge sollen vielleicht in oder an der Immobilie verbleiben wie eine Einbauküche oder eine Markise. Dann muss auch das geregelt werden. Soweit Strom und vielleicht auch Gas nicht abgestellt, sondern möglicherweise auch Strom- und Gaslieferverträge übernommen werden sollen, kann auch das gleich mit geregelt werden, inklusive der Stromablesung.

Es ist sinnvoll, sich auf einen Stichtag für die Hausübergabe zu einigen, sodass man sich selbst mit seiner eigenen Mietkündigung und den Modernisierungs- und Umzugsplanungen danach richten kann. Ein solcher Termin muss nicht an die tatsächliche Eigentumsumschreibung im Grundbuch gebunden sein, sondern kann auch deutlich davor stattfinden. Entscheidend sind dafür üblicherweise nur die erfolgte Zahlung des Kaufpreises und geregelte Versicherungsfragen (⇢ **Checkblatt Versicherungen** Seite 253) sowie im Gegenzug die Eintragung einer Auflassungserklärung im Grundbuch für Sie.

Sie können beispielsweise konkret regeln, dass die Übergabe nach Möglichkeit an einem Samstag stattfinden soll und man dann auch noch einmal gemeinsam durch die Immobilie geht, ein Protokoll erstellt oder eine Checkliste durchgeht und alles noch einmal gezeigt bekommt, angefangen von der Funktion der Heizung über die Elektro- und Wasserinstallation mit ihren Sicherungen und Ventilen bis hin zum Dachausstieg für den Schornsteinfeger.

Auch alle noch ausstehenden Dokumente sollten spätestens beim Übergabetermin mit übergeben werden (⇢ **Checkblatt Übergabe von Dokumenten** Seite 256).

Sinnvoll kann es auch sein, sich darauf zu verständigen, was mit noch eingehender Post geschieht. Im Zweifel lässt man sich einfach einige frankierte und adressierte Umschläge mit der neuen Adresse des ehemaligen Eigentümers aushändigen, um eingehende Post einfach nachsenden zu können. Denn Nachsendeanträge bei der Deutschen Post AG gelten nur für diese, private Postversender oder auch Versandhändler und andere bieten diese Möglichkeit nicht immer. Auch die Vereinbarung, dass der ehemalige Eigentümer ein Hinweisschild am Briefkasten anbringen darf, dass er verzogen ist, samt neuer Adresse, kann hier eine praktische Lösung sein.

Vertrags-Check:
☐ nicht geregelt
☐ unzureichend/benachteiligend geregelt
☐ unklare/unverständliche Formulierung

⋯⇾ Checkblatt
Maklerprovision

Betrifft:
☒ Bestandshaus
☒ Bestandsreihenhaus nach WEG
☒ Bestandseigentumswohnung

Typische Regelungen:
Es gibt Makler, die gehen so weit und lassen sich in den notariellen Kaufvertrag eine Zahlungsverpflichtung der Maklerprovision setzen. Bei Nichtbezahlung droht dann – je nach Regelung – sogar die sofortige Zwangsvollstreckung in das Vermögen des Käufers. Völlig absurd und sehr bedenklich, dass manche Notare solche Spielchen überhaupt mitspielen. Der Makler ist reiner Vermittler und hat mit dem eigentlichen Kaufvertrag nichts zu tun. Er ist dabei auch kein Vertragspartner.

Notwendige Regelungen:
Regelungen zur Zahlung der Maklerprovision haben in Kaufverträgen zwischen einem Verkäufer und einem Käufer einer Immobilie nichts verloren. Der Makler ist bei diesem Vertrag unbeteiligter Dritter. Soweit er vertragliche Regelungen wünscht, kann er sich darum außerhalb des notariellen Kaufvertrags kümmern, aber ganz sicher nicht in einem notariell zu beurkundenden Kaufvertrag.

Vertrags-Check:
☑ falls geregelt sollte eine ersatzlose Streichung erfolgen

⋯⇾ Checkblatt
Zahlungsabwicklung

Betrifft:
☒ Bestandshaus
☒ Bestandsreihenhaus nach WEG
☒ Bestandseigentumswohnung

Typische Regelungen:
Üblicherweise regeln Kaufverträge von Bestandsimmobilien, dass zunächst die Zahlung auf das Konto des Verkäufers erfolgt und dieser den Zahlungseingang dem Notar verpflichtend melden muss. Der Notar beantragt dann die Grundbuchumschreibung. Die vertraglichen Absicherungen für den Käufer sehen dabei üblicherweise so aus, dass der Verkäufer bereits im notariellen Kaufvertrag dem Notar die unwiderrufliche Vollmacht zum Antrag der Grundbuchumschreibung erteilt, unter der Voraussetzung, dass der vereinbarte Geldbetrag beim Verkäufer auch eingegangen ist. Durch diese Vollmacht ist es dem Verkäufer nicht möglich, nach Geldeingang eine Grundbuchumschreibung doch noch zu verweigern.

Mit den Zahlungsbedingungen hängt eng auch zusammen, wann und wie die Immobilie übergeben wird. Konkret: Wann zahlen Sie das Geld, und wann im Gegenzug wird die Immobilie geräumt und übergeben? Denn die Umschreibung im Grundbuch dauert meist viele Wochen. Ohne Regelungen im Detail kann es Ihnen passieren, dass völlig unklar bleibt, wann Sie in die Immobilie können und in welchem Zustand die Immobilie zu übergeben ist, also beispielsweise geräumt, besenrein gereinigt oder ähnlich.

Umgekehrt kann es sein, dass Sie die Immobilie sehr früh beziehen möchten. Dann ziehen Sie in eine Immobilie, die gemäß Grundbucheintragung noch nicht Ihr Eigentum ist. Auch dann muss geregelt werden, wer in einer solchen Übergangszeit welche Kosten und Pflichten trägt (von der Schneeräumpflicht im Winter bis zu den Kosten der Gebäudeversicherung oder der Grundsteuer).

Notwendige Regelungen:
Der Zahlungsabwicklung und detaillierten Regelungen zur Übergabe einer Immobilie wird in vielen Kaufverträgen zu wenig Beachtung geschenkt. Eine detaillierte Regelung lohnt sich aber, da sie sehr viel Ärger vermeiden kann. Vor allem sollte man darauf achten, was der weitere Plan der Verkäufer nach dem Auszug ist. Bauen sie zum Beispiel ein Haus oder ziehen sie in eine Bestandsimmobilie? Ist das Bauvorhaben oder der Einzug in die Folgeimmobilie zeitlich gesichert? Falls es hier Unsicherheiten gibt, kann das dazu führen, dass Sie eine finanzielle Doppelbelastung aus Kredit und Mietzahlung haben. Dann muss möglicherweise über Kompensationsleistungen gesprochen werden. Auch diese sollten von Anfang an vertraglich fixiert werden, also etwa, dass die bisherigen Eigentümer eine Entschädigung zahlen, wenn die Immobilie nicht pünktlich geräumt werden kann.

Irgendwann müssen aber auch Sie wahrscheinlich spätestens aus Ihrem gegenwärtigen Mietverhältnis heraus. Das heißt, möglicherweise muss in den Kaufvertrag auch ein verbindliches Übergabedatum aufgenommen werden, das nicht überschritten werden darf.

Auch bei der Zahlungsabwicklung selbst sollte man auf Details achten. Es ist grundsätzlich sinnvoll, zu regeln, dass Sie dem Notar den Nachweis erbringen müssen, wenn Sie den geforderten Geldbetrag ordnungsgemäß auf das richtige Konto angewiesen haben. Dies sollte als Voraussetzung für die Grundbuchumschreibung reichen. Der Notar kann auch noch den Geldeingang beim Verkäufer abwarten. Aber wenn Sie bei der Überweisung alles richtig gemacht haben und Ihre Bank die korrekte Zahlungsanweisung belegen kann und aus nicht erfindlichen Gründen das Geld nicht oder angeblich nicht beim Verkäufer angekommen sein sollte, sollte das nicht die Grundbuchumschreibung verhindern. Es kann viele Gründe geben, warum Geld bei einem Verkäufer nicht ankommt. Das fängt schon damit an, dass Ihnen eine falsche Kontonummer benannt wurde, Sie aber korrekt an exakt diese angewiesen haben. Dann wäre die Fehlanweisung zumindest nicht Ihr Problem. Möglicherweise unterliegt das Empfängerkonto auch der Pfändung, oder aber Sie haben einen Geldbetrag an eine Bank überwiesen, die über Nacht zahlungsunfähig wird. Alles hypothetisch, sicher, aber warum sollten Sie sich überhaupt solchen Risiken aussetzen?

Überweisungen auf ausländische Konten oder in andere Währungen sollten Sie grundsätzlich ablehnen. Nötigenfalls muss für den Kaufvorgang vom Verkäufer eben ein Konto bei einer deutschen Bank eingerichtet werden.

Zwingend ist auch, dass der Notar eine Auflassungsvormerkung im Grundbuch eintragen lässt. Denn eine Grundbuchumschreibung kann viele Wochen dauern. Um Ihre Rechte auf die Immobilie in dieser Zeit abzusichern, ist eine Auflassungsvormerkung im Grundbuch das Mittel der Wahl. Damit wird jedem, der Einsicht ins Grundbuch nimmt, signalisiert, dass Sie absehbar Eigentümer werden.

Vertrags-Check:
☐ nicht geregelt
☐ unzureichend/benachteiligend geregelt
☐ unklare/unverständliche Formulierung

Übersicht

Vertrags-Checkliste Bestandsimmobilie	nicht geregelt	unzureichend/ benachteiligend geregelt	unklare/unverständliche Formulierung	ersatzlos streichen
1 Grundbuch	☐	☐	☐	
2 Pauschaler Haftungsausschluss für alle Rechtsmängel				☑
3 Mietvertrag	☐	☐	☐	
4 Wohnrecht				☑
5 Nießbrauchrecht				☑
6 Baulasten	☐	☐	☐	
7 Pauschaler Haftungsausschluss für alle Sachmängel				☑
8 Erschließungsbeiträge / Anliegergebühren	☐	☐	☐	
9 Wohn- und Grundstücksflächen	☐	☐	☐	
10 Gebäudezubehör	☐	☐	☐	
11 Wartungsverträge	☐	☐	☐	
12 Energieliefervertrag	☐	☐	☐	
13 Übergabe von Heizölbeständen	☐	☐	☐	
14 Rückstände GEG-Pflichtmodernisierungen	☐	☐	☐	
15 Protokollsammlung / Rücklagenbildung / Wohngeld	☐	☐	☐	
16 Übertragung von Gewährleistungsrechten und Garantien	☐	☐	☐	
17 Versicherungen	☐	☐	☐	
18 WEG-Verwalter / Verwaltervertrag	☐	☐	☐	
19 Übergabe von Dokumenten	☐	☐	☐	
20 Immobilienzustand / Immobilienzubehör	☐	☐	☐	
21 Übergabedatum und Übergabeabwicklung	☐	☐	☐	
22 Maklerprovision				☑
23 Zahlungsabwicklung	☐	☐	☐	

Anhang

Weitere Informationen

In diesem Ratgeber finden Sie folgende **Fragebögen und Checklisten**:

Fragebogen für den Immobilienanbieter:
Leistungsumfang des von Ihnen angebotenen Neubau-Hauses (⇢ Seite 30)

Fragebogen für den Immobilienanbieter:
Leistungsumfang der von Ihnen angebotenen Neubau-Eigentumswohnung (⇢ Seite 30)

Fragebogen:
Besichtigung eines gebrauchten Hauses (⇢ Seite 102)

Fragebogen:
Besichtigung einer gebrauchten Eigentumswohnung (⇢ Seite 103)

Vertrags-Checkliste:
Neubau (⇢ Seite 232)

Vertrags-Checkliste:
Bestandsimmobilie (⇢ Seite 263)

Diese Fragebögen und Checklisten können Sie sich bequem sowie kostenfrei aus dem Internet herunterladen, ganz neutral ausdrucken und verwenden: **www.ratgeber-verbraucherzentrale.de/frageboegen-immobilienkauf**

Adressen der Verbraucherzentrale

Verbraucherzentrale Baden-Württemberg e. V.
Paulinenstraße 47, 70178 Stuttgart
Telefon 07 11/66 91-0
Fax 07 11/66 91-50
www.verbraucherzentrale-bawue.de

Verbraucherzentrale Bayern e. V.
Mozartstraße 9, 80336 München
Telefon 0 89/5 39 87-0, Fax 0 89/53 75 53
www.verbraucherzentrale-bayern.de

Verbraucherzentrale Berlin e. V.
Hardenbergplatz 2, 10623 Berlin
Telefon 0 30/2 14 85-0, Fax 0 30/2 11 72 01
www.verbraucherzentrale-berlin.de

Verbraucherzentrale Brandenburg e. V.
Babelsberger Straße 12, 14473 Potsdam
Telefon 03 31/2 98 71-0, Fax 03 31/2 98 71-77
www.verbraucherzentrale-brandenburg.de

Verbraucherzentrale Bremen e. V.
Altenweg 4, 28195 Bremen
Telefon 04 21/1 60 77-7, Fax 04 21/1 60 77 80
www.verbraucherzentrale-bremen.de

Verbraucherzentrale Hamburg e. V.
Kirchenallee 22, 20099 Hamburg
Telefon 0 40/2 48 32-0, Fax 0 40/2 48 32-290
www.vzhh.de

Verbraucherzentrale Hessen e. V.
Große Friedberger Straße 13–17, 60313 Frankfurt
Telefon 0 69/97 20 10-900
Fax 0 69/97 20 10-40
www.verbraucherzentrale-hessen.de

Verbraucherzentrale Mecklenburg-Vorpommern e. V.
Strandstraße 98, 18055 Rostock
Telefon 03 81/2 08 70 50, Fax 03 81/2 08 70 30
www.verbraucherzentrale-mv.eu

Verbraucherzentrale Niedersachsen e. V.
Herrenstraße 14, 30159 Hannover
Telefon 05 11/9 11 96-0, Fax 05 11/9 11 96-10
www.verbraucherzentrale-niedersachsen.de

Verbraucherzentrale Nordrhein-Westfalen e. V.
Mintropstraße 27, 40215 Düsseldorf
Telefon 02 11/38 09-0, Fax 02 11/38 09-216
www.verbraucherzentrale.nrw

Verbraucherzentrale Rheinland-Pfalz e. V.
Seppel-Glückert-Passage 10, 55116 Mainz
Telefon 0 61 31/28 48-0, Fax 0 61 31/28 48-66
www.vz-rlp.de

Verbraucherzentrale Saarland e. V.
Trierer Straße 22, 66111 Saarbrücken
Telefon 06 81/5 00 89-0, Fax 06 81/5 00 89-22
www.verbraucherzentrale-saarland.de

Verbraucherzentrale Sachsen e. V.
Katharinenstraße 17, 04109 Leipzig
Telefon 03 41/69 62 90, Fax 03 41/6 89 28 26
www.verbraucherzentrale-sachsen.de

Bauberatung

Verbraucherzentrale Sachsen-Anhalt e. V.
Steinbockgasse 1, 06108 Halle
Telefon 03 45/2 98 03-29, Fax 03 45/2 98 03-26
www.verbraucherzentrale-sachsen-anhalt.de

Verbraucherzentrale Schleswig-Holstein e. V.
Andreas-Gayk-Straße 15, 24103 Kiel
Telefon 04 31/5 90 99-0, Fax 04 31/5 90 99-77
www.verbraucherzentrale.sh

Verbraucherzentrale Thüringen e. V.
Eugen-Richter-Straße 45, 99085 Erfurt
Telefon 03 61/5 55 14-0, Fax 03 61/5 55 14-40
www.vzth.de

Verbraucherzentrale Bundesverband e. V.
Markgrafenstraße 66, 10969 Berlin
Telefon 0 30/2 58 00-0, Fax 0 30/2 58 00-518
www.vzbv.de

Eine Bauberatung (Prüfung von Bauvertrag und / oder Bauleistungsbeschreibung) bieten gegenwärtig folgende Verbraucherzentralen an:
Baden-Württemberg
Berlin
Bremen
Hamburg
Niedersachsen
Rheinland-Pfalz
Schleswig-Holstein
Thüringen

Auch folgende Vereine bieten Bauberatungen:

Bauherren-Schutzbund e. V.
Kleine Alexanderstr. 9-10, 10178 Berlin
Telefon 0 30/3 12 80 01, Fax 0 30/31 50 72 11
www.bsb-ev.de

Verband privater Bauherren e. V.
Chausseestr. 8, 10115 Berlin
Telefon 0 30/27 89 01-0, Fax 0 30/27 89 01-11
www.vpb.de

Wohnen im Eigentum / Die Wohneigentümer e. V.
Thomas-Mann-Straße 5, 53111 Bonn
Telefon 02 28/30 41 26 70, Fax 02 28/72 15 87 3
www.wohnen-im-eigentum.de

Eine bundesweit telefonische Bauberatung ohne Voraussetzung einer Vereinsmitgliedschaft bietet an:

Institut Bauen und Wohnen
Wiesentalstraße 29, 79115 Freiburg
Telefon 07 61/1 56 24 00, Fax 07 61/1 56 24 790
www.institut-bauen-und-wohnen.de

Stichwortverzeichnis

A

Abbruch des Bauvorhabens 219
Abnahme 226
Abtransportkosten (Erdreich) 52
Abtretung (Auszahlungs-
  ansprüche) 198
Allgemein anerkannte Regeln
  der Technik 172
Anpflege (Grünanlage) 186
Anschluss (Grundstück) 163
Aufrechnungsverbot 226
Aufzug 93
Aufzugssanierung 141
Ausführungsvorbehalte 170
Außenanlagen
  – Eigentumswohnung 96
  – Haus 88
Außenanlagensanierung 146
Auszahlungsansprüche
  (Abtretung) 198

B

Badausstattung 73
Badsanierung 117
Balkone 86
Balkonsanierung 132
Barrierefreiheit 175
Baugenehmigungsgebühren 39
Baugrundrisiko 165
Baulast 162
Baulasten (gebrauchte
  Immobilie) 241
Bauleiter 211
Baustart 214
Baustellenbetreuung 211

Baustelleneinrichtung 47
Baustoffvorbehalte 170
Baustrom 49
Bauwasser 49
Bauzeit 214
Beschaffenheiten
  (bautechnische) 172
Besitzübergang 226
Bezugsfertigkeit 214
Bodengutachten 44
Bodenbelagserneuerung 125
Bürgschaften 200

C

Carport 186

D

Dachbodenausstattung 77
Dachsanierung 110
Deponiekosten (Erdreich) 52
DIN-Normen 172
Dokumentation 187
Dokumente (gebrauchte
  Immobilie) 256

E

Effizienzhaus 180
Einbauküche 84
Einbruchschutz (Fenster) 70
Eigenleistungen 182
Eigentumsübergang 226
Elektroausstattung 60
Elektroerneuerung 115
Energieabnahmevertrag 180
Energieeffizienz 179

Energieliefervertrag
  – gebrauchte Immobilie 248
  – neue Immobilie 180
Entwässerungskanalarbeiten 53
Erschließungsbeiträge
  – erstmals 41
  – nachträglich 134
  – gebrauchte Immobilie 243
  – Neubau 163

F

Fassadensanierung 108
Fenster 69
Fenstersanierung 111
Fertigstellung 214
Festpreisgarantie 168
Flachdachsanierung 144
Freiräumung (Grundstück) 45

G

Garantien (gebrauchte
  Immobilie/Übertragung) 253
Garage 89, 186
Gebäudeenergiegesetz GEG
  106, 179, 250
Gebäudezubehör (gebrauchte
  Immobilie) 246
GEG-Pflichtmodernisierung
  106, 250
Gemeinschaftliches Eigentum
  (Sanierung) 137
Gewährleistungseinbehalt 199
Gewährleistungsrechte
  (gebrauchte Immobilie/
  Übertragung) 253
Grünanlage 186

Stichwortverzeichnis

Grundbuch
— gebrauchte Immobilie 236
— neue Immobilie 161
Grundstücksflächen (gebrauchte Immobilie) 244
Grundstücksbeschaffenheit 178
Grundstücksgröße 178
Grundwasserhaltung 50
Güteverhandlung 230
Gutachterausschüsse 149

H

Haftungsausschluss
— Rechtsmängel 237
— Sachmängel 242
Hausanschlüsse 53
Hauseingang 85
Hauseingangserneuerung 130
Hausrecht 212
Haustürerneuerung 130
Hebeanlage 59
Heizölbestände 249
Heizungsausstattung 65
Heizungssanierung 113

I

Innentürerneuerung 123
Insolvenzfall des Unternehmens 221
IT-Anschlüsse (gebrauchte Immobilie) 116
IT-Ausstattung (neue Immobilie) 63

J

Jour Fixe 211

K

Katastergebühren 43
Kellerabteil 92

Kellerausstattung 56
Kellerkonstruktion 55
Kellersanierung 107
KfW-Effizienzhaus 180
Küchenerneuerung 121
Kündigung 215

L

Lage (Immobilie) 27
Leistungen (Bauherr) 167
Leistungseinstellung 217

M

Maklerprovision
— gebrauchte Immobilie 260
— neue Immobilie 210
Makler- und Bauträgerverordnung (MaBV) 12
Mängelbilder 172
Mediation 230
Mietvertrag 238
Mitwirkungspflichten (Bauherr) 167

N

Nachunternehmer 213
Neubaukosten 18
Nießbrauchrecht 240

P

Planabnahme 188
Protokollsammlung (WEG) 252
Prüfstatik 40

R

Realteilung 189
Rechtsmängel (Haftungsausschluss) 237
Regeln der Technik 172
Resistance-Classes 70

Rollläden 71
Rollladensanierung 111
Rücklagenbildung 139, 252

S

Sachmängel (Haftungsausschluss) 242
Schadstoffsanierung 128
Schallschutz 69, 74, 80 ff.
Schlichtung 230
Schlüsselübergabe (gebrauchte Immobilie) 226
Sicherheitseinbehalt 199
Sonderwünsche 91, 181
Statik 40
Stellplatz 186
Straßenausbaubeiträge 135
Subunternehmer 213

T

Telefonanschüsse (gebrauchte Immobilie) 116
Telefonausstattung (neue Immobilie) 63
Terrassen 86
Terrassensanierung 132
Tiefgarage 186
Tiefgaragensanierung 142
Tiefgaragenstellplatz 94
TV-Anschlüsse 116
TV-Ausstattung 63
Treppenhausmodernisierung 140

U

Überzahlung 12
Unterlagen (Dokumentation) 187
Unterwerfung (Zwangsvollstreckung) 205

Übergabedatum (gebrauchte Immobilie) 258
Übergabeabwicklung (gebrauchte Immobilie) 258

V

Vermessungsgebühren 43
Versicherungen
– gebrauchte Immobilie 253
– neue Immobilie 209
Vertragsbestandteile 169
Vertragspartner 159
Vertragspläne 188
Vertragsverhandlungen 231
Verwaltervertrag 191
VOB/B-Regelungen 206
Vollmachten 203
Vorleistungen (Bauherr) 167

W

Wandoberflächenerneuerung 124
Warmwasserbereitung 65
Wartungsverträge (gebrauchte Immobilie) 247
Wasserleitungssanierung 119
WEG-Eigentum (neue Immobilie) 189
WEG-Verwalter
– gebrauchte Immobilie 255
– neue Immobilie 191
WEG-Verwaltervertrag (gebrauchte Immobilie) 255
Widerstandsklassen (Fenster) 70 f.
Wohnfläche
– gebrauchte Immobilie 244
– neue Immobilie 176

Wohngeld 139, 252
Wohnrecht 239
Wohnungseigentümergemeinschaft 139

Z

Zahlungsabwicklung (gebrauchte Immobilie) 260
Zahlungsplan 192
Zubehör (gebrauchte Immobilie) 257
Zustand (gebrauchte Immobilie) 257
Zwangsvollstreckung (Unterwerfung) 205

Und was machen Ihre Freunde gerade rund um die Immobiliensuche?

Helfen Sie Ihnen doch ganz einfach, indem Sie unser kostenfreies E-Book **mailen, posten, twittern, teilen, liken** oder was immer Sie mögen, so dass auch Ihre Freunde in den Genuss der Informationen der Verbraucherzentrale kommen können.

www.vz-ratgeber.de/was-sie-vor-dem-kauf-einer-immobilie-wissen-sollten

Was Sie vor dem Kauf oder Bau einer Immobilie wissen sollten

Mit Sicherheit ins eigene Heim
Wer ein Haus aus zweiter Hand kauft, sollte sein Wunschobjekt ganz genau unter die Lupe nehmen: Bausubstanz, Heizungstechnik, Modernisierungsbedarf und vieles mehr müssen gründlich geprüft werden, damit anschließend nicht die Kosten explodieren. Die praktischen Informationen und umfangreichen Checklisten des Ratgebers bringen Sie sicher ans Ziel – von der Haussuche bis zur Schlüsselübergabe.

1. Auflage 2022 | 384 Seiten | 20 x 25 cm | Hardcover
978-3-86336-158-7 | 34,90 Euro

Schlüsselfertig in die eigenen vier Wände
Der Ratgeber wurde aus der Praxis heraus entwickelt und begleitet auf dem Weg ins Fertig- oder Massivhaus: Das beginnt mit der Frage, ob sich das Vorhaben überhaupt finanzieren lasst, und führt über Themen wie Grundstückskauf, Vertragsmodell und Zahlungsplan bis hin zur Baudurchführung, Abnahme und Gewährleistung. Mit kommentierten Beispielverträgen und Zahlungsplänen sowie umfangreichen und detaillierten Checklisten.

1. Auflage 2020 | 336 Seiten | 20 x 25 cm | Hardcover
978-3-86336-127-3 | 34,90 Euro

Hausangebote richtig vergleichen
Wer ein Haus baut, sollte darauf achten, dass er genau das bekommt, wofür er bezahlt – ob Fertighaus- oder Massivhaus, schlüsselfertiges oder kostensparendes Ausbauhaus. Doch in vielen Baubeschreibungen fehlen vollständige Produktbeschreibungen, exakte Mengenangaben und Preisobergrenzen.
Das „Handbuch Baubeschreibung" zeigt, was eine gute Baubeschreibung enthalten muss, und erläutert alle wichtigen Punkte ausführlich. Mit umfangreichen Formular-Checklisten.

1. Auflage 2022 | 232 Seiten | DIN A4 |
978-3-86336-109-9 | 29,90 Euro

www. Mehr Informationen und Leseproben:
www.ratgeber-verbraucherzentrale.de

4. Auflage, Juni 2022

© Verbraucherzentrale NRW, Düsseldorf
Das Werk einschließlich aller seiner Teile ist urheberrechtlich geschützt. Jede Verwertung, die nicht ausdrücklich vom Urheberrechtsgesetz zugelassen ist, bedarf der vorherigen Zustimmung der Verbraucherzentrale NRW. Das gilt insbesondere für Vervielfältigungen, Bearbeitungen, Übersetzungen, Mikroverfilmungen und die Einspeicherung und Verarbeitung in elektronischen Systemen. Das Buch darf ohne Genehmigung der Verbraucherzentrale NRW auch nicht mit (Werbe-)Aufklebern o. Ä. versehen werden. Die Verwendung des Buches durch Dritte darf nicht zu absatzfördernden Zwecken geschehen oder den Eindruck einer Zusammenarbeit mit der Verbraucherzentrale NRW erwecken.

ISBN 978-3-86336-166-2

Impressum

Herausgeber
Verbraucherzentrale Nordrhein-Westfalen e. V.
Mintropstraße 27, 40215 Düsseldorf
Telefon 02 11/38 09 555, Fax 02 11/38 09 235
E-Mail: ratgeber@verbraucherzentrale.nrw
www.verbraucherzentrale.nrw

Text
Dipl.-Ing. Peter Burk
Institut Bauen und Wohnen, Freiburg
www.institut-bauen-und-wohnen.de

Lektorat
Dr. Diethelm Krull, Berlin

Fachliche Betreuung
Thomas Hentschel, Düsseldorf
Beate Uhr, Düsseldorf
RA Claus Mundorf, Erkrath

Gestaltungskonzept
Kommunikationsdesign Petra Soeltzer,
Düsseldorf

Layout und Satz
Für die erste bis dritte Auflage:
Kommunikationsdesign Petra Soeltzer, Düsseldorf
Für die vierte Auflage:
Dagmar Herrmann, www.two-up.de

Umschlaggestaltung
Ute Lübbeke, www.LNT-design.de

Titelfoto
Fotolia.com – fotomek

Druck
DCM Druckcenter Meckenheim GmbH, Meckenheim
Dieses Buch wurde auf Recyclingpapier aus 100 Prozent Altpapier gedruckt. Druck und Weiterverarbeitung erfolgen in Deutschland. So schonen wir Ressourcen und begrenzen die CO2-Emissionen durch kurze Transportwege.

Redaktionsschluss: Mai 2022